向阳而生　逐光而行

生活除了选择　还有热爱

此刻

让我们一起打开

《健康法的精神》

刘炫麟 著

健康法的精神

The Spirit of
Health Law

中国政法大学出版社

2024·北京

图书在版编目（ＣＩＰ）数据

健康法的精神/刘炫麟著.—北京：中国政法大学出版社，2024.1
ISBN 978-7-5764-0957-4

Ⅰ.①健… Ⅱ.①刘… Ⅲ.①医药卫生管理－法规－研究－中国 Ⅳ.①D922.164

中国国家版本馆CIP数据核字(2023)第156048号

书　　名	健康法的精神 JIANKANGFA DE JINGSHEN
出版者	中国政法大学出版社
地　　址	北京市海淀区西土城路 25 号
邮　　箱	bianjishi07public@163.com
网　　址	http://www.cuplpress.com (网络实名：中国政法大学出版社)
电　　话	010-58908466(第七编辑部) 010-58908334(邮购部)
承　　印	北京鑫海金澳胶印有限公司
开　　本	720mm×960mm　1/16
印　　张	26.5
字　　数	420 千字
版　　次	2024 年 1 月第 1 版
印　　次	2024 年 1 月第 1 次印刷
定　　价	98.00 元

目 录

CONTENTS

第一部分　健康法总论

第二部分　医事法

第三部分 公共卫生法

第四部分　健康产品法

◆

第五部分　健康保障法

| 第一部分 |
健康法总论

健康法：在新星通往明星的道路上奔跑

新中国成立尤其是自改革开放以来，我国的法治建设得到飞速发展，并取得巨大进步，同时涌现出一大批优秀的专家学者。在法学研究上，以调整对象和调整方法的不同进行部门法厘定与建构思维范式成为一种主流。[1]尽管一些部门法在内容的边界问题上仍不清晰，更未在学术共同体内部形成共识，但其基本的体系轮廓已经初步显现，主要包括宪法及宪法相关法、民商法、行政法、经济法、社会法、刑法、诉讼与非诉讼程序法。这也标志着中国特色社会主义法律体系基本建立，[2]具有十分重大的意义。

部门法是相对独立的，拥有其自身项下的理念、逻辑和体系。无论是理论界的学者，还是实务界的专家，大致是按照这些部门法并随着分工的日趋精细化"向下"进行内容递减式的精深研究和实践，以使得自己在某一细分领域取得（重要的）"话语权"。这一研究方式在部门法内部取得了一定的成功。它在立足中国问题并借鉴国外优秀成果和成熟经验的基础上，不断夯实各自部门法的基础理论和学科建构，持续完善各自部门法的体系、制度与规则，呈现出一片欣欣向荣的局面。

或许因为时间、精力的有限性以及学科知识体系的庞杂性，在较长的一段时间内，学术界和实务界"向上"进行内容递增式、交叉式且具有整合意义的广博研究不足。只是近十年来，法学交叉学科研究才逐渐升温，但从整

---

〔1〕 参见舒国滢主编：《法理学导论》，北京大学出版社2019年版，第122页。

〔2〕 2011年3月10日，全国人大常委会委员长吴邦国同志向十一届全国人民代表大会四次会议作全国人大常委会工作报告时庄严宣布，一个立足中国国情和实际、适应改革开放和社会主义现代化建设需要、集中体现党和人民意志的，以宪法为统帅，以宪法相关法、民商法、行政法、经济法等多个法律部门的法律为主干，由法律、行政法规、地方性法规与自治条例、单行条例等三个层次的法律规范构成的中国特色社会主义法律体系已经形成。

体上观察，仍显得十分薄弱。这些法学交叉学科通常并不是指部门法之间的交叉，而是法学与其他数个一级学科的交叉，既可以是自然科学，也可以是人文社会科学。这些交叉学科在实践领域中的具体应用，就会形成一个个具有鲜明特征的领域法，成为知识生产和人才培养的重要场域。

一、领域法对部门法的同构与互补

霍金曾说："21世纪将是复杂性科学的世纪。"随着经济的快速发展，各法律主体在实践的横向维度上不断拓宽，在纵向维度上不断延展，呈现出一种具有立体、交叉、开放等典型特性的一个个领域，如网络[1]、人工智能、交通、海洋、金融、财税、能源、航空航天、农业、教育、旅游、邮政、娱乐、体育等。当然，也包括与民生紧密相关的健康。这些领域向法律界抛出各种各样的"难题"。这些"难题"通常是清晰且具体的，亦是亟须解决的，具有非常鲜明的时效性和应用性。因此，领域法一开始就秉具以问题为中心的显著特质，强调目标导向，重视与实践接轨。

当用部门法去应对这些领域法所抛出的各种问题时，法学家们常会感觉力不从心，其中一个很重要的原因就是这些领域法通常不仅横跨两个甚至数个部门法，还横跨了数个一级学科。因此，即便仅就法律而言，无论是哪一个部门法的专家学者也只能解决问题的一部分。由于这种片段式的思维方式和对策建议不能有效应对，所以亟须对多个领域的专家资源进行整合，通力合作，共同解决。不过，这样做的成本通常是高昂的。且不说人力、物力和财力，单就各自专业知识的衔接和融合就要花费不少气力。在人文社会科学领域，能够做到强有力的全面整合，更属不易。

上述困境的出现，呼吁一个学术和实务共同体的产生，促使其积极转变思维面向，即以问题为中心，运用多个部门法的研究成果和研究方法进行立体式、整合式的领域法研究。这种领域法的研究不是临时应对，而是有意识的布局，需要在国家顶层设计之下分阶段、有步骤地开展，采取"成熟一个，发展一个"的原则，经过不断的累积，形成星光璀璨的领域法族群，以有效应对变动不居的社会现实。马克思曾深刻地指出："社会不是以法律为基础

---

[1] 来小鹏："论作为独立法律部门的网络法"，载《法学杂志》2019年第11期。

的。那是法学家们的幻想。相反地，法律应该以社会为基础。法律应该是社会共同的、由一定物质生产方式所产生的利益和需要的表现，而不是单个的个人恣意横行。"[1]这恰好说明领域法存在与发展的正当性基础。

领域法研究不是要排斥部门法研究，更不是要否定或者推翻部门法研究；相反，领域法研究在很大程度上需要依赖部门法研究，并不断从部门法研究中汲取营养，以打造自身的学科体系、学术体系、话语体系。领域法研究的最大功能是在各个部门法之间进行具象式的"粘合"，使它们之间的对话不再是偶尔的触发，而是渐变为一种常态下的自觉行动。领域法强调的是"面"，部门法强调的是"线"。如果没有面的"粘合"，即便是再细密的"线"，其间也必留缝隙，部门法就会遗漏一些具体的场景和问题，实践中就会出现难以应对或者衔接的情况，容易让一些别有用心之人钻了法律的"空隙"，进而形成法律漏洞；反之，如果仅有"面"而没有"线"，就容易拘泥于现实中一些具体而琐细的问题，难以在高度和深度上获得质的提高，研究的内容难以得到升华，甚至变得杂乱无章而缺乏技艺的处理，实践中就会形成法律之间的冲突，"叠床架屋"的现象亦会大量存在，不利于法律适用的统一。在这个意义上，领域法不仅同构了部门法，而且对其形成了有效补充，[2]有利于推动部门法的持续发展。与此同时，部门法的发展有助于进一步指导和支持领域法的发展，二者形成良性互动。

近些年来，健康法发展迅速，但是整体上仍处于一个较低的水平，尚未真正形成一支年龄和专业结构合理的研究队伍，甚为可惜。概括起来，主要包括以下三个方面的原因：一是在尚未精通部门法的情况下先行进入领域法的研究，带有"先天性不足"的缺陷。这就决定了健康法的研究曾一度处于一个较低的发展阶段和层次，不仅研究的深度和广度不够，而且存在低水平重复的现象。因此，迫切需要一批部门法功底深厚且具有强大影响力的学者加入研究队伍。美国医学社会学曾经也大致经历了这么一个过程，随着主流社会学家的加入才逐渐成为显学。二是理论界和实务界虽然各具优势，但均

---

[1] 谢晖："论法学研究的两种视角——兼评'法教义学和社科法学'逻辑之非"，载《法学评论》2022 年第 1 期。

[2] 刘剑文："论领域法学：一种立足新兴交叉领域的法学研究范式"，载《政法论丛》2016 年第 5 期。

存在专业的局限性。随着社会分工和学科领域的细化，这种局限性不但没有缩小，反倒呈现出进一步扩大之势，难以实现学科内部的融合和衔接。换言之，健康法理论研究和实务操作缺乏必要的对话沟通机制，往往陷入"自说自话"甚至"自我陶醉"之困境。一个典型的表现在于，二者在对话时常常连一些基本概念都不在同一平台上讨论，其结果往往是"不欢而散"，难以求同存异，形成基本的共识。三是我国健康法的发展需要一个长期关注、不断积淀的过程。从新中国成立起算，我国健康法虽已经历了 70 余年的发展历程，但若从改革开放开始起算，也只有短短 40 余年。由于一部分卫生健康立法具有"以外促内"的应急性特点，这种"回应型"或"被动型"立法，存在价值错位、立法仓促、宣示意义大于规范意义等弊病，[1]需要一个由内向外自我修正、蜕变和完善的过程。这亦是当前卫生健康领域频繁立法、修法的一个重要原因。

二、新中国成立以来的卫生健康立法

我国的卫生健康立法大致可以分为改革开放之前和改革开放之后两大阶段。改革开放之前的卫生健康立法可进一步分为探索阶段和停滞阶段；改革开放后的卫生健康立法又可分为快速发展阶段和深化提升阶段。其中，快速发展阶段曾经历了起步、形成和完善三个阶段，详见图 1 所示。

```
                     ┌── 探索阶段（1949—1965年）
        ┌ 改革开放之前 ┤
卫       │            └── 停滞阶段（1966—1977年）
生       │                                         ┌── 起步阶段（1978—1993年）
健       │                                         │
康 ──────┤            ┌── 快速发展阶段（1978—2013年）┤── 形成阶段（1994—2002年）
立       │            │                            │
法       │            │                            └── 完善阶段（2003—2013年）
阶 ──────┤ 改革开放之后 ┤
段       │            └── 深化提升阶段（2014年至今）
```

图 1　新中国成立至今我国卫生健康立法的发展阶段

（一）改革开放之前的卫生健康立法

1. 探索阶段

在这一阶段，尽管立法的数量不多且效力层次较低，同时几乎均被后续

---

[1]　王蔚："走向'超人'：'完美健康权'的期待与悖论"，载《中国法律评论》2022 年第 1 期。

颁布的法律法规和部门规章所废止或者修改，但考虑到这是在新中国成立初期卫生健康工作基础薄弱等背景下的起步与探索，国家出台的这些医疗卫生方面的立法和规范性文件，对当时的卫生健康实践起到了重要的指导和规范作用。尤其是 1957 年颁布的《国境卫生检疫条例》作为新中国成立之后第一部公共卫生法律的诞生，既是对外交往的现实所需，亦开启了我国卫生立法在法律层面的先河。这一时期关于卫生健康的法学理论研究较为罕见，卫生健康法治方面的专业人才亦十分匮乏，多属为工作职责而介入卫生健康法治领域。这在立法、执法、司法以及其他卫生健康法律实务中，展现得淋漓尽致，"被动性"远远大于"主动性"。尽管以今日之眼光来审视，其立法理念、立法技术、立法内容具有较大的局限性，但并不影响其在当时对治理公共卫生、保障人民健康权益等所作出的突出贡献和产生的重要意义。

2. 停滞阶段

自 1966 年起，我国进入了一段特殊时期，包括卫生健康立法在内的法治建设工作受到重大影响。不过，这一时期仍有以下两项立法文件及其内容值得提及：一是 1974 年 10 月 18 日卫生部发布的《卫生部同意将接触炭黑引起的尘肺列入职业病范围的复函》指出，从 1971 年以来上海市的现场临床观察结果来看，工人接触炭黑引起的尘肺职业性明显，患者均有程度不同的症状，肺部 X 线表现也比较明显，根据 1957 年试行的《职业病范围和职业病患者处理办法的规定》，同意将接触炭黑引起的尘肺列入职业病范围，并且建议有关工厂认真做好防尘工作。要采取积极措施，加强劳动保护，对接触炭黑作业的工人要进行定期体检，已确诊的患者要积极治疗。二是第四届全国人民代表大会第一次会议于 1975 年 1 月 17 日通过的《宪法》第 27 条第 2 款明文规定，公民有劳动的权利，有受教育的权利。劳动者有休息的权利，在年老、疾病或者丧失劳动能力的时候，有获得物质帮助的权利。可以说，这是对1954 年《宪法》第 93 条的承继，在其被废止之前，仍然承担着保障公民健康权、社会救助权的重要功能，具有重要的法源地位。

（二）改革开放之后的卫生健康立法

1. 快速发展阶段

（1）起步阶段。

在这一阶段，从内容上考察，立法涉及的领域已经较为宽泛，尤其在医事行为、食品安全、公共卫生、涉外卫生管制等方面表现得尤为突出，有力回应了我国改革开放之后 15 年间社会快速发展的现实情势和公众需求，并为之后奠定了良好且扎实的基础。

（2）形成阶段。

随着社会的不断发展，人民对卫生健康服务的需求不断提升，同时为了适应政治经济体制改革的需要，政府积极转变职能，依法行政，通过立法解决卫生健康事业中的突出问题。例如，如何改善卫生监管以及规范医疗行为等。因此，这一阶段的立法以对医事行为的规制、食品安全保障等为主，尤其是我国《母婴保健法》《食品卫生法》[1]《献血法》《执业医师法》[2]等法律和《医疗机构管理条例》《医疗器械监督管理条例》《医疗事故处理条例》等行政法规的颁布，有力地支撑了我国卫生健康立法的体系建设。随着互联网技术的发展和医学新技术的进步，以《互联网医疗卫生信息服务管理办法》《人类辅助生殖技术管理办法》（以及后续颁布的《人体器官移植条例》）等规范性文件为代表的立法充分彰显出 21 世纪网络信息时代、生命科技时代的特征。这一阶段的卫生健康立法举足轻重，同时具有承前启后的功用。

（3）完善阶段。

这一时期的立法既有在先前立法基础上的增补，也有对先前立法的修正和完善。由于 2003 年"非典"疫情的突然袭击，我国的卫生健康立法呈现出的一个重要的方向是更加关注以人为本和保障人民群众生命安全与身体健康。除了于 2004 年修订了《传染病防治法》，还制定了《突发公共卫生事件应急条例》（2003 年）、《突发公共卫生事件与传染病疫情监测信息报告管理办法》（2003 年）、《国家突发公共事件总体应急预案》（2006 年）、《国家突发公共卫生事件应急预案》（2006 年）等，加大了对（重大）公共卫生应急等方面的立法力度。我国于 2007 年出台的《突发事件应对法》同样包含了卫生应急的内容，体现出在"常态"立法体系上的"非常态"立法，考虑渐近全面，体系建设渐近完整。2009 年出台的《中共中央 国务院关于深化医药卫生体制

---

〔1〕 2009 年 2 月 28 日，第十一届全国人民代表大会常务委员会第七次会议通过了《食品安全法》，自 2009 年 6 月 1 日起废止《食品卫生法》。

〔2〕 2021 年 8 月 20 日，第十三届全国人民代表大会常务委员会第三十次会议通过了《医师法》。该法第 67 条规定，"本法自 2022 年 3 月 1 日起施行。《中华人民共和国执业医师法》同时废止"。

改革的意见》对我国的卫生健康立法提出了更高的要求，其明确提出要进一步完善相关卫生法律法规，推进基本医疗卫生立法，同时明确了政府、社会和居民在促进健康方面的权利和义务，从而保障人人享有基本医疗卫生服务。建立健全卫生标准体系，做好相关法律法规的衔接与协调。加快中医药立法工作，完善药品监管法律法规，逐步建立健全与基本医疗卫生制度相适应、比较完整的卫生法律制度。尤其需要注意的是，这一时期也是医疗机构推动病历规范化、医疗信息化（电子病历、远程医疗、互联网医疗等）、药品管理的重要时期，标志着我国卫生健康立法越来越完善。

2. 深化提升阶段

2014 年 10 月 23 日，中国共产党第十八届中央委员会第四次全体会议审议通过了《中共中央关于全面推进依法治国若干重大问题的决定》，要求全面推进依法治国，建设中国特色社会主义法治体系，建设社会主义法治国家。2016 年 8 月 19 日至 20 日，全国卫生与健康大会在北京举行。习近平总书记在讲话中指出，没有全民健康，就没有全面小康。要把人民健康放在优先发展的战略地位，以普及健康生活、优化健康服务、完善健康保障、建设健康环境、发展健康产业为重点，加快推进健康中国建设，全方位、全周期保障人民健康。随着"法治中国""健康中国"等国家战略的全面建设与深度推进，我国卫生健康立法面临新的机遇和挑战，需要从"医疗卫生"层级迅速提升至"健康"或者"大健康"的层级。国家也陆续颁布了许多法律法规和规范性文件，其中最为重要的应属 2019 年 12 月 28 日第十三届全国人民代表大会常务委员会第十五次会议通过的《基本医疗卫生与健康促进法》，在我国健康法领域中处于基础性和综合性地位。[1]

随着我国《基本医疗卫生与健康促进法》的颁布与实施，我国已经初步建立起具有鲜明中国特色的社会主义卫生健康法律法规体系，"大卫生""大健康"的理念渐进呈现，从过去以"治疗"为中心逐步转向以"健康"为中心的趋势更加明显，更为重视预防与健康促进的作用，并直接反映到立法之中。2019 年末，我国发生了新中国成立以来传播速度最快、感染范围最广、防控难度最大的一场突发公共卫生事件——新冠疫情。在中国共产党的正确

---

〔1〕 刘炫麟："我国卫生健康领域首部基本法亮点梳理——《中华人民共和国基本医疗卫生与健康促进法》解读"，载《中国医学论坛报》2020 年 5 月 7 日，第 A6～A7 版。

领导下，14 亿人民万众一心、众志成城，经过艰苦奋战，已经有效遏制肆虐的疫魔。中国新冠疫情防控人民战争、总体战、阻击战取得重大战略成果，其间展现出可歌可泣的伟大抗疫情神。在这场疫情治理中，始终秉持的理念就是在党的领导下，坚持人民至上、生命至上，全力保障人民的生命安全和身体健康。[1]同时，这场疫情深刻考验了我国卫生健康尤其是公共卫生立法体系与应用成效，应当说整体上是成功的，是有效的，但是也暴露出一些短板、漏洞和不足。时不我待，我们需要以此为契机迅速补短板、堵漏洞、强弱项，不断完善重大疫情防控体制机制，进一步健全国家公共卫生应急管理体系。[2]

迄今为止，我国的健康法已经初步形成了以宪法为统领、以《基本医疗卫生与健康促进法》等 14 部法律为"梁"[3]、以 40 余部行政法规为"柱"、以百余部部门规章为"砖"的"大厦"。但是需要承认的是，这座"大厦"仅具"毛坯房"的样态，即具备了基础框架，迫切需要随着立法、修法和释法工作的持续开展而不断"装修"。这亦是《基本医疗卫生与健康促进法》作为一部基础法、综合法预留众多"插座"的原因之一，其目的就是为未来的法律衔接和法律完善做好"通道"或"接口"。例如，"医疗保障法"已经列入立法规划，并于 2021 年 6 月 15 日面向社会征求意见；2021 年 1 月 8 日召开的国务院常务会议要求要按照立法计划，积极推进《传染病防治法》修订，同时衔接推动相关法律法规的制定修改工作。总之，要想让这座健康法"大厦"达到"精装修"甚至"豪华"的程度，需要理论界和实务界凝心聚力，群策群力。尽管这个过程道阻且长，却让人充满无限期待！

---

〔1〕 刘炫麟："我国疫情治理与国际抗疫合作"，载《民主与法制时报》2021 年 9 月 30 日，第 6 版。

〔2〕 刘炫麟："依法治'疫'与我国公共卫生法的完善"，载《中国社会科学报》2020 年 2 月 19 日，第 3 版。

〔3〕 目前，学术界有争议的是，我国于 2020 年出台的《生物安全法》是否应当纳入健康法的专门法律规范体系？笔者认为，暂不宜将其纳入其中。理由有三：一是在立法目的上，尽管《生物安全法》也涉及人的生命健康权益保护，但主要是从国家安全、防范和应对生物安全风险的角度进行审视，这与《医师法》《传染病防治法》《国境卫生检疫法》《献血法》《药品管理法》等主要以人的生命健康权益保障为核心不同。二是在立法内容上，《生物安全法》与《民法典》等法律一样，不适合作为健康法的专门法律，更适合作为重要的法源。因为《生物安全法》《民法典》等法律的内容已经远远超出了健康法的范畴，只是内容存在部分交叉而已。三是《生物安全法》由全国人大环境与资源保护委员会负责起草，与传统的卫生健康行政部门、药品监管部门、医保行政部门等负责法律草案起草亦有不同。但无论如何，《生物安全法》对健康法的研究至关重要。

三、健康法的概念

国内学术界更多使用的是"卫生法"一词，对健康法的探讨寥若晨星，自然也很少对其进行界定。法谚有云："法律中所有定义都是危险的。"（All definitions in law are hazardous.）可是，不进行概念界定又往往缺乏讨论的基础，这的确是一个两难的选择。

首先需要说明的是，健康法的概念如同健康一样，不是一成不变的，而是动态发展的。传统观念认为，无病即为健康，但若用当今认知加以审视，这种理解是局限且狭隘的。这也是我们越来越重视整体健康的重要原因。世界卫生组织（WHO）认为，健康不仅是躯体没有疾病，还要具备心理健康、社会适应良好和具有道德。简言之，健康法就是所有调整与人体健康相关活动的法律规范的总称。尽管这种健康法的界定是宽泛的，但其核心意旨却十分清晰，即尊重、保护和实现公民的健康权，这也是健康法精神的核心要义，是健康法研究始终需要聚焦的主线，其背后的基础就是人们对健康有着共同的追求。

四、健康法的核心

有的学者认为，健康法（卫生法）的逻辑起点在于生命权。主要理由包括：首先，生命之意涵寓于"卫生"一词之中；其次，生命权在卫生法权利体系中属于最基本、最原始的权利；最后，生命权既是逻辑的起点，亦是历史和认识的起点。但不可否认的是，当代对于生命状态的评价的使命，为健康权所继承。随着"健康中国"战略的提出和《基本医疗卫生与健康促进法》强调的"国家和社会尊重、保护公民健康权"，健康权虽然不是卫生法学的逻辑起点，但已然成为核心范畴。[1]有的学者则更为明确地提出健康权是健康法（卫生法）研究的核心。理由是，没有生命当然也就没有健康，但是有生命并不一定就有健康。人生在世有赖于生命，而生命的最佳状态则有赖于健康。可以说，健康是生命的追求，没有健康的生命就是脆弱的生命，或者是毫无质量的生命。对于个人而言，没有健康便无法充分享受其他各项权

---

〔1〕 陈伟伟、刘毅："论卫生法学：学科定位、逻辑起点与体系建构"，载《社会科学研究》2022 年第 1 期。

利，甚至会丧失权利；对于民族而言，没有全民健康就没有全面小康。[1]

笔者认为，健康权作为健康法研究的核心，除前述理由外，还在于尽管生命权是最基础、最重要的权利，但生命权自身却存在一定的困境。这是因为，生命与主体资格同在，但法律其实难以为生命提供真正有效的保护。生命若未终结，生命权谈不上遭到侵害，需要法律提供保护的不是生命权而是健康权、身体权或其他人格权；而一旦足以认定生命权遭到侵害，生命亦告终结。此时，除了提供财产性的救济措施，法律对于生命本身无能为力，绝无可能让受害者起死回生。至于生命能否进行法律上的量化比较、人是否有终结自命的权利、法律能否容许"安乐死"、如何对待堕胎等问题，更是不容法律回避且永远都不会有正确答案之问题。[2]尽管这一论证是从民法的角度进行，但对于健康法这一领域法的研究却有着重大的借鉴与启发意义。

从发展历程考察，健康权比生命权要晚得多，是第二次世界大战之后随着当代人权法的出台和发展才出现的法律概念。健康权一般具有两个维度，一是私法上的健康权，主要内容是自然人对自身健康状况予以维护的权利，不受任何人的强制和干涉，是一种具有典型绝对权特质的人格权，具有一定的消极属性，即当权利受到侵害之时，才清晰地加以彰显或者显现。二是公私混合、强调弱势群体保护的社会法上的健康权，其不仅强调对自然人健康权受到侵害后的保护，还强调国家等相关主体对卫生健康服务（尤其是基本医疗卫生服务）的供给义务，以保障自然人健康权的实现，具有积极属性，其原设的"人像"就是与国家相比，无论是患者还是普通公民，均具有"弱"的特质。宪法意义上的健康权内涵最为丰富，是健康权消极属性和积极属性的"合体"。民法、社会法等部门法对健康权的相关规定，既是贯彻宪法

---

〔1〕 王晨光等：《健康法治的基石：健康权的源流、理论与制度》，北京大学出版社 2020 年版，第 10 页。

〔2〕 朱庆育：《民法总论》，北京大学出版社 2016 年版，第 406 页。江平教授曾指出，生命权是否为一种人格权，学者之间存在争议。历史法学派的代表人物萨维尼就坚决反对将生命权在民法中进行规定，否则就会得出一项"自杀权"。但是，我国民法学认为，既然生命被侵害能够得到法律的救济，实际上就承认了生命是一项权利。如果不是权利的东西，在法律上如何被救济呢？如果将生命作为一种权利规定，那么学术上的问题是：生命权对于自然人究竟是什么意义？因为生命权不像物权或者债权等财产权，不存在权利的取得与消灭的问题，不存在权利的转让与公示问题，不存在以生命为客体的任何交易，仅仅是被侵犯时受到的法律救济。江平主编：《民法学》，中国政法大学出版社 2019 年版，第 60~61 页。

上保障健康权的迫切需要，也是宪法上的健康权在部门法上的具体展开。由此可见，健康权的内涵要大于生命权的内涵。

我国于 1986 年颁布的《民法通则》采取的是民事权利专章立法的模式，其第 98 条"公民享有生命健康权"之规定开启了生命权和健康权的合体模式，由此可以看出生命权和健康权之间的密切联系。张俊浩教授认为，生命权是自然人以其性命维持和安全利益为内容的人格权。〔1〕马俊驹、余延满教授认为，健康权是自然人维护其生理机能正常运行和功能正常发挥，从而维持其生命活动的人格权。生命、健康都是人的根本利益。生命是健康的前提，没有生命则无所谓健康；健康则是自然人享有生命权的重要保障，健康受到侵害，对生命和身体都可能产生危害。〔2〕但是生命权和健康权毕竟是两项不同的民事权利，其应用场景与保护指向具有一定的差异性，因此自 2009 年《侵权责任法》〔3〕开始，我国在法律层面上已经将生命权和健康权单独列出，开启了分离模式。关于这一点，司法实务界分离得更早一些，典型适例为 2001 年《最高人民法院关于确定民事侵权精神损害赔偿责任若干问题的解释》〔4〕，其第 1 条第 1 款规定，"自然人因下列人格权利遭受非法侵害，向人民法院起诉请求赔偿精神损害的，人民法院应当依法予以受理：（一）生命权、健康权、身体权；（二）姓名权、肖像权、名誉权、荣誉权；（三）人格尊严权、人身自由权"。该司法解释将生命权、健康权在原《民法通则》规定的"生命健康权"的基础上成功分离。2020 年出台的《民法典》，无论是总则编第 110 条，还是（处于分则地位的）人格权编第 990 条，均将生命权和健康权进行了单独规定，使其在不同的场域中发挥各自功用。

综上所述，由于健康权需要依托于生命而存在，而生命权的追求在于保持健康，因此健康法的逻辑起点始于生命权，但核心却在于健康权。二者并非健康法保护主线上的"一体两翼"的平行关系，而是"一体之身"的先后关系。也恰恰因为二者所存在的这种先后关系，所以研究健康权的学者往往同时研究生命权，而专门研究生命权时，却未必会覆盖健康权。

---

〔1〕 张俊浩主编：《民法学原理》（上册），中国政法大学出版社 2000 年版，第 143 页。

〔2〕 马俊驹、余延满：《民法原论》，法律出版社 2005 年版，第 106 页。

〔3〕 2021 年 1 月 1 日起《民法典》施行后，《侵权责任法》同时废止。

〔4〕 该司法解释已于 2020 年 12 月 23 日进行了修正，自 2021 年 1 月 1 日与《民法典》同步实施。

五、健康法的基本原则

关于健康法的基本原则，无论是理论界还是实务界，均没有给予应有的重视。可以说，我国学者对健康法许多问题的讨论，实际上是在没有健康法基本原则的指导下进行的。加之研究主题相对琐细，导致我们研究热度很高，但研究精度不足，经常出现有些议题的讨论各说各话，甚至结论截然相反。一个领域法如果不能抽象出其自身的基本原则，其不可能具有什么重要的学术地位，亦难以获得良好的可持续发展。法律原则是为法律规则提供某种基础或本源的综合性的、指导性的原理或价值准则的一种法律规范。它是高度一般化层别的规范。既然法律原则位于高度一般化的层别，那么它的确定性与可预测性的程度就相对较低。因而，它不能直接用来对某个裁判进行证立，还需要进一步的规范性前提。[1]具体到健康法中，如何抽象出这种高度一般化层别的规范呢？专家学者们作出了一些努力，但众说纷纭，莫衷一是。

（一）主要分歧

当前，在健康法（卫生法）基本原则的归纳上，共出现了"二原则"说、"三原则"说、"四原则"说、"五原则"说、"六原则"说、"七原则"说、"八原则"说等，且在每一种学说项下，仍有不同的观点。例如，"二原则"说主要包括两种观点：一是认为卫生法的基本原则包括生命健康保障原则、科技促进与伦理约束原则，[2]二是认为卫生法的基本原则包括卫生法治原则和公民生命健康权利保护原则。[3]笔者在此不一一列举，而是择其代表观点予以说明。"三原则"说认为，卫生法的基本原则包括保障公民健康原则、政府主导原则和预防为主原则；[4]"四原则"说主张，卫生法的基本原则包括预防为主原则、卫生保护原则、公平原则、保障社会健康原则；[5]"五原则"说认为，卫生法的基本原则包括保障人权原则、健康正义原则、自

---

〔1〕［德］罗伯特·阿列克西：《法律论证理论》，舒国滢译，中国法制出版社2002年版，第301~321页。转引自舒国滢主编：《法理学导论》，北京大学出版社2019年版，第108~109页。

〔2〕解志勇主编：《卫生法学通论》，中国政法大学出版社2022年版，第55~71页。

〔3〕尹口："论卫生法的基本原则"，载《中国卫生法制》2008年第4期。

〔4〕陈云良主编：《卫生法学》，高等教育出版社2019年版，第9~11页。

〔5〕汪建荣："我国卫生法的概念、特征和基本原则"，载《中国卫生法制》2001年第3期。

主原则、共治原则、促进健康原则；[1]"六原则"说主张，卫生法的基本原则包括保护人的生命健康权益原则、坚持国家医药卫生事业公益性原则、预防为主与防治结合原则、中西医协调发展原则、全民卫生监督原则、全社会参与原则；[2]"七原则"说认为，卫生法的基本原则包括保护公民身体健康原则、公平原则、预防为主原则、保护社会健康原则、动员全社会参与原则、国家卫生监督原则、奖励与惩罚相结合原则；[3]"八原则"说认为，卫生法的基本原则包括保护公民生命健康权益原则、公益性原则、预防为主原则、依靠科技进步原则、中西医协调发展原则、动员全社会参与原则、国家卫生监督原则、患者权利自主原则。[4]

(二) 分析与讨论

事实上，早在 20 世纪 80 年代，我国就有学者开始探讨卫生法的基本原则问题，其认为主要包括保护公民身体健康原则、预防为主与综合治理原则、传统医学与现代医学相结合原则、卫生工作与群众运动相结合原则。[5]按照上述分类，应当将其归入"四原则"说。这说明，该一问题并不"新"，因为其至少经历了 40 余年的探索和研究，但恰恰说明这个问题很"难"，因为至今仍然分歧较大。那么一个很关键的问题是，领域法的基本原则应当具备何种条件呢？有的学者认为，其应当具备法律性、统率性、概括性、特殊性(以下简称"四性")，并且指出当前关于卫生法基本原则的观点，不论是内容指向，还是叙述方式，均较为杂乱。突出问题主要表现在以下五个方面：一是内容指向基本正确，但用语不够精确，或者不符合法律表述习惯；二是把政策或普通事项视为法律原则；三是机械套搬、生吞活剥医学原则和卫生政策；四是照抄其他部门法原则，忽视卫生法作为交叉领域的特殊性；五是层次不分，把本属于下位原则、适用领域狭窄、统率力不足，或者内涵不清、指向不明的所谓"原则"奉为圭臬。[6]笔者赞同上述定性，并且认为其关于

---

[1] 申卫星主编：《卫生法学原论》，人民出版社 2022 年版，第 45 页。

[2] 吴崇其、张静主编：《卫生法学》，法律出版社 2010 年版，第 23~25 页。

[3] 达庆东、田侃主编：《卫生法学纲要》，复旦大学出版社 2014 年版，第 16~17 页。

[4] 张静、赵敏主编：《卫生法学》，清华大学出版社 2020 年版，第 13~14 页。

[5] 王镭主编：《中国卫生法学》，中国人民大学出版社 1988 年版，第 53~61 页。

[6] 解志勇："卫生法基本原则论要"，载《比较法研究》2019 年第 3 期。

"四性"的讨论大大推进了卫生法基本原则的讨论。

（三）本书观点

前文已述，由于健康法的范围要比卫生法的范围更广，因此探讨健康法的基本原则将更为困难。笔者曾经留意这一问题，但坦率地说，并没有进行系统而深入的思考与研究。近些年来对健康产品法、健康保障法的关注反向促使笔者认识到这一问题的重要性。在遵从前述"四性"的基础上，实际上在寻求最大范围内的共识，也只有这样，有些原则才有可能进入到健康法的基本原则之列。

尽管关于健康法的体系同样颇具争议（后文详述），但有一条主线是清晰并贯彻始终的，就是生命健康权益保障，其既涵盖了作为健康法逻辑起点的生命权保障，又涵盖了作为健康法核心内容的健康权保障，同时还预留了需要受到保护但尚未上升为权利的、与生命健康密切相关的其他合法利益，故统称为"生命健康权益保障"。若没有足够、充分且正当的理由，尚不宜将其他原则上升为健康法的基本原则，否则就要承担证立责任。

笔者将"生命健康权益保障"作为健康法的基本原则的主张具有立法（尤其是关于立法目的）上的支持（见表1）。值得一提的是，"医疗保障法"尽管尚未成为正式法律，但是其征求意见稿中明确规定该法的立法目的是"为规范医疗保障关系，健全高质量多层次医疗保障体系，维护公民医疗保障合法权益，推动医疗保障事业健康发展"。其中，"维护公民医疗保障合法权益"的立法目的，也蕴含保障公民生命健康权益之义。笔者的本意并非要混淆立法目的和基本原则，而是试图通过对立法目的的全面考察，归纳出能够符合"四性"且能够贯彻始终的基本原则，其最大公约数就在于生命健康权益保障。问题在于，在"生命健康权益保障"基本原则之外，还有哪些原则可以上升为健康法的基本原则？笔者的答案是悲观的。尽管在所有健康法（卫生法）基本原则的讨论中，"二原则"说中的"科技促进与伦理约束原则"最接近上升为基本原则，但是这一原则似乎在网络法、人工智能法等领域法中仍可适用，无法将健康法与其他领域法作出有效区分。如果健康法、网络法、人工智能法等领域法均可共用这一原则，那么它将是多个具体的领域法的上位基本原则，而非一个具体的领域法所独有的基本原则。

表 1　卫生法律的立法目的

法律名称	立法目的
《基本医疗卫生与健康促进法》	为了发展医疗卫生与健康事业，保障公民享有基本医疗卫生服务，提高公民健康水平，推进健康中国建设，根据宪法，制定本法。
《精神卫生法》	为了发展精神卫生事业，规范精神卫生服务，维护精神障碍患者的合法权益，制定本法。
《职业病防治法》	为了预防、控制和消除职业病危害，防治职业病，保护劳动者健康及其相关权益，促进经济社会发展，根据宪法，制定本法。
《红十字会法》	为了保护人的生命和健康，维护人的尊严，发扬人道主义精神，促进和平进步事业，保障和规范红十字会依法履行职责，制定本法。
《母婴保健法》	为了保障母亲和婴儿健康，提高出生人口素质，根据宪法，制定本法。
《人口与计划生育法》	为了实现人口与经济、社会、资源、环境的协调发展，推行计划生育，维护公民的合法权益，促进家庭幸福、民族繁荣与社会进步，根据宪法，制定本法。
《献血法》	为保证医疗临床用血需要和安全，保障献血者和用血者身体健康，发扬人道主义精神，促进社会主义物质文明和精神文明建设，制定本法。
《食品安全法》	为了保证食品安全，保障公众身体健康和生命安全，制定本法。
《国境卫生检疫法》	为了防止传染病由国外传入或者由国内传出，实施国境卫生检疫，保护人体健康，制定本法。
《传染病防治法》	为了预防、控制和消除传染病的发生与流行，保障人体健康和公共卫生，制定本法。
《医师法》	为了保障医师合法权益，规范医师执业行为，加强医师队伍建设，保护人民健康，推进健康中国建设，制定本法。
《中医药法》	为了继承和弘扬中医药，保障和促进中医药事业发展，保护人民健康，制定本法。

续表

法律名称	立法目的
《疫苗管理法》	为了加强疫苗管理，保证疫苗质量和供应，规范预防接种，促进疫苗行业发展，保障公众健康，维护公共卫生安全，制定本法。
《药品管理法》	为了加强药品管理，保证药品质量，保障公众用药安全和合法权益，保护和促进公众健康，制定本法。

（四）基本原则是否已经闭合

关于健康法基本原则的讨论一定还会继续，因此除"生命健康权益保障"原则之外，是否尚存其他基本原则？这不是一个已经静止闭合的问题，而是一个动态开放的问题。具体包括两层含义：一是可以从根本上颠覆"生命健康权益保障"作为健康法的基本原则，然后进行健康法基本原则的重构。二是在"生命健康权益保障"作为基本原则之一的基础上，进行健康法其他基本原则的归纳。在这方面，我们所能借鉴的国外经验实际上是有限的，因为不同国家的健康法具有不同的体系范围，在管理体制和运行机制上也存在较大的差别（如医疗管理体制、医疗保障体制等）。这就决定了对基本原则的研究缺乏相同或者相似的基础。因此，重要的还是在我国现有的健康法体系之下，得出适合本土的基本原则。很显然，这不是一个或者数个学者的努力所能做到的，而是需要健康法学术共同体的持续努力才能实现。

法谚有云："原则不需要论证。"这在很大程度上说明，对健康法基本原则进行抽象概括将异常艰难，可能需要经历一个很长的过程才能形成共识。而且，这种共识多半不是基于创造，而是源于对既定真理的发现。

六、健康法的体系

关于健康法（卫生法）的体系，这是一个比健康权概念、原则更难界定的命题，理论上亦存在诸多争议。

（一）学术界的理论争议

就学术界的讨论而言，主要呈现出五种观点：一是"三分法"。在"三分法"内部又存在一定的争议。有的学者认为，卫生法应当分为卫生法基本原理、公共卫生法、医事法三个部分。[1]有的学者则认为，卫生法应当包括公共卫生法、医疗卫生法、生命伦理法。[2]二是"四分法"。这种观点认为，卫生法主要包括公共卫生法、医事法、医疗保险法、健康产品法四个部分。[3]三是"五分法"。在"五分法"内部又存在一定的分歧。有的学者认为，卫生法主要包括医事法、药事法、公共卫生法、健康保障法、生命伦理法。[4]有的学者则认为，卫生法分为宪法层面的卫生法、公共卫生法、医事法、医疗保障法、医疗损害赔偿法。[5]四是"六分法"。这种观点认为卫生法主要包括生命健康权益与特殊人权健康权益保护、公共卫生监督管理、疾病预防控制、生命健康产品监督、医疗服务监督管理、医药卫生科技发展与管理等内容。[6]五是"八分法"。这种观点认为卫生法主要包括卫生基本法、公共卫生服务法、医疗服务与保障法、健康促进法、公共卫生监督法、环境保护法、公共危机管理法和国际公共卫生法。[7]从现有的学术争议考察，足见分歧之大，且丝毫没有减轻、消弭之势。

（二）健康法体系的内在构成

在国内，部分学者将卫生法与健康法几乎视为同义语加以使用，从上述对卫生法的体系探讨就可以洞察。当前讨论健康法的体系，坦率地说难度很大。一方面是实践的发展并不完全，也并不充分，使得原本应当纳入该体系的部分容易被主观地排除；另一方面则是学术界缺乏对此问题的研究，尤其是缺乏系统性、深入性探究，使得我国健康法的体系问题始终没有得到应有

---

[1] 陈伟伟、刘毅："论卫生法学：学科定位、逻辑起点与体系建构"，载《社会科学研究》2022年第1期。

[2] 乐虹、赵敏主编：《中国卫生法发展研究》，华中科技大学出版社2020年版，第83~87页。

[3] 王晨光："疫情防控法律体系优化的逻辑及展开"，载《中外法学》2020年第3期。需要注意的是，王晨光教授曾经也主张"三分法"，主要包括医事法、公共卫生法、健康产品法（包括食品、药品、化妆品、医疗器械和保健用品等）。参见王晨光："时代发展、学科交叉和法学领域拓展——以卫生法学为例"，载《应用法学评论》2019年第1期。笔者将王晨光教授的观点划入"四分法"主要有两个理由：一是主张"三分法"的文章发表在前，主张"四分法"的文章发表在后，视为新观点修正旧观点；二是从笔者与王晨光教授的交往和探讨中发现其主要坚持的是"四分法"。

[4] 解志勇主编：《卫生法学通论》，中国政法大学出版社2022年版，第9页。

[5] 陈云良主编：《卫生法学》，高等教育出版社2019年版，第15~17页。

[6] 吴崇其、张静主编：《卫生法学》，法律出版社2010年版，第30~32页。

[7] 石东风：《卫生法学理论与实践：相关基本问题辨析》，吉林大学出版社2011年版，第40页。

的重视，边界难以划定。

2019 年 3 月 13 日，国家统计局通过了《健康产业统计分类（2019）》，自 2019 年 4 月 1 日起实施。该文件指出，健康产业是指以医疗卫生和生物技术、生命科学为基础，以维护、改善和促进人民群众健康为目的，为社会公众提供与健康直接或密切相关的产品（货物和服务）的生产活动集合。健康产业范围包括医疗卫生服务，健康事务、健康环境管理与科研技术服务，健康人才教育与健康知识普及，健康促进服务，健康保障与金融服务，智慧健康技术服务，药品及其他健康产品流通服务，其他与健康相关服务，医药制造，医疗仪器设备及器械制造，健康用品、器材与智能设备制造，医疗卫生机构设施建设，中药材种植、养殖和采集 13 个大类。

由此可见，我国《健康产业统计分类（2019）》对健康产业的体系界定是非常广博的，但若是按照内容进行归类，大致包括公共卫生、医事、健康产品、健康保障四大领域，与之对应的领域则是公共卫生法[1]、医事法、健康产品法、健康保障法。从学术界的讨论考察，医事法、公共卫生法是健康法的两个重要组成部分已经不存在争议，在此不做过多讨论。有争议的是医疗保障法、生命伦理法（或者医学伦理法）、健康促进法是否为健康法体系的二级分支？

首先，由于医疗保障是医疗卫生乃至健康领域一个重要组成，是"三医联动"（医保、医疗、医药）不可或缺的一环，因此健康法的体系中应当包含具有典型社会法属性的医疗保障法。但是"医疗保障法"的概念范围较窄，包括医疗保险和医疗救助，主要以报销或者救助投保人发生意外时产生的医疗费用为目的，而健康保障不仅可以涵盖医疗保障难以覆盖的生育保险、护

---

〔1〕 无论是英国学者还是美国学者，他们对公共卫生法的界定都是比较宽泛的。英国学者约翰·科根（John Coggon）等认为，"公共卫生法是一个研究领域与实务领域，它涉及法律、政策和规制的许多方面，无论如何理解，这些促进或限制了在人群内部、人群之间和跨人群展开的保护和促进健康的活动"。[英] 约翰·科根、基思·赛雷特、A. M. 维安：《公共卫生法：伦理、治理与规制》，宋华琳等译，译林出版社 2021 年版，第 34 页。美国学者劳伦斯·高斯汀（Lawrence O. Gostin）等认为，"公共卫生法的研究内容包括：政府为确保人们享有健康生活（包括识别、预防及降低人群的健康风险）的条件应拥有哪些权力、承担哪些职责；政府为公共利益而限制个人自治、隐私、自由、所有权以及其他合法权益时，其权力应受到何种限制。公共卫生法的首要目标是：秉持社会正义价值观，追求最高水平的群体的身心健康"。[美] 劳伦斯·高斯汀、林赛·威利：《公共卫生法：权利·责任·限制》，苏玉菊、刘碧波、穆冠群译，北京大学出版社 2021 年版，第 4 页。

理保险等，而且侧重报销投保人的健康问题，因此使用健康保障比医疗保障更加符合当前时代发展的趋势和需求，覆盖范围更为全面与精准。此外，从医疗保障向健康保障转变，不仅是调整范围的拓宽，亦是理念的重要转变（后文将重点讨论）。[1]因此，"三分法""六分法""八分法"在体系上有所缺失，而"四分法""五分法"关于医疗保险、医疗保障的表述则偏窄。

其次，生命伦理法是否应当与医事法、公共卫生法并列成为健康法的一个分支？近些年来，医药卫生领域伦理法治化的趋势明显，[2]加强生命伦理法的研究、重视生命伦理法的地位，让其成为健康法的一个有机组成部分，具有一定的合理性和正当性。但是这种划分方法，亦存难以自圆其说之处。生命伦理属于伦理的范畴。健康法属于法律的范畴。法律与伦理有着不同的规范空间和规范层次，它们在规范价值层次、调整范围、规范方式和强制程度等方面存在很大差异。[3]在生命伦理规范没有转化为法律规范之前，其应当作为伦理规范规制健康领域。当生命伦理规范转化为法律规范之时，它已经不仅是伦理规范，还是具有强制力的法律规范，构成生命伦理法。由于生命伦理法贯穿于公共卫生法、医事法、健康产品法、健康保障法等各个领域，因此不必将其单独列出以与上述健康法的数个组成部分相并列。若要将其单独列出，此时健康法的划分标准势必就会发生变动，即非以健康各个有机环节进行划分，容易造成划分标准的双重性。

再次，WHO 对健康促进的界定是"促使人们维护和提高自身健康的全过程，是协调人类与环境的战略，它规定了个人与社会对健康各自所负的责任"。关于"健康促进"存在着广义和狭义的理解。从社会发展层面（经济、生产力、文化等和社会医学的高度将健康促进视为改变影响健康的社会决定因素）增进健康的总体战略，这就是广义的"健康促进"。它主要由国家和政

---

〔1〕 医疗保障逐渐转向健康保障已是当前医保部门的共识，但在实操方面尚未破题，对此应进行积极探索，大胆创新，让群众有更多获得感、幸福感、安全感。参见张雅娟等："利用平台思维探索医疗保障向健康保障转变"，载《中国社会保障》2021 年第 12 期。从长远来看，以疾病治疗为中心的筹资和支付体系效率低下，不可持续；而提升健康水平并缩减人群间的差异，才是医改的终极目标。正因此，在逐步解决"病有所医"问题的基础上，还需转变理念、多聚焦健康，致力于提升全民健康覆盖的质量，矢志增强基本医疗卫生制度的可持续性，推动"医疗保障"向"健康保障"转型。顾雪非："从'医疗保障'向'健康保障'转型"，载《人民日报》2016 年 8 月 19 日，第 5 版。
〔2〕 赵鹏："生物医学研究伦理规制的法治化"，载《中国法学》2021 年第 6 期。
〔3〕 刘华："法律与伦理的关系新论"，载《政治与法律》2002 年第 1 期。

府主导，总体顶层设计与策划，调动、协调各方各类资源，统筹规划，全面推进。而狭义的"健康促进"是把健康促进本身看作公共健康领域的一项具体工作策略和思维模式，主要由卫生与健康体系人员理解与操作。现行多种专业书籍所表述的"健康促进"实际上就是这个层面的含义。它是社会、研究者介绍给卫生体系人员的维护公众健康的工作策略及思维模式。其强调在维护公众健康的具体工作中要争取政策、环境的支持，动员人群参与。不管是广义的健康促进还是狭义的健康促进，它们的根本目标都是维护公众的健康，能在不同的层面发挥各自的重要作用。[1]因此，从本质上讲，健康促进属于公共卫生的范畴。它通过调动社会各方的资源和力量，作为一种手段、措施实现促进公众健康的目的，因此，在健康法体系的二级分支上，健康促进法不宜与医事法、公共卫生法等并列，应作为公共卫生法的下一级分支，因此，"八分法"的观点存在一定的逻辑缺陷。

最后，健康产品法、健康环境法是否有必要单独存在？通常而言，健康产品包括食品、药品、化妆品、消毒产品、医疗器械、保健用品以及涉及生活饮用水安全产品等。有的学者将食品安全和监管归入公共卫生法的范畴进行调整，把药品安全和监管归入药事法的范畴进行调整，其他的产品作为健康相关产品而独立存在。应当说，这样的归类具有一定道理，也紧密把握了食品、药品等健康产品的特点，但也存在一定的不足。因为体系建构的过程需要建立在公因式之上，将具有相似属性或者相同特质的一类健康产品，分别置于健康法不同的分支体系，反而不利于自身体系构建。因此，笔者倾向于将健康产品法作为健康法体系下一个独立的分支，与医事法、公共卫生法、健康保障法等并列。健康环境法原是环境法的一个分支，由于其与健康法密切相关，因而受到越来越多的关注和重视，它强调通过环境的改善提升人的健康，大致能够被健康保障法所涵盖，因此笔者也不建议将健康环境法作为健康法的一个独立分支。

此外，无论是"六分法"还是"八分法"，实际上都存在着一个共同的问题，即没有进行必要的整合。例如，在"六分法"中，公共卫生监督管理、疾病预防控制等，可以归入公共卫生法的范畴；在"八分法"中，公共卫生

---

〔1〕 李浴峰、马海燕：《健康教育与健康促进》，人民卫生出版社2020年版，第15页。

服务法、公共卫生监督法等亦可归入公共卫生法的范畴。法律体系，有时也称"法的体系"或者简称"法体系"，是指由一国现行的全部法律规范按照不同的法律部门分类组合而形成的一个呈体系化的有机联系的统一整体。[1]因此，健康法体系主要是指国内法范畴，国际公共卫生法一般不纳入其中，尤其是在其没有转化为国内法前置之前，更是如此。至于我国没有加入的国际卫生公约、没有接受的习惯，更不可能进入我国的健康法体系。同时需要指出的是，健康法体系不同于健康法学体系，前者属于法律的体系建构，后者属于法学的学术建构。与健康法的概念相似，健康法的体系也是动态发展的，恰恰因为这一原因，它一直保持着旺盛的生命力。

七、健康权的司法救济

法谚有云："没有救济，就没有权利。"关于健康权能否通过司法进行救济，传统理论认为，健康权等社会权不具有可司法性。根据部分学者考察，近三四十年来，除美国、欧盟、加拿大外，不管是拉丁美洲的阿根廷、巴西、哥伦比亚、哥斯达黎加，还是亚洲的印度和印度尼西亚，抑或非洲的南非和尼日利亚，都为公民的医疗健康保障提供了不同程度或不同方式的权利性救济。而且，就目前社会权司法救济的研究成果来看，整体上呈现出两种基本的研究取向：一是规范性取向的研究，主要探讨社会权不可司法裁决性的主要内容，并从权利属性、分权架构和法院的制度能力等多个角度回应了不可司法性的难题挑战，为社会权的可诉性证成做出了理论上的探索；二是描述性取向的研究，即基于社会权司法诉讼现象展开实证研究。以健康权为例，学者们探索了一些国家健康权诉讼的实际效果、健康权诉讼同相应法域内医疗卫生健康保障体制的关系运作实态以及个别国家健康权诉讼的情况报告等。[2]

随着问题疫苗、毒大米、毒奶粉等事件的发生，探讨公民健康权的司法救济问题已经不能停留于纸面，而应当刻不容缓地落到实处。健康权具有可诉性，不仅是司法机关对于健康权承担尊重义务的前提，也是司法机关承担对于健康权的保护义务和给付义务的必要条件。我国于1997年正式签署并于

---

〔1〕 张文显主编：《法理学》，高等教育出版社、北京大学出版社2007年版，第126页。
〔2〕 李广德：《共济与请求：健康权的司法展开》，北京大学出版社2022年版，第87~88页。

2001 年批准了《经济、社会及文化权利国际公约》。《关于执行〈经济、社会及文化权利国际公约〉的林堡原则》第 17 条规定，各缔约国应当运用一切适当的措施，以履行其依公约所承担的义务。这其中就包括司法措施。联合国经济社会及文化权利委员会第 14 号一般性意见在补救办法和责任部分（第 59 段），明确指出当自然人或群体的健康权受到侵害时，应该有机会从缔约方和国际社会得到有效的司法或其他方式的补救；而且还特别规定（第 61 段）缔约方应当鼓励法官和其他法律从业人员，加强对侵犯健康权问题的重视程度。因此，当我国公民的健康权受损时，理应得到有效的司法救济。[1] 不过，这是一个较为重大的疑难问题，有待学界进一步深入研究与广泛探讨。

八、健康法的未来

2017 年 3 月 24 日，北京大学名誉校董、比尔及梅琳达·盖茨基金会联席主席比尔·盖茨一行访问北京大学，并就"中国的未来：创新、慈善与全球领导力"为题展开对话。比尔·盖茨指出，健康、农业、能源和技术这四个领域潜力无限。美国法学院入学委员会也认可将健康法作为法律职业实践层面的重要领域。无论健康法能否在未来成为一个独立的法学二级学科，均不能否认其作为领域法的典型代表对部门法以及其他学科的良性互动，尤其是将问题进行归类，突破部门法的线性藩篱，进行更为周延的切面研究，使得问题探究更为立体、更加全面。解决问题具有"一站式"的特点，防止单一部门法研究所带来的割裂，这就是可圈可点的进步。未来，无论是法学院校，还是医药院校，抑或其他科研机构，相信会有更多的学者关注健康法这一领域。这与人们对健康关注的稳步提升同频共振，并与其他领域法一道绽放风采，通过立法、执法、司法、守法各个环节，保障人的生命安全和身体健康，尊重人的价值与人格尊严，确认和保护人的健康权利，充分彰显健康法的精神。

德国刑法学家埃里克·希尔根多夫在其《医疗刑法导论》中曾言，与其他刑法相比，医疗刑法具有一些特殊的特征。它在很大程度上取决于医学技术的发展，由于这种发展是非常迅猛的，医疗刑法会不断面临新的问题。[2]

---

〔1〕邹艳晖："论健康权的可诉性"，载《南阳理工学院学报》2017 年第 9 期。
〔2〕［德］埃里克·希尔根多夫：《医疗刑法导论》，王芳凯译，北京大学出版社 2021 年版，第 11 页。

以刑法维度看待医疗法尚且如此，如果将其置于民法、行政法、刑法、社会法等多角度的部门法以及研究领域更为宽泛的健康法中更是如此。[1]随着我国健康法的不断发展和完善，健康法"法典化"将成为一种可能，这一方式亦能够增强公共卫生法律体系的规范化、逻辑化。[2]法国于1953年便着手编撰《公共卫生法典》，于1958年获得成功，率先完成了健康法领域中的局部法典化。[3]因此，我们有理由期待法典化之后的健康法一定会成为一门"显学"。彼时，它不再是领域法中一颗新星，而是一颗闪耀的明星甚至巨星，而当前正处于奔跑的路上！

---

〔1〕 2022年7月22日，全国首例"单身女性冻卵案"当事人徐某某收到一审判决书，法院驳回其所有诉讼请求。简要案情如下：2018年12月，时年30岁的徐某某向北京某医院寻求冻卵服务，各项健康检查结果显示其身体状况良好，符合冻卵需要，但医院以其单身身份及非医疗目的为由拒绝为其提供冻卵服务。此后，徐某某以"一般人格权纠纷"案由将医院告上法庭，请求法院判令被告停止对其一般人格权的侵害，为其提供冻卵服务，并判令被告承担本案诉讼费，但没有获得一审法院的支持。法院裁判的主要依据是《人类辅助生殖技术管理办法》和《人类辅助生殖技术规范》的相关规定。该案系人类辅助生殖技术所带来的法律与伦理问题。这提示我们，科学技术的发展对健康法的影响将成为未来健康法研究的一项重要内容。

〔2〕 钟南山、曾益康、陈伟伟："我国公共卫生治理现代化的法治保障"，载《法治社会》2022年第2期。

〔3〕 1958年法国《公共卫生法典》颁布后，法国社会与医疗卫生领域的高速发展导致法典不再符合社会现实的需求。到2000年时，1958年法国《公共卫生法典》原条文中仍然生效的条款只有十余条。2000年，法国颁布《关于〈公共卫生法典〉法律部分的法令》，秉持以卫生体系优化为主的立法理念，于2002年完成对《公共卫生法典》实质性再法典化。再法典化后，法国《公共卫生法典》分为六个部分：健康基本保护；性与生殖健康、女性权利及儿童、未成年人与青年健康；抗击疾病与成瘾；医务人员；健康产品；医疗机构与医疗服务。2002年法国《公共卫生法典》以健康系统使用者权益保障开篇，体现立法中心的转移，也淡化了公共卫生法与医事法的隔阂。参见陈云良："高质量发展的公共卫生法之道"，载《求索》2023年第2期。

健康法研究：体系化与类型化思维的缺欠

对于一个学科而言，除界定其内涵和外延之外，还有一项重要的任务就是廓清其体系范围。这一点对新兴的交叉学科——健康法而言同样适用，亦十分必要。作为健康法分支的公共卫生法、医事法、健康产品法、健康保障法，虽然"向上"支撑了健康法的体系，但"向下"仍有自身的体系。这种体系逐级展开，直到不能再展开为止。从这个层面而言，我国的健康立法同样受到大陆法系（尤其概念法学）思维的影响。换言之，一个学科就是按照这种不同层级的体系进行逐级解构与建构，最后形成总的学科体系，其在整体上呈现出一种类似于"差序格局"的样态。

一、健康法的研究轨道

当前，研究健康法的学者在数量上已经不少，但是从研究内容的分布上看，对健康法进行或者有能力进行体系化探究的学者仍显不足，这当然与初创学科必须要经历一段或长或短的"阵痛期"有关。如果这个基础夯实得扎实牢靠，健康法的研究就是良性、健康和可持续的。相反，如果这个基础比较薄弱，甚至在一些方面误入歧途，就会使得健康法的研究陷入恶性、虚弱和不可持续的境地。问题在于，健康法的研究轨道怎样才是正确的？有何标准又该如何评判？这显然是一个见仁见智的问题，实难给出令众人信服且相对统一的答案。

笔者认为，尽管我们论证何为"正确的轨道"比较困难，但是我们似乎更容易判断或者辨识何为"不妥"甚至"错误"。健康法要想实现良性、健康和可持续发展，首要解决的不是具体制度和规则的研究，而是理念、体系、原则尤其是思维方式的确立，因为这些均属方向性内容，具有根本性、基础性和标准性的指导功用。当然，也不能因此而产生一定的误解，认为健康法的具体制度与规则研究不重要，而是旨在警示：若一味地研究制度和规则，就会"只见树木，不见森林"，容易落入"竖井"式思维，自然也就远离相对全面、正确的结论，与健康法正确的研究轨道渐行渐远。正所谓"知之非难，行之不易"。没有正确的研究方向和研究方法，就无法完成扎实的基础理论构建，就难以完成高水平的健康法研究这一重任。

二、类型化思维与体系化思维的"内需"与"外显"

（一）类型化思维与体系化思维的"内需"

面对复杂多变的国际国内形势，新冠疫情之后我们正面临着"百年未有之大变局"，健康法所要面对的问题将更为疑难复杂，新的法律问题在不断涌现，这就需要对其进行必要的类型化研究，这也是体系化研究不可或缺的环节。如果学界的学者缺少类型化思维，那么很有可能导致彼此之间的对话是苍白的，甚至是无效的，不利于共同推进健康法的横纵拓展。这也是成熟的部门法学者常常对诸如健康法这样的新兴交叉学科有些"不屑"的主要原因之一。缺乏必要的类型化、体系化支撑，学科的独特性就得不到充分挖掘与论证，研究内容常会（完全）落入其他部门法的行列，而没有自己专属的学术领地，只是各部门法一部分内容的简单拼接而已。比如，医疗损害责任与一般的侵权责任究竟存在哪些独特之处，其作为民法上的研究内容和作为卫生法上的研究内容，除共同的部分之外，是否还存在其他分野以及侧重点的不同？如果不能回答这些问题，就会沦为所谓的"马法"（law of horses），[1]即一个不成体系并缺乏概念化的集合。作为医疗行为，其能否被进一步类型化而彰显其体系性和独特性？作为与健康法最为密切联系的民法、行政法、刑法、社会法，能否在其内容体系之外划定出独有的内容或者研究范围，是能否证成健康法独立存在之价值所在。

---

[1] 伊斯特布鲁克（Easterbrook）法官讥评网络法（cyber law）的一段妙语正可用之于它："其中一堆案例用来处理马匹的销售；另一堆涉及被马匹踢伤之人；还有一堆管着许可证及赛马活动，或者那些殷勤的兽医，要不就是马匹秀的大奖。把这些乱糟糟的线头拢入'马匹法'这条绳索？任何此类企图注定都会船入浅滩，你总也找不到一以贯之的原则。"Frank H. Easterbrook，"Cyberspace and the Law of Horse"，U. CHI. LEGAL F.，207（1996）. 转引自 [美] 马克斯韦尔·梅尔曼等：《以往与来者——美国卫生法学五十年》，唐超等译，中国政法大学出版社 2012 年版，第 74 页。

（二）类型化思维与体系化思维的"外显"

1. 医疗行为的类型化思维与体系化思维

医疗行为是医事法中的核心概念，也是重要的公因式。但是长期以来，学界对其类型化研究不足，在探讨某些特定问题的时候，常常不做任何类型化区分就试图对其定性讨论。问题在于，医疗行为真的都一样吗？一个简单而有效的检验方法就是看其能否被进一步类型化。如果其已经不能被进一步类型化，那么其作为最小的公因式就具有相同的属性；相反，如果其尚能被进一步类型化，那么上述问题就需要进一步证成或者证伪，否则我们无法得出医疗行为项下的各类医疗行为一定具有相同属性的结论。当前，医疗行为至少可以被进一步区分为普通的医疗行为、医疗美容行为、健康体检行为、试验性医疗行为、强制医疗行为等多种类型。[1]这几种类型均为常见现象，就连强制医疗行为也因为疫情的暴发变得耳熟能详。

对于普通的医疗行为，医疗机构及其医务人员无法亦不应约定甚至承诺治疗效果，即医患双方不存在效果约定的合意，医疗机构不负担结果债务，只负担手段债务或者过程债务，即按照法律、行政法规、规章以及其他诊疗规范的规定，尽到与当时医疗水平相适应的诊疗义务即可。这是一种法定义务，与当事人是否进行了相关约定并无直接关联。换言之，鉴于对医务机构的适当诊疗义务已经在法律上作出了明确规定，其发挥了一种"底线"的功用，至于合同是否约定，并不影响其法律效果。普通诊疗行为小到感冒发烧等常见病、多发病的医疗行为，大到开颅、移植等难度较高的复杂手术，实际上都充满了风险性，永远不可能承诺100%成功，医疗机构及其医护人员如果作出这样的承诺，反倒是一种不负责任的表现，亦有违医学伦理。

对于医疗美容行为，尽管其基础或者前提是医疗行为，但是从目的上考察，其并不完全与普通的医疗行为相同，即其不是为了疾病的治愈和健康的

---

[1] 德国学者埃里克·希尔根多夫对医疗行为的分类是按照医生干预行为的目的进行划分的，大致分类两大类：一方面，它能够以病患痊愈为目的，人们将其称作狭义意义上的医疗干预（Heileingriff im engeren Sinne）。另一方面，也存在一些医疗干预，其并不是主要被用来治愈病患，如纯粹的整容手术。参见［德］埃里克·希尔根多夫：《医疗刑法导论》，王芳凯译，北京大学出版社2021年版，第14页。可以说，德国对医疗行为类型化的讨论，对医事法研究的深入起到很重要的作用，最明显的体现就是关于医疗告知义务的区别，以及何种情况下可以阻却违法性的讨论。

恢复，而是基于美的需要。这种美的需要具有以下三个显著特点：一是主要追求外观美，而不是功能的恢复、改善或者提升。二是主要取悦自己，至于他人的评价，往往并非在必须考虑的范围之内。当然，现实中亦有取悦于他人的现象，如为了恋爱按另一方的要求所进行的医疗美容，但这并非常态，也未从根本上颠覆美的需要这一核心目的。三是医疗美容行为经过合同双方的合意，可以进行医疗美容效果的具体约定，甚至可以通过图片或者视频留存证据，以待医疗美容完成之后进行比对，判断是否实现了预期效果。由此可见，普通的诊疗行为和医疗美容行为存在明显差别，这种差别是否会影响到具体的法律适用？从我国地方立法和司法实践考察，基本上可以得出肯定的结论。[1]为了避免赘述，笔者将在后文详细阐述和论证。

健康体检行为，通常不是为了治疗疾病，更多的是为了预防和筛查疾病，而且从对象上考察，除患有某种疾病的患者之外，还包括健康人群。这与普通医疗行为均为患者存在实质性差别，且在目的上亦存在显著不同。普通医疗行为是为了治疗和康复，而健康体检行为是通过检测检查了解自身的健康状况，从而为下一步的普通诊疗行为提供参考或者依据。此外，还有一个很重要的维度差异不容忽略，即商业化程度不同。具体而言，健康体检行为与医疗美容行为相近，商业化倾向比较明显，而普通诊疗行为所坚持的是公益性方向，尽管局部有可能呈现出营利的趋向，但本质尚未改变。针对当前无论是一部分公立医疗机构还是一部分非公立医疗机构所存在的过度检查或者过度医疗问题，国家正在通过立法和医保监管使其回归公益性。例如，我国《基本医疗卫生与健康促进法》第3条规定，"医疗卫生与健康事业应当坚持以人民为中心，为人民健康服务。医疗卫生事业应当坚持公益性原则"。再如随着《中共中央 国务院关于深化医疗保障制度改革的意见》《医疗保障基金使用监督管理条例》等政策、法律文件出台，医疗保障行政部门加强了对医保基金的监管，对医疗行为和医务人员（如医保医师）进行规制，在很大程度上致使普通诊疗行为回归公益性。

对于临床试验中的医疗行为，受试者既可能是健康的受试者（主要为 I 期临床试验），也可能是罹患某种疾病的患者（如 II 期临床试验和 III 期临床试

---

〔1〕 刘炫麟："论医疗美容纠纷的法律适用"，载《法律适用（司法案例）》2018 年第 6 期。

验的受试者）。但无论是哪一种，这种试验性医疗行为与相对成熟的普通诊疗行为存在较大差别，最为显著的就是试验性医疗行为的不确定性、风险性更高，受试者往往自己并不直接受益，而是通过试验性医疗行为，为未来同类患者获得更好的治疗提供宝贵数据，进而产生一种新药或者新的干预、治疗措施以及获得一种新的认知。从这个意义上说，每一个受试者都是"英雄"，都有着奉献助人的一面。但需要注意的是，临床试验中的受试者（尤其是从医院住院病人中招募的受试者）常常处于更为弱势的地位，需要受到法律、伦理更多的照护与关怀，否则其会陷入一种十分不利的境地，因为其与试验机构及其研究者在地位上是不对等的，容易受到一定的干扰，进而影响到自我决定权的行使。为了避免试验性医疗的商业化，国家法律法规禁止引诱受试者参加临床试验，只允许对受试者额外支出（如额外采血的营养费、额外来院的交通费等）进行适当补偿，整体上说也是坚持公益性的。这与医疗美容行为、健康体检行为的商业化特征迥异。

关于强制医疗行为特殊之处，为了避免不必要的重复，笔者也将在后文予以讨论。综上可知，在健康法的研究中，如果我们对医疗行为不能作出更为精细的类型化研究，只是泛泛地研讨医疗行为而忽略其本质特性，研究结果就有可能发生偏颇，学科体系也将因无法完成基础构建而难以形成。

2. 医患关系的类型化思维与体系化思维

医患关系的法律属性是学界长期讨论但尚未达成共识的一个问题。综合学界的理论研究，大致可分为民事法律关系说、行政法律关系说、经济法律关系说、社会法律关系说和医事法（卫生法）说。

（1）民事法律关系说。有的学者认为，医患关系属于民事法律关系，[1]理由是医患关系的双方当事人均为民事主体（医疗机构多为法人或其他组织，患者为自然人），其法律地位平等；除强制医疗关系外，医患关系的建立、变更或终止，医患关系中权利义务的确定以及医疗纠纷的处理，实行意思自治；医患关系中的权利义务属于民事权利和民事义务，医患关系一旦形成，患者有请求医疗机构提供诊疗服务的权利，医疗机构则有请求患者方支付医疗费用的权利。此外，在医疗过程中，还会涉及患者的人身权（如生命权、健康权、

［1］ 柳经纬、李茂年：《医患关系法论》，中信出版社 2002 年版，第 6 页。另可参见梁慧星："给法官们的建议"，载《公民导刊》1999 年第 2 期。

身体权、隐私权等）的保护问题，这些民事权利也可构成医患关系的内容。

（2）行政法律关系说。有的学者认为，医患关系属于行政法律关系。理由是，国家主体医疗卫生事业中各级各类医疗单位的运作及其从业人员的工作，除受上级行政机关委托的临时或长期专业工作（如征兵体检、高考体检、驾驶员体检等）外，几乎都处于卫生行政法律的规范之下，如食品卫生管理、药品管理、国境卫生检疫管理、传染病防治管理、妇幼保健管理、爱国卫生运动管理、计划生育管理等各方面的法律法规，皆从各自的范围委授医疗单位及其从业人员相应的职责、权力。各单位在绝大部分正常业务工作范围内，都是被授权人，具备行政主体的资格。综上所述，国家主体医疗卫生事业中的各级各类医疗单位均具备行政主体资格，与其相关的医患关系是行政法律关系。[1]

（3）经济法律关系。有的学者或者实务人士主张，医患关系属于经济法律关系。理由是，《消费者权益保护法》属于经济法的范畴，公民看病就医属于消费行为，由此形成的医患关系自然应当适用《消费者权益保护法》的规定。尽管在理论界主张医患关系属于经济法律关系的学者并不多，但是在实务界却受到四股力量的推动：一是患者在维权之时，常常遇到如何寻找法律依据的问题，既有民法上的，也有行政法上的，还有刑法上的，但在这"三大法"之外，其试图寻求一定的突破，而《消费者权益保护法》所确立的惩罚性赔偿制度，在一定程度上"激励"了消费者寻求《消费者权益保护法》的救济。消费者组织作为以保护消费者利益为宗旨而成立的各种非营利性的、专门性的组织，[2]亦推动医患关系适用《消费者权益保护法》，[3]这是来自消费者及消费者组织的推动。二是一部分法院在审理有关医疗纠纷时，主张适用《消费者权益保护法》，这是来自司法实务的推动。[4]三是广东省、浙江省、

---

[1] 胡晓翔："再论国家主体医疗卫生事业中的医患关系的法律属性——兼驳两个错误观点"，载《山东医科大学学报（社会科学版）》1999年第1期。

[2] 吴宏伟主编：《消费者权益保护法》，中国人民大学出版社2014年版，第53页。

[3] "中消协新闻发言人指出：患者就医是消费行为"，载《法制日报》2000年3月16日，第3版。

[4] 例如，1999年，泸州市中级人民法院审判委员会讨论通过了《审理医疗案件的若干意见（试行）》，其中第11条明确指出："适用法律。医疗损害赔偿案件适用法律的顺序为：（1）法律，即《民法通则》《合同法》《消费者权益保护法》等；（2）法规，即《医疗事故处理办法》；（3）规章及规范文件，如卫生行政部门关于处理医疗纠纷及医疗管理的规范文件。"

甘肃省、辽宁省等已在制定或者修订地方实施《消费者权益保护法》的办法之时，将一部分医疗行为纳入了消费者权益保护的调整范围，这是来自地方立法的推动。[1]四是在学术上将患者视为消费者，将医疗机构视为经营者，处于弱势地位的患者前往医疗机构看病就诊属于为了满足生活需要而寻求医疗服务，在支付了相关医疗费用之后，由医疗机构提供服务，尤其是在当前一部分医疗机构营利趋向明显的情况下，更加凸显了其可以具备"经营者"的角色，这是来自学术上的推动。

（4）社会法律关系。有的学者认为，医患关系属于社会法律关系。主要理由是，在社会保障背景下的医患关系，一方面体现为个别患者和医疗机构间微观的医患法律关系，另一方面也体现为社会公众与医疗机构整体或部分医疗机构间宏观的医患法律关系。具体而言，首先，医疗卫生事业以社会利益为本位。宪法及相关法律规定的公民的疾病求助权和社会保障权，医疗法规规定的医疗机构的强制诊治义务等，都与公民的生活有着密不可分的关系，都是为了谋求公民普遍的生存健康保障，都是以社会大众为获利对象，充分体现了患者权利的社会性。其次，医患法律关系具有社会干预性。基于医患间实际地位的差别，必须以充分的社会干预保证医院公正而善意地对待患者。在我国，不仅医疗服务和药品价格都应在政府严格的控制下，对医院的服务质量也要有政府、社会等全方位的监督。最后，医患法律关系的展开过程具有强制性。在民法及商法领域，涉及的是私人利益，以私法自治为其基本的运作原则。而医患法律关系的建立不仅具有强制性，而且诊疗义务的履行不应以患者的缴费义务为必然前提。这不仅体现在医院的危、急诊疗中，还体现在其他非危、急患者的医疗保障中。通过这种强制和非对价性的保障措施，保障公民的基本健康权，保证社会免遭疾患侵扰，实现社会安全。[2]

---

〔1〕例如，1996年，江苏省第八届人民代表大会常务委员会第二十四次会议通过了《江苏省实施〈中华人民共和国消费者权益保护法〉办法》，其第11条第2款规定，"医疗卫生单位应当提高诊疗水平和服务质量，严格执行药品质量、价格规定和医疗收费标准，不得销售以日用品包装的药品或者将日用品作为药品推销，增加患者负担"。

〔2〕孔繁军："医患法律关系属性论纲"，载《中国卫生法制》2005年第6期。在早期的著述中，也有学者倾向于将医患关系作为社会法律关系。理由是，卫生法律关系既包括纵向的管理关系，也包括横向的平等的服务关系，纵向关系和横向关系相互交叉，相互结合，形成一个统一的有机整体，具有综合性的特征。卫生立法是综合性的社会立法，不仅包括纵向的卫生管理立法，还包括关于国家

（5）医事法（卫生法）说。医患关系既不归属于民法，也不归属于行政法。医患关系只能归属于医事（卫生）法，受医事法调整。而医事法本身就是一个独立的法律体系，既不调整纵向的行政法律关系，也不调整横向的民事法律关系，它调整的是斜向的医事（卫生）法律关系。医事法是一个完全并列于民法和行政法的独立的法律体系。在论证上，以医学科学及医事法律行为具有高科技性、高风险性、社会福利性、职务性进行论证。[1]

3. 评价与启示

无论是将医患关系定性为何种法律关系，均是站在特定角度进行观察、分析和归纳所得出的结论。而且，作为学说而言，随着时间的推移，不但有可能会发生一定的变动，而且理论界的学术观点和实务界的认定也会发生一定的修正，有时甚至是根本性的转向，因此，不宜以今日之眼光看待数年甚至数十年前之观点，亦不可以一成不变之著述材料去衡量一位学者。应当说，学者、法官等职业群体基于独立的思考或审判所秉持的观点，至少在当时的历史条件下都代表着一种有价值的探索，各具一定的合理成分。但是作为学术研究，还是应当站在更为宏观、更为客观以及更为前瞻的角度进行评价，进而寻求相对可靠的结论。

首先，医患关系本身就是一个内涵并不十分明晰的概念，概括起来，其具有广义和狭义之分。狭义上的医患关系，通常指的是医生和患者之间的关系。广义上的医患关系，则通常是指医方（医生、护士、医技甚至行政等）和患方（患者本人、患者监护人、患者近亲属甚至工作单位等）之间的关系。尽管医患关系是描述人与人之间的关系，但是其并非法律概念，这也导致包括法学学科在内的不同学科的学者在不同层面上加以使用，并进行对话。

若泛泛地探究医患关系的法律属性，其实是不准确的，也往往是不可行的。医患双方在医院因为诊疗行为发生肢体冲突，其性质可以被界定为违反治安管理处罚的违法行为。这其中既包括医疗服务合同关系，也包括行政处罚

（接上页）机关、企事业单位、社会团体和公民个人之间在医疗卫生预防保健服务过程中的横向的平等权利义务关系的立法。与之相适应，卫生法律关系也包括两个方面，纵向的卫生管理关系和横向的卫生服务关系，两个方面纵横交叉，构成一个整体。参见王镭主编：《中国卫生法学》，中国人民大学出版社1988年版，第42页。

〔1〕 张赞宁："论医患关系的法律属性"，载《医学与哲学》2001年第4期。

法律关系，还可以在医患关系层面上进行讨论或者评价，进而得出"医患关系不佳"的结论。正是因为不同的学科特点和术语含义难以兼容，导致虽然使用同一语词，但其核心要义却可能大相径庭。由于我国医务人员执业需要在相应的医疗、预防和保健机构注册，因此医务人员在诊疗行为的法律关系上，不具有独立的民事主体地位，而是由医疗机构作为医疗服务合同法律关系的一方主体，医务人员只是医疗机构执行具体职务的行为人。

对医患关系法律属性的讨论，是否需要区分公立医疗机构与非公立医疗机构？笔者认为，这样的考虑虽然有一定的道理，但是缺陷也是显而易见的。因为真正影响性质界定的往往不是主体属性，而是行为性质，尤其是给付内容的性质判断。例如，有的公立医疗机构也可以在一定范围内从事营利性活动，有的非公立医疗机构也可以从事公益性行为，或者承担一部分公益性职能。主体类型的不同，与行为性质之间并不存在直接的或者必然的关联。恰如行政主体参与具体的法律关系一样，并不能必然得出是行政法律关系而非民事法律关系的结论。因此，无论是讨论狭义医患关系的法律属性还是广义医患关系的法律属性，如果以主体属性进行界分，往往难以得出正确的结论。但是，无论是哪一种讨论，实际上我们都应当对其进行类型化的思考，也只有在经历了类型化思考之后，才能够得知其是否已经是最小的公因式或者自身项下仍有一定的体系，从而准确捕捉所要界定和评判的对象。

实践中，有的医患之间实际上存在医疗服务合同关系或者无因管理关系（如《民法典》第184条），其属于平等主体之间的民事法律关系，主要受到私法尤其是民法的调整。但也有一部分医患之间的法律关系不是基于主体的意愿，而是基于公权力的授予或者委托，进而在医患之间形成强制医疗关系。这在《传染病防治法》《精神卫生法》中得到了充分体现。此时，如果再按照民事法律关系来处理和对待医患关系，显然就没有注意到其特殊性了。除此之外，国家为了保障公民的健康权，向本国的国民免费提供基本医疗卫生服务，也不宜适用私法调整，而应由社会法或者行政法加以调整。至于医疗服务合同关系中的医疗美容合同关系，由于其不是为了疾病的治愈或者身体的康复，而主要是基于追求美的需要，在当前居民健康需求不断攀升的新时代，将其纳入《消费者权益保护法》这一经济法调整范围具有一定的合理性，也有效回应了一些医疗美容机构借助（虚假）医疗广告招揽求美者，导致求美者人身和财产权益受到侵害的案件时有发生，适用《消费者权益保护法》的规定，如惩罚性赔偿制度，既有利于对求美者进行救济，亦可有力惩戒一些没有社会责任心的医疗美容机构。由于我国医疗保障具有覆盖广的特点，因此在医患关系中，绝大部分患者是被保险人，具有医保定点资格的医疗机构和药店属于医疗保险的履行辅助人。这两个主体均与政府、医疗保障经办机构等主体发生法律上的关系，主要受到社会法的调整。[1]

类型化和体系化思维有利于进一步准确界定医患关系的法律属性，也可以回应学界长期以来关于医患关系的法律属性究竟是民事法律关系，还是行政法律关系，抑或经济法律关系、社会法律关系、斜向法律关系等学术争论。关于医患关系属于斜向法律关系的界定，由于其模糊了不同场景下医患关系的法律属性界定，且医事（卫生）法的属性不明，仍需进一步界定，因而并不足取。究其原委，主要是我国健康法的研究没有真正建立体系，也没有在相应的体系下进行类型化讨论。因此，学界中关于医患关系法律属性的讨论众说纷纭，莫衷一是，在难以说服对方的同时，亦难以在同一轨道上进行有效对话。可以说，医患关系复合性、综合性的特点决定了不同性质的法律介入医患关系规制的必要性，因而呈现出不同层面上的多种法律属性，需要在特定的应用环境或场景下进行具体讨论。

4. 医疗健康数据权属的类型化思维和体系化思维

随着互联网、大数据、人工智能时代的到来，医疗健康数据作为一种重要的数据已经为世界各国所高度重视，我国亦是如此。应当说，医疗健康数据不仅是一种重要的无形资产，还是一种重大的战略资源。因此，医疗健康数据权益的保护不仅事关权利人的个体利益，而且事关国家安全。

《欧盟一般数据保护条例》（General Data Protection Regulation，GDPR）将"与自然人健康相关的数据"作为特殊类型的数据进行处理。我国《个人信息保护法》将"医疗健康"作为"敏感个人信息"进行对待，但在《民法典》关于"隐私权和个人信息保护"章节中并未区分敏感个人信息和非敏感个人信息。由此可以看出，我国《个人信息保护法》是对《民法典》关于个人信

---

〔1〕 我国 2010 年《社会保险法》在第三章专章规定了基本医疗保险。我国于 2019 年《基本医疗卫生与健康促进法》在第七章（资金保障）中对医疗保障作出了规定。这两部法律均属于社会法，具有公私法混合的特点。

息保护方面的细化，揭示出二者特别法与一般法的关系。[1]

我国《民法典》第 127 条规定，"法律对数据、网络虚拟财产的保护有规定的，依照其规定。"在《民法典》出台之前，对数据保护的规定很少，因为理论界和实务界对是否要规定数据保护以及如何保护，实际上存在一些争议。然而，数据交易在实践中已经出现，使得数据权属问题不再是一个是否需要关注的选择题，而是必须予以关注并试图解决的必答题。包括医疗健康数据在内的数据保护，传统的做法可以通过知识产权（如著作权）制度和反不正当竞争中的商业秘密制度进行保护，但这显然无法完全解决数据的权属问题。

传统物权法强调归属，现代物权法不仅强调归属，而且更强调利用。尽管医疗健康数据还不能完全被纳入物权法中"物"的范畴，但是关于数据归属和利用的问题已经大量浮出水面。利用的前提是归属的确定，如果归属不确定甚至存在纠纷，那么利用起来就会产生争议或者纠纷。实践中的难题在于，即便是归属确定，在利用上至少存在四个层面上的问题：一是应不应当利用，如应不应当对外开放？二是应当按照什么样的程序开放和利用，是主动公开，还是依据申请公开？三是应当向哪些主体开放和利用？四是即便是可以开放和利用，究竟在何种范围内进行？由此可见，时至现代社会，在强调数据"归属与利用"二元结构的基础上，更为重视"利用"。

由于医疗健康数据涉及主体之多，如公民（包括患者）、医疗机构（含医务人员）、政府、疾控机构、药企、保险公司等，每个主体都可能会不同程度地参与到"数据"的生成过程中。基于不同的利用目标，各主体的利益指向难以一致，在相当程度上增加了医疗健康数据归属和利用的难度。这也是为何这个主题在理论研究上进展缓慢且在实践发展中屡屡受阻的重要原因。毫不夸张地说，这已经影响到数据的功用发挥，造成了医疗健康数据资源的"闲置"，没有释放出其应有的社会效益和经济效益。但是由于当前法律法规的缺位与理论研究的不足，不合规的风险或担忧又致使数据保有者只能"闲置"数据，不敢越雷池半步，归属和利用之间的平衡难以实现，甚是可惜。

医疗健康数据不仅代表着一种智力创造，代表着一种巨大价值（科研价值、商业价值等），还具有人格权的属性。理论界在研究其归属之时，往往没

---

[1] 王利明："论《个人信息保护法》与《民法典》的适用关系"，载《湖湘法学评论》2021年第 1 期。

有建立类型化思维和体系化思维，无论是认为医疗健康数据归属于公民个人，还是医疗机构，抑或政府及其他主体，均难以得出妥适或正确的结论。而且，尽管有些国家或者地区没有严格区分数据和信息的保护，但是进入现代社会以来，信息和数据已经从之前的"混同"表达发展到当前的"区别"对待。更为重要的是，医疗健康数据的权属问题具有自身的体系，应当进行类型化的讨论和处理。

首先，应当明确的是，医疗健康数据虽来源于患者，并不能直接得出医疗健康数据就应当归属于患者的必然结论。对于那些基于患者身体所记录、测量的客观数据，应当归属于患者，如果医疗机构想对这些数据进行挖掘和利用，原则上都应当获得患者的知情同意，且在有些情况下需要获得患者的书面同意，即通过知情同意制度实现其正当性和合法性；虽然基于患者的身体，但是基于医务人员执行职务行为的主观判断所记录、测量的数据，则在权利配置方面倾向于归属于患者与医疗机构共有，因为此时的数据既有原始数据，又不再局限于原始数据，因为这些数据凝结了医务人员的劳动和智慧。例如，B超既有客观记录、测量患者肝、胆、胰、脾等部位的原始数据，又有医师基于经验判断所作的结论或者提示；如果完全是医疗机构的医务人员创新性工作形成的新数据，如医务人员死亡病例讨论或者基于逻辑推演出的新数据，在权利配置上应当归属于医疗机构。

其次，对于去标识化的医疗健康数据和匿名化的医疗健康数据，需要在区分的基础上进行分类讨论。所谓"去标识化"就是指个人信息经过处理，使其在不借助额外信息的情况下无法识别特定自然人的过程。所谓"匿名化"则是指个人信息经过处理无法识别特定自然人且不能复原的过程。匿名化的医疗健康数据由于无法溯源，所以不受《个人信息保护法》的保护，其使用原则上无需获得患者的知情同意。但是，去识别化的医疗健康数据，由于仍可以借助一些信息实现溯源，所以仍属于《个人信息保护法》的保护范畴，需要适用知情同意制度。无论是去标识化，还是匿名化，均不改变医疗健康数据的归属。至于医疗健康数据是权利归属于患者，还是为患者和医疗机构所共有，抑或归属于医疗机构，主要是考察有无凝结医务人员的劳动和智慧以及程度如何（如同前文所述）。如果是去标识化和匿名化形成的医疗健康大数据，则已经超越了个体数据，则应当将其归属于医疗机构。

最后，多个医疗机构形成的医疗健康数据、疾病预防控制机构形成的卫生健康数据提交至卫生健康行政部门之时，卫生健康行政部门就会因此形成区域医疗健康数据，此时应当将数据的权属赋予政府卫生健康主管部门，因为区域医疗健康大数据不再局限于具体的哪一家医疗机构的医疗健康数据，而是汇总后的整体数据，体现的是政府卫生健康主管部门的劳动和智慧凝结。而且我国医疗机构以公立医疗机构为主体，主要由政府举办，由政府取得医疗健康数据的权属，具有法律上的合理性和正当性。这意味着，从地方到中央各级行政区域所形成的医疗健康大数据，应当归于相应级别的政府。

2022年《中共中央 国务院关于构建数据基础制度更好发挥数据要素作用的意见》（以下简称"数据二十条"）指出，数据作为新型生产要素，是数字化、网络化、智能化的基础，已快速融入生产、分配、流通、消费和社会服务管理等各环节，深刻改变着生产方式、生活方式和社会治理方式。"数据二十条"回避了"所有权"的概念，而是采纳了"财产权"的概念，其重要考虑之一就是避免陷入传统物权法的分析框架而无法自拔，淡化归属，凸显利用。"数据二十条"明确提出探索数据产权结构性分置制度，要求建立公共数据、企业数据、个人数据的分类分级确权授权制度。要根据数据来源和数据生成特征，分别界定数据生产、流通、使用过程中各参与方享有的合法权利，建立数据资源持有权、数据加工使用权、数据产品经营权等分置的产权运行机制。持有权、使用权和经营权三权分置的制度设计，有利于助推我国数字经济的腾飞。

三、时代之问：在不确定之中如何寻求确定

无论是医疗行为，还是医患关系，抑或医疗健康数据权属，都只是健康法研究中的冰山一角。如果缺乏体系化、类型化的思维，我们诸多讨论可能不在同一频道或者同一平台。即使在同一频道或者同一平台，也始终无法深入下去。这是当前健康法研究的"痛点"所在，亟须在这些方面进行全面整理并取得实质性突破，而突破的路径就是充分借鉴法学乃至社会科学的研究方法，博采众长，不仅需要法律规范的法教义学分析，而且需要应用型的对策分析，还需要超越二者之上的归纳演绎，重视概念化的基础理论研究，方能在不确定之中寻求确定。从这个意义上说，健康法尚有很长的道路要走！

美国哲学家宾克莱曾说，我们的时代常被称为相对主义的时代。受工业都市社会的发展和科学方法的影响，各种绝对的东西都在失去信仰。于是就有了这样的诗句：

全看你在什么地点，
全看你在什么时间，
全看你感觉到什么，
全看你感觉如何。
全看你得到什么培养，
全看是什么东西受到赞扬，
今日为是，明日为非，
法国之乐，英国之悲。
一切看观点如何，
不管来自澳大利亚还是廷巴克图，
在罗马你就得遵从罗马人的习俗，
假如正巧情调相合，
那么你就算有了道德。
哪里有许多思潮相互对抗，
一切就得看情况，一切就得看情况……[1]

健康法受到各国政治、经济、社会、文化、科技等多种因素的综合影响，尽管应当秉持"世界眼光"，但最终仍需回到"中国问题"，选择一条契合中国本土的道路，并积极构建相应的学科体系、学术体系、话语体系。加强健康法的法治建设，不仅是完善中国特色社会主义法律体系的必然要求，而且是满足民生建设和社会治理现代化的客观需要，重若泰山，意义非凡。

---

[1] ［美］L. J. 宾克莱：《理想的冲突——西方社会中变化着的价值观念》，马元德等译，商务印书馆 1983 年版，第 9 页。

首部卫生健康基础法、综合法诞生 *

世界卫生组织曾在 1977 年第 30 届世界卫生大会上将 "2000 年人人享有卫生保健" 确定为全球战略目标，并于 1978 年在哈萨克斯坦共和国召开的阿拉木图会议上提出实施初级卫生保健是实现 "2000 年人人享有卫生保健" 这一目标的关键。1998 年世界卫生组织召开的第 51 届世界卫生大会又通过了 "21 世纪人人享有卫生保健" 的文件。我国政府早在 1983 年就作出承诺，要为实现这一战略目标进行不懈努力。我国是一个发展中国家，把初级卫生保健作为卫生工作的重点，可以以较少的卫生投入，满足人民群众日益增长的卫生保健需求，使我国人民 "达到最高可能的健康水平"。[1]

一、制定过程 "长路漫漫"

为了通过立法实现 "人人享有卫生保健" 的目标，理论界曾在 20 世纪 90 年代提出制定一部具有基础地位的卫生法。2003 年，第十届全国人大常委会将 "初级卫生保健法" 列入了立法规划第一类项目，并明确由国务院提请审议。2008 年，第十一届全国人大常委会继续将这一项目列入立法规划第一类项目，并将法律名称调整为 "基本医疗卫生保健法"。2013 年，第十二届全国人大常委会将 "基本医疗卫生法" 列入立法规划第一类项目。立法名称之所以发生变化，一个很重要的理由是，2009 年 3 月 17 日颁布的《中共中央国务院关于深化医药卫生体制改革的意见》要求加快推进基本医疗卫生立法，

---

 * 部分内容曾刊发于《中国医学论坛报》，本文有修改。原文参见刘炫麟："我国卫生健康领域首部基本法亮点梳理——《中华人民共和国基本医疗卫生与健康促进法》解读"，载《中国医学论坛报》2020 年 5 月 7 日，第 A6 ~A7 版。
　〔1〕 汪建荣："初级卫生保健法的立法思路"，载《中国卫生法制》2005 年第 1 期。

而不再提"保健"二字。其中一个原因就是避免国际国内一些不必要的误解，即认为我们的基本医疗卫生保障水平很低。2014 年，党的十八届四中全会提出，由全国人大相关专门委员会、全国人大常委会法制工作委员会组织有关部门参与起草综合性、全局性、基础性等重要法律草案制度。为加快立法进程，草案的起草和提案机关由国家卫生健康委员会调整为全国人大教科文卫委员会。2016 年年底，初步法律草案已经完成。

2016 年 8 月 19 日至 20 日，全国卫生与健康大会在北京胜利举行。习近平总书记出席会议并发表了重要讲话。他强调，没有全民健康，就没有全面小康。要把人民健康放在优先发展的战略地位，以普及健康生活、优化健康服务、完善健康保障、建设健康环境、发展健康产业为重点，加快推进健康中国建设，努力全方位、全周期保障人民健康，为实现"两个一百年"奋斗目标、实现中华民族伟大复兴的中国梦打下坚实健康基础。2016 年 8 月 26 日，中共中央、国务院通过了《"健康中国 2030"规划纲要》。2017 年 10 月 18 日，党的十九大胜利召开，报告中明确提出要"实施健康中国战略"。全国人大教科文卫委认为，这些重大举措和部署，将卫生与健康工作提到了一个新的高度，不仅对卫生与健康工作本身提出了新的要求，同时对立法工作提出了新的要求，原来的法律名称和调整范围已经不能完全适应新形势对卫生立法的要求，因此将法律名称调整为"基本医疗卫生与健康促进法"，同时相应地扩充了法律的调整范围，主要是增加了健康促进的相关内容。2017 年至 2019 年先后经过四次审议，最终于 2019 年 12 月 28 日由第十三届全国人大常委会第十五次会议表决通过，名称最终定为《基本医疗卫生与健康促进法》。

《基本医疗卫生与健康促进法》的颁布，标志着我国卫生健康立法有了长足的进步，其成为我国卫生健康法律谱系中首部基础性、综合性法律。全文共 10 章 110 条，凸显了"保基本、强基层、促健康"理念，统辖着《医师法》《中医药法》《传染病防治法》《精神卫生法》《母婴保健法》《药品管理法》等十余部卫生健康专门法律，并引领和指导未来的相关立法。该法自 2020 年 6 月 1 日起施行，迄今已经 3 年有余，发挥了非常重要的作用。《基本医疗卫生与健康促进法》可以用"444"表示。具体而言，就是历经 4 次更名，横跨 4 届全国人大立法规划，历经 4 次审议。虽荆棘满路，然终成正果，在我国卫生健康立法史上，具有里程碑的意义。

二、立法亮点"可圈可点"

就内容而言，我国《基本医疗卫生与健康促进法》不仅首次在立法上界定了"基本医疗卫生服务"，而且进一步明确了政府、卫生健康行政部门、基层群众性自治组织、社会组织、个人等不同主体在健康促进中的职责和作用，可以说横跨了医疗卫生和健康两大领域，并作出了诸多制度安排，且通过资金保障、监督管理和法律责任予以强力支撑，保障公民人人享有基本医疗卫生服务的目标实现，切实提高公民的健康水平，全面勾勒出"大健康"的雏形和理念。

（一）健康权的实质平等保护

《基本医疗卫生与健康促进法》第4条第1款明确指出，国家和社会尊重、保护公民的健康权。该法首次明定"健康权"，这是宪法上健康权的内容彰显和体系延展。该法要求，国家制定并实施未成年人、妇女、老年人、残疾人等的健康工作计划，加强重点人群健康服务（第76条）。为妇女儿童提供妇幼保健服务（第24条），将老年人健康管理和常见病预防等纳入基本公共卫生服务项目（第25条），完善残疾预防和残疾人康复的保障体系（第26条），支持儿童用药品和防治罕见病、重大疾病等药品的研制、生产（第60条）等规定集中体现了特殊群体健康权实质平等的思想与举措。

（二）坚持预防为主的理念

习近平总书记曾在全国卫生与健康大会上强调，要坚定不移地贯彻预防为主的方针，坚持防治结合、联防联控、群防群控，努力为人民群众提供全生命周期的卫生与健康服务。要重视重大疾病防控，优化防治策略，最大程度减少人群患病，从以治病为中心转变为以人民健康为中心。这些思想和内容在《基本医疗卫生与健康促进法》中均有体现。此外，该法还要求不断建立或健全健康教育制度、突发事件卫生应急体系、预防接种制度、慢性非传染性疾病防控与管理制度、职业健康保护、妇幼健康服务体系、残疾预防和残疾人康复及其保障体系、院前急救体系、精神卫生服务体系、分级诊疗制度、家庭医生签约服务等，支撑和保障预防为主理念的贯彻和落实，以实现预期的健康目标。

(三) 鼓励社会办医并保障其公平对待

《基本医疗卫生与健康促进法》对社会办医的相关规定虽然略显粗疏，但已是难能可贵，为社会办医在提供基本医疗卫生服务、医联体建设和分级诊疗等制度衔接上进一步明确了方向。

根据《基本医疗卫生与健康促进法》第 18 条的规定，县级以上人民政府通过举办专业公共卫生机构、基层医疗卫生机构和医院，或者从其他医疗卫生机构购买服务的方式提供基本公共卫生服务。该法第 29 条规定，基本医疗服务主要由政府举办的医疗卫生机构提供，鼓励社会力量举办的医疗卫生机构提供基本医疗服务。这说明，我国社会办医在基本医疗卫生服务的提供上大有可为，尤其在一些公立医疗机构不能或者难以覆盖的区域，更是可以发挥重要的"补位"功用，保障该区域的公民获得均质化、可及性的基本医疗卫生服务。同时，国家采取多种措施，鼓励和引导社会力量依法举办医疗卫生机构，支持和规范社会力量举办的医疗卫生机构与政府举办的医疗卫生机构开展多种类型的医疗业务、学科建设等方面的合作，并在医保定点、特定医疗技术准入等方面享有与政府举办的医疗卫生机构同等的权利。这相当于在除人事安排以外，将社会力量举办的非营利性医疗卫生机构与政府举办的医疗卫生机构同等对待。尤其在财政补助和用地方面，力度空前，也坚持了问题导向。[1]

县级以上地方人民政府根据本行政区域医疗卫生需求，整合区域内政府举办的医疗卫生资源，因地制宜建立医疗联合体等协同联动的医疗服务合作机制。鼓励社会力量举办的医疗卫生机构参与医疗服务合作机制。这实际上已经为社会办医参与医联体建设提供制度接口，按照公平竞争择优的原则，支持向社会办基层医疗机构购买服务，为社区居民提供家庭医生签约和有关公共卫生服务，进一步健全我国的分级诊疗制度。社会办医与医联体建设、分级诊疗密切相关，切不可孤立、割裂视之。

---

〔1〕 袁杰、丁巍、赵宁主编：《〈中华人民共和国基本医疗卫生与健康促进法〉释义》，中国民主法制出版社 2020 年版，第 113 页。

（四） 对于医疗机构的规制与保护

1. 对医疗机构的规制

《基本医疗卫生与健康促进法》第99条明文规定，医疗机构应当依法取得执业许可证，否则县级以上人民政府卫生健康主管部门就可以责令停止执业活动，没收违法所得和药品、医疗器械，并处违法所得五倍以上二十倍以下的罚款，违法所得不足一万元的，按一万元计算；禁止伪造、变造、买卖、出租、出借医疗机构执业许可证，若有违反，则由县级以上人民政府卫生健康主管部门责令改正，没收违法所得，并处违法所得五倍以上十五倍以下的罚款，违法所得不足一万元的，按一万元计算；情节严重的，吊销医疗机构执业许可证。[1]

该法第100条规定，政府举办的医疗卫生机构不得与其他组织投资设立非独立法人资格的医疗卫生机构，不得与社会资本合作举办营利性医疗卫生机构；医疗卫生机构不得对外出租、承包医疗科室；非营利性医疗卫生机构不得向出资人、举办者分配或者变相分配收益。若有违反，则由县级以上人民政府卫生健康主管部门责令其改正，没收违法所得，并处违法所得二倍以上十倍以下的罚款，违法所得不足一万元的，按一万元计算；对直接负责的主管人员和其他直接责任人员依法给予处分。《基本医疗卫生与健康促进法》之所以如此规制，是因为该法第40条明确强调，"政府举办的医疗卫生机构应当坚持公益性质，所有收支均纳入预算管理，按照医疗卫生服务体系规划合理设置并控制规模。国家鼓励政府举办的医疗卫生机构与社会力量合作举办非营利性医疗卫生机构。政府举办的医疗卫生机构不得与其他组织投资设立非独立法人资格的医疗卫生机构，不得与社会资本合作举办营利性医疗卫生机构。"若非营利性医疗卫生机构向出资人、举办者分配或者变相分配收益，则违背了非营利性医疗卫生机构的举办目的，成为或者变相成为营利性

---

[1] 2022年，我国对《医疗机构管理条例》进行了第二次修订。修订之前的《医疗机构管理条例》第46条规定，违反本条例第23条规定，出卖、转让、出借医疗机构执业许可证的，由县级以上人民政府卫生行政部门没收非法所得，并可以处以5000元以下的罚款；情节严重的，吊销其医疗机构执业许可证。这就与《基本医疗卫生与健康促进法》第99条的规定相矛盾，尽管从上位法优于下位法的角度可以解决，但《医疗机构管理条例》自身的滞后性却暴露无遗。修订之后的《医疗机构管理条例》第43条规定，违反本条例第23条规定，未取得医疗机构执业许可证擅自执业的，依照《基本医疗卫生与健康促进法》的规定予以处罚。可以说，这一修订保障了法律适用的统一。

的医疗卫生机构。关于医疗机构非法对外出租承包科室的案件，豪康伟业公司与陕西省某人民医院合同纠纷案即为典型案例，名为"合作"，实为通过科室外包为非医疗机构提供相应的医疗资质进行经营，然后通过收入分配等方式获取相应的对价，构成变相出让医疗机构执业许可证的行为。[1]

2. 对医疗机构的保护

关于医疗机构的属性（即是否属于公共场所），我国理论界和实务界曾经存在很大的分歧。[2]《基本医疗卫生与健康促进法》将医疗卫生机构执业场所界定为提供医疗卫生服务的公共场所，为公安机关依法打击干扰医疗秩序的行为提供明确依据，亦平息了我国理论界和实务界多年来的争论，有利于保障医疗机构的财产权益等。[3]《基本医疗卫生与健康促进法》将医疗卫生机构的执业场所界定为公共场所，也结束了之前法律层面没有界定而只能靠地方立法的局面。例如，2016 年《深圳经济特区医疗条例》第 47 条就曾明确规定，医疗机构执业场所是医疗机构提供医疗服务的公共场所，医疗机构及其卫生技术人员的执业活动受法律保护。[4]但是该条例仅在深圳经济特区具有法律效力，因此具有很强的地域效力限制。

---

[1] 申卫星主编：《〈中华人民共和国基本医疗卫生与健康促进法〉理解与适用》，中国政法大学出版社 2020 年版，第 291~292 页。

[2] 刘炫麟："儿童跌伤与医疗机构的安全保障义务"，载《伤害医学（电子版）》2017 年第 3 期。

[3] 2004 年 12 月 1 日起施行的《企业事业单位内部治安保卫条例》明确规定，事业单位进行内部治安保卫工作，由单位的主要负责人对本单位的内部治安保卫工作负责，保护人身、财产和公共财产安全，维护单位的工作、生产、经营、教学和科研秩序。由于没有将医疗卫生机构执业场所明确为公共场所，导致一些地方在发生医疗纠纷时，是按照《企业事业单位内部治安保卫条例》规定，由医疗机构自行处理，而不是由公安部门进行处置。而医疗卫生机构在面对频发的医疗纠纷，甚至是在打砸医疗卫生机构，侮辱、伤害医疗卫生工作人员的事件发生时，不论是在处理能力还是处理方式的权威性方面，都心有余而力不足。这样做的结果，也进一步导致医疗卫生机构执业环境恶化，严重伤害了医疗卫生秩序和医疗卫生人员的感情和尊严。本条明确规定医疗卫生机构执业场所是提供医疗卫生服务的公共场所，任何组织或者个人不得扰乱其秩序，将有利于公安部门及时公正、严格执法，有利于维护医疗卫生机构秩序，保障医疗卫生人员人身安全和执业尊严。参见袁杰、丁巍、赵宁主编：《〈中华人民共和国基本医疗卫生与健康促进法〉释义》，中国民主法制出版社 2020 年版，第 118 页。

[4] 2019 年 4 月 24 日，《深圳市人民代表大会常务委员会关于修改〈深圳经济特区医疗条例〉等二十七项法规的决定》经深圳市第六届人民代表大会常务委员会第三十三次会议通过。2022 年 6 月 23 日，《深圳经济特区医疗条例》经深圳市第七届人民代表大会常务委员会第十次会议修订通过，自 2023 年 1 月 1 日起施行。其第 105 条规定，"医疗机构执业场所是医疗机构提供医疗服务的公共场所，医疗机构及其医疗卫生人员的执业活动受法律保护"。

（五）对于医务人员的规制与保护

1. 对医务人员的规制

《基本医疗卫生与健康促进法》第 51 条第 1 款明文规定，医疗卫生人员应当弘扬敬佑生命、救死扶伤、甘于奉献、大爱无疆的崇高职业精神，遵守行业规范，恪守医德，努力提高专业水平和服务质量。第 54 条第 1 款规定，医疗卫生人员应当遵循医学科学规律，遵守有关临床诊疗技术规范和各项操作规范以及医学伦理规范，使用适宜技术和药物，合理诊疗，因病施治，不得对患者实施过度医疗。医疗卫生人员不得利用职务之便索要、非法收受财物或者牟取其他不正当利益。若有违反，则由县级以上人民政府卫生健康主管部门依照有关执业医师和护士管理以及医疗纠纷预防处理等法律、行政法规的规定给予行政处罚。

2. 对医务人员的保护

《基本医疗卫生与健康促进法》第 57 条明文规定，全社会应当关心、尊重医疗卫生人员，维护良好安全的医疗卫生服务秩序，共同构建和谐医患关系。医疗卫生人员的人身安全、人格尊严不受侵犯，其合法权益受法律保护。禁止任何组织或者个人威胁、危害医疗卫生人员人身安全，侵犯医疗卫生人员人格尊严。国家采取措施，保障医疗卫生人员执业环境。对于侵犯医务人员人身和财产权益的行为，将综合使用民法、行政法和刑法的立体、多维保护模式，为广大医务人员营造一个安全的执业环境，并在全社会范围内形成"尊医重卫"的良好氛围。

三、人无完人，法无完法

客观地说，《基本医疗卫生与健康促进法》在取得巨大成绩的同时，也存在一些不足之处，概括起来主要包括以下五个方面。

一是有的条款存在歧义，需要进一步明确。例如，《基本医疗卫生与健康促进法》第 56 条第 3 款规定："执业医师晋升为副高级技术职称的，应当有累计一年以上在县级以下或者对口支援的医疗卫生机构提供医疗卫生服务的经历。"这里的"一年"显然包括在县级以下的医疗卫生机构提供医疗卫生服务的经历，也包括在对口支援的医疗卫生机构提供医疗卫生服务的经历，但是未明确是否包含二者累计满 1 年的情况。更为重要的是，城市大医院、三级医院的有些科室、专业在基层医疗机构难以找到对应的科室、专业。若是不去，不满足职称晋升的要求；若是去了，会不会由此造成人力资源的闲置与浪费？这一点值得进一步思考，亦迫切需要进行一定的解释或者细化。

二是公民的健康权利和义务仍然保持分散规定，没有采纳该法一审稿专设第二章"公民的健康权利和义务"的体例编排，不利于公民的集中查找和理解，在社会公众的认知以及有关部门的推广宣传上，可能会存在一定的困难。

三是互联网医疗、远程医疗、医学人工智能、医疗大数据等虽无须作细致的规定，但是当前的立法显然又过于粗疏，一方面难以直接进行法律适用，另一方面亦难以为未来相关立法提供实质性智慧供给，宣示的意义更强。

四是对医生集团等新事物没有规定，没有法律上的权威依据，只能依靠变动不居的政策，缺乏一定的稳定性，不利于细化立法。当然，这其中或许也有我国医生集团发展不充分、不成熟而暂不规定的特定考虑。

五是法律规则忽大忽小，体系性和逻辑性有待进一步优化。细读该法，时感宏观，时感微观，跳跃性较大，有些章节、法条之间缺少必要的过渡。时感抽象，时感具体，常让一般民众捉摸不定。法律责任的设置过于简略，对监督执法部门提出一定的挑战。

四、面向未来，充满期待

正所谓"徒善不足以为政，徒法不能以自行"，"天下之事，不难于立法，而难于法之必行"。习近平总书记指出："法律的生命力在于实施。如果有了法律而不实施，或者实施不力，搞得有法不依、执法不严、违法不究，那么制定再多法律也无济于事。"[1]尽管我国《基本医疗卫生与健康促进法》已经颁布并实施了，但是要想实现顶层设计的预定目标，关键还在于法律法规的严格贯彻和坚决执行，因而《基本医疗卫生与健康促进法》还需要实践的检验。

从整体上观察，我国《基本医疗卫生与健康促进法》从法律、伦理、社会等多角度倾注了对公民"从生到死"全生命周期的关注和关怀，对医患双方的合法权益进行了平衡保护，愿我们以此为时间节点，使医学回归其本质，进一步提升医患信任度，构建和谐医患关系，为"法治中国""健康中国"建设的全面推进贡献力量！

---

[1]《习近平法治思想概论》编写组：《习近平法治思想概论》，高等教育出版社2021年版，第198页。

健康立（修）法中的"急"与"缓"

当前，我国健康法规范体系中共有 14 部法律、40 余部行政法规和 100 余部部门规章，已经拥有了一定的立法体量，并形成了一定的体系。回顾我国 70 余年来的健康立法史，无论是医疗立（修）法，还是公共卫生立（修）法，抑或健康产品、健康保障立（修）法，在取得显著成绩的同时，也在很大程度上呈现出"急"与"缓"分布不均之现象，且在外观上以前者更为突出。

立法作为法的运行的起点，[1] 其重要地位不言而喻。无论是立法，还是修法，都有严格的法定程序，其质量常与特定时期的理论储备、司法实践的丰富程度等紧密相关。因此，健康立（修）法在外观上所表现出的"急"与"缓"虽不可避免地会涉及价值判断，但更重要的是一种事实判断，因为它客观地记录了我国健康立（修）法的一段特定历程。具体而言，如果健康立（修）法过"急"，虽然可能借助某一特定案例或者事件的影响力迅速回应现实生活，但由于前期缺乏体系性考虑，"百密一疏"的情况恐怕在所难免。这有可能会给后来的法律适用以及法律衔接带来了一定的困惑，甚至是冲突和矛盾。反之，健康立（修）法过"缓"，其最大的弊端在于（严重）滞后于现实发展，对各主体的指导和规范功能不足。例如，卫生健康行政部门在面对较为严重的违反医疗卫生制度的行为时，有时只能给予较轻的行政处罚，理由是相关的法律法规没有得到及时修改，现有规定仍然具有法律效力，于是陷入情感与现实严重不符的境地：一是对受害人的救济有限，二是对违法者的惩戒和秩序维护的力度有限。

总之，一个较为理想状态下的健康法体系，应当以常态立法为主，适当进行一定比例的应急立法，方能应对"变中有不变"和"不变中有变"的社

---

[1] 张文显主编：《法理学》，高等教育出版社、北京大学出版社 2007 年版，第 233 页。

会发展，在现实中保持"变与不变"的适度调节与平衡。

一、健康立法中的"急"与"缓"

（一）健康立法中的"急"

前文已述，健康立法中的"急"是健康法上一个显著的特征。在此，笔者以《传染病防治法》《疫苗管理法》《突发公共卫生事件应急条例》为例予以说明，旨在通过微观的观察，展现我国健康立法的艰辛与不足。

1.《传染病防治法》的制定

1986年，海南岛登革热病流行，发病人数达到11万余人，死亡近300人。1987年，全国狂犬病发病人数达到5739人，无一人逃生。1988年年初，上海甲肝大流行，发病人数高达34万之众。1988年，全国25种报告传染病流行，仅霍乱、痢疾、伤寒、病毒性肝炎共发病人数就达到了3 635 649人，死亡4721人。[1]这一系列传染病公共卫生事件的发生，暴露出一些亟须通过立法解决的问题：一是国家对传染病暴发流行的监测、预警能力不足，有待完善；二是国家对疾病预防控制的财政经费保障有限，基层则更加薄弱，亟待加强；三是传染病暴发流行时采取紧急控制措施的制度不完善，需要补足；四是疫情信息报告制度和通报制度存在缺陷，信息共享的渠道不畅通，需要疏通；五是医疗机构对传染病患者的救治能力较弱，且容易出现院内交叉感染的现象，需要在制度建设上进行强化。

为了解决上述出现的各种问题，我国于1989年通过了《传染病防治法》。尽管我国治理传染病的历史由来已久，甚至在新中国成立初期成为医疗卫生事业中一项重点工作，但不得不说20世纪80年代后期所发生的一系列传染病流行事件，使得我国《传染病防治法》的制定工作得以加速，进而使得我国传染病防治工作得以体系化、法律化、制度化，并成为公共卫生法中的支柱性法律之一，为公民的个人健康权、社会公众的集体健康权提供了坚实的法治保障。[2]

---

〔1〕 巫善明、张占卿："对感染病和传染病有关概念的再认识"，载《世界感染杂志》2003年第1期。

〔2〕 我国《传染病防治法》立足于常态化的传染病治理，对于非常态化的传染病流行时考虑不足。2003年暴发的"非典"疫情催促我们启动《传染病防治法》的修订，2019年年末暴发的新冠疫情再次催促我们启动该法的修订。

2.《疫苗管理法》的出台

面对一系列疫苗安全事件的发生，既往的疫苗立法已不足以有效应对。全国人大常委会遂着手疫苗管理法的立法工作。2018 年 12 月 12 日，国务院第 34 次常务会议讨论通过《疫苗管理法（草案）》。同年 12 月下旬，第十三届全国人大常委会第七次会议对《疫苗管理法（草案）》进行了初次审议。2019 年 4 月下旬，第十三届全国人大常委会第十次会议进行了第二次审议。《疫苗管理法（草案）》被提请全国人大常委会审议以后，中国人大网站两次公布《疫苗管理法（草案）》全文，征求社会公众意见和建议。同时，通过座谈、调研等形式广泛征求意见。2019 年 6 月下旬，第十三届全国人大常委会第十一次会议进行了第三次审议，并于同年 6 月 29 日表决通过了《疫苗管理法》。[1]该法的出台，迅速回应了社会关切，对疫苗实行最严格的管理制度，为维护人民群众的身体健康和疫苗事业的健康发展提供了法律保障，同时为应对之后发生的新冠疫情作出了卓越贡献，为实施疫苗附条件上市提供了有力的法律依据。[2]

3.《突发公共卫生事件应急条例》的问世

1998 年 1 月 26 日，山西省朔州市发生特大假酒中毒事件。2002 年年初，在河北省高碑店市白沟镇箱包生产加工企业打工的几名外地务工者，陆续出现了中毒症状。2002 年 11 月 16 日，庞某出现了发烧、头痛、干咳、乏力等症状，被紧急送往医院。随后，其被官方认定为中国严重急性呼吸综合征（Severe Acute Respiratory Syndrome Coronavirus，SARS）首例感染者。这一系列突发公共卫生事件尤其是 SARS 事件，充分暴露出我国在预防和处置重大突发公共卫生事件方面所存在的短板，其中就包括信息报送渠道不畅通、数据

---

〔1〕 袁杰等主编：《〈中华人民共和国疫苗管理法〉释义》，中国民主与法制出版社 2019 年版，第 35~36 页。

〔2〕 我国《疫苗管理法》第 20 条规定，"应对重大突发公共卫生事件急需的疫苗或者国务院卫生健康主管部门认定急需的其他疫苗，经评估获益大于风险的，国务院药品监督管理部门可以附条件批准疫苗注册申请。出现特别重大突发公共卫生事件或者其他严重威胁公众健康的紧急事件，国务院卫生健康主管部门根据传染病预防、控制需要提出紧急使用疫苗的建议，经国务院药品监督管理部门组织论证同意后可以在一定范围和期限内紧急使用。"2020 年 12 月 30 日，国药集团中国生物的新冠病毒灭活疫苗已获国家药监局批准附条件上市，成为我国获批的第一个新冠病毒疫苗。2021 年 2 月 5 日，北京科兴中维生物技术有限公司的新冠病毒灭活疫苗"克尔来福"获批附条件上市，这是我国获批的第二个新冠病毒疫苗。

统计不准确等突出问题。此外，组织指挥不统一、应急反应不快捷以及准备不充分等问题也相继暴露出来。

为了有效预防、及时控制和消除突发公共卫生事件的危害，保障公众生命安全与身体健康，维护正常的社会秩序，我国建立起"信息畅通、反应快捷、指挥有力、责任明确"的处理突发公共卫生事件的应急法律制度，2003年5月7日国务院第七次常务会议通过《突发公共卫生事件应急条例》，自2003年5月9日实施。该条例在短短数月即告出台，一个很重要的意义在于，它将抗击"非典"过程中一些创造性、有效性的应急措施上升为法规，在增加可操作性的同时，大幅提升了其权威性，为此后突发公共卫生事件（如本次新冠疫情）的有效处理提供了指导，更有利于保障公民的生命安全和身体健康。

（二）健康立法中的"缓"

与健康立法中的"急"相对应，健康立法中还存在"缓"的现象，其中《基本医疗卫生与健康促进法》《精神卫生法》《中医药法》等即为适例，下面分别述之。

1.《基本医疗卫生与健康促进法》的制定

前文已述，我国《基本医疗卫生与健康促进法》可以用"444"表示。首先，历经4次更名。从2003年的"初级卫生保健法"到2008年的"基本医疗卫生保健法"，再到2013年的"基本医疗卫生法"和2016年的"基本医疗卫生与健康促进法"，直到2019年该法的最终出台，立法名称的频繁变动，清晰地表明该立法之艰缓。其次，横跨4届全国人大立法规划。具体而言，我国《基本医疗卫生与健康促进法》横跨了第十届至第十三届全国人大常委会的立法规划，时间跨度长达16年之久。事实上，学界最初动议起草卫生健康领域一部基础性法律始于20世纪90年代，若是从彼时起算，该法至少经历了20年的时间才大功告成。最后，我国《基本医疗卫生与健康促进法》历经4次审议。一方面表明立法机关对该法十分重视，另一方面也在很大程度上反映出立法难度较大，争议较多，因为其涉及我国卫生健康的方方面面，并处于新旧问题交织的社会转型时期。例如，各界代表对社会办医、乡村医疗卫生队伍建设、院前急救、弱势人群健康、心理健康等热点、难点问题，一时间不能达成共识。由此可见，我国《基本医疗卫生与健康促进法》的出台是缓慢的。

2.《精神卫生法》的出台

精神卫生立法并非简单的法律问题。它不仅涉及法律和精神医学，而且与一国的政治、经济、文化甚至宗教因素紧密相关。同时，由于精神障碍诊断的困难和治疗的特殊性，又使得精神卫生立法与人权保护等敏感话题相关联。

1985年，卫生部制定、四川省卫生厅牵头、湖南省卫生厅协同起草了《精神卫生法（草案）》。此后经历了停滞、再启动等阶段，[1]直到2012年10月26日第十一届全国人民代表大会常务委员会第二十九次会议才通过《精神卫生法》，前后横跨27年之久。该法之所以迟迟不能出台，同样是因为一些重要的问题难以厘清和划定，一些争议问题没有形成基本共识。[2]

我国《精神卫生法》究竟是保护精神障碍者得到及时有效的治疗，还是防止正常人"被精神病"？这曾是一个在民间讨论已久的话题。湖北省十堰市网友彭宝泉"被精神病事件"、河南漯河市农民徐林东"被精神病事件"的发生在社会上引起了较大反响，但是《精神卫生法》的重心显然不是防止"被精神病事件"的发生，而是保护精神障碍者能够得到及时、有效、规范的治疗，保障精神障碍者的健康权。此外，在立法过程中，关于精神障碍者监护人的权限问题，也引起了激烈的争论，尤其是"南通朱金红案""深圳邹宜均案"等案件的发生，加剧了这场讨论。因此，《精神卫生法》"难产"也就不言自明了。

3.《中医药法》的问世

《中医药法》的制定最早可以追溯至20世纪80年代初。1983年，著名中医学家、中国工程院院士董建华等提出了制定"中医药法"的议案，无论是当时的卫生部还是国家中医药管理局均十分重视，在多次调研、论证的基础上，于1984年至1986年间起草了6次《中医药法》草拟稿。随后，立法计划作出微调，决定先制定一部中医药振兴条例，待条件和时机成熟之后，再制定一部高位阶的"中医药法"。于是，国务院遂着手条例的制定工作。2003年4月2日，国务院第三次常务会议通过了《中医药条例》，自2003年10月

〔1〕 陈云良主编：《卫生法学》，高等教育出版社2019年版，第140~141页。
〔2〕 详可参见马钰朋、李秋萌："精神卫生法，在争议中前行"，载《浙江人大》2011年第8期。

1 日起施行。[1]

但是随着社会形势的发展，《中医药条例》已经不能契合中医药事业发展的要求，制定《中医药法》的呼声越来越高。2005 年初，国家中医药管理局启动了《中医药法》的立法工作，数易其稿，于 2006 年 9 月上报卫生部。2008 年，《中医药法》被列入全国人大立法规划。2011 年 11 月，卫生部第 12 次部务会议审议通过了《中医药法（送审稿）》，并于 2011 年底上报国务院。2013 年《中医药法（草案）》被列入第十二届全国人大常委会立法规划。2015 年 12 月 9 日，国务院常务会议审议通过了《中医药法（草案）》，并上报全国人大，全国人大常委会历经三次审议，于 2016 年 12 月 25 日通过了《中医药法》，自 2017 年 7 月 1 日起施行。

《中医药法》作为第一部全面、系统体现中医药特点的综合性法律，将党和国家关于发展中医药的方针政策用法律的形式固定下来，将人民群众对中医药的期盼和要求用法律形式体现出来，体现了党和国家对中医药事业的高度重视，对中医药行业发展具有里程碑意义。[2]但其立法道路却一波三折，十分艰辛。

二、健康修法中的"急"与"缓"

法律制定之后，因社会情势的变化而产生了立法滞后性，健康法中的有些法律条文面临着修改和完善。这本属于正常现象，但也呈现出两种样态：一是修改较"急"，二是修改过"缓"。整体而言，后者表现得更为显著。当然，健康修法中的一些"缓"具有一定的合理性，但是也有一些"缓"不具有合理性。至于客观上呈现出"缓"，有的是因为一些缺陷或者滞后尚未在现实中得到完全凸显；有的是因为其他立（修）法暂时弥补了特定的缺陷或者滞后，其修法的紧迫性有所下降；有的是因为理论研究和智慧供给不足，暂时无法提出妥适的方案；还有的是因为修法需要一定的程序，需要等待修法的"排期"，而这种"排期"有的时候是缓慢的，有的时候则是因为某一重要影响的案件发生而"提速"，在确定性中也存在一定的不确定性。

---

[1] 2020 年 3 月 27 日，国务院总理李克强签署了中华人民共和国国务院令（第 726 号），公布了《国务院关于修改和废止部分行政法规的决定》。在废止的行政法规中，包括《中医药条例》。

[2] 张梦雪："中医药迈入依法发展新时代"，载《中国中医药报》2021 年 5 月 10 日，第 3 版。

（一）健康修法中的"急"

在健康修法中呈现出"急"之特点的主要是《食品安全法》等。1995 年
10 月 30 日，第八届全国人民代表大会常务委员会第十六次会议通过了《食品
卫生法》。该法对保证食品卫生、防止食品污染和有害因素对人体的危害、保
障人民身体健康等方面起到了至关重要的作用。

进入 21 世纪之后，"苏丹红"事件、PVC 保鲜膜致癌事件、福寿螺事件、
猪肉瘦肉精超标事件等一系列食品安全事件的发生，使得中共中央、国务院
和社会民众对食品安全问题倍加关注。时任全国人大常委会法工委行政法室
处长黄薇同志曾在回忆这一历程时表示，"国务院法制办在修订过程中，发现
这部法要增加规定的内容已经超出了食品卫生法的范畴"，"食品卫生法更加
关注食品外在的东西，即是否卫生干净，而食品安全法规定的是食品吃了以
后产生的潜在危害"，遂由"食品卫生法"修改为"食品安全法"。[1]2009
年 2 月 28 日，第十一届全国人民代表大会常务委员会第七次会议通过了《食
品安全法》。

《食品安全法》颁布之后，于 2015 年 4 月 24 日修订过一次，并于 2018
年 12 月 29 日、2021 年 4 月 29 日修正过两次，修改幅度很小，第一次修正主
要是对相关机构名称表述的修改，第二次修正主要针对《食品安全法》第 35
条第 1 款，将其修改为："国家对食品生产经营实行许可制度。从事食品生
产、食品销售、餐饮服务，应当依法取得许可。但是，销售食用农产品和仅
销售预包装食品的，不需要取得许可。仅销售预包装食品的，应当报所在地
县级以上地方人民政府食品安全监督管理部门备案。"

前文已述，无论是健康立法中的"急"，还是健康修法中的"急"，本身
并不涉及过多的价值判断，更多的是事实判断。换言之，其本身并无好坏之
分，优劣之别，而是一种客观上的立法或者修法记录。《食品安全法》的最近
两次修正幅度较小，并不完全是因为法律已经比较完善，而是难以在此基础
上进行更高程度的质的创新与飞跃，与社会民众对食品安全的内心期待和社
会实效尚存一定距离，尤其是农村食品安全的监管问题仍是亟须治理的"顽

---

〔1〕 易彬橙等："食品从'卫生'到'安全'——解读《食品安全法》"，载《沈阳部队医药》
2010 年第 2 期。

疾"，威胁着人民的生命健康权益，当然这不能仅归咎于立法层面，其还涉及执法、司法、守法等各个环节。此外，法律的频繁修改在一定程度上影响了法律的稳定性和权威性，因此需要在修法以回应社会现实和保持立法稳定性之间取得一种良性平衡，不可偏废。这是一个十分艰难的决定，同时提示我们无论是立法还是修法，需要做好必要性的论证以及评估工作，否则就难以实现科学立法的目标。

（二）健康修法中的"缓"

在健康修法中呈现出"缓"之特点的主要是《执业医师法》《医疗机构管理条例》等法律法规。

1. 《执业医师法》的修订历程

1998年6月26日，第九届全国人民代表大会常务委员会第三次会议通过了《执业医师法》，自1999年5月1日起施行。该法是规范医师执业活动的重要法律，从1995年提交全国人大常委会审议到通过，历时三年，它的制定和实施填补了我国医师立法的空白，是卫生法制建设的一件大事。[1] 2021年8月20日，第十三届全国人大常委会第三十次会议表决通过《医师法》，自2022年3月1日起施行，同时宣布《执业医师法》废止。

从1998年到2022年的24年间，《执业医师法》仅经历了1次修正，即2009年8月27日第十一届全国人民代表大会常务委员会第十次会议《关于修改部分法律的决定》将《执业医师法》第40条中的"治安管理处罚条例"修改为"治安管理处罚法"，尽管适用法律依据的变化具有重要而深远的意义，但是就修改的幅度而言，确实过小，以至于社会公众对这次修正印象不深，甚至有些遗忘。

我国《执业医师法》自1998年颁布以来，与医改进程中的医师多点执业制度、医师执业注册制度、医师资格考试制度、超说明书用药、互联网医疗、远程医疗等实践发展存在一定的脱节。尤其是进入21世纪以来，这种脱节更为严重，修法明显存在过"缓"的情况，难以契合我国的医改实践，而低位阶的规范性法律文件的法律效力（如地域效力）又受到制约，法律适用上存

---

〔1〕 全国人大常委会法工委国家法室编：《〈中华人民共和国执业医师法〉解释》，中国民主法制出版社1998年版，（序）第1页。

在不统一的情况。

2.《医疗机构管理条例》的修订历程

1994年2月26日，国务院发布了《医疗机构管理条例》，自1994年9月1日起施行。该条例旨在加强对医疗机构的管理，促进医疗卫生事业的发展，保障公民健康权益。

2016年1月13日，国务院第119次常务会议通过了《国务院关于修改部分行政法规的决定》，自2016年2月6日施行。该决定仅作出一处变动，即删去《医疗机构管理条例》第9条中的"方可向有关部门办理其他手续"的规定，与2009年修改《执业医师法》相似，其修改幅度非常之小。

2022年3月29日，国务院公布了《国务院关于修改和废止部分行政法规的决定》，其中决定对《医疗机构管理条例》的18个条文进行修改，但从内容上考察，仍然属于"小改"，大多是为了适应新颁布或者新修改的上位法，如《民法典》《基本医疗卫生与健康促进法》《医师法》等，以及衔接或者指导与之位阶相同或者更低的平行法或下位法，如《中医诊所备案管理暂行办法》（2017年）。除此之外，2022年的这次修改，全面提高了行政处罚的额度。例如，对超范围执业的处罚，《医疗机构管理条例》修改前，最高罚款额为3000元，现在增至1万至10万元；对于违法使用"非卫生技术人员"的处罚，《医疗机构管理条例》修改前，最高罚款额为5000元，现在增至1万至10万元；对于违法开具虚假证明文件的处罚，《医疗机构管理条例》修改前，最高罚款额1000元，现在增至1万至10万元。整体而言，在《医疗机构管理条例》颁布的近30年间，其仅经历了2次修改，存在修法过"缓"的问题。

三、健康法的现代转向

由于社会转型、疾病谱变化、利益结构深刻调整等原因，健康法在特定的历史阶段保持频繁变动（立法、修法和释法等）情有可原，且在当时的历史条件下"力挽狂澜"，发挥了不可替代的作用。但是发展到一定阶段，尤其是处于当下的深化完善阶段，就需要注重自身的科学性、体系性、逻辑性等一系列重大问题的考虑。

当前，尽管有些领域仍需立法（如医疗保障法、药师法、医疗机构法、托育服务法等），但是有些领域不是没有法律规定，而是有时候我们已经习惯于"懒人"思维与做法，动辄就建议启动立法，而没有站在健康法体系之中进行整体观察，即始终缺少一个"方位"的观念和意识。尽管其负面影响力在短期内难以显现，但是从长远考察，一定会在未来的某个时间节点集中暴发，因此，我们既需要在动态中立法和修法，也需要在静态中立法和修法。既需要在常态立法、修法情况下考虑非常态之情形，亦需要在非常态立法、修法情况下兼顾常态之自然发展。这些情形最终将聚焦于一条主线，那就是运用法治思维和法治方式推进国家治理体系和治理能力现代化，使健康事业在法治轨道上平稳运行。

作为健康法的现代转向，需要系统地整理当前的健康法规范，然后在此基础上绘制一幅"地图"，其上将会清晰地显示我们尚需制定哪些法律文件，应当废除哪些法律文件，应当修改或者解释哪些法律文件。可惜的是，我们普遍重立法，而轻废法、修法和释法等工作。因此，有关健康立法的规范性法律文件数量和内容略显庞杂。事实上，法律规范并不是越细越多越好。如果健康法律规范多如牛毛，过于细密，且不说社会公众，就是专门研究健康法的学者和适用健康法的实务专家恐怕也将疲于应对，法律实施的社会效果又怎能理想地实现呢？

现实中，有些法律问题出现之后，未必只能通过"立法"解决，如果能够通过"修法"或者"释法"加以解决，出于维护法律稳定性的考虑，还是优先采用这种方式。这是一种非常必要的价值判断和价值选择。换言之，法律只有保持相对的稳定，才能便于普及，然后深入人心，才能真正发挥其告示、指引、评价、预测、教育和强制等规范作用。[1]未来，我们应当更加重视释法、修法和废法工作，使得法律不是在机械地回应社会，而是保持适当的"张力"，从而建构一个内容完整、逻辑自洽、具有较高稳定性的体系，并在此基础上不断推进健康法学科体系、学术体系、话语体系的形成！

---

〔1〕 张文显主编：《法理学》，高等教育出版社 2007 年版，第 83 页。

公民健康权利义务立法面面观 *

健康对于人类而言，其重要性不言而喻。然而，健康权作为一项积极权利，其兴起却是 19 世纪以后之事。[1]"二战"以来，随着民众权利意识的不断高涨，民众健康权利获得了长足发展。1945 年《联合国宪章》、1946 年《世界卫生组织宪章》、1948 年《世界人权宣言》、1966 年《经济、社会及文化权利国际公约》将健康权利的价值理念和保障范围不断延展，[2]又通过对特殊群体健康权利的关注与立法进一步深化了健康权利的内涵。[3]

2017 年 12 月 22 日，我国《基本医疗卫生与健康促进法（草案）》提请第十二届全国人大常委会第三十一次会议审议。2017 年 12 月 29 日，全国人大常委会公布了该草案，并面向全社会征求意见。该草案第 1 章（总则）第 3 条明文规定"健康是人的基本权益"，并通过专章（第 2 章）的形式集中规定了公民的健康权利与义务，这是立法上的一大创新。但遗憾的是，从二审稿开始，《基本医疗卫生与健康促进法（草案）》将第二章"公民的健康权利与义务"与第三章"促进健康的主要措施"合并，将其中的部分重要内容纳入总则，其他内容纳入第六章"健康促进"和有关章节，并进一步充实健康促进方面的内容，直到该法的最终出台，维持了之前公民健康权利义务分散规定的模式。

---

* 主体内容曾刊发于《法学杂志》，本文有修改。原文详可参见刘炫麟："公民健康权利与义务立法研究——兼评《基本医疗卫生与健康促进法（草案）》第 2 章"，载《法学杂志》2018 年第 5 期。

[1] See Kinney E D, "International Human Right to Health: What Does this Mean for Our Nation and World", *The IND. L. Rev.*, 2000, 34（4），p. 1457.

[2] 邓海娟：《健康权的国家义务研究》，法律出版社 2014 年版，第 17~18 页。

[3] 如联合国《消除一切形式种族歧视宣言》《消除对妇女一切形式歧视公约》《儿童权利公约》《残疾人权利公约》等。

我国理论界对公民健康权利的研究较多，但对与此对应的公民义务的研究则较少，相较于一些国家尤其是北欧的一些国家，我们在这方面需要进行更多的探究，以不断开拓立法视野和提升立法水平。

一、公民健康权利与义务的立法模式

公民健康权利与义务不是一项单一权利和单一义务，而是一个权利束和一个义务群，具有一定的集合性，二者共同组成一个较为完整且庞大的体系。无论是公民健康权利还是义务，均至少涉及以下三个层次：一是作为普遍意义上的公民（即国民）所享有的健康权利与承担的义务，二是作为患者的公民享有的区别于一般公民的健康权利与承担的义务，三是作为特殊患者（如儿童、孕产妇、老年人、残疾人等）的公民所享有的健康权利与承担的义务。综观世界各国或地区关于公民健康权利与义务的立法体例，可以概括为以下三种模式：一是患者权利（与义务）单独式立法；二是在本国的民法典或医疗卫生立法中进行专章或专节式立法；三是分散式立法，即散见于本国不同法律属性、不同效力层次的各项立法之中。不过，从立法内容考察，无论采取何种立法模式，各国普遍更为侧重确立和保护公民的健康权利，而对公民健康义务的规定相对粗疏，其明证之一便是立法文件的名称直接使用"患者权利"一词，[1]鲜有使用"患者义务"的适例。

（一）患者权利（与义务）单独式立法

美国、芬兰、比利时、苏格兰、塞浦路斯、立陶宛、冰岛、丹麦、挪威、以色列、罗马尼亚、土耳其、伊朗、拉脱维亚等国家和地区是对患者权利（与义务）进行单独式立法的杰出代表，但它们之间又存有一定的差异，可将其进一步区分为以下三种具体范式：一是以芬兰为代表，其于1992年8月17日制定的《芬兰患者地位和权利法》第2章对患者权利作了全面规定，但并未规定患者义务。与之相似的有比利时、苏格兰、塞浦路斯等国家。二是以冰岛为代表，其于1997年7月1日生效的《冰岛患者权利法》并未对患者权

---

[1]　如《伊朗患者权利规章》《芬兰患者地位和权利法》《土耳其患者权利规定》《冰岛患者权利法》《比利时患者权利法》《塞浦路斯患者权利法》《以色列患者权利法》《苏格兰患者权利法》《格鲁吉亚患者权利法》《罗马尼亚患者权利法》《拉脱维亚患者权利法》《丹麦患者权利法》《挪威患者权利法》《德国患者权利法》《美国患者权利法案》等。

利作专章规定，而是散落于各节之中，且通篇未规定患者义务。与之相似的有丹麦、挪威、以色列、罗马尼亚、土耳其、伊朗等国家。三是以美国为代表。美国医院协会于 1973 年制定了《美国患者权利法案》，并于 1992 年 10 月 21 日修订。其对患者权利作了较为详细的规定，亦相对简略地规定了患者义务。与美国相似的还有拉脱维亚等国。拉脱维亚于 2010 年 3 月 1 日生效的《拉脱维亚患者权利法》虽未将患者权利作专章规定，但亦较为详细，并通过该法第 15 条集中规定了患者义务。

（二）民法典或医疗卫生立法中专章或专节式立法

1. 民法典中专章或专节式立法

在民法典中对公民健康权利（与义务）进行专章或专节式立法的代表国家主要有德国、荷兰、埃塞俄比亚、立陶宛、乌克兰等。

德国在患者健康权利与义务的立法模式上是较为特殊的，因为其既有患者权利的单独立法，又有民法典专节式立法。德国于 2013 年 2 月 20 日通过了《德国患者权利法》，促使《德国民法典》在第 2 编（债务关系法）第 8 章（具体债务关系）第 8 节（雇佣合同）中又扩展了一个目，即第 2 目——医疗合同（第 630a 条至第 630h 条）。[1] 考虑到德国是一个法典化较强的国家，且《德国民法典》的修订在《德国患者权利法》颁布之后，故暂将其归类于此。

立陶宛采取了与德国相似的立法模式，其于 1996 年通过了《立陶宛患者权利与医疗损害赔偿法》，同时在 2000 年制定的《立陶宛民法典》第 35 章（服务契约）第 2 节规定了医疗契约，其法律条文主要涉及第 6.728 条至第 6.730 条、第 6.735 条、第 6.739 条等，但并未直接规定患者义务。

《荷兰民法典》在第 7 编（有名契约）第 7 章（服务契约）第 5 节规定了医疗契约，其法律条文主要涉及第 7：448 条至第 7：450 条、第 7：452 条、第 7：456 条、第 7：459 条、第 7：461 条等。

《埃塞俄比亚民法典》在第 5 编（合同分则）第 16 题（提供服务的合同）第 5 章中规定了医疗或住院合同。该法典第 2643 条明文规定了患者义

---

〔1〕 杜景林、卢谌：《德国民法典全条文注释》（上册），中国政法大学出版社 2014 年版，第 514~520 页。

务，同时通过医疗机构和医务人员义务的规定，反面或者间接规定了患者权利。[1] 不过，就整体而言，该章规定得十分简略。

《乌克兰民法典》第 21 章规定了有关自然人生存的人格权，法律条文主要涉及第 281~293 条，同样未规定自然人的义务。

值得注意的是，《欧洲示范民法典草案》在第 4 卷（有名合同及其产生的权利义务）第 3 编（服务合同）第 8 章规定了医疗合同，对患者健康权利作了规定，但未规定患者义务。[2] 之所以呈现出如此样态，与民法典自身系权利确认和权利保护之法的权利法本质属性紧密关联。

2. 医疗卫生立法中专章或专节式立法

在本国的医疗卫生立法中对公民健康权利（与义务）作出专章或专节式立法的代表国家主要有匈牙利和保加利亚。

《匈牙利医疗服务法》第 2 章的名称为"患者权利义务"，并在第 2 节（第 6~25 条）对患者医疗服务获得权、人格尊严权等 9 项权利作出了较为全面的规定。同时，通过第 26~27 条对患者义务作出集中规定，但与权利相比，仍然显得十分简略。

《保加利亚卫生法》第 3 章（医疗服务）第 2 节对患者权利和义务作了集中规定，患者权利主要体现在第 86 条，规定了患者民事、政治、经济、社会、文化和宗教权利受到尊重等 8 项内容。此外，针对住院患者，该法还规定了患者享有接受家庭医生以及发布住院指示的专科医生探访权等 5 项内容；患者义务主要集中规定在该法第 94 条，确立了患者应注意维护自己健康等 4 项内容。

（三）分散式立法

意大利、瑞士等对公民健康权利（与义务）的规定均采取了分散式立法模式。这些国家通常将患者权利与义务分散规定在本国宪法、[3] 其他医疗卫

---

[1] 《埃塞俄比亚民法典》，薛军译，厦门大学出版社 2013 年版，第 376~378 页。

[2] ［德］克里斯蒂安·冯·巴尔、［英］埃里克·克莱夫主编：《欧洲私法的原则、定义与示范规则：欧洲示范民法典草案》（第 4 卷），于庆生等译，法律出版社 2014 年版，第 630~707 页。

[3] 据 2004 年对"二战"后世界各国宪法的统计分析，目前世界上有超过 2/3 的国家宪法规定了健康权条款。See Eleanor D. Kinney & Brain Alexander Clark, "Provisions for Health and Health Care in the Constitutions of the Countries of the World", 37 Cornell Int'l L. J (2004).

生立法以及医师协会之伦理纲领、执业规则之中。

当前，我国采取的是分散式立法模式，但又与意大利、瑞士等国不同，即我国公民健康权利大都是通过医疗机构及其医务人员的义务规定间接或反向推定而来，很少作出正面规定予以确认。直到《基本医疗卫生与健康促进法》和《民法典》的颁布之后，这一状况才得到了有效缓解。我国立法尽管依然采取分散式立法模式，但开始正面规定患者的权利。这是一大社会进步，其与我国进入 21 世纪以来患者权利意识觉醒紧密关联，因为越来越多的医疗纠纷案件涌入法院之后，法院首要判断和明晰的就是患者和医疗机构双方的权利与义务。

我国关于公民（患者）健康权利与义务的规定主要分散在《宪法》《民法典》《个人信息保护法》《医师法》《传染病防治法》《职业病防治法》《母婴保健法》《未成年人保护法》《医疗纠纷预防和处理条例》《医疗事故处理条例》《医疗机构管理条例》《医疗机构管理条例实施细则》《护士条例》《乡村医生从业管理条例》《病历书写基本规范》等各层次法律法规以及其他规范性法律文件之中，并呈现出一定的层级性和体系化。

我国《宪法》《民法典》等主要是针对普遍意义上的公民健康权利与义务作出规定。此处需要说明的是，宪法上公民的健康权与民法上自然人的健康权是不同的。前者的范畴远超后者，也可以说民法上的健康权仅是宪法上的健康权在民法中的局部体现，构成一种自上而下的纵向延展。除此之外，它还会向行政法、刑法、社会法等进行纵向延展。换言之，部门法上的健康权是宪法上的健康权在本部门的具体落地，努力促进健康权的实现。

我国《医师法》《医疗纠纷预防和处理条例》《医疗事故处理条例》《医疗机构管理条例》《医疗机构管理条例实施细则》《护士条例》《乡村医生从业管理条例》《病历书写基本规范》等主要是针对作为患者的公民健康权利与义务作出规定。

我国《传染病防治法》《职业病防治法》《母婴保健法》《未成年人保护法》《残疾人权益保障法》等主要是针对作为特殊患者的公民健康权利与义务作出规定。对于这些特殊患者，除作为公民、一般患者所享有的权利和承担的义务之外，国家还基于其自身的特点，作出了特殊规定。例如，针对未成年患者（受试者）在药物临床试验中的知情同意权就有别于一般的成年患者

（受试者），如告知的易懂性、签署形式的严格性以及特定情形下启动公正见证人制度等；针对无民事行为能力和限制民事行为能力的患者，在是否签字上也存在类型化的处理。[1]对此，后面将专文论述，在此不赘。

前文已述，尽管《基本医疗卫生与健康促进法》最终没有采纳公民健康权利义务专章式的立法模式，但并不能因此否认理论界和实务界曾经所做的设想和努力，其重要意义主要体现在以下三个方面：首先，对公民健康权利与义务进行集中规定，不仅便于社会各相关主体（如司法机关）寻找法律依据，而且有利于公民个人及时了解和掌握相关内容，自觉在行动自由与法益侵害之间寻求良性平衡。其次，在《基本医疗卫生与健康促进法》这一融公法、私法内容于一体，具有社会法属性的法律文件中规定公民的健康权利与义务，有效克服了作为私法的民法典和作为公法的卫生单行法（主要是行政法）的部门法局限，可以最大限度地作出全面规定，而不是对公民健康权利义务在公法和私法上进行单独或分别立法，能够建立和发挥较好的体系效应。最后，对公民健康权利与义务进行专章式规定，可以为特殊患者的专项立法提供制定依据。笔者参与咨询论证并已列入国务院立法规划的《儿童用药保障条例》即为适例，[2]能够发挥该法作为上位法的"索引"和统辖功用，是类型化和体系化思维的彰显。

二、公民健康权利与义务的立法内容

前文已述，公民健康权利与义务因自然人角色的不同可划分为普遍意义上的公民、作为患者的公民和作为特殊患者的公民三类人群所享有的健康权利和承担的义务；但若以法律调整领域作为划分标准，公民健康权利与义务则会涉及国际法上的权利与义务和国内法上的权利与义务，国内法上的权利与义务又可进一步分为公法上的权利与义务和私法上的权利与义务。公法上的权利与义务主要涉及宪法（以及部分行政法）上的权利与义务，私法上的权利与义务则主要涉及民法上的权利与义务等，而在社会法领域，公民健康权利与义务的规定，则处于公私规范混合的状态。另外，仅就公民健康权利

---

[1] 刘炫麟："受试者知情同意伦理审查中的法律要点"，载《中国医学伦理学》2022年第11期。

[2] 2018年第十二届全国人大第五次会议期间，31名全国人大代表联名提案，提出关于加快儿童用药立法、保障儿童健康的方案。

而言，其既包括身体等物质上的健康权，亦包括心理等精神上的健康权，因此应当作广义理解。唯有如此，方能契合世界卫生组织（WHO）对健康的权威界定，即健康不只是没有疾病，而且包括躯体健康、心理健康、社会适应良好和道德健康。

（一）公民健康权利的立法内容

1. 国际公约

《欧洲患者权利约章》除序言外，均为医院患者权利的规定，主要包括医疗服务获得权、授权他人代行权、知情同意权、隐私权、宗教信仰受到尊重权以及投诉权。《世界医学会关于患者权利的里斯本宣言》规定患者享有医疗服务获得权、自由选择权、知情同意权、隐私权、健康教育权、尊严权、宗教帮助权。《欧洲患者权利原则：共同框架》作为《促进欧洲患者权利宣言》的附件，对患者权利作了概要性规定，主要包括知情同意权、隐私权、个人信息权、医疗服务获得权。《欧洲患者权利约章》将患者权利集中规定为14种，分别是预防服务获得权、医疗资源获得权、知情权、同意权、自由选择权、隐私权、个人信息权、要求尊重患者时间权、优质医疗服务获得权、医疗安全权、创新成果获得权、不必要痛苦之避免权、个性化医疗服务获得权、投诉权及赔偿权。[1]

2. 各国国内法

笔者查阅、分析、比较了近20个国家（或地区）对国内公民（主要是作为患者的公民）健康权利的规定后发现，其内容粗疏有别，类型差异显著，在一定范围内尚难以达成共识，在一定程度上亦反映出不同国家所秉具的不同历史文化背景和法律传统等。[2]但就患者权利的类型而言，主要包括医疗服务获得权、知情同意权、隐私权、个人信息权（益）、投诉权、病历查阅（复制）权、人格尊严权、临床试验参与权、特殊群体的患者权利等，其大部分已被我国《基本医疗卫生与健康促进法》所吸纳，只是权利名称略有差别。

（二）公民健康义务的立法内容

与公民健康权利立法不同，各国（或地区）对公民健康义务的规定相对

〔1〕唐超编译：《世界各国患者权利立法汇编》，中国政法大学出版社2016年版，第5~86页。
〔2〕杨杰、刘兰秋、李晶华主编：《部分国家卫生基本法研究》，法律出版社2017年版，第1页。

粗略，且同样表现出较大的差异性。健康义务主要有：爱惜健康的义务、尊重医务人员和他人的义务、如实提供就诊信息的义务、配合诊疗的义务、遵守医疗机构规章制度的义务、支付医疗费用的义务、遵守诊疗制度的义务、维护医疗秩序的义务等。然而从我国《基本医疗卫生与健康促进法》的内容考察，其对患者义务的规定较少，对国际经验的借鉴亦十分有限。

三、中国语境下的立法选择

(一) 立法模式的选择

我国现行法律对公民健康权利与义务的规定采取的是分散式立法模式，既难以系统查知，又容易导致不同法律文件对公民健康权利与义务的规定相互矛盾。需要注意的是，对公民健康权利与义务进行单独式立法虽佳，但在当前条件下可行性较差，主要存在两大障碍难以逾越：一是我国健康法的理论研究（尤其是基础理论研究）和司法实践整体薄弱，学术准备和现实支撑明显不足，法律智慧供给比较乏力，立法条件暂不具备；二是国家暂无动议对公民健康权利与义务进行单独式立法，立法时机尚不成熟。

1998 年我国启动了第四次民法典起草工作，且全国人大常委会于 2002 年 12 月审议了民法典草案，但由于民法典所涉内容纷繁复杂，一次性制定民法典的条件仍不成熟，立法机关遂决定先行制定《物权法》《侵权责任法》等单行法，待条件成熟之后再制定一部完整的民法典。[1]随着《物权法》《侵权责任法》《涉外民事关系法律适用法》等法律的相继出台，2014 年召开的党的十八届四中全会提出编纂民法典，第五次起草工作亦由此提上日程。如果说普遍意义上的公民健康权利与义务可以在《民法典》人身权等章节中予以规定，那么作为患者的公民健康权利与义务则面临着双重选择：一是在《民法典》合同编中增设医疗合同加以规定，[2]二是不予规定。梁慧星、徐国栋等专家学者是前一立法例的倡导者，而王利明等专家学者是后一立法例的支持者。

梁慧星教授领衔编撰的《中国民法典草案建议稿》在第 4 编（合同）第

---

〔1〕 王利明："中国民法典制定的回顾与展望"，载《法学论坛》2008 年第 5 期。

〔2〕 我国 1999 年《合同法》在分则中规定了 15 种有名合同（典型合同），但并没将医疗（服务）合同典型化，缺少对患者权利与义务的集中规定。

54 章规定了医疗合同，法律条文主要涉及第 1422～1424 条、第 1428～1430 条、第 1434 条）等。[1]徐国栋教授领衔编撰的《绿色民法典草案》在第 8 分编（债法分则）第 2 题（各种典型合同）第 18 章明确规定了医疗合同，法律条文主要涉及第 640～642 条、第 644 条、第 646 条等。[2]

王利明教授领衔编纂的《中国民法典学者建议稿及立法理由》在合同编中规定了买卖合同、旅游合同、演出合同等 30 种合同类型，典型合同的数量是现有典型合同数量的 2 倍，但始终未见医疗（服务）合同之踪影。[3]这与许多国家的民法典在编排体例上相似。[4]另外需要关注的是，2017 年 8 月 8 日由全国人大常委会法工委起草的《中华人民共和国民法合同编（草案）》同样没有规定医疗合同。

笔者认为，受制于我国健康法基础理论研究较为薄弱，学术界一时难以为变动不居且内容较为复杂的医疗服务合同提炼出具体的原则和规则，暂时选择不予规定的做法可以理解，但是从长远来看，应当在《民法典》第三编（合同）第三分编（典型合同）中增设医疗服务合同。首先，各国的实际情况各异，不可一概而论。例如，尽管我国近些年来的医患关系在逐步改善，但整体上仍呈现出紧张之势，医患信任产生一定的危机，患者及其家属干扰医疗秩序的行为不时见诸报端，这就需要加强公民健康权利和义务的规定。其次，许多国家的民法典之所以没有规定医疗（服务）合同，有些是因为其制定时间较早、患者权利意识尚不凸显，有些则是因为通过国内法的委托合同、无因管理等制度予以了分解。最后，医疗合同内容繁杂，是否将其置于《民法典》合同编，亦涉及立法技术上的价值考量。但是从当事人纠纷诉由和权益救济的角度考察，对医疗服务合同进行典型化具有一定的优越性。

目前，我国关于公民健康权利与义务的立法不宜采取单独式立法，有关

---

〔1〕 梁慧星：《中国民法典草案建议稿》，法律出版社 2013 年版，第 290～294 页。

〔2〕 徐国栋主编：《绿色民法典草案》，社会科学文献出版社 2004 年版，第 587～589 页。

〔3〕 王利明：《中国民法典学者建议稿及立法理由债法总则编、合同编》，法律出版社 2005 年版，第 320～799 页。

〔4〕 《法国民法典》《意大利民法典》《韩国民法典》《奥地利民法典》《智利民法典》《西班牙民法典》《葡萄牙民法典》《泰国民法典》《阿根廷共和国民法典》《马耳他民法典》《埃及民法典》《巴西民法典》《阿尔及利亚民法典》《菲律宾民法典》《路易斯安那民法典》《独联体成员国示范民法典》等均未设置医疗合同之内容。

公民健康的民事权利与义务应当在《民法典》中予以规定，主要编排于总则编、人格权编、合同编（典型合同）以及侵权责任编。总则编、人格权编部分侧重普遍意义上的公民关于健康的民事权利与义务规定，合同编和侵权责任编侧重作为患者（包括特殊患者）的公民关于健康权利与义务的规定。但这不能取代我国《基本医疗卫生与健康促进法》对于公民健康权利与义务的规定，因为该法具有跨部门法和领域法的特质与属性，除可以规定公民健康的民事权利与义务外，尚可规定宪法以及行政法上的公民健康权利与义务等，但又无须达到公民健康权利与义务单独式立法的详尽程度。[1]待社会条件成熟后，为了更好地确认和保障公民的健康权利，进一步明确公民的健康义务，可考虑进行单独式立法。之所以强调对公民健康义务作出规定，乃是因为其直接关系到医疗机构及其医务人员合法权益的保障。在一定意义上说，当前医患关系存在的一些不和谐因素，与我国立法对患者义务缺乏系统性规定存在一定的关联。只有通过患者义务（体系）的生成与明定，才能实现患者健康权利与义务的平衡。

（二）立法内容的本土化与借鉴

关于公民健康权利与义务的立法内容，首先需要对我国《宪法》《民法典》《个人信息保护法》《医师法》《传染病防治法》《职业病防治法》《母婴保健法》《未成年人保护法》《医疗纠纷预防和处理条例》《医疗事故处理条例》《医疗机构管理条例》《医疗机构管理条例实施细则》《护士条例》《乡村医生从业管理条例》等各层次法律规范性文件对公民健康权利与义务的规定进行系统、全面的整理，然后借鉴国际经验予以补正和完善，最后形成饱含中国元素又契合本土环境的立法文本。

1. 公民健康权利

前文已述，公民健康权利包含三个层次：一是作为普遍意义上的公民所

---

[1] 这里存在一个问题值得进一步讨论，即我国《民法典》对公民健康权利和义务的规定是否有必要重复规定于《基本医疗卫生与健康促进法》之中？笔者认为，基于体系性、完整性的考虑，可以将一些重要的民事权利（如隐私权、个人信息权）与义务（如支付医疗费用等）规定于《基本医疗卫生与健康促进法》之中，但基于立法条文资源有限性的考虑，又不宜全部照搬迁移过去，否则就会出现两个问题：一是造成大量条文重复，二是不符合该法系医疗卫生和健康领域基础性、综合性法律的定位。

享有的健康权利，二是作为患者的公民享有的健康权利，三是作为特殊患者（儿童、孕产妇、老年人、残疾人等）的公民所享有的健康权利。

普遍意义上的公民所享有的健康权利主要体现在宗教信仰自由权（《宪法》第36条）、人身自由权（《宪法》第37条）、人格尊严权（《宪法》第38条）、对国家机关及其工作人员之批评建议权（如公民基于国家健康给付义务而产生的针对国家及其卫生行政部门基本医疗卫生服务提供不足的批评建议权等）、申诉权、控告权（《宪法》第41条）、赔偿权（《宪法》第41条）、物质帮助获得权（《宪法》第45条）等；生命权（《民法典》第1002条）、姓名权（《民法典》第1012条）、肖像权（《民法典》第1018～1022条）、荣誉权（《民法典》第1031条）、隐私权（《民法典》第1032～1033条）、婚姻自主权（《民法典》第110条）、监护权（《民法典》第26～39条）、个人信息权益（《民法典》第111条、第1034～1039条）等。

作为患者的公民享有的健康权利，除医疗服务合同的特别约定所享有的权利之外，还应包括患者知情权、同意权、病历资料查阅权、复制权以及要求更正权、涂销权等。

作为特殊患者的健康权利，往往是普遍意义上的公民健康权利和作为患者的公民健康权利的必要延伸。例如，我国于1994年10月27日通过的《母婴保健法》（2009年、2017年修正）第14条规定，应对育龄妇女和孕产妇提供母婴保健指导、孕产妇保健、胎儿保健、新生儿保健等服务。再比如，我国于1989年2月21日通过的《传染病防治法》（2004年修订、2013年修正）第15条第2款规定，"国家对儿童实行预防接种证制度。国家免疫规划项目的预防接种实行免费。医疗机构、疾病预防控制机构与儿童的监护人应当相互配合，保证儿童及时接受预防接种。具体办法由国务院制定"。无论是国家对育龄妇女和孕产妇提供母婴保健指导等服务，还是对儿童提供预防接种服务，均属于普通公民宪法上医疗服务获得权的必要延伸，国家对特殊群体予以特别保护。[1]

我国《基本医疗卫生与健康促进法》仅规定了公民基本医疗卫生服务获

---

〔1〕 此外，2023年6月28日通过、2023年9月1日施行的《无障碍环境建设法》第44条第1款规定，"医疗卫生机构应当结合所提供的服务内容，为残疾人、老年人就医提供便利"。该条旨在加强和改善残疾人的医疗服务，为残疾人提供就医便利，维护残疾人平等就医权利。参见张勇、程凯主编：《中华人民共和国无障碍环境法释义》，中国法制出版社2023年版，第133页。

得权、基本医疗保险参加权、健康教育获得权、国家免疫规划疫苗接种权、知情同意权、临床试验或医学研究参与权、隐私权、个人信息权（益）、人格尊严权。笔者认为，我国应当借鉴国外的先进经验，在立法中增设关于患者投诉权、病历查阅权和复制权等规定，同时增设一个关于特殊患者群体的总括性保护条款。具体而言，就是将其整合在《基本医疗卫生与健康促进法》第 4 条第 2 款之中，即将"国家和社会尊重、保护公民的健康权"修改为："国家和社会尊重、保护和实现公民的健康权，儿童、妇女、老年人、残疾人等特殊群体的健康权应当受到特别保障"。这将与我国《民法典》对特别群体的规定形成良性呼应，[1]各司其职，但这项工作可能需要等到我国《基本医疗卫生与健康促进法》修订时才能实现。

2. 公民健康义务

公民健康权利的实现在很大程度上需要仰赖其义务的履行状况，同样需要分为三个层次，一是作为普遍意义上的公民在基本医疗卫生领域应当负有遵守医疗机构医疗秩序的义务（《医师法》第 60 条、《医疗纠纷预防和处理条例》第 20 条、《医疗事故处理条例》第 59 条、《护士条例》第 33 条、《乡村医生从业管理条例》第 47 条、《民法典》第 1228 条等）、报告义务（《传染病防治法》第 31 条）等。二是作为患者的公民应当负有支付医疗费用的义务、配合医生诊疗的义务、遵守医嘱的义务等。三是作为特殊患者的公民应当负有特别义务，如暂缓结婚的义务就构成了对婚姻自主权的必要限制。我国《母婴保健法》第 9 条规定，"经婚前医学检查，对患指定传染病在传染期内或者有关精神病在发病期内的，医师应当提出医学意见；准备结婚的男女双方应当暂缓结婚"。[2]该条与我国 2001 年《婚姻法》第 10 条第 1 款第 3 项的核心意旨基本一致。《母婴保健法》第 10 条同时规定，"经婚前医学检查，对诊断患医学上认为不宜生育的严重遗传性疾病的，医师应当向男女双方说明情况，提出医学意见；经男女双方同意，采取长效避孕措施或者施行结扎手术后不生育的，可以结婚。……"该条对不宜生育的严重遗传性疾病的患

---

〔1〕《民法典》第 128 条规定："法律对未成年人、老年人、残疾人、妇女、消费者等的民事权利保护有特别规定的，依照其规定。"

〔2〕《民法典》第 1053 条第 1 款规定，一方患有重大疾病的，应当在结婚登记前如实告知另一方；不如实告知的，另一方可以向人民法院请求撤销婚姻。

者课以了不生育的义务。

我国《基本医疗卫生与健康促进法》仅规定了公民尊重参加基本医疗保险的义务、国家免疫规划疫苗接种的义务、如实提供与病情相关信息的义务、配合诊疗的义务、遵守诊疗制度的义务、维护医疗秩序的义务、尊重医务人员及他人的义务。笔者认为，我国应当借鉴国外的先进经验，在立法中增设爱惜自身健康的义务、遵守医疗机构规章制度的义务、按照规定支付医疗费用的义务、不良反应的报告义务等，以不断完善我国的健康立法。

第二部分

医事法

"小地震"：民法典对医疗执业的重要影响 [*]

我国《民法典》已于 2020 年 5 月 28 日颁布，自 2021 年 1 月 1 日施行。这是我国民事立法史上的一件大事。尽管《侵权责任法》已被废止，但包括医疗损害责任在内的内容，在经过一定的修正之后，绝大部分被《民法典》第七编（侵权责任编）所承继，以保持法律的连续性和稳定性，同时结合新的司法实践，进行了一定的创新。作为社会生活百科全书和公民新时代权利宣言书的《民法典》，自然会对与民生密切相关的医疗执业产生影响，有些影响常令医务人员始料未及。

长期以来，医疗行业都是一个自治程度较高的群体。由于医疗行业具有标准性，所以无论是国内交流，还是国际交流，实际上都是较为顺畅的。在医德的指引和医风的约束下，医务人员尽心尽力为患者提供照护服务，在这个过程中赢得了患者的信任，一度形成良好、平衡的医患关系。但是这种状况随着医疗行业的市场化倾向而发生改变，一部分医疗机构面临着"创收"的压力，最直接、最有效的任务就是分摊到每一个科室甚至每一位医务人员。当医务人员带着"创收"任务去照护患者，就会诱发道德风险，尤其是在医疗行业具有需求诱导、高度专业等特性的背景之下，诸如过度检查、过度医疗等事件时有发生，损害了患者的合法权益，尤其是患者的生命健康权益。当然，患者端也出现了一些问题，受索赔利益的驱使以及侥幸心理的影响，出现了无理取闹甚至职业医闹的现象。因此，医患矛盾开始增多，打破了原先已经形成的良好、平衡的医患关系。无论采取和解、调解、诉讼、仲裁中的哪一种方式解决，医患双方分清责任的基础是双方的权利和义务规定，所

---

[*] 部分内容曾刊发于《中国医学论坛报》，本文有修改。原文详可参见刘炫麟："民法典对医疗执业的主要影响"，载《中国医学论坛报》2020 年 8 月 6 日，第 A3 版。

以在这个过程中，医患双方的法律意识得到了显著提升。可以说，每一次与医疗行业相关的立法、修法，都牵动着广大医务人员的神经，《民法典》亦不例外。那么，《民法典》提出了哪些新要求，以及将对医疗执业产生何种新变化，值得我们广大医疗机构及医务人员关注和重视。

一、医疗机构对医务人员有无追偿权

我国《民法典》第1218条规定，"患者在诊疗活动中受到损害，医疗机构或者其医务人员有过错的，由医疗机构承担赔偿责任"。与2009年《侵权责任法》相比，其区分了医疗机构的过错和医务人员的过错，也可以说是区分了组织过错和个体过错，更为科学，理由一是医疗机构对组织过错承担过错责任，属于自己责任，常常表现为医疗管理过错责任；二是医疗机构对个体过错（医务人员执行职务行为时存在过错）承担无过错责任，属于替代责任，常常表现为医疗技术损害责任和医疗伦理损害责任。有疑问的是，该条并没有明文规定医疗机构承担赔偿责任后是否可以向有过错的医务人员追偿。关于这一点，理论界和实务界存在不同的看法。

我国《民法典》第1191条第1款规定，"用人单位的工作人员因执行工作任务造成他人损害的，由用人单位承担侵权责任。用人单位承担侵权责任后，可以向有故意或者重大过失的工作人员追偿"。[1]现实中，医疗机构承担替代责任之后向有重大过失的医务人员追偿的案例已经出现，但更多的法院是保持审慎之态度。因为医疗机构可以通过内部管理制度（如绩效惩罚）等予以解决，体现为劳动法上用人单位的惩戒权，足以在很大程度上起到促使医务人员更加谨慎执业的目的。若是支持了医疗机构对有重大过失医务人员的追偿权，可能会对处于弱势地位的医务人员不利，甚至容易将医疗机构的

---

[1] 有的学者认为，我国《民法典》第1218条关于医疗机构替代责任的规定应当属于第1191条第1款在医疗损害责任领域的具体化规定。上述两条规定应属于特别规定与一般规定的关系，在法律适用上应当坚持优先适用特别规定的基本规则。尤为重要的是，第1191条第1款还规定了用人单位对有故意或者重大过失的工作人员的追偿权，而第1218条关于诊疗损害责任的规定中并无追偿权的规则。依据上述法理，再结合鼓励和保障医疗卫生事业发展及保护医务人员相关权益的价值导向，有关医疗机构承担责任的规则不宜适用第1191条第1款的规定。这当然也包括追偿权规则，即医疗机构承担责任后不能向有故意或者重大过失的医务人员追偿。详可参见陈龙业："医疗损害责任的规则创新与司法适用——关于民法典医疗损害责任一章修改规定的解读"，载《中国应用法学》2020年第6期。

责任风险不当转嫁到医务人员身上。由于法律上没有明文规定，医务人员的执业风险有所上升。各地法院的裁判尺度和认识难以一致，或许会产生一定的"地域"风险。这足以提醒广大医务工作人员应当谨慎执业。

二、知情同意制度：从形式主义迈向实质主义

知情同意制度的核心在于六个字，即"讲清楚，听明白"。[1]具体而言，就是医疗机构及医务人员应当讲清楚，较好地履行其告知说明的义务，患者或者患者近亲属应当听明白，理解行为的性质和行为的内容，二者之间具有很强的关联性。如果执行告知义务的医务人员讲不清楚、说不全面，且内容不具体，那么患者大概率是无法听明白的，因而就无法作出符合自身最佳利益的决策。由于对未来的风险预见不足，患者的健康权就有可能受到一定的损害，而这些不利后果，患者或者其近亲属本可选择拒绝加以避免。

当前，我国临床实践中一个很大的问题在于告知说明义务的履行过于形式化和术语化。其中形式化是指以知情同意书的签署代替告知，而学术化是指有些告知夹杂着诸多医学术语，晦涩难懂。一部分医务人员以为患者听明白了，但实际上患者更多的是"一头雾水"。在医患双方信息不对称的格局之下，患者显然处于弱势地位，这为日后发生医疗纠纷埋下了"地雷"。2020年12月29日，最高人民法院印发《关于修改〈民事案件案由规定〉的决定》的通知，修改后的《民事案件案由规定》在"医疗损害责任纠纷"项下明确列举了两个案由：一是侵害患者知情同意权责任纠纷，二是医疗产品责任纠纷。这从另一个侧面说明，实践中医疗机构侵害患者知情同意权引发的纠纷较为凸显。

知情同意权，包括知情权和同意权。医疗机构及医务人员的告知义务，对应的就是患者的知情权，如果医疗机构及医务人员不履行告知义务或者不适当履行告知义务，那么患者的知情权就无法或者不能完好地实现。这将直接影响到患者同意权的行使。由于医疗行为具有探索性、风险性的特点，一些手术、特殊检查和特殊治疗又会对患者的生命健康产生重大影响，因此一个错误的决定将会威胁甚至侵害到患者的生命权、健康权，这难以符合患者

---

[1] 刘炫麟："受试者知情同意伦理审查中的法律要点"，载《中国医学伦理学》2022年第11期。

的最佳利益。

我国《民法典》第1219条规定，"医务人员在诊疗活动中应当向患者说明病情和医疗措施。需要实施手术、特殊检查、特殊治疗的，医务人员应当及时向患者具体说明医疗风险、替代医疗方案等情况，并取得其明确同意；不能或者不宜向患者说明的，应当向患者的近亲属说明，并取得其明确同意。医务人员未尽到前款义务，造成患者损害的，医疗机构应当承担赔偿责任"。该条与已经废止的《侵权责任法》第55条相比，发生了以下三个方面的变化。

一是医务人员在一般性的诊疗活动中，其告知方式比较简单，仅要求简要说明即可。但在涉及手术等特殊诊疗活动时，其告知程度显著提高，不仅要求及时告知，而且要求具体告知，言外之意就是需要作出详细的说明。这样规定的理由是，特殊诊疗活动具有较高的风险，且患者所需负担的费用较高，对患者的生命健康权益影响更大。实践中，有疑问的是这种告知的边界在哪儿？即告知到何种程度，才能认定医疗机构及医务人员尽到了全面而充分的告知义务？这是一个很难的问题，并已经成为世界难题。[1]德国实务界已经发展出一个基本公式来确定告知义务的射程，即"应当告知病患有关的发现、干预的机会和风险，且要达到以下的程度：使一个理性之人处于病患的情境中也能据此作出承诺的决定"。[2]这对我国医疗机构及医务人员告知义务的范围提供了思路和借鉴。

二是改变了单纯要求患者或者近亲属"书面同意"的要求，改为"明确同意"。这一变革的理由是，近些年来的一些医疗纠纷集中在医疗机构要求患者或者近亲属签署"书面"的知情同意书，一旦因为各种原因不能获得患者或者近亲属的"书面同意"，医疗机构往往进退两难，甚至有可能延误了最佳治疗时机。2009年《侵权责任法》要求患者或者近亲属"书面同意"，其本

---

〔1〕 关于告知义务的射程，在医疗实践中存在很大的不确定性。在思考告知义务的射程时，一个非常有意义的出发点是它的目的：使病患能够独立地权衡干预的益处和风险，并根据所接收的信息作出自主的决定。特别是民事法院，其要求全面地告知与手术相关的所有典型风险。刑事司法在很大程度上采纳了这些高要求。因此，特别是对于实施严重且/或不具医学表征的干预措施，对告知的要求是非常高的。[德] 埃里克·希尔根多夫：《医疗刑法导论》，王芳凯译，北京大学出版社2021年版，第37页。

〔2〕 [德] 埃里克·希尔根多夫：《医疗刑法导论》，王芳凯译，北京大学出版社2021年版，第37页。

意是为了让这项工作变得规范、严肃，让患者或者近亲属慎重作出决定，也容易为医疗机构及医务人员完成告知义务提供证据，但在现实中却出现了一定的异化，有的已经流于形式，没有起到原初的制度目的。《民法典》将其修改为"明确同意"，一是更加重视患者的自主决定权；二是与时俱进，只要能够取得患者或者近亲属的同意，不仅可以采取书面形式，还可以采取录音、录像等其他方式。[1]这同时解决了现实中存在的一种特殊情形：当生命垂危的患者需要抢救时，只有不能取得患者或者其近亲属意见的，经医疗机构负责人或者授权的负责人批准，才可以立即实施手术。而实际的情况是，当患者无法表达自己意见而又需要紧急救治且医疗机构能够通过电话等联系到患者的近亲属时，若要坚持书面的知情同意，不仅强人所难，而且在时间上不允许，不符合法治精神，尤其有悖健康法的精神，因此《民法典》将"书面同意"修改为"明确同意"，实际上是知情同意从形式主义迈向实质主义的重要一步。换言之，不重形式，而重内容，形式为内容服务，除特殊情况需要书面形式（如药物临床试验中的知情同意书签署）之外，实现灵活性和实效性的平衡统一。

三是增加了不能向患者说明的情形。我国 2009 年《侵权责任法》仅规定了"不宜向患者说明"的情形，但能否包含"不能向患者说明"的情形，实践中存在两种截然相反的观点：一种观点认为，"不宜向患者说明"在范围上包含了"不能向患者说明"的情形；另一种观点认为，"不宜向患者说明"和"不能向患者说明"分属两种不同的情形，不存在谁包含谁的问题。《民法典》为了消除这种争议，更好地保护患者权益，将"不宜向患者说明"修改为"不能或者不宜向患者说明"。这是因为，"不宜向患者说明"主要是指若是医疗机构及医务人员进行告知，将会造成患者悲观、恐惧、心理负担沉重等不利于治疗的情形，尤其是涉及未成年患者。"不能向患者说明"主要是指医疗机构及医务人员在客观上无法向患者进行告知，如患者处于昏迷状态或者由于生理、精神状态无法明确表达意见等。《民法典》作出修改之后，不仅更加全面和完整，而且明确区分了这两种不同的情形。

这些变化对医务人员在知情同意环节产生了重要影响，医务人员需要转

---

〔1〕 黄薇主编：《中华人民共和国民法典释义及适用指南》，中国民主法制出版社 2020 年版，第 1861~1862 页。

变观念，按照《民法典》的要求充分尊重患者的知情同意权，以此尊重和保护患者健康权的实现。

三、医疗机构的过错推定更加完善

我国《民法典》第1222条规定："患者在诊疗活动中受到损害，有下列情形之一的，推定医疗机构有过错：（一）违反法律、行政法规、规章以及其他有关诊疗规范的规定；（二）隐匿或者拒绝提供与纠纷有关的病历资料；（三）遗失、伪造、篡改或者违法销毁病历资料。"与我国2009年《侵权责任法》相比，其最大的变化有两处：一是增加了遗失病历资料推定医疗机构过错的情形。二是将"销毁"修改为"违法销毁"病历资料，表述上更为科学、严谨，亦更加符合现行法的有关规定。

何谓病历资料？我国《民法典》第1225条第1款规定，医疗机构及其医务人员应当按照规定填写并妥善保管住院志、医嘱单、检验报告、手术及麻醉记录、病理资料、护理记录等病历资料。我国《病历书写基本规范》第1条规定，"病历是指医务人员在医疗活动过程中形成的文字、符号、图表、影像、切片等资料的总和，包括门（急）诊病历和住院病历"。由于医疗行为的专业性和复杂性，医疗机构或者医务人员的过错判断需要同行的专业性评价，而评判的重要依据就是病历资料，在实践中有的医疗机构遗失了病历资料，按照2009年《侵权责任法》的规定，其难以划入"伪造、篡改或者销毁"的行列，为此2017年颁布、2020年修正的《最高人民法院关于审理医疗损害责任纠纷案件适用法律若干问题的解释》第6条增加了医疗机构遗失病历资料应推定其存在医疗过错的情形，弥补了这一漏洞。《民法典》的立法吸收了该司法解释的相关规定。

2014年1月1日施行的《医疗机构病历管理规定》第29条规定，"门（急）诊病历由医疗机构保管的，保存时间自患者最后一次就诊之日起不少于15年；住院病历保存时间自患者最后一次住院出院之日起不少于30年"。换言之，门（急）诊病历保存15年、住院病历保存30年之后，医疗机构是有权销毁的，是合法行为。[1]

---

〔1〕 黄薇主编：《中华人民共和国民法典释义及适用指南》，中国民主法制出版社2020年版，第1865~1866页。

当医疗机构存在我国《民法典》第 1222 条规定的任一情形，是否可以允许医疗机构提出反证，证明自身不存在过错？有的学者认为，这是一种不可反证的推定，即倾向于将其作为判断（认定）过错的法定事项或标准，医疗机构不得以其他方式或者途径来证明其过错。[1]有的学者认为医疗机构可以提出反证，只不过医疗机构存在上述情形，尤其是"违反法律、行政法规、规章以及其他有关诊疗规范的规定"的情形，是一种很强的表面证据，实践中常常难以推翻。[2]由此可见，无论医疗机构是不能提出反证，还是很难提出反证，实际上都对医务人员的执业提出了更高的要求，因而带来更大的执业风险。

四、患者隐私和个人信息得到加强保护

随着社会的发展和科技的进步，信息的搜集、获取、传输更为便捷。这对包括患者在内的自然人的隐私权和个人信息保护提出了挑战。我国《民法典》第 1226 条规定，医疗机构及其医务人员应当对患者的隐私和个人信息保密。泄露患者的隐私和个人信息，或者未经患者同意公开其病历资料的，应当承担侵权责任。这是我国《民法典》第 111 条和《民法典》第四编（人格权编）第六章（隐私权和个人信息保护）在医疗损害领域的延伸和体现。

在保留 2009 年《侵权责任法》保护患者隐私权的基础上，增加了对患者个人信息的保护，是《民法典》的一大亮点。这些信息的范围较广，既包括患者的一般信息（如姓名、年龄、工作单位、电话号码、经济状况等），也包括患者的病名、病情、病史等，还包括患者化验单、报告单等。在实践中，医疗机构及其医务人员侵害患者隐私权和个人信息权益的情形主要包括两类：一是没有经过患者同意，擅自公开医学文书及相关资料；二是因为故意或者过失泄露患者隐私和个人信息。无论是上述哪一种情形，均需依法承担相应的侵权责任。为了强化保护，2021 年 8 月 20 日通过的《个人信息保护法》将医疗健康信息作为敏感个人信息，适用更为严格的信息处理规则。

需要注意的是，我国《民法典》删除了 2009 年《侵权责任法》要求在造

---

〔1〕 张新宝：《侵权责任法》，中国人民大学出版社 2020 年版，第 201 页。
〔2〕 黄薇主编：《中华人民共和国民法典释义及适用指南》，中国民主法制出版社 2020 年版，第 1866 页。

成患者损害的情况下才承担侵权责任的规定，理由是前述两种行为本身就是一种较为严重的侵权行为。换言之，即便没有造成损害，也应纳入法律规制的范围。况且，若是实践中发生了前述两种行为，大部分情况下会对患者的工作、学习和生活造成影响。不过，在没有造成严重精神损害的情况下，患者不能要求精神损害赔偿，对此我国《民法典》第1183条第1款已经有了明确的规定，在此不赘。

当前，一些医疗机构及医务人员对于保护患者隐私和个人信息的意识还不强。这既有先前惯性思维的影响，也有医务人员没有及时学习最新法律的缘故，但无论是哪一种情况，一旦踏入"雷区"，都有可能会带来相应的法律风险，承受相应的法律后果。尽管从侵权的后果上考察，其损害结果并非特别严重，但是它事关伦理，将会不同程度地破坏医患之间的信任。从这个角度上考察，广大医务人员在执业之时，拥有必要的法治意识，是十分必要的。

五、"双子规制"：过度检查和过度医疗

无论是过度检查，还是过度医疗，实际上都是违反了相关诊疗规范或者诊疗指南，对公民健康权造成一定的威胁或者侵害的行为。我国《民法典》第1227条规定，"医疗机构及其医务人员不得违反诊疗规范实施不必要的检查"。该条规定可谓直击实践问题，回应社会关切。

我国《民法典》第1227条的规定与2009年《侵权责任法》第63条的规定保持一致，没有任何变化。但是2020年6月1日施行的《基本医疗卫生与健康促进法》第54条第1款规定，"医疗卫生人员应当遵循医学科学规律，遵守有关临床诊疗技术规范和各项操作规范以及医学伦理规范，使用适宜技术和药物，合理诊疗，因病施治，不得对患者实施过度医疗"。由于《基本医疗卫生与健康促进法》已经生效，且与2009年《侵权责任法》处于同一法律位阶，按照我国《立法法》（2023年修正）第103条的规定，"同一机关制定的法律、行政法规、地方性法规、自治条例和单行条例、规章，特别规定与一般规定不一致的，适用特别规定；新的规定与旧的规定不一致的，适用新的规定"，而且，随着我国《民法典》的实施，2009年《侵权责任法》已经被废止，因此问题变得比较简单，应当适用《基本医疗卫生与健康促进法》的相关规定。

在我国《民法典》生效之前，适用《基本医疗卫生与健康促进法》的规定没有异议，但是 2021 年 1 月 1 日《民法典》生效之后，是适用《民法典》还是《基本医疗卫生与健康促进法》呢？根据《民法典》第 11 条的规定，"其他法律对民事关系有特别规定的，依照其规定"。而《基本医疗卫生与健康促进法》对过度医疗的规定就属于"其他法律"对民事关系有特别规定的情形，因此应当适用《基本医疗卫生与健康促进法》。从过度检查扩展为过度医疗，规制的范围覆盖诊断、检查、治疗、康复等整个过程，这无疑对医疗机构及医务人员的执业规范提出了更高要求。这种更高要求虽然暂时使得医疗机构的收入减少，但从长远来看，是利国利民的一件大事，一件好事，因为健康不仅是我们每一位公民的天然追求，而且是一种重要的生产力！

新条例亮相：不同凡响 *

1987 年 6 月 29 日，国务院公布并施行了《医疗事故处理办法》。这是我国首部专门处理医疗纠纷的行政法规。2002 年 4 月 4 日，国务院公布了《医疗事故处理条例》，自 2002 年 9 月 1 日起施行，同时宣告已经施行 15 年之久的《医疗事故处理办法》废止。2018 年 7 月 31 日，国务院公布了《医疗纠纷预防和处理条例》，自 2018 年 10 月 1 日起施行。

与《医疗事故处理条例》生效并废除《医疗事故处理办法》的做法不同，《医疗纠纷预防和处理条例》的生效并没有废止《医疗事故处理条例》。有关医疗事故的行政调查处理，仍应按照《医疗事故处理条例》的相关规定执行。换言之，我国进入了《医疗纠纷预防和处理条例》和《医疗事故处理条例》双轨并行适用的时期。不过，从长远观之，二者很有可能会走向融合统一。

从《医疗纠纷预防和处理条例》和《医疗事故处理条例》的立法内容考察，虽然《医疗事故处理条例》也强调"预防"，但其重心仍在于"处理"。《医疗纠纷预防和处理条例》在充分吸收我国 2009 年《侵权责任法》预防功能的基础上，在理念上进行了必要修正，即从重视"处理"修正为"预防和处理"并重，同时通过设计相应的制度和规则予以保障。这一立法理念上的变革，显然对医疗机构及医务人员提出了更高的要求。如果医疗机构及医务人员在提供医疗服务的过程中不能遵循《医疗纠纷预防和处理条例》的新要义和新规定，那么将有可能面临多种法律风险，将自身置于十分不利的境地。

---

* 部分内容曾刊发于《中国医学论坛报》，本文有修改。原文详可参见刘炫麟："强调医疗纠纷'预防与处理'并重"，载《中国医学论坛报》2018 年 9 月 20 日，第 A4 版。

一、以患者为中心并给予人文关怀

《医疗纠纷预防和处理条例》和《医疗事故处理条例》均规定医疗机构应当严格遵守卫生法律、法规、规章和诊疗规范、常规，并加强对医务人员的法律培训和道德教育，但与《医疗事故处理条例》不同的是，《医疗纠纷预防和处理条例》将"以患者为中心，加强人文关怀"正式写入法条之中。这在我国卫生立法史上十分罕见。老子曰："天下难事，必作于易；天下大事，必作于细。"医疗机构及医务人员对患者的人文关怀很多都是从较为容易的、细节的地方做起。这也将成为衡量一所医疗机构管理能力和服务品质的重要标准，未来将是医疗机构核心竞争力的重要元素之一。

在提升患者就医体验、加强患者人文关怀方面，医疗机构和医务人员均大有可为，其中最为重要的就是自身观念的转变，以及对卓越品质的孜孜以求。例如，2018 年 3 月 21 日，《人民日报》报道了江苏某医院专为患者打造的"共享轮椅"租借服务，受到患者和家属好评。再如，在某肿瘤医院，一位坐着轮椅的肿瘤患者进到诊室，刚要艰难地挪到医生面前时，医生起身关切地说："您不要动，我来给您看看。"医生的这一行为让患者心生温暖，其对医生的信任不言而喻，接下来的治疗也会顺利许多。这种以人为本的理念，将大大提升患者的依从性，有效增进医患之间的信任，医疗纠纷发生的概率也将大幅下降。

二、重视医患沟通与纠纷预防

《医疗纠纷预防和处理条例》明确规定，医疗机构应当建立健全医患沟通机制，对患者在诊疗过程中提出的咨询、意见和建议，应当耐心解释、说明，并按照规定进行处理；对患者就诊疗行为提出的疑问，应当及时予以核实、自查，并指定有关人员与患者或者其近亲属沟通，如实说明情况。这一规定的主要目的在于畅通医患沟通渠道，预先从源头上减少和预防医疗纠纷的发生。

世界医学教育联合会《福冈宣言》曾经指出："所有医生必须学会交流和人际关系的技能。缺少共鸣（同情）应该看作与技术不够一样，是无能力的表现。"当前，已经有越来越多的医疗机构重视医患沟通工作。[1]例如，北京某医院自2014年起开展重大手术知情告知见证工作。在手术前，科室通知医务处参加术前谈话，患方相关直系家属到场，共同听取患者病情、替代医疗方案、手术方式、手术风险、术前准备以及预案、费用等情况，加深医患之间的理解。在参与见证的500余个病例中，大多数患者诊疗效果良好，没有发生一例医疗纠纷，纠纷防范效果较为显著。

三、医疗质量安全与医疗风险评估控制

《医疗纠纷预防和处理条例》要求医疗机构制定并实施医疗质量安全管理制度，设置医疗服务质量监控部门或者配备专（兼）职人员，加强对诊断、治疗、护理、药事、检查等工作的规范化管理，优化服务流程，提高服务水平。

2016年11月1日，国家卫生计生委制定的《医疗质量管理办法》开始实施，确立了首诊负责制度、三级查房制度、会诊制度等18项医疗质量安全核心制度。2018年4月18日，为了进一步贯彻落实《医疗质量管理办法》，指导医疗机构加强医疗质量安全核心制度建设，保障医疗质量与医疗安全，国家卫生健康委员会又出台了《医疗质量安全核心制度要点》，对各项医疗质量安全核心制度作出更加细致的规定。如果医疗机构没有按照上述规定制定和实施医疗质量安全管理制度，县级以上卫生行政部门将责令其改正和给予警告，并处1万至5万元的罚款；如果情节严重，还将对直接负责的主管人员和其他直接责任人员给予或者责令给予降低岗位等级或者撤职的处分，对有关医务人员可以责令暂停1个月以上6个月以下执业活动；构成犯罪的，依法追究刑事责任。

---

[1] 2021年6月14日，一名患有阵发性睡眠性血红蛋白尿症（PNH）的罕见病患者在北京协和医院服用一种未上市的药物。这种新药在国外研发还处于三期临床试验阶段。该患者并不是通过常规的入组新药临床试验获取，而是通过拓展性同情使用临床试验用药的方式申请到了这种药物，这种方式开启了我国罕见病同情用药的破冰之路。其法律依据是我国2019年新修订的《药品管理法》第23条，"对正在开展临床试验的用于治疗严重危及生命且尚无有效治疗手段的疾病的药物，经医学观察可能获益，并且符合伦理原则的，经审查、知情同意后可以在开展临床试验的机构内用于其他病情相同的患者。"由于这是国内首例同情用药案例，北京协和医院非常重视，在患者知情同意的过程中，律师参与了见证，既重视了告知说明的规范性，也预防纠纷的发生。

《医疗纠纷预防和处理条例》要求医疗机构加强医疗风险管理，完善医疗风险的识别、评估和防控措施，定期检查措施落实情况，及时消除隐患。例如，从患者住院开始，医疗机构就应当做好跌倒、坠床等风险评估，标注风险级别，做好宣教提醒和防范工作。此外，很多患者术前存在高龄、高血压、糖尿病以及其他心脑血管基础疾病或高危因素，是否耐受手术，必要时需要请专科会诊以充分评估手术风险，并与患者和家属做好充分沟通和风险告知。

四、医疗纠纷后的告知事项和报告义务

发生医疗纠纷时，医疗机构应当告知患者或者近亲属以下三个方面的事项：一是解决医疗纠纷的合法途径，主要包括医患双方自愿协商（自行和解）、人民调解、行政调解、诉讼和其他途径（如深圳等有些地方就允许医疗仲裁）。这些纠纷解决途径应当在医疗机构的显著位置公布，同时为了方便患者投诉和咨询，还应当公布每一种救济途径的程序和联系方式等，并设置统一的投诉管理部门或者配备专（兼）职人员予以接待。二是有关病历资料、现场实物封存和启封的规定。三是有关病历资料的查阅、复制的规定。除此之外，如果患者死亡，还应告知患者的近亲属有关尸检的规定。同时，若发生重大医疗纠纷，医疗机构还应按照规定向所在地县级以上地方人民政府卫生主管部门报告。

医疗机构如果拒绝为患者提供查阅、复制病历资料服务，或者未按规定封存、保管、启封病历资料和现场实物，或者未按规定向卫生主管部门报告重大医疗纠纷，则将面临县级以上卫生行政部门的行政处罚，除责令改正和给予警告之外，还将处 1 万至 5 万元的罚款；如果情节严重，还将对直接负责的主管人员和其他直接责任人员给予或者责令给予降低岗位等级或者撤职的处分，对有关医务人员可以责令暂停 1 个月以上 6 个月以下执业活动；构成犯罪的，依法追究刑事责任。

五、医患和解与数额限制

《医疗纠纷预防和处理条例》在制定的过程中，其"一审稿"设定了医患自行和解的索赔额限制，并授权地方立法进一步细化。"二审稿"没有对医患自行和解设定索赔数额限制。针对"二审稿"，一部分理论界和实务界专家

学者提出不同意见，认为这一做法的可行性不高，尤其是与当前地方上的卫生立法实践不一致。而《医疗纠纷预防和处理条例》最终采纳"二审稿"的做法，没有对医患自行和解设定索赔额限制。理由是，对医患双方自行和解不设定索赔额方面的限制，一是充分贯彻了我国民法上的意思自治原则，二是案情比较简单、责任容易分清的医疗纠纷案件可得到快捷处理，三是受到人身损害的患者也可以获得及时的法律救济。

对于案情较为复杂的医疗纠纷案件而言，往往需要通过鉴定才能分清责任。如果此时自行和解，一方面容易导致患方反悔难以定分止争，另一方面自行和解的赔付，与法院判决、医疗纠纷人民调解委员会的调解相比，缺少权威的依据，如果是公立医院，还可能产生国有资产流失的风险。尽管《医疗纠纷预防和处理条例》在医疗纠纷自行和解时没有设定具体的数额，但是各地基于自身实际，同时也为了进一步提高其现实中的可操作性，仍会在更低位阶的规范性法律文件中设置具体的数额，并发挥了极其重要的指引作用。前文已述，尽管设置具体的数额有违反民法意思自治原则的嫌疑，但是由于和解强调双方合意，一旦地方性立法设置了具体的和解数额限制，医疗机构往往不同意和解，这就使得医疗纠纷通过和解加以解决的路径或选择将渐行渐远。

六、二元化鉴定下的同行评议

自 1998 年开始，我国初步形成了医疗事故技术鉴定和法医司法鉴定二元化的局面。2010 年生效的《侵权责任法》虽然统一了医疗损害的概念，即不再单独提及医疗事故，但未能结束医疗事故技术鉴定和法医司法鉴定二元化的局面。《最高人民法院关于适用〈中华人民共和国侵权责任法〉若干问题的通知》《最高人民法院关于审理医疗损害责任纠纷案件适用法律若干问题的解释》等司法解释几经努力，始终未能在这一问题上实现突破。

虽然《医疗纠纷预防和处理条例》同样未能解决鉴定二元化的问题，但还是取得了两项重要进展：一是授权国务院卫生、司法行政部门共同制定医疗损害鉴定管理办法。据悉，国家卫生健康委员会、司法部联合起草的《医疗损害鉴定管理办法（征求意见稿）》已于 2018 年面向有关单位和专家征求意见。二是明确了"同行评议"制度。《医疗纠纷预防和处理条例》第 34 条第 2 款规定，医学会或者司法鉴定机构接受委托从事医疗损害鉴定，应当由鉴定事项所涉专业的临床医学、法医学等专业人员进行鉴定；医学会或者司法鉴定机构没有相关专业人员的，应当从专家库中抽取相关专业专家进行鉴定。

由于同行具有类似的教育背景、工作条件和工作经验，熟知工作流程与工作要求，因此，同行所作出的评议不仅注重结果，而且注重整个工作过程。一方面，"同行评议"制度可以科学、专业和公正地评判医疗机构及医务人员的医疗行为是否规范、合法；另一方面，也对医疗机构及医务人员提出了更高的要求，其必须严格落实医疗质量安全管理制度，遵守卫生法律、法规、规章和诊疗规范、常规，努力提高自身的技术水平和服务能力，谨小慎微，严于律己。

《医疗纠纷预防和处理条例》的六个立法趣争 *

我国《医疗事故处理条例》制定于 2002 年，二十余年过去并无修改，然而随着社会发展日新月异，医药卫生体制改革深入推进，《医疗事故处理条例》的立法局限性日渐凸显。一是在理念上已经凸显出一定的滞后性，如重视医疗事故的处理而轻医疗事故的预防等，二是在具体内容上已经难以衔接新的规定，尤其是该条例第五章所规定的"医疗事故的赔偿"，更是随着 2009 年《侵权责任法》的实施而被废弃。因此，要求修订《医疗事故处理条例》的呼声愈来愈高。

2015 年 10 月 30 日至 11 月 30 日，国务院法制办公布了《医疗纠纷预防与处理条例（送审稿）》（以下简称"一审稿"），并面向全社会征求意见。在充分考虑和吸收各方意见和建议的基础上，其又就《医疗纠纷预防和处理条例（草案）》（以下简称"二审稿"）向有关单位和专家第二次征求意见。2017 年 3 月 20 日，国务院办公厅印发的《国务院 2017 年立法工作计划》明确提出，力争在 2017 年内完成对《医疗事故处理条例》的修订工作。然而，这项修订工作并没有在预期内完成。直到 2018 年 6 月 20 日，国务院常务会议才通过了《医疗纠纷预防和处理条例（草案）》，并于 2018 年 7 月 31 日对外公布了《医疗纠纷预防和处理条例》，于 2018 年 10 月 1 日实施。

《医疗纠纷预防和处理条例》作为一部内容丰富又紧密涉及民生的卫生行政法规，由于涉及多个部门、数个主体的权（力）利、义务和责任的安排，必然会产生诸多立法争议，而且这些立法争议并没有随着该条例的施行而消失。本文结合"一审稿""二审稿"和《医疗纠纷预防和处理条例》的有关

---

* 主体部分内容曾刊发于《青海社会科学》，本文略有修改。原文详可参见刘炫麟："《医疗纠纷预防和处理条例》立法争议问题研究"，载《青海社会科学》2019 年第 2 期。

规定，就其制定过程中的几个主要争议问题进行深入剖析，旨在进一步阐明该条例的成绩和不足，为该条例的当下解释和未来修改提供参考。

一、立法名称的考察与择定

暂且不论"一审稿"与"二审稿"在内容上的区别，二者的显著差异体现在立法名称上的变化，即由"医疗纠纷预防与处理条例"修改为"医疗纠纷预防和处理条例"。那么，立法上的"与"和"和"是同义可以互换，还是异义存在一定差别？应当说，这一问题在立法过程中并没有引起专家学者的足够重视，而这将直接影响到该项立法的规范性和科学性以及价值理念的选择。

（一）"和"和"与"在立法上的含义与使用

全国人大常委会法制工作委员会于 2009 年制定的《立法技术规范（试行）（一）》在 13.1 部分对立法上的"和"进行了解释，即"和"连接的并列句子成分，其前后成分无主次之分，互换位置后在语法意义上不会发生意思变化，但是在法律表述中应当根据句子成分的重要性、逻辑关系或者用语习惯排序，如"一切法律、行政法规和地方性法规都不得同宪法相抵触"。但对"与"的含义和用法，无论是《立法技术规范（试行）（一）》还是《立法技术规范（试行）（二）》（2011 年）均无相关说明和解释。在社会生活中，通常并不刻意区分"和"和"与"，但在语法上，"与"虽也有并列的含义，但在很多情形下因前后存在递进、承接等关系而不能互换位置，与"和"存在明显的区别。

（二）"和"和"与"在我国健康立法上的实践

尽管在理论上对"和"和"与"的使用进行了较为严格的区分，但在我国的健康立法实践中，有时却未必对此进行严格考究并厘定得十分清晰。在我国现行的 14 部健康法律中，仅有《人口与计划生育法》《基本医疗卫生与健康促进法》涉及"和"和"与"的使用问题，但在我国卫生部门规章层面，对"和"和"与"的使用较为普遍（详见表 2）。

表2 使用"和"和"与"的卫生部门规章对照

使用"和"的部门规章	使用"与"的卫生部门规章
《鼠疫地区猎捕和处理旱獭卫生管理办法》（1993年）	《处方药与非处方药分类管理办法（试行）》（1999年）
《关于禁止非医学需要的胎儿性别鉴定和选择性别的人工终止妊娠的规定》（2002年）	《学校食堂与学生集体用餐卫生管理规定》（2002年）
《流动人口计划生育管理和服务工作若干规定》（2003年）	《突发公共卫生事件与传染病疫情监测信息报告管理办法》（2003年）
《医疗器械说明书、标签和包装标识管理规定》（2004年）	《大型医用设备配置与使用管理办法》（2004年）
《麻醉药品和精神药品管理条例》（2005年）	《食品添加剂新品种申报与受理规定》（2010年）
《放射性同位素与射线装置安全和防护条例》（2005年）	《职业病诊断与鉴定管理办法》（2013年）
《疫苗流通和预防接种管理条例》（2005年）	《人体捐献器官获取与分配管理规定（试行）》（2013年）
《传统医学师承和确有专长人员医师资格考核考试办法》（2006年）	《国家卫生计生委行政复议与行政应诉管理办法》（2013年）
《药品说明书和标签管理规定》（2006年）	
《尸体出入境和尸体处理的管理规定》（2006年）	
《药品不良反应报告和监测管理办法》（2011年）	

　　从整体上考察，我国立法机关严格区分了立法上的"和"和"与"，但在个别法律规范性文件上，"和"和"与"的用法出现了一定程度的错位。例如，《鼠疫地区猎捕和处理旱獭卫生管理办法》中究竟应该使用"和"还是"与"，实际上存在着一定程度的模糊，因为既可以将"猎捕"与"处理"理解为并列关系，亦可将其理解为承接递进关系，但从立法内容上考察，将

"猎捕"与"处理"理解为承接递进关系更为精确。换言之，在此立法文件中使用"与"要优于使用"和"。再如，《处方药与非处方药分类管理办法（试行）》中，处方药和非处方药更适合作为并列关系，即使互换也不会发生语义上的变化，因此使用"和"比使用"与"更为科学。但是由于"处方药"比"非处方药"更为严格，因而在法律表述时将"处方药"置于"非处方药"之前更为合适。

（三）立法名称的选择

无论是从医疗纠纷预防与医疗纠纷处理的逻辑关系考虑，还是从地方的立法实践考察，在立法名称上，使用《医疗纠纷预防与处理条例》显然要比《医疗纠纷预防和处理条例》更加科学，即"一审稿"的立法名称要优于"二审稿"和当前正式法律文件的立法名称，主要包括以下三个方面的理由。

1. 预防前置的价值理念

我国在较长的一段时期内对医疗纠纷"重处理、轻预防"，但自我国2009年《侵权责任法》颁布之后已经发生了明显的现代性转向，即进行立法考量时事前预防优先于事后救济。从《医疗纠纷预防和处理条例》的内容考察，其第1条、第3条等亦将预防提升至前所未有的高度。尽管医疗纠纷的预防和处理可以作为两个并列事项，但在逻辑关系上，预防和处理不能互换，因为有些医疗纠纷是可以预防的，只有尚未预防或者尽管预防仍然发生的医疗纠纷，才涉及进一步处理的问题，二者之间具有明显的前后承接顺序，因此在立法名称上使用"与"优于"和"。

2. 地方立法实践的支持

针对现行《医疗事故处理条例》立法的局限性，各省市在不违背该条例立法精神和基本原则的前提下，已经先于我国《医疗纠纷预防和处理条例》进行了有益的探索（详见表3）。各地方有关医疗纠纷预防、处理的卫生立法多使用"与"而非"和"。尽管随着《医疗纠纷预防和处理条例》的实施，各地方出台的这些健康立法在内容上需要依据上位法进行修订，但在立法名称上，笔者建议继续沿用"与"而非"和"。

表 3　地方出台的预防、处理医疗纠纷的立法文件

颁布时间	颁布单位	立法文件名称
2010 年 1 月 19 日	浙江省人民政府	《浙江省医疗纠纷预防与处理办法》
2010 年 7 月 27 日	河南省人民政府	《河南省医疗纠纷预防与处置暂行办法》
2012 年 4 月 11 日	四川省社会管理综合治理委员会、高级人民法院、公安厅、民政厅、司法厅、卫生厅、中国保险监督管理委员会四川分会	《四川省医疗纠纷预防与处置暂行办法》
2012 年 11 月 20 日	湖南省人民政府	《湖南省医疗纠纷预防与处理办法》
2013 年 4 月 2 日	广东省人民政府	《广东省医疗纠纷预防与处理办法》
2013 年 12 月 13 日	湖北省人民政府	《湖北省医疗纠纷预防与处理办法》
2013 年 12 月 26 日	甘肃省综治办、省委宣传部、省卫生计生委、省司法厅、省公安厅、省民政厅、省财政厅、省保监局	《甘肃省预防与处置医疗纠纷暂行办法》
2014 年 1 月 11 日	上海市人民政府	《上海市医患纠纷预防与调解办法》
2014 年 3 月 27 日	江西省人民代表大会常务委员会	《江西省医疗纠纷预防与处理条例》
2016 年 5 月 23 日	福建省人民政府	《福建省医疗纠纷预防与处理办法》
2017 年 3 月 30 日	江苏省人民代表大会常务委员会	《江苏省医疗纠纷预防与处理条例》
2017 年 7 月 20 日	安徽省人民政府	《安徽省医疗纠纷预防与处置办法》
2017 年 8 月 29 日	山西省人民政府	《山西省医疗纠纷预防与处理办法》

二、医疗事故规定的存废及处理

长期以来，我国理论界并未重视医疗纠纷、医疗损害和医疗事故三者之间的逻辑关系。尽管我国 2009 年《侵权责任法》第七章（医疗损害责任）（现为《民法典》第七编第六章）将医疗事故与非医疗事故造成的损害统一规定在"医疗损害"之下使这三者之间的逻辑关系有所改观，但将其作为一个学术问题提出并开展深入研究还存在一定的欠缺。此外，是否需要在《医疗纠纷预防和处理条例》中继续规定医疗事故？其实施后《医疗事故处理条例》是否继续有效？这些问题在立法过程中曾经存在着一些争论。

（一）医疗纠纷、医疗损害和医疗事故的逻辑关系与概念功能

1. 三者之间的逻辑关系

"一审稿"第 2 条规定："本条例所称医疗纠纷，是指医患双方当事人因诊疗活动引发的争议。本条例所称医疗事故，是指医疗机构及其医务人员在诊疗活动中，违反医疗卫生管理法律、行政法规、部门规章和诊疗护理规范、常规，过失造成患者人身损害的事故。""二审稿"第 2 条规定："本条例所称医疗纠纷，是指医患双方因诊疗活动引发的争议。"我国《医疗纠纷预防和处理条例》第 2 条与"二审稿"第 2 条作了相同的规定，即摒弃了"一审稿"第 2 条对"医疗事故"的界定和在后续章节对医疗事故作出详细规定的做法。理论界一般认为，医疗损害是指医疗机构及其医务人员在诊疗过程中因过失造成患者人身损害或者其他损害。由此可见，三者之间的基本逻辑关系为医疗事故是医疗损害的种概念，医疗损害通常是医疗纠纷的种概念，故医疗事故通常是医疗纠纷的种概念便是应有之义。之所以如此，主要是因为发生医疗损害或者医疗事故，未必就一定发生医疗纠纷，两者之间并无必然联系。但是，在现实中，发生医疗损害尤其是医疗事故，其发生医疗纠纷的概率很高。此时，医疗损害纠纷、医疗事故纠纷均为医疗纠纷的种概念。此外，有的医疗纠纷是基于医疗事故或非医疗事故的医疗损害而产生，有的医疗纠纷则是非医疗损害所致。

2. 三者的概念功能

我国健康立法（名称）上创设医疗纠纷、医疗损害和医疗事故三个概念，各自具有不同的功能。在全面推进"法治中国"和"健康中国"的建设进程

中，对医疗纠纷进行健康立法上的规制，更多体现的是社会公共治理现代化的理念，并富有鲜明的时代特征。在健康立法上创设医疗损害，则重在通过民事责任条款解决平等主体之间因侵权所致损害的法律责任承担问题。在健康立法上创设医疗事故，不仅是要解决民事上的责任承担（对受害人的私法救济）问题，还需要解决卫生行政部门对医疗机构及其医务人员作出行政处罚（公法规制）的依据问题，亦是判断医务人员是否构成医疗事故罪的基础。因此，三者既存在关联性，又保持一定的独立性，具有各自的功用价值。

（二）是否应当规定医疗损害和医疗事故

1. 是否应当规定医疗损害

首先，医疗纠纷是属概念，医疗损害纠纷是种概念，对医疗纠纷进行单独立法，医疗损害纠纷是其应有的内容；其次，除部分简单的医疗纠纷之外，许多医疗纠纷产生了损害的实际后果，这种损害后果与医疗机构的诊疗行为之间是否存在因果关系，以及医疗机构是否存在违反法律法规和诊疗规范的情形，往往不是法官所能认定的。如果事实不清，那么判决的精准性将会直接受到影响，因此已有"越来越多对诉讼程序非常重要的事实只能通过高科技手段查明"[1]，如鉴定专家的（深度）参与。在这种情境之下，医疗损害鉴定问题就成为立法中一个较为凸显的问题，既不应回避，亦无法回避，故在《医疗纠纷预防和处理条例》立法中，应当规定医疗损害的内容，但需考虑如何与我国2009年《侵权责任法》第七章（医疗损害责任）妥适衔接。综观"一审稿""二审稿"和《医疗纠纷预防和处理条例》的全文内容可知，其均较为完整地吸收了我国2009年《侵权责任法》第55条（知情同意权和告知义务）和第56条（紧急医疗特权）的相关规定。笔者认为，《医疗纠纷预防和处理条例》不宜照搬这两个法律条文，因为2009年《侵权责任法》是首先需要适用的上位法。[2]不过，《医疗纠纷预防和处理条例》对医疗损害鉴定也作出了相应的规定，尤其是其确立的"同行评议"原则，对于科学、公正评判医疗行为具有十分重要的意义。客观公允地说，该条例对医疗损害

---

[1] ［美］米尔建·R.达马斯卡：《漂移的证据法》，李学军等译，中国政法大学出版社2003年版，第200页。

[2] 由于《医疗纠纷预防和处理条例》于2018年出台，《民法典》尚未出台，因此其制定之时主要考虑其与《侵权责任法》的关系。本文下同。

的规定较为欠缺，具有较大的局限性，这与其行政法规的本质属性和效力层级较低紧密相关。

2. 是否应当规定医疗事故

"一审稿"大量地规定了医疗事故的相关内容，"二审稿"将医疗事故的处理进行了剔除，并通过第53条明确规定："对诊疗活动中医疗事故的行政调查处理，依照《医疗事故处理条例》的相关规定执行。"《医疗纠纷预防和处理条例》采纳了"二审稿"的意见，并在其第55条作了与"二审稿"第53条相同的规定。笔者认为，这一制度安排虽有一定的道理（如医疗事故主要涉及行政处理和行政法律责任的承担），却并非是一种最优的立法选择，主要基于以下三个方面的理由。

首先，在逻辑关系上医疗纠纷包含医疗事故引起的纠纷，且医疗事故是卫生行政部门处罚医疗机构及其医务人员的重要依据，如果缺失医疗事故的规定，该条例至少在立法体系上是不完整的。此外，只有保留"医疗事故"的概念，才能与我国《刑法》第335条规定的"医疗事故罪"相衔接，否则将有可能导致在医疗机构造成患者严重人身损害的情况下，追究相关医务人员刑事责任时出现法律适用的混乱和落空[1]。

其次，如果将医疗事故单独剔除于《医疗纠纷预防和处理条例》的体系，必然导致《医疗事故处理条例》需要继续有效，否则医疗事故的处理就会于法无据。由于我国2009年《侵权责任法》及相关司法解释已经取代了《医疗事故处理条例》关于医疗损害赔偿的规定，而《医疗纠纷预防和处理条例》对总则、医疗纠纷预防、医疗纠纷处理（包括医疗损害鉴定）、法律责任等规定，也将全面取代现行《医疗事故处理条例》中总则、医疗事故的预防与处置、医疗事故的技术鉴定、罚则等相关规定，仅余下其第4章"医疗事故的行政处理与监督"不能被取代，那么《医疗事故处理条例》的法律适用价值将大为式微。而且由于其施行时间较长，必然面临着需要修改的境地，其究竟余下多少条款是医疗事故预防和处理所独有的规定，以及能否继续支撑起一部行政法规的体系框架和制度规则，让人充满担忧与疑问。此外，两个立法名称高度相似且内容紧密相关的卫生行政法规，若不采整合而取分立的立

---

[1] 王岳、丛亚丽主编：《2015—2016中国医患关系蓝皮书》，北京大学医学出版社2017年版，第6~7页。

法模式，一定程度上会影响到社会公众对法律的准确理解与执法机关对法律的具体适用。

最后，《医疗纠纷预防和处理条例》与《医疗事故处理条例》的关系，不能混淆于我国原《民法总则》与原《民法通则》的关系。因为我国原《民法通则》既规定了一些民法的基本制度和一般性规则，也规定了合同、所有权及其他财产权、知识产权、民事责任、涉外民事关系法律适用等具体内容，可以说是一部"小民法典"，其适用范围要广于原《民法总则》。原《民法总则》以原《民法通则》为基础，基本吸收了原《民法通则》规定的民事基本制度和一般性规则，同时作了补充、修正和完善。原《民法通则》规定的合同、所有权及其他财产权、民事责任等具体内容还需要在编纂《民法典》各分编时进行系统整合。原《民法总则》与原《民法通则》的规定不一致的，根据新法优于旧法的原则，适用原《民法总则》的规定。[1]《医疗纠纷预防和处理条例》比《医疗事故处理条例》的内容更为宽泛和时新，理应全面取而代之。

三、行政调解应否明文规定

在《医疗纠纷预防和处理条例》制定过程中，对于应否明文规定卫生行政部门的行政调解作为医疗纠纷处理的解决途径，曾引起一定的争议。相较而言，主张不规定行政调解的观点略占上风，尤其以卫生健康行政部门为代表，认为一方面没有人力应对数量较多且案情较为复杂的医疗纠纷；另一方面，现有的人员配置（如专业能力）也无法应对医疗纠纷，而且在中立性和公正性上难以保证，容易引发患者及其近亲属的质疑和猜忌。

（一）两次征求意见稿的内容变化

"一审稿"第5条规定："医疗纠纷患方当事人要求追究医疗机构民事责任的，可以选择下列途径：（一）医患协商；（二）向人民调解委员会申请人民调解；（三）向人民法院提起诉讼；（四）法律、行政法规、规章规定的其他途径。""二审稿"第22条规定："发生医疗纠纷，医患双方可以通过下列途径解决：（一）双方自愿协商；（二）向医疗纠纷人民调解委员会申请调

---

〔1〕 张荣顺主编：《中华人民共和国民法总则解读》，中国法制出版社2017年版，第688页。

解；（三）向卫生和计划生育委员会主管部门申请行政调解；（四）向人民法院提起诉讼；（五）法律、法规规定的其他途径。"由此可见，"二审稿"在"一审稿"的基础上明确增列了"向卫生和计划生育主管部门申请行政调解"这一医疗纠纷解决途径。我国《医疗纠纷预防和处理条例》最终采纳了"二审稿"的做法。笔者认为，这一做法是综合考虑各种因素而作出的契合中国实际的理性抉择。

（二）行政调解应予明文规定的理由

1. 立法经验的承继

尽管卫生行政部门的行政调解因其专业性、中立性、及时性等不足而备受质疑，[1]但这并不足以推翻其作为一种独立的纠纷解决途径。我国幅员辽阔，传统文化根深蒂固，一些地区的一部分民众恐难在短时间内改变"有事找政府"的观念。即便立法上不作明文规定，现实中亦会发生医疗纠纷当事人寻求卫生行政部门调解的情形。与其这样，反倒不如在《医疗纠纷预防和处理条例》中作出明文规定。况且，从"一审稿"和"二审稿"均规定的"其他途径"这一兜底性条款考察，亦难以排除卫生行政部门行政调解这一纠纷解决途径的存在。基于当前医疗纠纷解决不畅的现实，救济途径宜增不宜减。

2. 体系完整性的考虑

时至现代社会，医疗纠纷解决途径更加复合多元，更加强调社会公共治理的重要性。美国、日本通过行业协会与保险公司解决医疗纠纷，并通过积极发展调解、仲裁等诉讼外纠纷解决机制来缓解法院的压力。德国注重以调解方式解决医疗纠纷，在行业协会下设医疗事故调解处，使调解更具专业性。我国台湾地区将调解设置为法定诉讼前置程序，以减少不必要的诉讼。近些年来，我国在医疗纠纷人民调解方面取得突破性进展。除此之外，医患双方自愿和解、向人民法院提起诉讼等，均是医疗纠纷解决的有效途径。如果将卫生健康行政部门的行政调解增列为一种独立的医疗纠纷解决途径，不仅能够在形式上凸显政府积极履责的外在形象，而且在医疗纠纷解决方式的体系上将更加完整和丰富，促使不同医疗纠纷解决方式充分发挥各自的优势和特

---

[1] 王将军等："制定《医疗纠纷预防与处理条例》的思考"，载《中国医院》2015 年第 2 期。

色，综合融入到医疗纠纷的公共治理体系之中，通过群策群力修复医患关系，重塑医患信任。

3. 地方健康立法的实践支持

笔者对各省、自治区和直辖市关于医疗纠纷预防、处理的健康立法进行系统梳理后发现，《浙江省医疗纠纷预防与处理办法》《湖南省医疗纠纷预防与处理办法》《广东省医疗纠纷预防与处理办法》《江西省医疗纠纷预防与处理条例》《湖北省医疗纠纷预防与处理办法》《河南省医疗纠纷预防与处置暂行办法》《安徽省医疗纠纷预防与处置办法》《甘肃省预防与处置医疗纠纷暂行办法》《四川省医疗纠纷预防与处置暂行办法》等均明确规定卫生健康行政部门的行政调解是医疗纠纷解决的途径之一。需要注意的是，即便是在没有明确规定卫生行政部门行政调解的地方规范性法律文件中，也突出强调卫生健康行政部门对医疗纠纷处理的指导、监督等职责。因此，我国将行政调解作为医疗纠纷解决的途径具有一定的实践基础。

四、医患自行和解应否设定索赔数额限制

（一）征求意见稿的规定和地方健康立法实践

1. 征求意见稿的规定

"一审稿"第 29 条规定："……医患双方可以就未造成医疗损害的或者索赔数额较小的医疗纠纷进行协商，具体数额由地方性法规、地方政府规章规定。""二审稿"第 30 条规定："……协商确定赔付金额应当以事实为依据，防止畸高或者畸低，对分歧较大或者索赔数额较高的纠纷，鼓励医患双方当事人通过人民调解的途径解决。医患双方经协商达成一致的，应当签署书面和解协议。"由此可见，"一审稿"设定了医患自行和解的索赔额限制，并授权地方立法进一步细化。"二审稿"没有对医患自行和解设定索赔数额限制。这一做法在立法过程中遭到了一部分理论界和实务界专家学者的反对，认为这一做法的可行性不高，尤其是与当前地方上的健康立法与实践运行不一致。

2. 地方健康立法实践

笔者对各地方相关健康立法梳理后发现，许多省、市对医患和解这一纠纷解决方式设定了索赔额的限制，但在具体的数额上则从 5000 元 ~ 30 000 元不等（详见表 4）。

表4　各地对医患和解设定的索赔额限制

省份	立法文件	索赔额限制	其他限制
河南	《河南省医疗纠纷预防与处置暂行办法》	5000元以下	代表人数不得超过3名
甘肃	《甘肃省预防与处置医疗纠纷暂行办法》	二级以上医疗机构1万元以下 二级以下医疗机构5000元以下	无
天津	《天津市医疗纠纷处置条例》	1万元以下	无
浙江	《浙江省医疗纠纷预防与处理办法》	1万元以下	无
四川	《四川省医疗纠纷预防与处置暂行办法》	公立医疗机构2万元以下（2万元以上的纠纷，原则上应当选择人民调解、行政调解或司法诉讼途径解决） 非公立医疗机构无限制	无
福建	《福建省医疗纠纷预防与处理办法》	2万元以下（2万元以上的，公立医疗机构不得自行协商处理）	无
江苏	《江苏省医疗纠纷预防与处理条例》	2万元以下	无
上海	《上海市医患纠纷预防与调解办法》	3万元以下	无

（二）自行和解不应设定索赔数额限制的理由

我国《医疗纠纷预防和处理条例》在综合理论界的意见和考察地方的卫生立法实践后，最终没有对医患和解设定索赔额限制。笔者认为，这一做法是正确的，主要基于以下三个方面的理由。

1. 设定索赔额限制在内容上涉嫌违反上位法

由表4可知，河南、甘肃、浙江、上海、天津等省市对医患双方选择自行和解的医疗纠纷解决途径设定索赔数额限制。其在提高医疗实务可操作性的同时，一个重要的考虑就是将索赔数额较大的案件从"院内"引到"院外"，以利于医疗纠纷的解决和医疗秩序的稳定。但是和解作为一种纠纷解决方式，是我国宪法和法律赋予的自由，只要双方自愿、合法和平等协商，行政法规、地方性法规、政府规章等规范性法律文件无权对其作出任何限定，否则将有违反我国《立法法》《民法典》（如意思自治原则）等上位法之嫌。如果医患双方就发生的医疗纠纷自行和解需要限定索赔数额，那么在许多案件中必然会剥夺当事人行使这项权利，十分不利于医疗纠纷的及时和公正的解决。当然，在实践中也需谨防在未分清责任的情况下进行"和稀泥"式的和解。至少对于公立医疗机构而言，此种情况将有可能造成国有资产流失的法律风险，亦不利于医疗纠纷的终局解决。

2. 设定索赔额限制在标准上难言科学

当事人索赔数额多少，常与患者所受医疗损害程度的高低紧密相关，但是这并不能直接反映出案件的复杂程度。一个医疗纠纷案件的复杂与否，常常体现在医疗机构过错和因果关系的证明难度。换言之，在医疗纠纷法律实务中，有的案情比较简单，如在胸腔、腹腔、盆腔、颅内及深部组织遗留纱布、器械等异物，或者开错手术部位造成较大创伤等，在不需要鉴定的情况下，亦可分清医患双方的责任。在患方和医方都同意赔偿方案的情况下，如果因为索赔数额的限制而必须选择其他医疗纠纷解决的方式，颇有"画蛇添足"之举，反而容易激化医患双方的对立情绪，导致患者滞留于医院，不同程度地干扰医疗机构医疗活动的正常进行。总之，在我国各地经济发展水平不平衡的情况下，如何科学设定医患自行和解的索赔额限制，将是一个重大疑难的问题。不仅在实践中难以掌握，而且会出现这样一种怪象：明明是相似的医疗纠纷案件，在一个省可以自行和解而在邻省或其他地区却不可以自行和解。如果立法不当，适用法律不准，执法监督不严，就会损害法律法规的权威性和统一性。

3. 设定索赔额限制可能导致救济延误

医疗纠纷案件有其自身的特殊性，其中之一便是常发生患者死亡、残疾等损害事实，但不论具体结果如何，患者或近亲属都亟需情感抚慰和法律救济。特别是对于一些需要继续治疗的患者而言，如果选择其他方式（如诉讼），则经常需要经过数年甚至更长的时间。这对于亟需治疗费用的患者而言，即便是最终赢得了诉讼，也不得不面临"虽胜犹败"的局面。虽然美国休尼特法官的一句名言——"正义从来不会缺席，只会迟到"——让我们对结果充满期待，但对患者尤其是遭受严重损害的患者而言，他们显然更喜欢英国著名的法律格言"迟到的正义为非正义"以及波斯纳的"正义在法律中的第二含义就是效率"。[1] 如果允许医患双方自行和解，至少在一部分案件中，可以实现尽快救济患者一方的社会实效。

五、患者复印病历的范围

（一）患者复印病历范围的历史沿革

病历是指医务人员在医疗活动过程中形成的文字、符号、图表、影像、切片等资料的总和，包括门（急）诊病历和住院病历。关于患者复印病历的范围，自《医疗事故处理办法》颁布后，迄今已经历了30余年的演变。

1. 1987年《医疗事故处理办法》

我国1987年《医疗事故处理办法》不允许患者复印病历。其第8条第1款规定："发生医疗事故或事件的医疗单位，应指派专人妥善保管有关的各种原始资料。严禁涂改、伪造、隐匿、销毁。"这是因为原始资料是病情发展的真实记录，是认定医疗过失的重要依据。进行医疗技术鉴定时医疗单位负责提供病历摘要和必需的复印件。受托的医疗事故鉴定委员会和受诉的法院、检察院，需要查阅原件时，持介绍信经医院院长签字，就地调阅。病人所在单位、病人、家属、事故当事人及其亲属不予调阅。

2. 2002年《医疗事故处理条例》

我国2002年《医疗事故处理条例》第10条第1款规定："患者有权复印或者复制其门诊病历、住院志、体温单、医嘱单、化验单（检验报告）、医学影像检查资料、特殊检查同意书、手术同意书、手术及麻醉记录单、病理资料、护理记录以及国务院卫生行政部门规定的其他病历资料。"与《医疗事故处理办法》相比，《医疗事故处理条例》对患者病历公开的范围取得了重大突破，其中对于客观病历资料，患者有权全部复印。

3. 2009年《侵权责任法》

我国2009年《侵权责任法》第61条规定："医疗机构及其医务人员应当按照规定填写并妥善保管住院志、医嘱单、检验报告、手术及麻醉记录、病理资料、护理记录、医疗费用等病历资料。患者要求查阅、复制前款规定的

---

〔1〕 刘炫麟：《大规模侵权研究》，中国政法大学出版社2018年版，第162页。

病历资料的，医疗机构应当提供。"由此可见，与《医疗事故处理条例》相比，2009年《侵权责任法》并没有在患者复印病历的范围上取得实质性突破，仍然局限于客观病历。

4. 2013年《医疗机构病历管理规定》

我国2013年《医疗机构病历管理规定》第19条规定："医疗机构可以为申请人复制门（急）诊病历和住院病历中的体温单、医嘱单、住院志（入院记录）、手术同意书、麻醉同意书、麻醉记录、手术记录、病重（病危）患者护理记录、出院记录、输血治疗知情同意书、特殊检查（特殊治疗）同意书、病理报告、检验报告等辅助检查报告单、医学影像检查资料等病历资料。"与2002年《医疗事故处理条例》和2009年《侵权责任法》相比，其同样未取得实质性突破，只是更加细化了客观病历的类型而已。

5. 2018年《医疗纠纷预防和处理条例》

"一审稿"和"二审稿"均在第15条作出了相同的规定："患者有权复印或者复制其门诊病历、住院志、体温单、医嘱单、化验单（检验报告）、医学影像检查资料、特殊检查同意书、手术同意书、手术及麻醉记录单、病理资料、护理记录以及国务院卫生计生行政部门规定的其他病历资料。"我国《医疗纠纷预防和处理条例》在"一审稿"和"二审稿"的基础上略作修正，其第16条第1款规定："患者有权查阅、复制其门诊病历、住院志、体温单、医嘱单、化验单（检验报告）、医学影像检查资料、特殊检查同意书、手术同意书、手术及麻醉记录、病理资料、护理记录、医疗费用以及国务院卫生主管部门规定的其他属于病历的全部资料。"

在2018年《医疗纠纷预防和处理条例》立法过程中，医疗机构一方普遍认为，患者复制病历的范围仅限于客观病历，对于主观病历患者则无权复印。患者和理论界的专家学者更倾向于患者有权复印全部病历，除非立法或者卫生行政部门作出明确的限制。就目前2018年《医疗纠纷预防和处理条例》第16条第1款的规定而言，虽较以往取得了重大突破，但患者是否有权复印主观病历仍不甚明晰，相信这种争论仍会在一段时期内继续存在。

（二）患者复印病历范围的域外考察

复印病历作为一种患者权利已经成为一项国际共识，并规定在本国的法律之中。但就立法模式而言，其主要呈现出三种范例：一是专门性的患者权利立法，二是法典或法律的专章或专节式立法，三是散见式立法。[1]但无论是哪一种范例，其立法精神正在走向统一，即患者有权复印全部病历资料，只是在特别规定的情况下，才允许作出一定的限制。

《挪威患者权利法》第 5 章第 1 条第 1 款规定患者有权利查阅病历及附件，经特别请求，得获取副本。《比利时患者权利法》第 3 章第 9 条第 2~3 款确定了患者请求得到病历全部或部分副本。《塞浦路斯患者保护法》第 2 章第 18 条确认患者就病历档案的权利，第 1~2 款规定就病历档案中的患者数据，患者有知晓、获取和反对利用的权利，可直接地或者通过其法定代理人间接地得到病历档案中的信息、副本或摘录。《立陶宛患者权利和医疗损害赔偿法》第 2 章第 7 条确认患者了解病历所载事项的权利。《拉脱维亚患者权利法》第 9 条第 1 款规定患者有权利查阅其医疗文书。患者有权利依医疗机构核准的价目表，请求查阅并得到摘录、正式副本和复制件。此外，奥地利、苏格兰、英格兰、特立尼达和多巴哥等国家和地区，也支持患者复印全部病历。《荷兰民法典》第 5 节（医疗契约）第 7：456 条确认患者对病历资料的查阅权和复制权，即经患者要求，医疗服务提供人应许其查阅、复制。《立陶宛民法典》第 2 节（医疗契约）第 6.735 条第 2 款规定患者有权利要求，以自费得到其医疗文件的副本。《爱沙尼亚民法典》第 769 条规定医疗服务提供人应依要求为每位患者记录医疗服务，并保存相应的病历文书。患者有权利查阅这些文书并自费复制，法律另有规定的除外。《匈牙利医疗服务法》第 2 章第 2 节第 24 条第 3 款第 3 项规定患者有权利查阅病历资料，并自费获取副本。美国联邦立法规定医疗机构必须向患者出示病历、化验结果等各种与病情有关的资料。《美国统一医疗信息法》赋予了患者及其家属享有请求医疗机构出示有关资料的病案请求权。现在大多数美国人都有一个电子病历，就医时随身携带，这样就可以知道患者之前的就诊经历，从而方便新一次的诊疗。英国和加拿人则通过判例确立了患者有权了解并使用全部病历病案，并认为患者对病历内容拥有财产利益；患者病历复制权是医疗机构基于医患双方的信托关系产生的披露义务。加纳经 2010 年判例确认了患方对病历资料的权利

---

[1] 刘炫麟："公民健康权利与义务立法研究——兼评《基本医疗卫生与健康促进法（草案）》第 2 章"，载《法学杂志》2018 年第 5 期。

是一种受宪法保护的权利。[1]

（三）患者原则上有权复制全部病历资料的理由

患者原则上有权复制全部病历资料，主要基于以下五个方面的理由：第一，患者在诊疗活动过程中享有知情权，既是国际惯例，也在我国相关法律、法规中得到了确认；第二，在当前医患关系紧张的背景下，任何制度的构建都应当着眼于更有利于改善医患关系、化解医疗纠纷的大局，这是制度构建的第一目标；第三，病历分为主观病历和客观病历，这本身就是伪命题，甚至在国家卫生主管部门的相关规范性文件中都难以自圆其说；第四，人为地将病历分为主观病历和客观病历，在现实中亦不可行，一旦发生诉讼，无论是在法庭审理，还是在鉴定机构进行鉴定，患方都必须要查看所有的证据材料，包括全部病历资料，并且在司法程序中常常要启动审前证据交换程序，医疗机构需为患方复印一份完整的病历资料；第五，只允许患者查阅复制客观病历，不允许其查阅、复制主观病历，有可能误导医务人员。开放全本病历的查询、复制，不仅能够帮助患方更方便地了解医疗服务的运作细节，以公开和透明的方式促进医疗机构服务质量的提升，还能增进患者与医务人员之间的交流、沟通和理解，有助于在良性互动中建立彼此信赖的医患关系。[2]

随着我国 2018 年《医疗纠纷预防和处理条例》的正式施行，学术界和实务界对该条例的研讨重心将从"立法论"转向"解释论"，理论界和实务界在解释该条例第 16 条第 1 款的规定时，应当将其解释为"患者原则上有权复制全部病历资料"，以与国际惯例接轨，更好地保护患者的合法权益，促进医疗机构服务质量和管理能力的提升。

六、医疗损害鉴定的统一

（一）医疗损害鉴定双轨制的形成

医疗损害鉴定主要包括医疗事故技术鉴定和法医司法鉴定，但作为属概念的医疗损害鉴定均晚于作为种概念（医疗事故技术鉴定和法医司法鉴定）

---

[1] 唐超编译：《世界各国患者权利立法汇编》，中国政法大学出版社 2016 年版，第 99~397 页。

[2] 孙东东等："千虑一失，《送审条例》需改进的问题"，载《中国医学论坛报》2015 年 12 月 3 日，第 A6 版。

的任何一个。这与我国不同时期的司法实践以及较为薄弱的卫生立法密切相关。《国务院办公厅关于印发司法部职能配置、内设机构和人员编制规定的通知》、司法部《关于下发〈司法鉴定执业分类规定（试行）〉的通知》《医疗事故处理条例》等文件的颁布使得医疗纠纷鉴定双轨制正式形成。[1]尽管我国2009年《侵权责任法》统一了医疗损害的概念，但囿于其实体法的本质属性，其并未对属于程序法内容的医疗损害鉴定问题作出规定。2010年《最高人民法院关于适用〈中华人民共和国侵权责任法〉若干问题的通知》和《最高人民法院关于审理医疗损害责任纠纷案件适用法律若干问题的解释》等亦未终结医疗事故技术鉴定与法医司法鉴定双轨制的局面，各省、自治区、直辖市的实践做法也不尽相同。尽管"医疗损害鉴定应当统一"已经成为各方的基本共识，但对于如何统一，仍存在很大的分歧，被寄予厚望的《医疗纠纷预防和处理条例》同样未能解决这一问题，而是授权国务院卫生行政部门和司法行政部门制定统一的医疗损害鉴定管理办法。[2]

有的专家认为，医学会从事的医疗事故技术鉴定不署名、不出庭（或者出庭率较低）、"自家人给自家人"鉴定等问题的存在，其中立性难以保证，现实中难以获得患者的信任，因而主张医疗损害鉴定由法医司法鉴定负责。有的学者认为，尽管医疗事故技术鉴定存在一定的问题，但是与法医司法鉴定相比，其不仅收费低廉（甚至免费），而且其依托丰富的临床专家资源所从事的鉴定更为科学、专业和客观。鉴定意见的本质是科学证据，是一种经验性评价，因此科学性是首位的，至于公正性（包括中立性），则是可以通过制度设计予以保障。[3]

（二）医疗损害鉴定的未来改革

医疗损害鉴定的未来改革应当走向统一管理，[4]医疗损害鉴定机构应当根据医疗损害争议所涉及的学科专业和鉴定事项的复杂程度，组织具备医疗损害鉴定资质、符合相应条件的鉴定专家组成鉴定专家组。医疗损害鉴定专

---

〔1〕 陈婧雯、仇永贵："我国医疗损害鉴定制度改革研究"，载《证据科学》2017年第3期。
〔2〕 刘炫麟："论我国医疗损害鉴定的基本原则"，载《证据科学》2018年第4期。
〔3〕 刘鑫主编：《最新医疗侵权诉讼规则理解与案例实操》，中国法制出版社2018年版，第37页。
〔4〕 王晓燕："现行医疗损害鉴定制度的反思与重构"，载《南通大学学报（社会科学版）》2016年第1期。

家库应当包含医学（含中医）、法学、法医学等领域的专家。专家库依据医疗损害鉴定学科专业组名录设置学科专业组。本行政区域内专家不能满足学科专业组需求的，可聘请本行政区域外专家进入专家库。具体而言，各省、自治区、直辖市卫生行政部门应当会同司法行政部门建立或者共同委托相关社会组织建立专家库，该组织应当脱离医疗机构系统独立存在。专家库的构成以临床医学专家为主，并吸收一定数量具有高级技术职称的法医专家成员。医学会进行医疗损害技术鉴定时，由医患双方同时从专家库随机抽取鉴定人，〔1〕是合法性、科学性和公正性原则的必然要求。

2018年10月11日，国家卫生健康委员会、司法部联合起草的《医疗损害鉴定管理办法（征求意见稿）》，开始面向有关单位和专家征求意见。从该条文的内容考察，其明文确立了"同行评议原则""鉴定专家负责制"等原则，并着力构建统一的鉴定专家库。这对于科学评判医疗行为、维护医患双方的合法权益以及促进医学科学的良性发展等均具有举足轻重的功用，亦是向构建我国统一的医疗损害鉴定制度迈出了关键的一步，具有划时代的意义。

2021年1月6日，国家卫生健康委发布了《国家卫生健康委关于加强医疗损害鉴定管理工作的通知》，其明确指出，省级、设区的市级和直辖市直接管辖的区（县）医学会应当按照《医疗纠纷预防和处理条例》要求，积极开展医疗损害鉴定工作。中华医学会负责医疗损害鉴定质量控制工作。同时，医学会应当结合医疗损害鉴定工作需要建立专家库。专家库对应医疗损害鉴定学科专业组名录设置学科专业组。学科专业组名录由中华医学会制定、维护。聘请专家进入专家库，不受行政区域限制。可以说，我国医疗损害鉴定工作正在发生变革，但始终悬而未决！

---

〔1〕 郑雪倩等："建立统一医疗损害技术鉴定制度的思考"，载《中国医院》2015年第2期。

医疗损害鉴定：老生常谈而又悬而未决的话题[*]

医疗损害鉴定：老生常谈而又悬而未决的话题[*]

我国 2018 年《医疗纠纷预防和处理条例》对医疗损害鉴定的实施、医疗损害鉴定专家库、医疗损害鉴定书的内容、鉴定咨询专家回避、虚假鉴定的法律责任等内容均作出了相应的规定，但综观而论，仍比较粗疏。尽管在制定《医疗纠纷预防和处理条例》过程中曾经发生争议，但随着《医疗纠纷预防和处理条例》的施行，学术界和实务界对该条例的研讨重心已从"立法论"转向"解释论"，尤其是如何通过专项立法进一步细化该条例中关于医疗损害鉴定的具体规定，以便能够增强其可操作性，满足实践中处理医疗纠纷的迫切需要。为此，国家卫生健康委员会、司法部联合起草了《医疗损害鉴定管理办法（征求意见稿）》，并面向有关单位和专家征求意见。可以说，就是在行政法规"容量有限"或者不便直接规定的情况下，低位阶的部门规章试图通过细化甚至创新弥补上述之"目的落空"。

"医疗损害鉴定管理办法"的起草，旨在构建科学、权威的医疗损害鉴定制度，这对于科学评判医疗行为、维护医患双方的合法权益以及促进医学科学的良性健康发展等均具有举足轻重的功用和意义。在"医疗损害鉴定管理办法"的制定过程中，首要解决的问题是如何确立医疗损害鉴定的基本原则。这将直接影响到医疗损害鉴定的制度设计和规则制定，影响到该项立法的目的能否实现以及在多大程度上得以实现。

---

* 主体部分曾发表于《证据科学》，本文略有修改。原文详可参见刘炫麟："论我国医疗损害鉴定的基本原则"，载《证据科学》2018 年第 4 期。

一、医疗损害鉴定的内涵与概念形成

（一）医疗损害鉴定的内涵

近年来，我国医疗纠纷愈演愈烈，医患关系日趋紧张，因医疗纠纷引发的相关事件呈恶性、高发态势。毋庸讳言，医疗纠纷已经成为我国社会转型时期最为典型的社会矛盾之一，已有越来越多的案件涌向法院寻求司法救济。[1]由于受所学知识限制，法院的法官对于很多医学专业问题难以作出正确判断，以致其在审理这类案件时常常力不从心，甚至难以进行，这时就需要借助外力，对双方当事人争议的专门性问题进行专业评判。[2]我国2023年修正的《民事诉讼法》第79条明文规定，"当事人可以就查明事实的专门性问题向人民法院申请鉴定。当事人申请鉴定的，由双方当事人协商确定具备资格的鉴定人；协商不成的，由人民法院指定。当事人未申请鉴定，人民法院对专门性问题认为需要鉴定的，应当委托具备资格的鉴定人进行鉴定"。

一般而言，鉴定是指鉴定人运用专门知识、专门技术对案件中的专门性问题进行分析、鉴别、判断后作出结论的活动。因此，有的学者据此认为医疗损害鉴定是指鉴定人运用医学专门知识、专门技术对案件中的医学专门性问题进行分析、鉴别、判断后作出结论的过程。[3]有的学者提出了不同意见，认为医疗损害技术鉴定是指人民法院在审理医疗侵权纠纷案件的过程中，为了解决争议诊疗行为是否存在过错、过错医疗行为与损害结果之间是否具有因果关系、医疗过错在损害结果发生的参与程度以及后续治疗要求的认定等，由人民法院委托专门鉴定机构组织具有相关临床医学专业学科知识和经验的专家所作的有针对性的技术分析、解释和报告的活动。[4]

笔者认为，上述第一种概念界定比较宽泛，仅从鉴定人的角度出发，无法全面阐释和反映医疗损害鉴定的丰富内涵。第二种概念界定虽然在一定程

---

[1] 申卫星："医患关系的重塑与我国《医疗法》的制定"，载《法学》2015年第12期。
[2] 白松："法院视角下的医疗损害司法鉴定"，载《中国司法鉴定》2018年第4期。
[3] 肖柳珍："医疗损害鉴定研究：江苏模式与北京模式比较——基于《侵权责任法》的视角分析"，载《证据科学》2011年第3期。
[4] 刘鑫：《医事法学》，中国人民大学出版社2015年版，第184页。

度上修正了第一种概念界定的不足，但在内涵描述上仍然有些过窄。例如，医疗损害鉴定的委托或启动主体不应仅局限于人民法院，还应当包括医患双方当事人、医疗纠纷人民调解委员会和卫生行政部门等。[1]此外，尽管医疗损害鉴定在绝大部分情况下发生于医疗侵权案件中，但在医疗美容合同纠纷中，同样存在医疗损害鉴定的适用空间。2017年12月13日，最高人民法院发布了《最高人民法院关于审理医疗损害责任纠纷案件适用法律若干问题的解释》，自2017年12月14日实施。该司法解释根据2020年12月23日最高人民法院审判委员会第1823次会议通过的《最高人民法院关于修改〈最高人民法院关于在民事审判工作中适用《中华人民共和国工会法》若干问题的解释〉等二十七件民事类司法解释的决定》进行修正。修正后的《最高人民法院关于审理医疗损害责任纠纷案件适用法律若干问题的解释》第1条规定："患者以在诊疗活动中受到人身或者财产损害为由请求医疗机构，医疗产品的生产者、销售者、药品上市许可持有人或者血液提供机构承担侵权责任的案件，适用本解释。患者以在美容医疗机构或者开设医疗美容科室的医疗机构实施的医疗美容活动中受到人身或者财产损害为由提起的侵权纠纷案件，适用本解释。当事人提起的医疗服务合同纠纷案件，不适用本解释。"由此可见，医疗美容纠纷既可以选择侵权法解决路径，亦可以选择合同法解决路径，但是无论选择哪一种解决路径，其实质均是为受害人提供必要的司法救济。[2]如果医疗美容合同纠纷成为受害人向卫生行政部门投诉医疗机构及其医务人员构成医疗事故的线索，[3]那么对于医疗机构及其医务人员是否构成医疗事故，进而追究相关主体的行政法律责任，则仍然需要进行属于医疗损害鉴定之一的医疗事故技术鉴定。这是卫生行政部门应否作出行政处罚的权威依据。

---

〔1〕 我国2018年《医疗纠纷预防和处理条例》第38条规定："医疗纠纷人民调解委员会应当自受理之日起30个工作日内完成调解。需要鉴定的，鉴定时间不计入调解期限。因特殊情况需要延长调解期限的，医疗纠纷人民调解委员会和医患双方可以约定延长调解期限。超过调解期限未达成调解协议的，视为调解不成。"该条例第40条第3款规定："卫生主管部门应当自受理之日起30个工作日内完成调解。需要鉴定的，鉴定时间不计入调解期限。超过调解期限未达成调解协议的，视为调解不成。"上述规定分别肯定了医疗纠纷人民调解委员会和卫生主管部门作为医疗损害鉴定的启动主体。

〔2〕 刘炫麟："论医疗美容纠纷的法律适用"，载《法律适用（司法案例）》2018年第6期。

〔3〕 我国《医疗美容服务管理办法》第2条第2款规定："本办法所称美容医疗机构，是指以开展医疗美容诊疗业务为主的医疗机构。"当前，我国提供医疗美容服务的主体主要是医疗美容机构和医疗机构设置的医疗美容科室。

换言之，在医疗美容合同纠纷中，亦有可能进行医疗损害鉴定，以此来判断医疗机构及其医务人员是否遵守了法律法规及诊疗规范的相关规定，其对患者是否尽到了相应的注意义务。[1]这将会影响到医疗机构民事法律责任的承担。

基于以上分析，笔者认为医疗损害鉴定可以界定为：具备医疗损害鉴定资质的鉴定机构组织相应的专家，对委托人提交的医患双方因诊疗活动引发的争议进行专业技术判断，并向委托人提交书面鉴定意见的活动。

（二）医疗损害鉴定的概念形成

医疗损害鉴定主要包括医疗事故技术鉴定和法医司法鉴定，[2]但作为属概念的医疗损害鉴定均晚于作为种概念（医疗事故技术鉴定和法医司法鉴定）的任何一个。这与我国不同时期的司法实践以及较为薄弱的健康立法密切相关。[3]

纵观而论，从1949年新中国成立至今，我国的医疗损害鉴定共经历了以下三个重要时期：第一个时期为1949年至1987年，可以将其概括为无统一鉴定体系阶段，这一时期的鉴定处于无序的状态，这是因为有的法院对医疗纠纷案件常常不经鉴定而径直审理，有的法院甚至不予受理而推由卫生行政部门定性处理，有的则是因为这一时期缺乏相关的健康立法而无据可循。第二个时期为1987年至1998年，可以将其概括为单一鉴定体系阶段。1987年6月29日，国务院出台了《医疗事故处理办法》，这是我国首部专门处理医疗纠纷的行政法规。之后通过《医疗事故分级标准（试行）》《卫生部

---

〔1〕 我国《民法典》第577条规定："当事人一方不履行合同义务或者履行合同义务不符合约定的，应当承担继续履行、采取补救措施或者赔偿损失等违约责任。"若从此条的内容考察，似乎确立了债务不履行实行严格责任的立法模式，但若从我国《民法典》的体系上考察，我国对债务不履行的归责原则采取的是"严格责任为主，过错责任为辅"的立法模式。理由是，我国《民法典》第652条、第662条第2款、第714条、第784条、第824条第1款等均实行过错责任原则。因此，包括医疗美容合同在内的医疗合同可以继续保持债务不履行责任实行过错责任作为一般归责原则，这与大陆法系国家的立法精神相一致。关于这一问题，学术界并没有给予应有的重视，相关论著也较为匮乏，有待进一步深入探究。

〔2〕 当前从事医疗损害鉴定的机构主要有三类：（1）医学会；（2）司法鉴定机构；（3）依法具有检验资格的检验机构。医学会主要进行诊疗行为引起的医疗损害争议鉴定；司法鉴定机构根据司法行政部门授予的业务范围进行司法鉴定；检验机构进行缺陷产品或者不合格血液的质量鉴定。在这三类医疗损害鉴定中，又以医学会的鉴定和法医司法鉴定为主体，对于检验机构的鉴定，笔者将另文探讨，在此不赘。

〔3〕 汪建荣主编：《卫生法》，人民卫生出版社2013年版，第331页。

关于〈医疗事故处理办法〉若干问题的说明》等配套性法律文件，明文确立了省级、地市级、县级三级医疗事故技术鉴定委员会，并隶属于卫生健康行政部门。我国统一的医疗事故技术鉴定体系初步建立。第三个时期为1998年至今，可以将其概括为双轨制鉴定体系阶段，[1]即由原单一的医疗事故技术鉴定体系向医疗事故技术鉴定和法医司法鉴定并存的双轨制鉴定体系转变。

1998年6月24日，国务院办公厅发布了《关于印发司法部职能配置、内设机构和人员编制规定的通知》，其明确规定司法部的职责之一为"指导面向社会服务的司法鉴定工作"。2000年11月29日，司法部印发了《关于下发〈司法鉴定执业分类规定（试行）〉的通知》，在其附件《司法鉴定执业分类规定（试行）》中明文规定，将医疗纠纷鉴定纳入司法鉴定的范畴。2002年2月20日，国务院第55次常务会议通过了《医疗事故处理条例》，并自2002年9月1日开始施行，同时宣告1987年《医疗事故处理办法》废止。我国《医疗事故处理条例》明文规定，医疗事故技术鉴定应当交由负责医疗事故技术鉴定工作的医学会组织鉴定，医疗纠纷鉴定双轨制正式形成。[2]2005年2月28日，全国人大常委会审议通过了《全国人民代表大会常务委员会关于司法鉴定管理问题的决定》，对司法鉴定体制进行了重大改革，其明文规定，侦查机关根据侦查工作的需要设立的鉴定机构，不得面向社会接受委托从事司法鉴定业务。人民法院和司法行政部门不得设立鉴定机构。国家对从事法医类鉴定、物证类鉴定、声像资料鉴定以及根据诉讼需要由国务院司法行政部

---

〔1〕　刘鑫、梁俊超："论我国医疗损害技术鉴定制度构建"，载《证据科学》2011年第3期。

〔2〕　在我国，先后主要有三个事件进一步加剧了医疗纠纷鉴定双轨制的形成。第一个是1999年11月5日四川省泸州市中级人民法院发布的《关于审理医疗损害赔偿案件的若干意见（试行）》，其明确指出，"医疗事故鉴定委员会和法庭科学技术鉴定所对医疗损害因果关系的鉴定结论，均为诉讼证据，二者没有级别之分，证明力大小之分，具体采信何种鉴定结论作定案证据，由法庭根据案件事实予以决定"。第二个是2003年1月6日最高人民法院发布的《最高人民法院关于参照〈医疗事故处理条例〉审理医疗纠纷民事案件的通知》，其明文规定，"条例施行后发生的医疗事故引起的医疗赔偿纠纷，诉到法院的，参照条例的有关规定办理；因医疗事故以外的原因引起的其他医疗赔偿纠纷，适用民法通则的规定。人民法院在条例实施前已经按照民法通则、原《医疗事故处理办法》等法律、法规审理的民事案件，依法进行再审的，不适用条例的规定"。第三个是2022年4月24日最高人民法院发布的《最高人民法院关于审理人身损害赔偿案件适用法律若干问题的解释》，其在赔偿范围和赔偿标准上超越了《医疗事故处理条例》关于医疗事故赔偿的规定，因此部分当事人选择法医司法鉴定就具有深刻的现实动因。当事人选择鉴定模式的不同，进一步加剧了医疗损害鉴定双轨制的存在。

门商最高人民法院、最高人民检察院确定的其他应当对鉴定人和鉴定机构实行登记管理的鉴定事项等司法鉴定业务的鉴定人和鉴定机构实行登记管理制度，国务院司法行政部门主管全国鉴定人和鉴定机构的登记管理工作。省级人民政府司法行政部门依照本决定的规定，负责对鉴定人和鉴定机构的登记、名册编制和公告。

我国 2009 年《侵权责任法》通过专章的形式规定了医疗损害责任，但囿于其实体法的本质属性，其未对亦不宜对属于程序法内容的医疗损害鉴定问题作出规定。不过，最高人民法院于 2010 年 6 月 30 日发布的《最高人民法院关于适用〈中华人民共和国侵权责任法〉若干问题的通知》中指出，人民法院适用侵权责任法审理民事纠纷案件，根据当事人的申请或者依职权决定进行医疗损害鉴定的，按照《全国人民代表大会常务委员会关于司法鉴定管理问题的决定》《人民法院对外委托司法鉴定管理规定》及国家有关部门的规定组织鉴定。[1]至此，医疗损害鉴定的概念正式形成。由此可见，尽管相关司法解释倾向于医疗损害鉴定作为法医司法鉴定，但并未否定医学会进行医疗损害鉴定（尤其是医疗事故技术鉴定）的合法性。虽然《最高人民法院关于审理医疗损害责任纠纷案件适用法律若干问题的解释》和《医疗纠纷预防和处理条例》这两个重要的法律文件均规定了医疗损害鉴定，但仍未消除医疗事故技术鉴定与法医司法鉴定并轨的局面。[2]

医疗纠纷处理过程中的"二元化"现象，虽然表现在责任范围、赔偿标准、鉴定机构三个方面，但从实践考察，主要是后两个原因导致"二元化"现象的产生。社会各界普遍认为，医疗纠纷案件处理中的"二元化"现象损害了我国法制的严肃性和统一性，影响了司法公正，加剧了医患矛盾，因而亟须改变"二元化"的局面。[3]

---

〔1〕 陈婧雯、仇永贵："我国医疗损害鉴定制度改革研究"，载《证据科学》2017 年第 3 期。

〔2〕 宋红章："医疗损害纠纷案件反复鉴定现象的思考"，载《中国卫生法制》2018 年第 3 期。

〔3〕 全国人大常委会法制工作委员会民法室编：《侵权责任法立法背景与观点全集》，法律出版社 2010 年版，第 764 页。

二、医疗损害鉴定基本原则的争议与评析

（一）医疗损害鉴定基本原则的概念与功用

1. 医疗损害鉴定基本原则的概念

有的学者认为，"法的规范依其对社会关系调整的确定性程度和稀密程度，可分为规则、原则、基本原则三类。规则对社会关系的调整最为确定，规范最为具体；原则对社会关系的调整弹性相对较大，规范较为抽象；基本原则对社会关系调整的弹性则更大，规范也更抽象。从调整范围来说，规则调整的范围较窄，通常只涉及某种具体事务；原则调整的范围较广，可适用于较广范围的事务；基本原则调整的范围最广，可适用于一定领域的整个社会关系。"[1]基于此，笔者倾向于将医疗损害鉴定基本原则的概念界定为：具备医疗损害鉴定资质的鉴定机构组织相应的专家，在对委托人提交的医患双方因诊疗活动引发的争议进行专业技术判断的过程中所遵循的基本准则。医疗损害鉴定的基本原则是制定和执行医疗损害鉴定法律规范的总指导思想，是医疗损害鉴定立法的灵魂，具有调整弹性大、抽象程度高等典型特质，统一适用于整个医疗损害鉴定领域。

2. 医疗损害鉴定基本原则的功用

医疗损害鉴定基本原则在性质上属于一种高度抽象并体现基本价值观念的"基础性规范"，是产生其他原则和具体规则最重要的依据。医疗损害鉴定原则和具体规则以医疗损害鉴定基本原则为指导，反映和体现了医疗损害鉴定基本原则的精神与观念，因而法律规定不能与之相抵触，否则将有不能适用甚至无效之虞。医疗损害鉴定基本原则和具体的原则（如同行评议原则等）、规则（如鉴定专家的抽取等）共同调整医疗损害鉴定工作，医疗损害鉴定法律规范性文件的制定，均需要接受医疗损害鉴定基本原则的指导，这是其在执法中得以实现的根本保证。医疗损害鉴定基本原则不仅对医疗损害鉴定立法、执法起到宏观指导作用，而且在一定的场合下也直接规范医疗损害鉴定的实施和争议的处理。如果在一部立法文件中缺失医疗损害鉴定的原则和具体规则（如允许一定主体行使自由裁量权等），医疗损害鉴定基本原则将

---

[1] 姜明安主编：《行政法与行政诉讼法》，北京大学出版社、高等教育出版社2015年版，第64页。

"扮演"准绳或者拘束的角色,防止制度和规则在法律适用时发生异化,起到填补漏洞和自我纠偏的功用。

（二）医疗损害基本原则内容的争议

综观而论,无论是我国实务界,还是理论界,均对医疗损害鉴定的基本原则关注和研究不足。这主要表现在当前的卫生法律法规均未规定这一问题,学者们对这一问题进行理论探究的著述不仅寥若晨星,而且不系统、不深入,普遍缺少必要的考证与辨析。这一研究现状在很大程度上制约了我国医疗损害鉴定立法的进程和质量,亟待予以归纳和厘清。

1. 实务界对医疗损害鉴定基本原则内容的争议

我国实务界（尤其是立法界）对医疗损害鉴定基本原则的内容存在"三原则说"和"四原则说"两种观点。

（1）"三原则说"。2010 年 11 月 15 日,浙江省医学会制定了《浙江省医学会医疗损害鉴定办法（试行）》,其第 2 条规定:"医学会应当依法开展医疗损害鉴定,坚持实事求是的科学态度,以公正、公平、公开为原则,做到事实清楚、定性准确、责任明确。"该鉴定办法将医疗损害鉴定的基本原则界定为合法原则、科学原则、"三公"原则。

（2）"四原则说"。2017 年 11 月 23 日,江苏省卫生和计划生育委员会、江苏省司法厅和江苏省高级人民法院联合制定的《江苏省医疗损害鉴定管理办法》开始施行,其第 3 条规定:"医疗损害鉴定工作应当坚持客观、公正、科学的原则,按照规定程序进行。"由此可见,《江苏省医疗损害鉴定管理办法》将客观、公正、科学和合法作为医疗损害鉴定的四项基本原则。2018 年 10 月 11 日,国家卫生健康委员会、司法部联合起草的《医疗损害鉴定管理办法（征求意见稿）》第 3 条规定,"医疗损害鉴定应当坚持科学性、公正性、同行评议的原则"。[1]因此,科学性、公正性、同行评议、鉴定专家负责制应当成为医疗损害鉴定的四项基本原则。除此之外,中央和地方的立法文件鲜

---

〔1〕 同行评议组织在德国被称为"质量圈"（quality circle）。关于门诊服务,我们沿用 Grol 和 Lawrence 对同行评议的定义:"一定数量的同业者连续、系统、严谨地考查自己和别人的活动,旨在连续性地提高病人保健的质量。同行评议是一个连续的过程,包括确立标准、评价业绩和改变行为;它强调连续性的改变"。参见王红妹、李鲁:"德国门诊医生中的同行评议组织",载《中国医院管理》2004 年第 1 期。

有涉及医疗损害鉴定基本原则的内容。

2. 理论界对医疗损害鉴定基本原则内容的争议

我国理论界对医疗损害鉴定基本原则的内容主要有"五原则说"和"三原则说"两种观点。与实务界不同的是，理论界对医疗损害鉴定基本原则内容的认识分歧更大。这亦从侧面反映出我国对这一问题的基础理论研究十分欠缺和薄弱，尚未形成基本的共识。

（1）"五原则说"。有的学者认为，医疗损害技术鉴定原则应当包括合法性原则、诊疗技术现有化原则、紧急处置原则、容许危险原则、法定免责事由原则五项基本原则。具体而言，合法性原则强调医疗行为的实施，必须符合相关"法律"的要求。这里的"法律"既包括国家的卫生管理法律、法规、部门规章，也包括行业组织制定的技术性规程、操作规程和实施指南，也包括没有形成书面文件的行业操作惯例。[1]合法性原则在医疗执业过程中也称之为依法行医原则，它是依法行医原则在医疗损害鉴定中的具体体现。诊疗技术现代化原则是指医务人员实施具体医务行为都需要借助一定的技术和设备。由于我国地域辽阔，各地之间的经济发展水平极不平衡，医疗资源配备也不一致，因而医疗条件、医疗设备、医疗技术和水平差距很大。医疗机构实施医疗行为，必须以现有的技术和条件来实施，不可能超越自己的能力和技术，医疗损害技术鉴定亦应受限于此。紧急处置原则强调医疗救治行为在实践上的紧迫性，由于时间紧、任务重，对患者的病情判断可能存在不周全之处，而只注重解决危及患者健康和生命的主要问题。[2]同时，医务人员在实施具体医疗行为时，也可能来不及采取周到而完备的技术准备工作，甚至采取的是一些不规范的医疗行为。出于救治患者生命的需要考虑，这应有别于正常情形下的医疗措施，将该种医疗措施视为正当，即使给患者造成一定的损害，甚至抢救失败，也不能据此认定为医疗事故。容许危险原则是指基于某种有益于社会目的的行为，虽其在性质上经常含有某种侵害法益的抽象危险，但此种危险如在社会一般意义上认为相当时，则应容许该危险行为为适法行为。[3]法定免责事由原则，是指行为人的行为虽然造成了他人损

---

〔1〕 王旭："我国法医临床学鉴定标准现状与展望"，载《中国法医学杂志》2016年第5期。

〔2〕 刘鑫、鲍冠一："医疗过错认定的基本原则和要求"，载《中国法医学杂志》2018年第3期。

〔3〕 李大平主编：《医事学》，华南理工大学出版社2007年版，第206页。

害，但依法能够排除行为违法性的法定客观事实。医疗损害技术鉴定中，对于鉴定的医疗事故争议行为可归入法定的不属于医疗事故的情形，当然应当依法鉴定为不属于医疗事故。[1]

（2）"三原则说"。有的学者认为，医疗损害鉴定的基本原则应当包括科学性原则、中立性原则、公正性原则三项基本原则。这一认识与实务界的看法比较接近。所谓科学性原则，是指医疗损害鉴定需要符合学科规律和法的理性。前者是指鉴定人必须以临床专家为主，且采取专家组或者合议制的形式；后者是指医疗损害鉴定制度必须具备普遍性、统一性、稳定性、先在性、可行性和公开性，同时注意公权力和私权利的界限划分以及合理分配当事人的权利、义务和责任等。所谓中立性原则是指鉴定主体不属于被鉴定方中的任何一方，与被鉴定双方之间不存在利害关系，其强调利益的超然和态度的不偏不倚，要求鉴定主体居中而立、中立于诉讼参与主体，独立对专业性问题进行分析、检验并作出判断。所谓公正性原则是指医疗损害鉴定必须遵循实体公正和程序公正两个方面。具体而言，实体公正就是要确保鉴定结构的客观性、准确性和真实性，最主要的就是规范鉴定的步骤、方法和标准。程序公正旨在为当事人提供平等的参与机会，当事人鉴定的开展享有平等的发言权，当事人的权利受到侵害时对其进行救济，鉴定标准、鉴定技术和手段、鉴定过程和鉴定结论均要公开，并设置鉴定过程的监督制度。[2]

综上所述，实务界与理论界对医疗损害鉴定的基本原则认识不一，亟须深入研讨并予以厘定，以便更好地指导有关规则的制定和解释，并最大限度地填补因法律规则缺失所产生的法律漏洞，进一步增强法律适用的统一性和权威性。

（三）医疗损害基本原则的厘定与评析

我们应当认识到，无论是前述实务界的立法实践，还是理论界的学者探讨，均从不同的角度赋予医疗损害鉴定基本原则不同的内涵，这对进一步深化医疗损害鉴定基本原则的认识与探索大有裨益。不过，在笔者看来，上述概括也存在一些值得商榷之处，其中最为重要的就是没有准确把握原则和基

---

[1] 刘鑫：《医事法学》，中国人民大学出版社 2015 年版，第 197~200 页。
[2] 陈小嫦："基本原则视角下的医疗损害鉴定改革"，载《江西社会科学》2014 年第 3 期。

本原则之间的区分，尤其是基本原则自身所秉具的高度抽象性、概括性以及适用范围的广泛性等根本属性。

首先，医疗损害鉴定需要遵从客观性原则，但并不意味着需要将其上升到基本原则的地位。理由是，客观性主要应用于鉴定取证过程中，要求鉴定人必须充分听取双方及有关方面提供的证实材料，并从中找出疑问，抓住重点，将环境因素、人员因素、技术因素及病员因素等客观实际综合起来，全盘考虑，从而得到最接近客观实际的资料，但并不完全适用于整个鉴定程序。关于这一点，《医疗纠纷预防和处理条例》和《医疗事故处理条例》均有体现，但相比之下，《医疗事故处理条例》规定得更为详细。因此，"医疗损害鉴定管理办法"制定过程中就需要在《医疗纠纷预防和处理条例》的基础上进一步补强和细化。例如，医疗损害鉴定机构受理医疗损害鉴定委托，应当要求委托人出具《医疗损害鉴定委托书》，同时提供与委托鉴定事项相关的真实、完整、充分的鉴定材料，并对鉴定材料的真实性负责。

其次，《医疗损害鉴定管理办法（征求意见稿）》将同行评议、鉴定专家负责制作为医疗损害鉴定的基本原则同样不妥。所谓同行评议（Peer Review），是指由同行对同行工作行为与工作业绩所进行的评价。由于同行具有类似的教育背景和工作经验，拥有相同的工作条件，熟知工作流程与工作要求，因此，同行所作出的评价不仅注重结果，而且注重整个工作过程。[1]所谓鉴定专家负责制，是指鉴定人在实施鉴定过程中，按照法律赋予的权利和义务，独立进行鉴定，不受内部和外界的非法干预，根据鉴定对象的条件，按照科学方法和标准，对被鉴定的问题作出符合客观要求的判断意见，并对自己的判断意见承担责任。[2]鉴定人负责制原本主要运用在法医司法鉴定之中，如我国2016年《司法鉴定程序通则》第5条规定："司法鉴定实行鉴定人负责制度。司法鉴定人应当依法独立、客观、公正地进行鉴定，并对自己作出的鉴定意见负责。司法鉴定人不得违反规定会见诉讼当事人及其委托的人。"《全国人民代表大会常务委员会关于司法鉴定管理问题的决定》（2005

---

〔1〕 Tappen R., *Nursing Leadership and Management: Concepts and Practice* (2nd ed.), Philadelphia: F A Davis Company, 1989, pp.470-472.

〔2〕 邹明理："论司法鉴定人负责制的立法依据与实施措施"，载《中国刑事法杂志》2005年第6期。

年）第 10 条规定：“司法鉴定实行鉴定人负责制度。鉴定人应当独立进行鉴定，对鉴定意见负责并在鉴定书上签名或者盖章。多人参加的鉴定，对鉴定意见有不同意见的，应当注明。”而在医疗事故技术鉴定中，一直采取的是集体负责制，这一点恰恰被学界所诟病，也难以获得当事人（主要是患者）的信任。但归根结底，同行评议实际上是科学性原则和公正性原则的具体举措，鉴定专家负责制是公正性原则（如权利、义务和责任对等）的应有之义，故应将其置于“原则”的地位，而非“基本原则”的地位。

最后，医疗损害鉴定人保持中立，是当事人对其信任的基础和支柱。要想实现医疗损害鉴定人的中立，必须做好相关的配套制度设计。例如，鉴定人的遴选应当随机，当鉴定人与医疗纠纷或者医疗纠纷当事人存在利害关系时，应当建立回避制度，鉴定人独立从事鉴定活动，不受任何机关、团体、社会组织和个人的非法干预等。但是应当看到的是，这些制度设计的初步目标是实现医疗损害鉴定的中立性，终极目标则是实现医疗损害鉴定的公正性。试想一下，如果医疗损害鉴定人的遴选可以人为控制，鉴定人在与医疗纠纷案件（及当事人）有利害关系时而不回避，甚至其鉴定活动受到其他组织和个人的非法干预，就很难推导出其所作出的医疗损害鉴定意见是公正的。至于诊疗技术现有化原则、紧急处置原则、容许危险原则和法定免责事由原则，均是医疗损害鉴定科学性和公正性两项基本原则的具体体现和必要延伸，同样不宜将其上升为基本原则。效率性原则要求医疗损害鉴定制度的法律改造及鉴定意见的作出应当高效及时，以高度契合我国本土法治环境和满足社会现实需要。关于这一问题，后文将加以详述，在此不赘。

综上所述，笔者认为医疗损害鉴定的基本原则应当包括合法性原则、科学性原则、公正性原则和效率性原则。

三、医疗损害鉴定基本原则的主要内容与顺位逻辑

（一）医疗损害鉴定基本原则的主要内容

1. 合法性原则

医疗损害鉴定制度是我国法律制度的重要组成部分，因此医疗损害鉴定活动必须严格遵守国家法律法规的规定，尤其是《民事诉讼法》《医疗纠纷预防和处理条例》等相关法律法规的规定。合法性原则在医疗损害鉴定中主要

体现为医疗损害鉴定主体合法、医疗损害鉴定客体合法、医疗损害鉴定程序合法、医疗损害鉴定的步骤、方法与结果合法。从主体到程序，从形式到内容，从技术手段到各项标准必须严格执行法律法规的规定。在从事医疗损害鉴定的过程中，对医疗行为合法性审查的重要内容之一则是医务人员必须具备法定的身份和医疗行为符合法律法规和诊疗规范的规定。具体而言，首先，医疗机构不仅需要具备卫生健康行政部门颁发的"医疗机构执业许可证"，还必须在"医疗机构执业许可证"上载明的相关诊疗科目范围内实施医疗行为。倘若没有相关诊疗科目而实施了医疗行为，则应当将该医疗行为定性为不合法。其次，根据我国《医师法》第14条的规定："医师经注册后，可以在医疗卫生机构中按照注册的执业地点、执业类别、执业范围执业，从事相应的医疗卫生服务。中医、中西医结合医师可以在医疗机构中的中医科、中西医结合科或者其他临床科室按照注册的执业类别、执业范围执业。医师经相关专业培训和考核合格，可以增加执业范围。法律、行政法规对医师从事特定范围执业活动的资质条件有规定的，从其规定。经考试取得医师资格的中医医师按照国家有关规定，经培训和考核合格，在执业活动中可以采用与其专业相关的西医药技术方法。西医医师按照国家有关规定，经培训和考核合格，在执业活动中可以采用与其专业相关的中医药技术方法。"这就要求医师不仅需要拥有执业证书，还要求在执业地点、执业类别和执业范围上一一对应，如有超出，其医疗行为将被视为不合法。同时，对于属于医疗团队的护士、药师等人员，也需要取得相应的资格证书和执业证书。

2. 科学性原则

医疗损害鉴定的科学性原则是指医疗损害鉴定制度既要合乎法自身的理念、规律、逻辑和技术的要求——符合法的理性，又要遵循医疗损害鉴定自身的学科规律——符合医疗损害鉴定的科学性。首先，医学及临床诊疗的规律和特征是医疗损害鉴定的首要学科规律。现代医学发展迅速且不断细化，中华医学会目前共有88个专科分会、462个学组。学科之间的知识差异巨大，同样是临床专家，却是隔行如隔山。而医疗损害鉴定通常涉及跨学科的问题，不是单个鉴定人所能解决的，因此要保证鉴定结论的科学性，必须采取专家组合议制。其次，医疗损害鉴定作为司法过程中的一种鉴定，必然具备司法鉴定的学科规律和特征，也必然带有司法鉴定缺陷的基因。例如，司法鉴定中存在大量的统计规律，而不像真正意义上的科学需要大量的必然规律，而以多数存在的统计规律这一特征恰好是影响司法鉴定科学性的重要因素。同时，司法鉴定中常用的比较检验方法过于依赖鉴定人官感而缺乏精确性，综合判断方法中鉴定人很难对每一个差异点和符合点的原因均作出合理解释。最后，司法鉴定尽管与真正意义上的科学存在不少共性，但它们之间的差异不容忽视。例如，司法鉴定受到诉讼程序制约，既要追求真理，又要帮助人们解决纠纷实现社会正义；而真正意义上的科学性不受诉讼程序的制约，其目的就在于追求真理，而对其他方面不作考虑。[1]我国《医疗纠纷预防和处理条例》第34条第2款规定："医学会或者司法鉴定机构接受委托从事医疗损害鉴定，应当由鉴定事项所涉专业的临床医学、法医学等专业人员进行鉴定；医学会或者司法鉴定机构没有相关专业人员的，应当从本条例第三十五条规定的专家库中抽取相关专业专家进行鉴定。"《医疗损害鉴定管理办法（征求意见稿）》在《医疗纠纷预防和处理条例》的基础上进一步优化，其要求抽取专家应当优先选择鉴定机构所在地医疗损害鉴定专家库中的专家组成鉴定专家组，人数为3人或3人以上单数，主要学科专业的专家不得少于专家鉴定组成员的1/2，涉及死因、伤残等级鉴定的，应当至少有1名法医。可以说，这些同行评议的规定，均很好地贯彻了医疗损害鉴定的科学性原则。

3. 公正性原则

回避制度是保证鉴定人独立、中立地实施鉴定活动的重要程序制度，具有独立的价值。医疗损害鉴定制度与诉讼制度、证据制度之间天然地存在互动关系。探讨医疗损害鉴定回避制度的理论基础时，必须对三者之间的关系进行整体把握。回避制度是实现司法公正的有效保障，是满足证据形式的要求，亦是鉴定中立的必然要求。[2]我国《医疗纠纷预防和处理条例》第37条规定："咨询专家、鉴定人员有下列情形之一的，应当回避，当事人也可以以口头或者书面形式申请其回避：（一）是医疗纠纷当事人或者当事人的近亲属；（二）与医疗纠纷有利害关系；（三）与医疗纠纷当事人有其他关系，可能影响医疗纠纷公正处理。"《医疗损害鉴定管理办法（征求意见稿）》在此基础上增加了一种情形，即"参加过同一医疗纠纷涉及的鉴定或调解"的鉴

---

[1] 陈小嫦："基本原则视角下的医疗损害鉴定改革"，载《江西社会科学》2014年第3期。
[2] 许爱东："试论我国司法鉴定回避制度的完善"，载《中国司法鉴定》2011年第1期。

定人亦应回避。这是对《医疗纠纷预防和处理条例》的进一步完善。此外，《医疗损害鉴定管理办法（征求意见稿）》规定的鉴定听证会制度，即鉴定专家组认为有必要的，应当召开鉴定听证会。鉴定专家、医患双方当事人等有关人员应当参加听证会。参加听证会的双方当事人每一方人数不超过 3 人。任何一方当事人无故缺席、自行退席或拒绝参加鉴定的，不影响鉴定听证会的进行。组织医疗损害鉴定的工作人员应当如实记录鉴定听证会过程，必要时由双方当事人代表签字。同时，《医疗损害鉴定管理办法（征求意见稿）》还规定了鉴定意见签名和盖章制度、鉴定专家出庭质证等制度，亦在不同的维度上保障医疗损害鉴定制度的公正性。

4. 效率性原则

虽然美国休尼特法官的一句名言——"正义只会迟到，从来不会缺席"——让我们对结果充满期待，但对患者尤其是遭受严重损害的患者而言，他们更喜欢英国著名的法律格言"迟到的正义为非正义"以及波斯纳的"正义在法律中的第二含义就是效率"。[1]一方面，有关病情的证据（如尸体）难以长期保存，容易灭失，及时鉴定有利于全面、客观、真实地收集证据；另一方面，医疗纠纷久拖不决，既不利于保护患者的合法利益，也不利于维持医疗机构正常、有序的工作秩序，效率性原则要求鉴定程序规则规定合理的期限，并给双方以及时、合理的通知。我国《医疗纠纷预防和处理条例》对尸检时限、尸体存放期限、医疗纠纷人民调解委员会调解期限、行政调解期限等均作出规定。该条例第 26 条第 1 款规定："患者死亡，医患双方对死因有异议的，应当在患者死亡后 48 小时内进行尸检；具备尸体冻存条件的，可以延长至 7 日。尸检应当经死者近亲属同意并签字，拒绝签字的，视为死者近亲属不同意进行尸检。不同意或者拖延尸检，超过规定时间，影响对死因判定的，由不同意或者拖延的一方承担责任。"其第 27 条规定："患者在医疗机构内死亡的，尸体应当立即移放太平间或者指定的场所，死者尸体存放时间一般不得超过 14 日。逾期不处理的尸体，由医疗机构在向所在地县级人民政府卫生主管部门和公安机关报告后，按照规定处理。"其第 38 条规定："医疗纠纷人民调解委员会应当自受理之日起 30 个工作日内完成调解。需要

---

〔1〕 刘炫麟：《大规模侵权研究》，中国政法大学出版社 2018 年版，第 162 页。

鉴定的，鉴定时间不计入调解期限。因特殊情况需要延长调解期限的，医疗纠纷人民调解委员会和医患双方可以约定延长调解期限。超过调解期限未达成调解协议的，视为调解不成。"其第40条第2款和第3款规定："卫生主管部门应当自收到申请之日起5个工作日内作出是否受理的决定。当事人已经向人民法院提起诉讼并且已被受理，或者已经申请医疗纠纷人民调解委员会调解并且已被受理的，卫生主管部门不予受理；已经受理的，终止调解。卫生主管部门应当自受理之日起30个工作日内完成调解。需要鉴定的，鉴定时间不计入调解期限。超过调解期限未达成调解协议的，视为调解不成。"《医疗损害鉴定管理办法（征求意见稿）》对医疗损害鉴定的受理和完成时限也作出了严格限定，同样体现了其对效率的价值追求。

（二）医疗损害鉴定各基本原则之间的顺位逻辑

尽管医疗损害鉴定制度包括合法性原则、科学性原则、公正性原则和效率性原则，但这四项基本原则在其体系内部中并不是任意排列的，而是存在一定的顺位逻辑。不同的顺位彰显了不同的价值追求和行动理念。

首先，合法性原则是医疗损害鉴定基本原则中的首位原则，其处于基础性、根本性的地位。合法性原则既包括实体合法，也包括程序合法。如果鉴定活动不符合实体法的规定（如鉴定机构超出医疗损害鉴定业务范围而组织鉴定）或者违反了有关鉴定程序的规定（如鉴定机构或者鉴定专家按照规定应当回避而没有回避的），即便该项鉴定的其他程序是科学的，鉴定意见是公正的，鉴定的完成是有效率的，其结果仍然不能被采纳，而需要重新鉴定。对此，我国《医疗纠纷预防和处理条例》等已经作了相关规定。

其次，在医疗损害鉴定满足合法性原则的前提下，其应当遵循的是科学性原则。理由是，科学性是公正性的必要前提，没有科学性就难言公正性，因此科学性应当优先于公正性（尤其是中立性）进行考虑。鉴定意见的本质是科学证据，在证据分类上属于证人证言的范畴。鉴定意见是掌握了相关专业的科学技术理论、知识和经验的专家，运用特有的专业技术理论知识和经验，对诉讼案件中涉及的专门性问题进行分析、解释和评价，并形成让一个外行能够读懂的专业意见。鉴定意见的科学性需要鉴定人的专家身份和分析手段的专业性来保障，至于鉴定意见的公正性则可以通过制度设计、规则制定来解决。[1]

最后，公正性原则应当优先于效率性原则。在一般情况下，公平与效率是可以并行不悖的，不可分割亦不能偏废。比如，公正性原则可以促进效率性原则的发挥，效率性原则又可以保证公正性原则的实现。但是在某些条件或者环境下，公正性原则与效率性原则也可能会发生冲突，这就需要进行必要的协调和取舍。一般认为，效率性需要以公正性为基础和依归。试想一下，如果一项医疗损害鉴定的作出虽是有效率的，却是不公正的，还不如没有这一项鉴定，因为它有可能最终误导了拥有决定权的司法裁判者。这对医患双方当事人的权利和义务影响甚巨，将会从根本上动摇民众信任的基础。

综上所述，医疗损害鉴定各基本原则之间的逻辑顺位依次是合法性原则、科学性原则、公正性原则和效率性原则。因此，《医疗损害鉴定管理办法（征求意见稿）》第3条应由当前的"医疗损害鉴定应当坚持科学性、公正性、同行评议、鉴定专家负责制的原则"修改为"医疗损害鉴定应当坚持合法性、科学性、公正性、效率性的原则"。

四、基本原则指导下的专家库建设与管理

医疗损害鉴定的专门立法将涉及医疗损害鉴定的各个方面，如医疗损害鉴定的管理单位、鉴定机构和鉴定专家、鉴定的委托和受理、鉴定的实施（尤其是补充鉴定、重复鉴定的问题）[2]、鉴定的监督管理等。这些内容的制度设计和规则制定均至关重要，均需要在合法性、科学性、公正性、效率性四项基本原则的指导下进行，才能在科学评判医疗行为、公正维护医患双方合法权益以及促进医学科学良性发展等多重价值中取得统一和平衡。其中，未来的立法尤其应当关注医疗损害鉴定专家库的建设与管理。这是因为，鉴定专家的专业资质、技术经验、分析能力、鉴定水平等，将直接影响到鉴定意见的质量高低。

---

[1] 刘鑫主编：《最新医疗侵权诉讼规则理解与案例实操》，中国法制出版社2018年版，第31页。

[2] 2012年最高人民法院着力"妥善审理医疗纠纷、促进和谐互信医患关系形成"工作时指出，要积极探索医疗纠纷案件审理的新思路，针对鉴定难、鉴定乱的问题，需求适宜解决方案，尤其要避免因重复鉴定久拖不决、激化医患矛盾的现象。参见谢晓："论医疗损害鉴定制度之重构"，载《医学与哲学》2015年第4期。

（一）专家库中的专家资质

当前，医学会的鉴定专家库是由医学会建立的供医患双方选择进行医疗损害鉴定的专家存储库，以医学学科为单位，在每个具体学科下预先遴选一定数量的鉴定专家。鉴定专家分为卫生专业技术人员和法医两类。法医学司法鉴定人是指在法医司法鉴定机构中执业，并实施医疗损害技术鉴定的人员。法医学鉴定人的产生与法医学鉴定机构的产生是捆绑在一起的，始于1998年国务院办公厅发布的《关于印发司法部职能配置内设机构和人员编制规定的通知》。2000年9月，司法部又发布了《司法鉴定人管理办法》，对司法鉴定人实行职业资格证书制度和执业证书制度。我国《医疗纠纷预防和处理条例》第35条规定："医疗损害鉴定专家库由设区的市级以上人民政府卫生、司法行政部门共同设立。专家库应当包含医学、法学、法医学等领域的专家。聘请专家进入专家库，不受行政区域的限制。"由此可见，《医疗纠纷预防和处理条例》并未对医疗损害鉴定专家库的专家资质作出具体的规定。这将是"医疗损害鉴定管理办法"制定过程中需要着重解决的问题之一。[1]

（二）专家库的未来改革

医疗损害鉴定专家库的未来改革应当走向统一管理，[2]医疗损害鉴定机构应当根据医疗损害争议所涉及的学科专业和鉴定事项的复杂程度，组织具备医疗损害鉴定资质、符合相应条件的鉴定专家组成鉴定专家组。医疗损害鉴定专家库应当包含医学（含中医）、法学、法医学等领域的专家。专家库依据医疗损害鉴定学科专业组名录设置学科专业组。本行政区域内专家不能满足学科专业组需求的，可聘请本行政区域外专家进入专家库。具体而言，各省、自治区、直辖市卫生健康行政部门应当会同司法行政部门建立或者共同

---

〔1〕 我国《医疗事故处理条例》第23条规定："负责组织医疗事故技术鉴定工作的医学会应当建立专家库。专家库由具备下列条件的医疗卫生专业技术人员组成：（一）有良好的业务素质和执业品德；（二）受聘于医疗卫生机构或者医学教学、科研机构并担任相应专业高级技术职务3年以上。符合前款第（一）项规定条件并具备高级技术任职资格的法医可以受聘进入专家库。负责组织医疗事故技术鉴定工作的医学会依照本条例规定聘请医疗卫生专业技术人员和法医进入专家库，可以不受行政区域的限制。"笔者认为，从保证医疗损害鉴定的科学性原则等考虑，《医疗损害鉴定管理办法（征求意见稿）》规定进入专家库的专家资质应不低于《医疗事故处理条例》的要求。

〔2〕 王晓燕："现行医疗损害鉴定制度的反思与重构"，载《南通大学学报（社会科学版）》2016年第1期。

委托相关社会组织建立专家库，该组织应当脱离医疗机构系统独立存在。专家库的构成以临床医学专家为主，并吸收一定数量具有高级技术职称的法医专家成员。医学会进行医疗损害技术鉴定时，由医患双方同时从专家库随机抽取鉴定人。[1]这是合法性、科学性和公正性原则的必然要求。

中华医学会成立于1915年，是中国医学科技工作者自愿组成并依法登记的学术型、非营利性社会组织。目前，医学会已经建立起国家—省—地市三级工作体系，在专家的组织管理、培训、协助化解医疗纠纷等方面积累了丰富的实践经验。由医学会负责专家库的日常管理工作，可以充分发挥组织优势，整合行业资源，有利于提高专家库的质量，保障鉴定工作高水平运行，符合效率性原则。建立统一专家库，[2]医疗纠纷人民调解委员会、法医司法鉴定机构均可从医疗损害鉴定专家库中抽取专家咨询，有效弥补二者临床专家储备不足的窘境，提高医疗损害鉴定的科学性和公正性。这将对医疗纠纷的科学与公正处理提供坚实保障！

〔1〕 郑雪倩等："建立统一医疗损害技术鉴定制度的思考"，载《中国医院》2015年第2期。

〔2〕 刘鑫、马千惠："医疗损害鉴定面临的挑战与对策"，载《中国法医学杂志》2018年第1期。

知情同意：医事法上的核心命题

~~~~~~

　　当前，知情同意（informed consent）制度在世界范围内已经获得了广泛的承认，并应用于各个领域，医疗领域便属其中之一。从历史的角度考察，1946 年开始的"纽伦堡审判"，对后世知情同意制度的建立与发展作出了卓越贡献，因为当时案件审判的疑难点之一就是人体试验的合法性以及科学研究的伦理性，其首要确立的规则就是人体试验必须要求受体的完全法律能力，受体必须要出于自愿、完全告知和知情同意，后来成为《纽伦堡法典》（*The Nuremberg Code*）的重要内容。

　　但是，知情同意一直未受到法学领域的广泛关注。直到 1957 年发生的马丁·萨尔戈（Martin Salgo）案，才稍微改变了这种局面，即由布雷（Bray）法官正式提出"知情同意"这一术语。案件的基本事实是马丁·萨尔戈患有动脉硬化疾病，在医生没有告知其相关风险的情况下，马丁·萨尔戈在麻醉后接受了主动脉造影术检查，结果下肢瘫痪。马丁·萨尔戈将医生告上法庭，认为医生没有告知相关风险，构成疏忽。布雷法官认为，医生有义务告知作为患者的马丁·萨尔戈一切与接受推荐治疗相关的事实，以便病人作出明智的选择。

　　随着世界医学会于 1964 年通过了《赫尔辛基宣言》（*Declaration of Helsinki*），知情同意制度获得了更为全面和完善的发展，成为《纽伦堡法典》的重要延续。与《纽伦堡法典》相比，《赫尔辛基宣言》更加全面、具体和完善。它明确指出，"医学研究必须遵守的伦理标准是：促进和确保对人类受试者的尊重，并保护他们的健康和权利"。我国的知情同意制度起步较晚，尽管从整体上来说，经过数十年的多方努力已经呈现出越来越完善的趋势，但是现实中所面临的问题依然不少，有些尚未得到真正破解。

一、知情同意权不是一项单一权利

知情同意权作为相关主体享有的权利，是知情权和同意权的复合，但无论是知情权，还是同意权，都是可以独立存在，并发挥各自的功用。知情权和同意权既存在明显的差别，又存在一定的联系。质言之，知情权是法律拟制作为弱势的一方所享有的了解相关信息（尤其是风险等）的权利，而同意权则是法律拟制作为弱势的一方最终决定权，既可以选择（即同意），也可以拒绝（即不同意），属于患者自主决定权的范畴。就二者的联系而言，知情权是同意权的基础，如果知情权得不到满足或者保障，其同意权的行使往往是武断的，也常常是不符合弱势一方的最佳利益。同意权是知情权的进一步发展。正如前文所言，知情权享有或者行使之后，并不必然带来同意权的行使，即不作任何表态，既不表示同意，也不表示不同意。因为如果只有作为"过程"的知情权，而没有产生"结果"的同意权，其现实意义将大打折扣，有些医学研究或者药物研发实际上是不能实现的。从这个意义上说，同意权才是知情同意权的核心。

二、消费者权益保护领域的知情同意和医疗领域的知情同意

（一）消费者权益保护领域的知情同意

1993 年《消费者权益保护法》第 8 条规定，"消费者享有知悉其购买、使用的商品或者接受的服务的真实情况的权利。消费者有权根据商品或者服务的不同情况，要求经营者提供商品的价格、产地、生产者、用途、性能、规格、等级、主要成分、生产日期、有效期限、检验合格证明、使用方法说明书、售后服务，或者服务的内容、规格、费用等有关情况"。这是对消费者知情权的规定。该法第 9 条规定，"消费者享有自主选择商品或者服务的权利。消费者有权自主选择提供商品或者服务的经营者，自主选择商品品种或者服务方式，自主决定购买或者不购买任何一种商品、接受或者不接受任何一项服务。消费者在自主选择商品或者服务时，有权进行比较、鉴别和挑选"。这是对消费者同意权的规定。尽管我国《消费者权益保护法》经历了 2009 年 8 月 27 日、2013 年 10 月 25 日两次修正，但是第 8 条和第 9 条的内容被始终保留，且只字未改。由此可见，消费者知情同意权在消费领域的重要地位。

普通的诊疗行为因为以疾病治疗和康复为目的，不是以生活消费为目的，所以难以适用《消费者权益保护法》。但是对于医疗美容行为和健康体检行为，实际上存在适用的空间，当前的司法实践在一定程度上对此给予了支持。所以，在涉及这两种医疗行为的时候，实际上既是消费领域的知情同意，又是医疗领域的知情同意，构成重合。

（二）医疗领域的知情同意——基于立法变迁的考察

1. 1994 年《医疗机构管理条例》

在立法上明确规定知情同意权始于 1994 年国务院颁布的《医疗机构管理条例》，比 1993 年的《消费者权益保护法》要晚 1 年。该条例第 33 条规定，"医疗机构施行手术、特殊检查或者特殊治疗时，必须征得患者同意，并应当取得其家属或者关系人同意并签字；无法取得患者意见时，应当取得家属或者关系人同意并签字；无法取得患者意见又无家属或者关系人在场，或者遇到其他特殊情况时，经治医师应当提出医疗处置方案，在取得医疗机构负责人或者被授权负责人员的批准后实施"。[1] 由此可见，当医疗机构施行手术、特殊检查或者特殊治疗时，在患者知情同意权的行使上，我国 1994 年《医疗机构管理条例》实行的"双书面同意"模式，即不仅需要患者本人的书面同意，还需要征得家属或者关系人的书面同意。总之，同意主体的数量多，范围宽，形式严。关于抢救危重患者，则不需要征得患者或其近亲属的同意即可实施。该条例第 31 条规定，"医疗机构对危重病人应当立即抢救。对限于设备或者技术条件不能诊治的病人，应当及时转诊"。[2] 尽管在针对危重患者救治上作出了例外规定，但是整体上更注重中国文化中"家"同意的模式，而不是"个人"同意的模式。

---

〔1〕 值得注意的是，作为 1994 年 2 月发布的《医疗机构管理条例》的配套文件，《医疗机构管理条例实施细则》于 1994 年 8 月获得通过。该部门规章第 61 条规定，"医疗机构在诊疗活动中，应当对患者实行保护性医疗措施，并取得患者家属和有关人员的配合"。第 62 条规定，"医疗机构应当尊重患者对自己的病情、诊断、治疗的知情权利。在实施手术、特殊检查、特殊治疗时，应当向患者作必要的解释。因实施保护性医疗措施不宜向患者说明情况的，应当将有关情况通知患者家属"。这两条规定更加细化了患者知情同意权的行使。

〔2〕 2022 年 3 月 29 日，国家对《医疗机构管理条例》进行了第二次修订，由于本部分侧重从历史发展的角度对知情同意权进行论述，因此将修订之前和修订之后的《医疗机构管理条例》分别论述。

2. 1998 年《执业医师法》

1998 年《执业医师法》第 26 条规定，"医师应当如实向患者或者其家属介绍病情，但应注意避免对患者产生不利后果。医师进行实验性临床医疗，应当经医院批准并征得患者本人或者其家属同意"。与《医疗机构管理条例》相比，1998 年《执业医师法》的表述和内容发生了很大的变化。在表述上，通过规定医师的告知义务反推患者享有知情权。在同意权问题上，1998 年《执业医师法》的规定不清楚、不细致，尤其是没有建立类型化的思维，只是规定在实验性临床医疗之时，需要经医院批准并征得患者本人或者其家属同意。在内容上，其采取"单同意"模式，即要么征得患者本人的同意，要么征得患者家属的同意，且这种同意并非限于书面形式。对于危重患者的救治，与《医疗机构管理条例》规定的模式相似，即不需要征得患者本人或者近亲属同意。我国 1998 年《执业医师法》第 24 条规定，"对急危患者，医师应当采取紧急措施进行诊治；不得拒绝急救处置"。

3. 2002 年《医疗事故处理条例》

2002 年《医疗事故处理条例》第 11 条规定，"在医疗活动中，医疗机构及其医务人员应当将患者的病情、医疗措施、医疗风险等如实告知患者，及时解答其咨询；但是，应当避免对患者产生不利后果"。该条对患者的知情权作出了规定，但对患者的同意权没有作出规定。由于该条例侧重解决的是医疗事故的处理和医疗秩序的维护，因此对患者的同意权以及急危重患者救治中的知情同意权制度没有作出规定。

4. 2009 年《侵权责任法》

2009 年《侵权责任法》第 55 条规定，"医务人员在诊疗活动中应当向患者说明病情和医疗措施。需要实施手术、特殊检查、特殊治疗的，医务人员应当及时向患者说明医疗风险、替代医疗方案等情况，并取得其书面同意；不宜向患者说明的，应当向患者的近亲属说明，并取得其书面同意。医务人员未尽到前款义务，造成患者损害的，医疗机构应当承担赔偿责任"。我国 2009 年《侵权责任法》将医务人员的说明义务分为一般说明义务和特殊说明义务。对于一般说明义务而言，医务人员仅需完好履行该义务即可，其从事医疗行为不需要征得患者的同意。而对于特殊说明义务而言，即在需要实施手术、特殊检查、特殊治疗的情形时，医务人员不仅需要告知医疗风险、替代医疗方案等情况,而且应当"及时"告知患者上述情况。这显然对医务人员执业提出了更高的要求。此外,无论是征得患者本人同意,还是征得患者近亲属同意,都要求取得书面同意,旨在提醒甚至警示处于信息、地位更为弱势的患者,其当前即将要接受的医疗服务有可能会对自身的生命健康权益产生重要影响,让其全面评估,慎重考虑,严肃对待,理性抉择。

对于抢救生命垂危的患者等紧急情形,在知情同意这一问题上,2009年《侵权责任法》比《医疗机构管理条例》《医疗事故处理条例》以及1998年《执业医师法》都要规定得更为精细,即进行了类型化考量。2009年《侵权责任法》第56条规定,"因抢救生命垂危的患者等紧急情况,不能取得患者或者其近亲属意见的,经医疗机构负责人或者授权的负责人批准,可以立即实施相应的医疗措施"。换言之,因抢救生命垂危的患者等紧急情况,如果能够取得患者或者近亲属意见的,还是要尽量先取得患者或者近亲属意见,只有不能取得患者或者其近亲属意见的,才可以经医疗机构负责人或者授权的负责人批准立即实施相应的医疗措施。实践中,到底哪些情形构成"不能取得患者或者其近亲属意见"存在争议,为此最高人民法院在2017年3月27日通过了《最高人民法院关于审理医疗损害责任纠纷案件适用法律若干问题的解释》,第18条第1款规定,"因抢救生命垂危的患者等紧急情况且不能取得患者意见时,下列情形可以认定为侵权责任法第五十六条规定的不能取得患者近亲属意见:(一)近亲属不明的;(二)不能及时联系到近亲属的;(三)近亲属拒绝发表意见的;(四)近亲属达不成一致意见的;(五)法律、法规规定的其他情形"。[1]同时,该条第2款规定,"前款情形,医务人员经医疗机构负责人或者授权的负责人批准立即实施相应医疗措施,患者因此请求医疗机构承担赔偿责任的,不予支持;医疗机构及其医务人员怠于实施相

---

[1] 2020年12月29日,最高人民法院发布了《最高人民法院关于修改〈最高人民法院关于在民事审判工作中适用《中华人民共和国工会法》若干问题的解释〉等二十七件民事类司法解释的决定》。根据《民法典》的最新内容,最高人民法院对2017年颁布的《最高人民法院关于审理医疗损害责任纠纷案件适用法律若干问题的解释》部分内容进行了相应修订,形成了《最高人民法院关于审理医疗损害责任纠纷案件适用法律若干问题的解释(2020年修订)》,并于2021年1月1日正式生效。司法解释修订的原因是,我国《民法典》已于2021年1月1日起施行,《侵权责任法》同时废止,因此制定依据需由已经失效的《侵权责任法》修改为《民法典》,以适应法律实施的实际情况和保证法律整体的效力统一性。但在"不能取得患者或者其近亲属意见"的类型上,修正前与修正后的司法解释完全保持一致,仅在依据上由《侵权责任法》第56条变更为《民法典》第1220条。

应医疗措施造成损害，患者请求医疗机构承担赔偿责任的，应予支持”。

5. 2018 年《医疗纠纷预防和处理条例》

2018 年《医疗纠纷预防和处理条例》第 13 条规定，“医务人员在诊疗活动中应当向患者说明病情和医疗措施。需要实施手术，或者开展临床试验等存在一定危险性、可能产生不良后果的特殊检查、特殊治疗的，医务人员应当及时向患者说明医疗风险、替代医疗方案等情况，并取得其书面同意；在患者处于昏迷等无法自主作出决定的状态或者病情不宜向患者说明等情形下，应当向患者的近亲属说明，并取得其书面同意。紧急情况下不能取得患者或者其近亲属意见的，经医疗机构负责人或者授权的负责人批准，可以立即实施相应的医疗措施”。该条例基本承继了 2009 年《侵权责任法》的规定，并在此基础上通过列举一些具体情形（如开展临床试验、患者处于昏迷等）实现类型化处理，但其核心要义没有发生改变。

6. 2019 年《基本医疗卫生与健康促进法》

2019 年《基本医疗卫生与健康促进法》第 32 条规定，“公民接受医疗卫生服务，对病情、诊疗方案、医疗风险、医疗费用等事项依法享有知情同意的权利。需要实施手术、特殊检查、特殊治疗的，医疗卫生人员应当及时向患者说明医疗风险、替代医疗方案等情况，并取得其同意；不能或者不宜向患者说明的，应当向患者的近亲属说明，并取得其同意。法律另有规定的，依照其规定。开展药物、医疗器械临床试验和其他医学研究应当遵守医学伦理规范，依法通过伦理审查，取得知情同意”。该法与《医疗纠纷预防和处理条例》第 13 条的规定基本保持一致，其中显著的不同之处有两点：一是没有规定抢救生命垂危的患者等紧急情况下的知情同意问题；二是开展药物、医疗器械临床试验和其他医学研究时，仅要求取得知情同意，而非书面同意。由于《基本医疗卫生与健康促进法》与原《侵权责任法》之间构成同一法律位阶情况下的新法与旧法关系，与《医疗纠纷预防和处理条例》之间构成上位法与下位法的关系，在《民法典》实施之前，按照新法优于旧法、上位法优于下位法的基本法理，均应适用《基本医疗卫生与健康促进法》的规定。在《民法典》实施之后，由于《民法典》是由全国人民代表大会通过的基本法律，而《基本医疗卫生与健康促进法》是由全国人大常委会通过的普通法律，且《民法典》颁布在后，时间较新，无论是按照法律效力的高低还是新旧法的适用关系，均应首先适用《民法典》的规定。在《民法典》没有规定且《基本医疗卫生与健康促进法》与之没有冲突的情况下，才考虑适用《基本医疗卫生与健康促进法》的规定。

7. 2020 年《民法典》

我国《民法典》第 1219 条规定，"医务人员在诊疗活动中应当向患者说明病情和医疗措施。需要实施手术、特殊检查、特殊治疗的，医务人员应当及时向患者具体说明医疗风险、替代医疗方案等情况，并取得其明确同意；不能或者不宜向患者说明的，应当向患者的近亲属说明，并取得其明确同意。医务人员未尽到前款义务，造成患者损害的，医疗机构应当承担赔偿责任"。第 1220 条规定，"因抢救生命垂危的患者等紧急情况，不能取得患者或者其近亲属意见的，经医疗机构负责人或者授权的负责人批准，可以立即实施相应的医疗措施"。第 1008 条规定，"为研制新药、医疗器械或者发展新的预防和治疗方法，需要进行临床试验的，应当依法经相关主管部门批准并经伦理委员会审查同意，向受试者或者受试者的监护人告知试验目的、用途和可能产生的风险等详细情况，并经其书面同意。进行临床试验的，不得向受试者收取试验费用"。

我国《民法典》在《基本医疗卫生与健康促进法》的基础上又发生变化，即由原先的"同意"修改为"明确同意"，并在人格权编中专门规定了"为研制新药、医疗器械或者发展新的预防和治疗方法，需要进行临床试验的"情况，明确要求须取得患者的书面同意。可以说，《民法典》在全面考察《基本医疗卫生与健康促进法》《医疗纠纷预防和处理条例》《医疗事故处理条例》《医疗机构管理条例》《医疗机构管理条例实施细则》和 1998 年《执业医师法》、2009 年《侵权责任法》的相关规定之后，作出了更加全面和特定化考虑的制度安排。由于《民法典》是由全国人民代表大会通过的法律，是民事基本法，与上述法律法规相比，具有更高的法律效力，自此在患者知情同意权上开启了民法典时代。这也较好地解释了之后颁布的《医师法》和新修订的《医疗机构管理条例》与其保持一致的原因，在赋予患者人文关怀的同时，更多的是从制度规则上强化了对患者知情同意权的保障，使得以权利确认和权利保障为己任的《民法典》辐射了知情同意制度。

8. 2021 年《医师法》

2021 年《医师法》第 25 条规定，"医师在诊疗活动中应当向患者说明病情、医疗措施和其他需要告知的事项。需要实施手术、特殊检查、特殊治疗的，医师应当及时向患者具体说明医疗风险、替代医疗方案等情况，并取得其明确同意；不能或者不宜向患者说明的，应当向患者的近亲属说明，并取得其明确同意"。第 26 条规定，"医师开展药物、医疗器械临床试验和其他医学临床研究应当符合国家有关规定，遵守医学伦理规范，依法通过伦理审查，取得书面知情同意"。由此可见，《医师法》关于患者知情同意权的规定与《民法典》保持一致。

9. 2022 年修订的《医疗机构管理条例》

2022 年修订的《医疗机构管理条例》第 32 条规定，"医务人员在诊疗活动中应当向患者说明病情和医疗措施。需要实施手术、特殊检查、特殊治疗的，医务人员应当及时向患者具体说明医疗风险、替代医疗方案等情况，并取得其明确同意；不能或者不宜向患者说明的，应当向患者的近亲属说明，并取得其明确同意。因抢救生命垂危的患者等紧急情况，不能取得患者或者其近亲属意见的，经医疗机构负责人或者授权的负责人批准，可以立即实施相应的医疗措施"。由此可见，修订后的《医疗机构管理条例》与《民法典》保持一致。

医疗知情同意是医疗活动中的一项基本规则，离开了患方的知情同意，医疗行为就失去了其合法性基础，因而医疗知情同意规则是阻却医疗行为成为侵害患者生命健康违法行为的"阻隔器"。医疗知情同意规则在维护患者生命健康权益的同时，更重要的是体现了对患者个人自主和尊严的尊重，对于缓解医患矛盾、重建医患信任、解决医疗纠纷等都具有重要的制度意义。[1] 随着《民法典》的实施，我国知情同意规则已经渐进成熟，实现了三个方面的转变：一是知情同意从形式主义向实质主义迈进。二是知情同意从"家"（患者及近亲属）的主体转向"个人"的主体，除限制民事行为能力人和无民事行为能力人外，对于完全民事行为能力人而言，其个人有权自主决定。此外，对于 8 周岁以上不满 18 周岁的限制民事行为能力人，即便其不能作出

---

〔1〕 程杰："医疗知情同意的台湾经验与启示"，载《科技与法律》2013 年第 1 期。

自主决定，也应当充分听取其意见。三是知情同意规则从"概括式"深入到"类型化"。这是健康法理论研究不断深化的结果，是体系化、类型化思维的要求与展现，与之前的法律法规最大的不同在于，其采取了类型化的视角进行逐一观察和回答，如区分一般诊疗行为和特殊诊疗行为，在特殊诊疗行为的情况下，又区分了能否独立作出同意的情况。

知情同意制度是我国医事法上一项核心命题，尽管消费领域的知情同意在法律规定上早于医事法，但绝不能将二者等同。因为消费领域的知情同意针对的是提供的商品或者服务，而医事法上的知情同意主要是医疗服务。除医疗美容、健康体检外，医疗服务是不能适用《消费者权益保护法》的，因为它不是基于生活消费，而是为了疾病的治疗、健康的恢复或功能的改善。知情同意在美国被视为一项基本的个人权利。不过，知情同意总是离不开特定的文化背景。[1]尽管在患者为完全民事行为能力人时可以自主做出决定，不需要征得其近亲属的同意，但是作为具体执行知情同意的医务人员，在可能的情况下还是可以征询其近亲属的意见，以免发生不必要的纠纷。这亦与消费领域仅尊重完全民事行为能力人知情权和选择权不同，前者具有更强的人身属性。

三、智能网络时代的知情同意权

在网络信息时代，随着智能手机的普及，知情同意的过程是否可以通过智能手机来完成？这不仅已经在局部医疗机构成为现实，而且是未来发展的一个重要趋势。相比于线下传统的告知方式，通过网络上的视频、图片、文字等履行说明义务，更为生动具体，也更容易被患者或其监护人所理解，使之更清楚自己签署知情同意书对自身的影响与意义。对于一些不能理解的问题，还可以通过网络的即时问答咨询功能加以解决，这打破了一定的时空限制，进入电子知情同意（electronic informed consent）的时代。同时，针对不能使用智能手机的用户，医疗机构仍可通过提供传统的线下纸质签署的方式予以补足，保证不会操作智能手机的人不被排除在签署知情同意的人群之外，否则就会涉嫌伦理上的歧视。美国食品药品监督管理局（Food and Drug Ad-

---

〔1〕 李庆功编著：《医疗知情同意理论与实践》，人民卫生出版社2011年版，第25页。

ministration，FDA）最早于 2016 年发布了《电子知情同意书使用指南》对该技术进行了推广应用。[1]

网络上通过智能手机签署知情同意，也存在一定的不足，具体表现在以下两个方面：一是签署主体的真实性问题，如他人代为操作，是否能够真实反映知情同意主体的意愿；二是缺少情感，人文关怀的体验性较差。未来，前者可以通过人脸识别、电子签名等措施弥补，后者可通过技术改进努力实现。电子知情同意有其特有的价值，尤其是在疫情防控期间，患者不能按时入院或者暂不能入院，那么在医学科学研究需要征患者知情同意的情况下，其具有很强的应用优势。

总之，患者健康权的实现，不仅需要"硬性"的医疗技术予以支撑，而且在很多情况下，尚需要借助知情同意制度由患者行使自主决定权，于是给予患者"软性"的人文关怀成为必要。我国《民法典》将人格权独立成编，一个很重要的目的就是通过对主体固有利益的保护，彰显和实现人身自由和人格尊严。在民法上，健康权的主要内容体现为自然人对自身健康状况予以维护的权利。这包括自然人维护自身健康、提高生活质量、追求体格完美状态，在生理、心理机能、功能出现不正常的状态时请求医疗、接受医疗的权利；具有维护社会利益、提高人类生存质量的意义。这些权利的行使，不受任何他人的强制或干涉。[2]这些理念将成为健康法精神的重要元素，并不断释放自身的能量与光茫。

---

〔1〕 丛翠翠、母双、饶慧瑛："浅谈电子知情同意的应用"，载《中国医学伦理学》2019 年第 3 期。

〔2〕 王利明主编：《民法》，中国人民大学出版社 2020 年版，第 368 页。

诊疗的温度与温度的诊疗：医患双重体验

近些年来，医患关系有些紧张，其原因是多方面的，也是多层次的。既有宏观体制管理上的，也有中观制度建设上的，还有微观机制运行上的，构成一个立体、交叉且复杂的原因系统。这也是为何破解医患关系如此之难的重要原因，可谓"牵一发而动全身"。

医学和法学均为最古老的学科，具有天然的相似性，在具有鲜明实践性的同时，都在给个体或者集体看"病"。具体而言，无论是医学还是法学，其实都是与人在打交道。医学有时是在帮助具体的患者个人看病，法学有时是在接受具体当事人的委托处理具体的法律事务，前者是健康出了问题，后者则是遇到了麻烦，无论是问题，还是麻烦，实际上都是一种"病"的状态，需要解决；医学有时是在帮助整个社会看病，法学何尝不是如此？前者如果是为了公众的机体健康而从事公共卫生工作，后者则是对国家、社会所设定的对人的集体行动起到引导功能的法律制度和运行规则提出建议或开具"处方"，弥补法律漏洞，完善法律制度，以达到为人类谋福祉的目的。

韩启德院士认为，一个人生命的铸成，需要无数生命的支援、补充、滋润和蕴化。一个医者的合格与成熟，需要知识与实践的支撑，也需要与周围的人不断地沟通互动，建立起共同面对疾病的医道。[1]因此，医学上的诊疗工作应当是带有温度的，否则医患之间的沟通就不可能良好，医疗投诉、医疗纠纷的发生就难以避免（或者处于一个可控的范围之内），原本坚若磐石的医患信任就会不断受到冲击。由此可见，医患沟通已经不再局限于临床实践的需要，而是确有进入立法的必要。

---

〔1〕 韩启德：《医学的温度》，商务印书馆2020年版，第7页。

一、"医患沟通" 进入立法高光时刻

国家卫生健康委员会作为我国最高卫生健康行政部门，在其颁发的一些政策文件中曾多次强调医患沟通的重要性，但是实质性、系统性进入立法层面的主要是《医疗纠纷预防和处理条例》和《医疗机构投诉管理办法》。《医疗纠纷预防和处理条例》第17条规定，"医疗机构应当建立健全医患沟通机制，对患者在诊疗过程中提出的咨询、意见和建议，应当耐心解释、说明，并按照规定进行处理；对患者就诊疗行为提出的疑问，应当及时予以核实、自查，并指定有关人员与患者或者其近亲属沟通，如实说明情况"。《医疗机构投诉管理办法》于2019年2月2日经国家卫生健康委员会会议讨论通过，自2019年4月10日起施行。该办法就是进一步落实《医疗纠纷预防和处理条例》《医疗机构管理条例》等法律法规中有关投诉的规定而制定的部门规章，其中就包含了医患沟通，而且将其置于一个十分显著的位置，即进行了专章规定（第17~21条）。在内容上，其分别对医疗机构和医务人员提出了更高和更加细致的要求（详见表5）。

表5　《医疗机构投诉管理办法》对医患沟通的专章规定

《医疗机构投诉管理办法》第三章	
第17条	医疗机构应当提高医务人员职业道德水平，增强服务意识和法律意识，注重人文关怀，加强医患沟通，努力构建和谐医患关系。
第18条	医务人员应当恪守职业道德，以患者为中心，热情、耐心、细致地做好本职工作，把对患者的尊重、理解和关怀体现在医疗服务全过程。
第19条	医疗机构应当建立健全医患沟通机制，完善医患沟通内容，加强对医务人员医患沟通技巧的培训，提高医患沟通能力。 医务人员对患者在诊疗过程中提出的咨询、意见和建议，应当耐心解释、说明，并按照规定进行处理；对患者就诊疗行为提出的疑问，应当及时予以核实、自查，并与患者沟通，如实说明情况。
第20条	医务人员应当尊重患者依法享有的隐私权、知情权、选择权等权利，根据患者病情、预后不同以及患者实际需求，突出重点，采取适当方式进行沟通。 医患沟通中有关诊疗情况的重要内容应当及时、完整、准确记入病历，并由患者签字确认。

《医疗机构投诉管理办法》第三章	
第21条	医疗机构可以结合实际情况，制定医疗风险告知和术前谈话制度，规范具体流程，以患者易懂的方式和语言充分告知患者，并取得其书面同意。

原本属于职业要求或伦理规范的医患沟通为何会进入立法领域？其中一个很现实而又重要的背景就是，随着人民群众对自身健康的关注和权利意识的觉醒，尤其是一部分公民将普通诊疗行为作为消费行为来对待，在客观上刺激了一些投诉和纠纷的产生，因而需要预防和规范。这种投诉既有医疗技术方面的瑕疵，如静脉采血扎了多针等，也有医疗服务态度上的不足。例如，有的医生从患者进入医院开始，就将其作为"病人"对待，没有给予其必要的尊重和关怀。实际上，这都是不妥当的，因为"病人"首先是一个"人"，其次才是一个"病人"，需要一个不可缺省的从抽象到具像的过程或步骤。人与人之间的交往，甚至朋友与朋友之间的交往，当然应当站在平等的地位上相互尊重，而不是单纯地将其视为需要得到医生救治的"病人"，否则"视野"就会变得十分狭窄，多少有些"见病不见人"的局限，不利于后续的诊疗工作开展。当然，有些患者缺乏对医务人员必要的理解和宽容，同样会导致医患沟通出现问题。

世界医学之父希波克拉底曾言，医生有三大法宝——语言、药物和手术刀。无论存在何种诊疗需求的自然人进入医院，也不论患者是独立或者在监护人的陪同下进入医院，医务人员首要进行的是"人与人"之间的沟通，然后才是医患沟通。如果病情确有必要，再利用医疗机构的专业设备设施和自身的医学技能为患者提供力所能及的咨询和解答等服务，在必要的情况下再启动药物和手术治疗。这三者之间存在严格的逻辑顺位。

之所以说医疗机构及其医务人员只能提供力所能及的帮助，乃是因为在人类与疾病的斗争史上，我们只是在不断地探索疾病，在打开一扇门的同时，却开启了更多未知领域或空间。所以对于有些疾病而言，是能够诊断和治愈的，而对于有些疾病来说，其虽可诊断出来却是短期内无法治愈的，如一些罕见病，还有的疾病是现阶段根本无法诊断的。从这个意义上讲，医学是有限的，也是不完美的，而这恰恰才是医学的"原貌"，而不像有的媒体或者医务人员所鼓吹的"神医"。美国医生特鲁多的墓志铭广为流传："To cure sometimes, to relieve often, to comfort always." 翻译成中文，其大致含义就是"有时去治愈，常常去帮助，总是去安慰"。可以说，这一墓志铭同样较好地诠释了医学的"原貌"。

当前的医患沟通也遇到了巨大的挑战。美国学者罗思曼（David J. Rothman）指出："维系患者和健康照护提供者之间的私人关系和亲密纽带几乎不大可能，原因除了医生和医院的去个性化，还包括医学实践新形式的出现，即使医生和患者有共同的背景或者价值观，他们可能也不会发现这种共同点，因为当代医学实践的步伐和节奏是一道不可逾越的障碍。"[1]医患沟通的改善一方面需要医生的积极改变，另一方面也需要分级诊疗体系的不断健全，这是一项系统工程。在医患沟通的过程中，患者的积极配合也是必需的，减少不必要的无效沟通，以不断提高医患沟通的质量。

二、人文关怀是照亮诊疗的灯塔

人文关怀的核心是尊重人，肯定人的价值。这种人文关怀可以通过语言、身姿等体现于诊疗服务的全过程。当前，医疗机构在设备设施上已经较为先进，信息化建设有了长足的进步与发展，医务人员在诊疗技术上也获得了质的提高。但是在医疗机构的文化建设上，仍处在一个较低的水平。不过，一个好的发展动向就是已经有越来越多的医疗机构意识到了这一点，并通过多种体制改革、机制完善不断加强人文关怀，展现医学乃人之照护这一本质。这也是尊重和保障患者健康权的现实需要。

老子曰："天下难事，必作于易；天下大事，必作于细。"诊疗服务中的人文关怀，有的时候惊天动地，有的时候却悄无声息，既可以从宏观着手，亦可在微观切入，但是在起步阶段，均是从较为容易或细致的工作开始。在此，举两个小案例予以说明。第一个案例发生在某肿瘤医院，一位坐着轮椅的肿瘤患者进到诊室，刚要艰难地挪到医生面前时，医生起身关切道："您不要动，我来给您看看。"医生的这一举止虽然很小，却使患者内心充满温暖与感激，其对医生的信任将是不言而喻的，接下来的治疗亦会更加顺利。另一

---

〔1〕 ［美］戴维·J. 罗思曼：《病床边的陌生人：法律与生命伦理学塑造医学决策的历史》，潘驿炜译，中国社会科学出版社 2020 年版，第 176 页。

个案例发生在江苏某医院，其针对腿脚不便的患者推出了一项"共享轮椅"服务。这些"共享轮椅"主要放在医院的急诊大厅和门诊一楼，租借方式较为简便，赢得了患者及其家属的好评。当前，已经有越来越多的医院推出了这项服务。这两个小案例均有一个共同的特点，那就是以人为本，将患者的实际需要置于心间，从容易的地方和细节的地方作出改变，彰显医学人文关怀。当患者感受到这种人文的关怀，其对医疗机构及其医务人员的信任度就会同步提高，患者就诊的依从性亦会随之提升，医患沟通就会更加顺畅，医疗投诉、医疗纠纷发生的概率就会相应下降。从这个意义上说，人文关怀是照亮诊疗服务的灯塔。

三、医患之间需要换位思考

在我国，尽管医务界曾出现一些违法犯罪行为，但就整体而言，其都是爱岗敬业的。大部分医务人员在待遇水平并不高的情况下，始终如一地服务每一位前来就诊的患者，而且遇到"非典"疫情、新冠疫情等突发公共卫生事件，还要接受卫生健康行政部门的调遣，前往最危险的区域进行救治，可谓"最美逆行者"。即便是在常规诊疗下，由于我国尚未完全建立起健全的分级诊疗制度，三甲医院、大医院、名医院"门庭若市"，医务人员实际上均是超负荷工作，此外还要承担着大量的人才培养和教学科研工作，因为有的医院属于研究型医院，有的医院属于教学医院，还有的医院二者兼具。

对于患者而言，拖着病体千辛万苦来到医院，在满怀希望寻求医务人员帮助的时候，如果医务人员冷言相对，就会对患者造成较大的打击。另外，无论患者是否慕名某位专家来到医院，其都希望自己尽快康复，但是诊疗结果常常难以预料，这是由普通诊疗行为的性质所决定的。在诊疗过程中，无论医务人员是否存在过失，也不论是否成立医疗损害责任，如果患者或者近亲属出现"人财两空"的局面，其常常会陷入不知所措之境地。长期以来，医务人员过分侧重医疗业务水平的提高，而忽视了医患沟通和人文关怀方面的素养提升，常常不能站在患者的角度看待问题，因此产生了一些不必要的纠纷与矛盾。

著名医史学家亨利·西格里斯（Henry Ernest Sigerist）曾经说过，每一个医学行动始终涉及两类当事人——医生和病人。但是医生和病人的角色并不是一成不变的。当医生生病的时候，其角色就会发生转变，即由医生转化为病人。而病人尤其是年轻的病人，其可以通过自身的努力考取医师资格，进而注册执业，此时，病人又转变为医生角色。在这种角色转化过程中，就会产生不同深度的人生体验。

美国罗森邦医生（Edward E. Rosenbaum）曾在自己所著的《亲尝我自己的药方》（*A Taste of My Own Medicine*）一书中回忆：自己曾经作为医生高高在上，但成为病人后，遭遇和心情与其他病人如出一辙——不敢面对疾病真相、被别的医生误诊……于是，他感慨道："我成为病人之前，已经行医50年，却等到生病时，才发现站在病床边和躺在病床上所看的角度完全不同。"[1]"如果我能从头重来的话，我会以完全不同的方式行医，很不幸的是，生命不给人这种重新来过的机会。我能做的，就是告诉你，在我身上发生了什么事，希望你我都能从中得到教训。"[2]

在博弈论中，有一个著名的"囚徒困境"。从理论上说，双方互相保持忠诚是整体最优的结局。但最终的结果却是，双方都选择了背叛对方。眼下，我国的医患关系也陷入"囚徒困境"。过去，患者对医生是深信不疑，如今却是半信半疑。过去，病人只要有1%的希望，医生就会尽100%的努力。如今，即便有99%的希望，医生也会小心翼翼，生怕出现1%的失败率。在这样的防范心理下，医患双方都是"如履薄冰，如临深渊"，医患关系日趋紧张，[3]也就不言自明了。

四、医学、法律与伦理道德

拥有"现代医学之父"之称的英国医学家威廉·奥斯勒（William Osler）曾言，行医是一种以科学为基础的艺术。从本质上讲，医学是一种善良人性或者有情感的表达。他同时指出，医生的行医路上有三大敌人：一是傲慢，二是冷漠，三是贪婪。医学上的诊疗应当是有温度的。我国著名医学科学家、医学教育家吴阶平先生曾经说过："医务人员需要具备精湛的医术、高尚的医

---

〔1〕 白剑锋："医患能否'角色互换' 永恒的矛盾有对立也有统一"，载 https://health. sohu. com/20090730/n265593420. shtml，最后访问时间：2022年7月18日。

〔2〕 郑刚："当医生成为病人"，载 https://www. haodf. com/neirong/wenzhang/741037919. html，最后访问时间：2022年7月18日。

〔3〕 白剑锋："医患信任，为何如此脆弱"，载《人民日报》2013年1月25日，第19版。

德、艺术的服务。"在笔者看来，如果我们的医务人员只是遵守了法律法规、规章以及诊疗规范的规定，那么在法律上确实可以评价为合法的诊疗行为，这种行为是合格的，但是却难言良好与优秀。

在医学领域，除了法律的介入和规制，还应当通过伦理道德来指引和约束，否则将从一场场冷冰冰的诊疗行为开始，又从一场场冷冰冰的诊疗行为结束，周而复始，恶性循环。这肯定不是医学的本质。浙江大学医学院第二附属医院（前身为广济医院）院史馆陈列着一幅珍贵而又饱含教育意义的照片。这幅照片记录的是广济医院院长梅藤更与一位小患者鞠躬互敬的场面，定格了百年和谐医患关系的瞬间。这次新冠疫情发生之初，火神山医院、雷神山医院以及方舱医院所展现出来的和谐医患关系，一直感动着我们每一个人。这些令人感动的一个个画面，时间愈久，愈弥足珍贵！

医学伦理学是研究医学道德的一门科学。健康法律规范和医学道德规范都是调整人们行为的准则，它们的共同使命都是调整人际关系，维护社会秩序和人民利益。首先，健康法体现了医德的要求，是培养、传播和弘扬医德的有力武器；其次，医德体现了健康法的要求，是维护、加强和实施健康法的重要精神力量。两者相互渗透、相互补充、相辅相成。不过，健康法和医德的表现形式、调整的范围、实施的手段和约束程度各不相同。健康法是拥有立法权的国家机关依照法定程序制定的，一般都是成文的，医德一般是不成文的，存在于人们的意识和社会舆论中；医德调整的范围要宽于健康法，凡是健康法所禁止的行为，也是医德所谴责的行为；健康法的实施以国家强制力为后盾，通过追究法律责任来制止一切损害人体健康的行为，而医德主要依靠社会舆论、内心信念和传统习俗来维护人体健康。[1]

我国多部健康法律将医德写入其中，最典型的就是《基本医疗卫生与健康促进法》和《医师法》。《基本医疗卫生与健康促进法》第51条规定："医疗卫生人员应当弘扬敬佑生命、救死扶伤、甘于奉献、大爱无疆的崇高职业精神，遵守行业规范，恪守医德，努力提高专业水平和服务质量。医疗卫生行业组织、医疗卫生机构、医学院校应当加强对医疗卫生人员的医德医风教育。"《医师法》第3条第1款规定，"医师应当坚持人民至上、生命至上，发

---

[1] 达庆东、田侃主编：《卫生法学纲要》，复旦大学出版社2014年版，第3页。

扬人道主义精神，弘扬敬佑生命、救死扶伤、甘于奉献、大爱无疆的崇高职业精神，恪守职业道德，遵守执业规范，提高执业水平，履行防病治病、保护人民健康的神圣职责"。由此可见，医学伦理道德可以上升为健康法律，健康法律也可以体现医学伦理道德的内容。

总之，医务人员实施诊疗行为应当带有温度，并让患者感受到这种温度。医患双方只有互换角色，才能获得更为真实的双重体验。愿医患信任与和谐医患关系不再是一种理想追求，而是照耀人间的现实！

爱美之心，人皆有之：医美的法律适用[1]

党的十九大报告指出，我国社会主要矛盾已经转化为人民日益增长的美好生活需要和不平衡不充分的发展之间的矛盾，我国医疗美容领域更是如此。我国医疗美容市场规模逐年增长，2019 年市场规模近 173 亿元。2019 年我国71.40%消费者表示可以接受轻医美项目价格在 1 万元以下，医美疗程主要以非手术注射和头面部手术医美项目为主，消费动机主要为取悦自己，取悦自己的消费者比重达 57%。[2]

随着社会经济的快速发展和审美观念的不断变化，大众对医疗美容的需求与日俱增，但国内正规且技术水平较高的医疗美容机构尚十分有限，且分布不均衡，主要集中于部分大中城市，部分机构及其操作人员欠缺相关资质、虚假宣传等违法乱象丛生，因医疗美容致使当事人合法权益受到侵害的案件时常涌现，并陆续诉至法院寻求司法救济。当前，理论界和实务界对医疗美容纠纷的法律适用仍然存在许多分歧，不同省市、不同层级的法院在裁判依据和处理结果上亦保有一定的差异性，亟须通过进一步的理论研讨不断增进共识，以助益当前的司法审判实践，维护当事人的合法权益，促进医疗美容行业的健康有序发展。

---

[1] 主体内容曾刊发于《法律适用》，本文有修改。原文详可参见刘炫麟："论医疗美容纠纷的法律适用"，载《法律适用(司法案例)》2018 年第 6 期。

[2] "2020 年中国医疗美容行业市场分析：市场规模将超 170 亿 非手术注射比重将近 6 成"，载 https://www.sohu.com/a/391344299_473133，最后访问时间：2022 年 3 月 31 日。

一、基本案情与判决结果

（一）基本案情[1]

2014 年 9 月 10 日，蔡某与新发现植发连锁机构签订《分期付款植发手术治疗协议书》，约定由该连锁机构为原告进行自体毛发移植手术，手术费用为 12 000 元，首付款为 8 400 元，余款 3 600 元分 6 期按月支付。蔡某在该协议书上签名，新发现植发连锁机构加盖的公章显示的名称为"新发现植发连锁机构广州中心"。蔡某共支付了手术费用 12 886 元（含清洗费、药费共 886 元）。其中，通过银联 POS 机消费两笔，金额分别为 636 元和 8650 元，对应的银联 POS 机签购单显示的商户名称为广州健棠医疗科技有限公司（以下简称健棠公司），另有新发现植发门诊部的收款单显示蔡某支付手术费 600 元，该收款单加盖了新发现医疗美容门诊部的收费专用章。蔡某主张健棠公司不以真实名称提供服务，且与蔡某签订协议书的连锁机构未取得医疗资格，健棠公司的行为属于欺诈。健棠公司提供的门诊部的医疗机构执业许可证显示，门诊部的诊疗项目包括医疗美容科、美容外科等，有效期限为 2015 年 1 月 5 日至 2020 年 1 月 4 日。健棠公司未提供新发现植发连锁机构的营业执照和医疗机构执业许可证。另查明，健棠公司与新发现医疗美容门诊部的法定代表人均为吴安利，健棠公司当庭表示愿意在本案中代替新发现医疗美容门诊部承担所有责任。健棠公司主张在与蔡某签署协议书时正在注册新发现植发连锁机构，但后来审批注册成功的名称是新发现医疗美容门诊部。

（二）判决结果

一审法院认为，在签订协议书及实施手术时，新发现植发连锁机构与新发现医疗美容门诊部未取得医疗机构执业许可证，故新发现植发连锁机构与蔡某签订《分期付款植发手术治疗协议书》为蔡某实施自体毛发移植手术，属于非法行医，健棠公司自愿作为本案的责任主体，应退还蔡某已支付的费用 12 886 元，但是本案中的自体毛发移植手术属于美容医疗的范畴，涉及医疗行为，不适用《消费者权益保护法》，故蔡某主张两倍的惩罚性赔偿，依据不足，原审法院不予支持，遂依照 2009 年《民法通则》第 106 条第 2 款、《民事

---

[1] 详可参见广东省广州市中级人民法院二审民事判决书（2017）粤 01 民终 21636 号。

诉讼法》第 64 条第 1 款，参照《医疗机构管理条例实施细则》第 88 条之规定，判决如下：一、健棠公司自本判决书发生法律效力之日起 10 日内退还蔡某 12 886 元；二、驳回蔡某的其他诉讼请求。健棠公司不服，向二审法院提起上诉。

二审法院经审理查明，蔡某在原审为证明其已经支付的款项，提供了银联 POS 机签购单，共两张，分别是 636 元、8650 元。提供了中国建设银行自动柜员机客户通知书，共三期，两次通过建设银行转账，两次均为 600 元，一次为现场刷 POS 机，金额为 600 元。蔡某在一审庭审中确认还拖欠手术费用 1800 元。关于健棠公司上诉主张蔡某实际支付 11 086 元的问题，经审查，蔡某提供的证据能证实已经支付的费用是 11 086 元，且蔡某在一审庭审中确认还有 1 800 元的手术费用没有支付，因此健棠公司上诉主张蔡某实际支付 11 086 元，依据充分，二审法院予以采信。关于健棠公司是否需返还蔡某 11 086 元的问题，虽然新发现植发连锁机构与蔡某在签订涉案的《分期付款植发手术治疗协议书》时，尚未具备实施自体毛发移植手术的主体资格，但蔡某实际上已经接受植发手术服务，且蔡某没有证据证实其人身受到损害。新发现植发连锁机构在签订合同时无资质的问题，蔡某可向相关行政部门进行投诉反映，由其承担相应的行政责任。但在蔡某已经实际享受了新发现植发连锁机构提供的植发服务，且蔡某并无证据证实其人身受到损害的前提下，新发现植发机构无需再向蔡某返还已经支付的手术款项。关于是否构成欺诈的问题，原审法院对此已有论述认定，蔡某对此并未提出上诉，在二审中本院对该问题不进行审查。综上所述，依照《民事诉讼法》第 170 条第 1 款第 2 项之规定，判决如下：（1）撤销广东省广州市天河区人民法院（2016）粤 0106 民初 16252 号民事判决。（2）驳回蔡某的全部诉讼请求。一审案件受理费 760 元，二审案件受理费 122 元，均由蔡某负担。

二、医疗美容及其法律准入

（一）医疗美容的概念

我国首次对医疗美容的概念作出明确法律界定的是原卫生部于 1994 年 8 月 29 日发布的《医疗机构管理条例实施细则》，该实施细则自 1994 年 9 月 1 日生效，并于 2017 年进行过一次修正。根据该实施细则第 88 条的规定，医疗美容是指使用药物以及手术、物理和其他损伤性或者侵入性手段进行的美容。2002 年 1 月 22 日，原卫生部又公布了《医疗美容服务管理办法》，该管理办法自 2002 年 5 月 1 日实施。国家卫生和计划生育委员会于 2016 年 1 月 19日对该管理办法进行了一次修订。修订后的《医疗美容服务管理办法》第 2条第 1 款规定："本办法所称医疗美容，是指运用手术、药物、医疗器械以及其他具有创伤性或者侵入性的医学技术方法对人的容貌和人体各部位形态进行的修复与再塑。"应当说，与《医疗机构管理条例实施细则》相比，我国《医疗美容服务管理办法》对医疗美容的界定更为全面、科学和精准。《医疗美容服务管理办法》第 29 条规定："外科、口腔科、眼科、皮肤科、中医科等相关临床学科在疾病治疗过程中涉及的相关医疗美容活动不受本办法调整。"在上述案件中，被上诉人蔡某前往新发现植发连锁机构进行自体毛发移植就是通过手术的医学技术方法对秃顶、脱发部位的修复和再塑。

（二）医疗美容的法律准入

1. 医疗美容机构的法律准入

我国《医疗美容服务管理办法》第 2 条第 2 款规定："本办法所称美容医疗机构，是指以开展医疗美容诊疗业务为主的医疗机构。"第 5 条明文规定："申请举办美容医疗机构或医疗机构设置医疗美容科室必须同时具备下列条件：（一）具有承担民事责任的能力；（二）有明确的医疗美容诊疗服务范围；（三）符合《医疗机构基本标准（试行）》；（四）省级以上人民政府卫生行政部门规定的其他条件。"换言之，当前我国提供医疗美容服务的主体主要是医疗美容机构和医疗机构设置的医疗美容科室（以下简称医疗美容科室）。我国现行《医疗机构基本标准（试行）》对美容医院、医疗美容门诊部和医疗美容诊所的最低标准作出了明确规定。《医疗美容服务管理办法》第 8 条规定："美容医疗机构必须经卫生行政部门登记注册并获得《医疗机构执业许可证》后方可开展执业活动。"

在上述案件中，无论是新发现植发连锁机构，还是卫生健康行政部门最终审批核定的新发现医疗美容门诊部，其在为蔡某提供医疗美容服务之时，均没有取得《医疗机构执业许可证》，因此不具备合法资质，依照规定不能开展相关的医疗美容服务。但问题在于，能否据此认为新发现植发连锁机构构成非法行医？笔者认为，一审法院首先在措辞上不够严谨，因为非法行医是针对执业人员而非医疗机构而言的。其次，行政法上的非法行医[1]，主要指的是违反了我国 1999 年 5 月 1 日生效的《执业医师法》第 39 条的规定，即"未经批准擅自开办医疗机构行医或者非医师行医的，由县级以上人民政府卫生行政部门予以取缔，没收其违法所得及其药品、器械，并处十万元以下的罚款；对医师吊销其执业证书；给患者造成损害的，依法承担赔偿责任；构成犯罪的，依法追究刑事责任"。[2]上述案件中，新发现植发连锁机构虽然没有及时取得卫生健康行政部门颁发的医疗机构执业许可证，属于行政许可上的瑕疵，但其执业人员拥有相应的合法资质，因此不构成非法行医。关于这一点，二审法院纠正了一审法院的判决是正确的。

2. 医疗美容诊疗科目的准入

我国《医疗美容服务管理办法》第 2 条第 4 款规定："医疗美容科为一级科目，美容外科、美容牙科、美容皮肤科和美容中医科为二级诊疗科目。"该管理办法第 10 条规定："美容医疗机构和医疗美容科室开展医疗美容项目应当由登记机关指定的专业学会核准，并向登记机关备案。"2009 年 12 月 11 日，《卫生部办公厅关于印发〈医疗美容项目分级管理目录〉的通知》发布，其对美容牙科项目、美容皮肤科项目、美容中医科项目暂不分级，但依据手术难度和复杂程度以及可能出现的医疗意外和风险大小，将美容外科项目分为四级。在上述案件中，新发现医疗美容门诊部一级诊疗科目为医疗美容科，二级诊疗科目主要是美容外科，符合我国《医疗美容服务管理办法》关于医疗美容诊疗科目的设置，且依据《医疗美容项目分级管理目录》的规定，其有权进行属于一级项目的自体毛发移植手术。蔡某在一审、二审中，均未对

---

[1] 详可参见王瑞："论非法行医罪的主体界定标准及适用（上）"，载《中国卫生法制》2018 年第 1 期。

[2] 当前，由于《执业医师法》已被废止，所以其第 39 条已经被《医师法》《医疗机构管理条例》《基本医疗卫生与健康促进法》的相关条文所取代。我国《医师法》第 59 条规定："违反本法规定，非医师行医的，由县级以上人民政府卫生健康主管部门责令停止非法执业活动，没收违法所得和药品、医疗器械，并处违法所得二倍以上十倍以下的罚款，违法所得不足一万元的，按一万元计算。"《医疗机构管理条例》第 43 条第 1 款规定："违反本条例第二十三条规定，未取得《医疗机构执业许可证》擅自执业的，依照《中华人民共和国基本医疗卫生与健康促进法》的规定予以处罚。"我国《基本医疗卫生与健康促进法》第 99 条第 1 款规定："违反本法规定，未取得医疗机构执业许可证擅自执业的，由县级以上人民政府卫生健康主管部门责令停止执业活动，没收违法所得和药品、医疗器械，并处违法所得五倍以上二十倍以下的罚款，违法所得不足一万元的，按一万元计算。"

新发现医疗美容门诊部的诊疗科目设置与手术权限提出异议。

3. 医疗美容执业人员的法律准入

我国《医疗美容服务管理办法》对医疗美容执业人员（主诊医师、护士等）的法律准入作出明确规定。第一，主诊医师。该管理办法第 11 条规定："负责实施医疗美容项目的主诊医师必须同时具备下列条件：（一）具有执业医师资格，经执业医师注册机关注册；（二）具有从事相关临床学科工作经历。其中，负责实施美容外科项目的应具有 6 年以上从事美容外科或整形外科等相关专业临床工作经历；负责实施美容牙科项目的应具有 5 年以上从事美容牙科或口腔科专业临床工作经历；负责实施美容中医科和美容皮肤科项目的应分别具有 3 年以上从事中医专业和皮肤病专业临床工作经历；（三）经过医疗美容专业培训或进修并合格，或已从事医疗美容临床工作 1 年以上；（四）省级人民政府卫生行政部门规定的其他条件。"第 12 条规定："不具备本办法第十一条规定的主诊医师条件的执业医师，可在主诊医师的指导下从事医疗美容临床技术服务工作。"第二，护理人员。第 13 条规定："从事医疗美容护理工作的人员，应同时具备下列条件：（一）具有护士资格，并经护士注册机关注册；（二）具有 2 年以上护理工作经历；（三）经过医疗美容护理专业培训或进修并合格，或已从事医疗美容临床护理工作 6 个月以上。"由上述规定可知，我国对医疗美容执业人员的法律准入设定了较高的门槛，实行较为严格的管控制度。在上述案件中，经法院审查，新发现医疗美容门诊部执业的主诊医师和护理人员均符合法律规定的相关资质要求，且作为被上诉人的蔡某，在庭审过程中亦未对此提出异议。

三、医疗美容的行为定性与法律适用

（一）医疗美容的行为定性

法院审理医疗美容纠纷案件，首先需要对医疗美容的行为定性有一个基本的把握，即事实认定，这亦是准确适用法律的前提条件。从我国《医疗美容服务管理办法》对医疗美容的概念界定、机构及人员准入、诊疗科目的审批等进行综合考察，医疗美容服务属于医疗行为。但稍有遗憾的是，我国《医疗美容服务管理办法》没有对医疗美容进行更加细致的类型化区分，而是统一用医疗美容予以概括，这在相当程度上阻碍了理论研究的深入和案件审判的精细化处理。与一般的生活美容不同，医疗美容可分为病理性医疗美容和非病理性医疗美容，前者是按照病情需要必须予以处理的，其服务带有（准）公共产品的特性，与一般的诊疗行为别无二致。后者不是必须予以处理的，其服务不具有（准）公共产品的特性，是个性化的，可选择的。当事人之所以进行修复和再塑，不是基于病情需要，而是为了满足其某种心理需求，如个人审美等。

不过，无论是病理性医疗美容，还是非病理性医疗美容，其均具有一定的创伤性或者侵入性特征，在本质上仍然属于医疗行为，其结果均具有一定的未知性和风险性。我国《医疗美容服务管理办法》第 17 条第 1 款规定："美容医疗机构执业人员要严格执行有关法律、法规和规章，遵守医疗美容技术操作规程。"由此可知，在医疗美容服务法律关系中，医疗美容服务机构及其执业人员并不负有结果义务，而仅负有过程义务。[1]但是在现实生活中，对于非病理性医疗美容往往约定了具体的效果（如特定的模型、视频或者图片等）。这符合我国《民法典》关于合同自由的规定，且不违反法律法规的禁止性规定，在法律上应当予以认可，即一旦双方当事人对医疗美容的效果作出具体约定，该约定就合法有效，对当事人不仅具有形式上的法律拘束力，而且会产生实质上的法律拘束力。

在前述案件中，被上诉人蔡某与新发现植发连锁机构签订的《分期付款植发手术治疗协议书》是出于当事人的自愿，且不违反法律法规的禁止性规定，应当受到法律保护。至于新发现植发连锁机构（广州中心）最终被卫生健康行政部门审批核定为新发现医疗美容门诊部，其主体名称的变更并不影响合同的法律效力，其权利义务由新发现医疗美容门诊部概括承受。新发现医疗美容门诊部为被上诉人蔡某进行自体毛发移植手术，属于非病理性医疗美容，且未约定具体的效果。不过在本案中，被上诉人蔡某的头发经过手术后生长得非常健康和正常，且左右鬓角也在手术后长出了头发。但应当认识到，术后能否达到一定的效果，并不会影响新发现医疗美容门诊部的债务履行。

---

〔1〕 详可参见唐仪萱："服务合同的法律特征和义务群——兼论过程义务、结果义务的区分与统一"，载《四川师范大学学报（社会科学版）》2016 年第 1 期。另有学者指出，手段义务和结果义务区分的实益体现在：结果债务未履行时，推定违约方有过错；手段债务未履行时，债权人还需证明债务人未采取必要的手段，没有按照医学现有技术水平和规范来治疗患者，存在过错。参见叶名怡："医疗合同责任理论的衰落——以法国法的演变为分析对象"，载《甘肃政法学院学报》2012 年第 6 期。

（二）医疗美容纠纷的法律适用

2017 年通过、2020 年修正的《最高人民法院关于审理医疗损害责任纠纷案件适用法律若干问题的解释》第 1 条规定："患者以在诊疗活动中受到人身或者财产损害为由请求医疗机构，医疗产品的生产者、销售者、药品上市许可持有人或者血液提供机构承担侵权责任的案件，适用本解释。患者以在美容医疗机构或者开设医疗美容科室的医疗机构实施的医疗美容活动中受到人身或者财产损害为由提起的侵权纠纷案件，适用本解释。当事人提起的医疗服务合同纠纷案件，不适用本解释。"2020 年修改的《民事案件案由规定》在合同纠纷项下规定了服务合同纠纷，在服务合同纠纷项下明确规定了医疗服务合同纠纷；在侵权责任纠纷项下规定了医疗损害责任纠纷，并在此项下又明文列举了两类纠纷类型，即侵害患者知情同意权责任纠纷和医疗产品责任纠纷。在司法实践中，争议较大的，主要是涉及《民法典》《消费者权益保护法》的法律适用问题。

1. 医疗美容纠纷与《民法典》的法律适用

我国《民法典》第 186 条规定："因当事人一方的违约行为，损害对方人身权益、财产权益的，受损害方有权选择请求其承担违约责任或者侵权责任。"如果在医疗美容服务履行过程中没有造成医疗美容接受者固有利益的损害，那么适用《民法典》合同编的相关规定要比适用侵权责任编的相关规定更为优越。如果在医疗美容服务履行过程中造成医疗美容接受者固有利益的损害，那么当事人可以选择适用《民法典》合同编提起违约之诉，亦可选择适用《民法典》侵权责任编提起侵权之诉。由于违约责任和侵权责任在归责原则、举证责任、责任构成要件、免责条件、责任形式、损害赔偿范围、对第三人的责任以及时效期限、诉讼管辖等方面存在一定的差别，[1] 故受到损害的一方当事人会综合考虑案件的具体情况选择不同的案由提起诉讼。在前述案件中，由于新发现医疗美容门诊部没有造成被上诉人蔡某固有利益的损害，因此其在一审时选择违约之诉，属于医疗服务合同纠纷。

杨立新教授认为，对于在医疗美容实施过程中发生的损害责任，是否适用医疗损害责任的规定，存在争论。主要争论的不是在医疗机构的医疗美容

---

〔1〕 王利明、房绍坤、王轶：《合同法》，中国人民大学出版社 2013 年版，第 225~226 页。

科室发生的人身损害纠纷，而是就美容发生的损害赔偿纠纷，包括在医疗美容机构以及一般的美容机构美容发生的损害赔偿纠纷，是否适用医疗损害责任的规定。医疗美容损害责任纠纷案件发生在两种场合：一是专门的医疗美容机构，二是在医疗机构开设的医疗美容科室。不论在上述哪种场合，凡是发生医疗美容损害责任纠纷的，前提都是通过医疗手段进行美容。医疗美容机构须经卫生健康行政主管部门批准，否则不能进行医疗美容。因此，医疗机构开设的医疗美容科室就是医疗机构的职能机构；而医疗美容机构则是经过批准的（准）医疗机构本身。

在上述医疗美容活动中发生的医疗美容损害赔偿责任纠纷案件，当然是医疗损害责任纠纷案件，应当适用《民法典》关于医疗损害责任的规定。值得注意的是，在没有医疗机构资质的一般的美容机构进行美容而发生的损害责任纠纷案件，不属于在医疗活动中发生的纠纷，不适用医疗损害责任的规定，[1]但可适用侵权责任的一般规定。笔者基本同意上述观点，但需说明的是，按照我国《医疗美容服务管理办法》第 2 条第 2 款的规定，医疗美容机构不是"准医疗机构"，而是医疗机构。

2. 医疗美容纠纷与《消费者权益保护法》的法律适用

1993 年 10 月 31 日，我国《消费者权益保护法》获得通过，自 1994 年 1 月 1 日开始实施。2009 年 8 月 27 日和 2013 年 10 月 25 日先后对该法进行了两次修正。修正后的《消费者权益保护法》第 2 条规定："消费者为生活消费需要购买、使用商品或者接受服务，其权益受本法保护；本法未作规定的，受其他有关法律、法规保护。"当前，浙江、福建等省市已经通过地方立法将部分医疗美容纠纷纳入消费的范畴。例如，2017 年 3 月 30 日，浙江省人大常委会对《浙江省实施〈中华人民共和国消费者权益保护法〉办法》进行了第二次修改，其第 17 条第 1 款规定："美容医疗机构提供医疗美容服务的（因疾病治疗涉及的修复重建除外），应当事先向消费者本人或者其监护人书面告知实施医疗美容项目的适应症、禁忌症、美容方式和效果、医疗风险、医用材料、负责实施医疗美容项目的主诊医师和注意事项等，并取得消费者本人或者其监护人的书面确认。对美容效果的约定应当以图片、音像等事后可以核

---

〔1〕 杨立新："医疗损害责任司法解释第 1—3 条释评"，载 http://www.360doc.com/content/17/1224/15/943329_715870002.shtml，最后访问时间：2018 年 1 月 31 日。

对的方式保留。因美容医疗机构责任导致医疗美容达不到约定效果或者消费者容貌受损的，美容医疗机构应当根据消费者的要求退还费用或者重作，并依法赔偿损失。"该条第 2 款规定："美容医疗机构明知其服务存在缺陷仍然向消费者提供服务，或者未取得资质的机构和个人实施医疗美容，造成消费者死亡或者健康损害的，受害人有权依照《中华人民共和国消费者权益保护法》第五十五条的规定向经营者要求赔偿。"笔者认为，有以下三个问题需要进一步探讨。

第一，地方性法规在人民法院民事审判中的法律适用问题。1991 年 4 月 9 日，我国《民事诉讼法》获得通过，2007 年 10 月 28 日、2012 年 8 月 31 日、2017 年 6 月 27 日、2021 年 12 月 24 日、2023 年 9 月 1 日分别进行了五次修正。该法无论是在制定之初，还是在修正之后，均未对人民法院民事审判能否适用地方性法规作出明文规定。1993 年 5 月 6 日，《最高人民法院关于印发〈全国经济审判工作座谈会纪要〉的通知》发布，其明文指出："经济审判涉及的法律、法规门类广、层次多、数量大，正确适用法律是保证办案质量的关键。正确适用法律，必须准确地掌握法律、行政法规、地方性法规、自治条例、部门规章、政府规章等不同层次的规范性文件的效力及其相互之间的关系，正确地予以适用。""行政法规为了贯彻执行法律，地方性法规为了贯彻执行法律、行政法规，就同一问题作出更具体、更详细规定的，应当优先适用。"1999 年 11 月 19 日，最高人民法院印发了《全国民事案件审判质量工作座谈会纪要》，其明文指出，"在处理各类民事案件时，对于国家法律、行政法规有规定，而地方性法规和各种规章中规定的内容，属于结合当地实际情况而对有关立法精神和原则具体化、条文化，加以明确范围和标准的，应当适用或者参照；对于国家法律、行政法规尚无明确规定，地方性法规或规章的规定不违反国家法律的基本原则的，可以适用或者参照；与法律、行政法规规定的基本原则和精神相抵触的，不能适用或者参照"。[1]前文所述的《浙江省实施〈中华人民共和国消费者权益保护法〉办法》在法律位阶上属于地方性法规，只要其不与法律、行政法规规定的基本原则和精神相抵触，就可以直接适用或者参照适用。

第二，医疗美容是否属于生活消费需要。根据我国《消费者权益保护法》

---

〔1〕 崔文俊："人民法院审理案件适用地方性法规问题的探讨"，载《天津商学院学报》2007 年第 4 期。

第 2 条的规定，其将适用范围限定在基于生活消费需要而购买、使用商品或者接受服务。这同样涉及案件事实的认定问题，即医疗美容的行为定性。前文已述，医疗美容分为病理性医疗美容和非病理性医疗美容。对于病理性医疗美容而言，显然不属于生活消费需要，自然不能适用我国《消费者权益保护法》的规定。对于非病理性医疗美容而言，有的学者认为其并不是以治疗疾病为（主要）目的，并非社会所必需，并不是需要社会促进和保护的一隅。相反，它是一个极易滋生诱导、盲目追求、经济利益考虑占主导地位的领域，需要法律的纠偏和矫正。[1]换言之，非病理性医疗美容实际上兼具医疗行为和生活消费的双重特性，具有营利性的特征，笔者认为可以适用《消费者权益保护法》的规定，这样不仅可以有效保护服务接受者的合法权益，而且可以通过法律威慑敦促医疗美容行业的合规自律。有疑问的是，人民法院此时是否需要结合医疗机构的性质进行判断和考量？笔者认为有必要。以医疗机构的性质为标准，可以将其划分为非营利医疗机构和营利性医疗机构。其中，非营利性医疗机构又包括公立医疗机构和非公立非营利性医疗机构。三者的核心区别在于，公立医疗机构不能营利，而非公立非营利性医疗机构与营利性医疗机构均可营利。后两者的差别在于，前者不能用于出资人的分配（但可用于医疗卫生事业的发展，如扩建等），而后者可以用于出资人的分配。至于营利性医疗机构与非营利性医疗机构在税收上的差别，则是显而易见的，在此不赘。一言以蔽之，对于公立医疗机构设置的医疗美容科室，其在提供医疗美容服务过程中产生的纠纷不宜适用《消费者权益保护法》的规定，但对于营利性医疗机构、非公立非营利性医疗机构设置的医疗美容科室以及医疗美容机构在提供医疗美容服务过程中所产生的合同纠纷，[2]可以适用《消费者权益保护法》的规定。

第三，医疗美容纠纷与惩罚性赔偿制度的法律适用。我国《消费者权益保护法》第 55 条规定："经营者提供商品或者服务有欺诈行为的，应当按照消费者的要求增加赔偿其受到的损失，增加赔偿的金额为消费者购买商品的

---

〔1〕 赵西巨："医疗美容服务与医疗损害责任"，载《清华法学》2013 年第 2 期。

〔2〕 对于一般的医疗美容机构而言，其绝大部分登记的是营利性医疗机构。当然，现实中也不排除极少部分登记为非营利性医疗机构，且是非公立的。这些医疗美容机构在提供医疗美容服务过程中，与医疗美容科室相比，通常表现出更强的营利性的动机和行为。

价款或者接受服务的费用的三倍；增加赔偿的金额不足五百元的，为五百元。法律另有规定的，依照其规定。经营者明知商品或者服务存在缺陷，仍然向消费者提供，造成消费者或者其他受害人死亡或者健康严重损害的，受害人有权要求经营者依照本法第四十九条、第五十一条等法律规定赔偿损失，并有权要求所受损失二倍以下的惩罚性赔偿。"前文已述，对于一般的医疗美容机构、营利性医疗机构设置的医疗美容科室、非公立非营利性医疗机构设置的医疗美容科室可以适用《消费者权益保护法》的规定，但能否适用惩罚性赔偿的规定，当事人须进一步举证证明其在提供非病理性医疗美容服务过程中产生的医疗服务合同纠纷，是否满足上述《消费者权益保护法》第55条的规定。这亦是法院审判过程中需要重点审理的一项内容。如果经营者提供的医疗美容服务存在欺诈，作为医疗美容服务的接受者可以增加赔偿的金额为接受服务的费用的3倍；增加赔偿的金额不足500元的，为500元。如果明知医疗美容服务存在缺陷仍然提供，致使服务接受者死亡或者健康严重损害的，服务接受者可以要求赔偿损失，并要求2倍以下的惩罚性赔偿。此外，如果医疗美容服务提供者存在虚假宣传或者明知其使用的医疗产品（如药品）、医疗器械等存在缺陷，仍然向服务接受者提供，造成消费者或者其他受害人死亡或者严重损害其健康的，则当然适用《消费者权益保护法》关于惩罚性赔偿的规定。

在前述案件中，因新发现植发连锁机构、新发现医疗美容门诊部不具备独立法人资格，故一审原告蔡某请求其举办主体健棠公司承担赔偿责任，符合民事法的基本原理和相关规定。难点在于，一审原告蔡某主张被告在为自己提供自体毛发移植手术过程中存在欺诈行为是否成立？一审法院对此问题阐述简略，其核心的裁判理由就是"自体毛发移植手术属于医疗的范畴，涉及医疗行为，不适用《消费者权益保护法》"。[1]二审法院以原审法院已有

---

[1] 笔者对中国裁判文书网上的医疗美容合同纠纷案件和医疗损害责任纠纷案件进行对比分析后发现，许多法院坚持了这一观点，徐某、河南聚美实业有限公司医疗损害责任纠纷一案（详可参见郑州市中级人民法院（2017）豫01民终11781号）、江兴南诉四川成都武侯臻瑞新美医疗美容门诊有限公司医疗服务合同纠纷一案（详可参见成都市武侯区人民法院民事判决书（2017）川0107民初1563号）等均为适用。值得注意的是，在乔荷诉北京金炫澈技术推广有限公司（医疗整形公司）一案中，一审法院支持医疗美容合同纠纷适用《消费者权益保护法》，但二审法院否定了医疗美容合同纠纷适用《消费者权益保护法》。详可参见白松："医疗美容纠纷是否应适用《消费者权益保护法》"，载 http://bj2zy. chinacourt. org/public/detail. php? id=1330，最后访问时间：2018年2月1日。

论述认定且蔡某对此未提出上诉为由，回避了这一问题。笔者认为，尽管在裁判根据和裁判结果上无可厚非，但就其说理而论，尚存在进一步完善的空间，不宜以其不适用《消费者权益保护法》为由直接否定惩罚性赔偿的法律适用。

一般认为，所谓欺诈是指故意告知对方虚假情况，或者故意隐瞒真实情况，诱使对方基于错误判断作出意思表示。其中所谓故意，是指行为人实施欺诈行为的目的就在于使对方产生或加重动机错误。所谓隐瞒真实情况，当以行为人存在说明义务为前提，若行为人故意未进行必要的说明，导致对方产生或加重动机错误，即构成欺诈。[1]在本案中，被告健棠公司没有故意告知原告蔡某虚假情况，虽然隐瞒了新发现植发连锁机构没有取得医疗机构执业许可证的事实，但对医疗美容服务的内容和效果没有任何隐瞒，原告蔡某难以证明其是基于被告隐瞒了医疗机构的资质瑕疵而导致了错误判断，又基于错误判断进而作出意思表示，况且即便是其能够证明，被告也只能构成民法上的欺诈，而不能适用《消费者权益保护法》第55条规定的惩罚性赔偿制度，因为在本案中，原告蔡某并未造成任何损失。

新发现植发连锁机构与蔡某签订《分期付款植发手术治疗协议书》属于民事法律行为，其与卫生健康行政部门最终审批核定的新发现医疗美容门诊部在手术之时并未取得医疗机构执业许可证而开展医疗美容，构成行政法上的违法行为，但这并不影响民事法律行为的效力。况且，新发现医疗美容门诊部之后成功获得卫生健康行政部门的审批登记，在一定程度上补正了新发现植发连锁机构在主体资质上的不足。卫生健康行政部门应当依照《医疗机构管理条例》《医师法》等相关规定对机构及其责任人员进行行政处罚。因此，二审法院告知被上诉人蔡某可向相关行政部门进行投诉反映是正确的。在本案中，被上诉人蔡某所接受的自体毛发移植手术服务属于继续性合同，在结果上无法回溯，在没有受到固有利益损害的情况下，无法适用2009年《侵权责任法》的规定，而应适用1999年《合同法》的规定。据此，二审法院纠正一审法院需退还被上诉人蔡某12 886元（实际支付11 086元）手术费用是正确的。尽管如此，上诉人健棠公司亦不会全身而退，其将受到相关行

---

〔1〕 王利明主编:《民法》,中国人民大学出版社2015年版,第109页。

政部门的行政处罚。

四、未来的努力与期许

与一般的民事纠纷案件相比，医疗纠纷案件具有较强的专业性，常常需要仰赖相关机构的鉴定和医学专家的咨询。[1]这就需要充分发挥中华医学会等专业协会的智库功用，如对病理性医疗美容和非病理性医疗美容的项目进行科学论证和规范设定。这显然亦是司法实务界所迫切需求的。医疗纠纷案件的精准妥善处理，需要多方参与共建，包括但不限于以下三个方面：一是较为完备的立法，如前文所述，《民法典》侵权责任编已经专章规定了医疗损害责任，那么亦应在《民法典》合同编中规定医疗合同，为法官适用法律提供明确依据。二是专业化法庭或合议庭的构建。[2]早在 2002 年 7 月 18 日，最高人民法院就发布了《关于加强法官队伍职业化建设的若干意见》，其明文指出，要"实行审判工作的专业化分工，着力培养法官不同岗位所需要的业务特长，使他们尽快成为一定审判领域的专才"。2019 年 3 月，成都市武侯区人民法院结合法院内设机构改革，申请设立全省第一个医疗法庭，可谓专业化法庭构建的积极行动者和先行者。三是高等院校卫生法学人才的培养供给，不断满足司法审判部门的人才需求。当然，对于存在法律适用冲突的案件，法官还应发挥其智慧作出适当的选择，[3]维护当事人的合法权益，促进行业的健康发展，努力让人民群众在每一个司法案件中感受到公平正义！

---

[1]　郭华："司法鉴定制度改革的基本思路"，载《法学研究》2011 年第 1 期。

[2]　李菊萍、吴续辉："医疗纠纷专业化合议庭构建研究"，载《中国卫生法制》2017 年第 1 期。

[3]　法官对于发生冲突的法律规范是直接认定和选择适用，还是只能送请有权机关裁决，存在着较大的认识分歧。实际上，现行法律特别是《立法法》已解决了这一问题，即不论根据法律规定还是根据实际和法理，我国法院均应当享有对不一致或者相抵触的法律规范的选择适用权，即法官在裁判案件时，对于发生冲突的法律规范能够按照法律适用规则直接决定如何取舍和适用的，当然可以直接选择应当适用的法律规范，无须一概送请有权机关裁决。参见孔祥俊："论法官在法律规范冲突中的选择适用权"，载《法律适用》2004 年第 4 期。

远程医疗：新技术的政策机遇与法律挑战*

我国幅员辽阔，各地医疗水平发展不均衡，优质医疗资源尤其是优质人力资源主要集中在城市。当然，即便是在大城市，也呈现出不均衡的一面，即优质医疗资源主要集中在大医院、名医院。与之相对的是，基层或边远地区的医疗资源则较为匮乏，技术力量亦较为薄弱。同时，公立医疗机构和民营医疗机构的医疗资源也面临着失衡的问题。《2021年我国卫生健康事业发展统计公报》的数据显示：截至2021年末，全国医疗卫生机构床位944.8万张，其中医院741.3万张（占78.5%），基层医疗卫生机构171.2万张（占18.1%），专业公共卫生机构30.2万张（占3.2%）。医院中，公立医院床位占70.2%，民营医院床位占29.8%。因而，在现实中常常形成大医院、公立医院"比肩继踵"和小医院、民营医院"门可罗雀"的局面。远程医疗作为一项新兴技术，可以为患者提供方便快捷、经济高效的医疗服务，因而受到国家和社会公众的广泛关注。远程医疗最显著的特点是可以突破时间和空间的限制，这对于保护公民的健康权以及促进健康公平提供了重要助力。

一、远程医疗及其发展现状

（一）远程医疗的概念

远程医疗是当今世界上发展十分迅速的高新技术应用领域之一，目前已在全球卫生健康行业得到了广泛的重视和应用，并逐渐成为一种为政府、医院

---

* 部分内容曾刊发于《中国医学伦理学》杂志，本文有修改。原文请参见刘炫麟、刘思伽："远程医疗及其法律规制研究"，载《中国医学伦理学》2017年第11期。

管理者、医学专家和患者及家属所普遍接受的新型医疗服务模式。[1]但是何谓远程医疗，国内外似乎尚未形成统一的认识。

1. 国外对远程医疗的概念界定

世界卫生组织（WHO）认为，远程医疗是指利用交互式视频和信息通信技术，进行包括诊断、治疗及咨询等医疗照护行为以及卫生教育与医疗信息的传递。欧盟委员会（EC）认为，远程医疗是指无论病人或相关信息位于何处，均能快速访问和共享远程医疗知识。[2]欧洲远程健康信息协会（EHTEL）认为，远程医疗服务可以扩展高质量医疗健康服务的获得渠道，从而避免在患者所在地点发生所需医疗卫生专家的短缺。[3]美国远程医疗协会（ATA）认为，远程医疗是指通过电子通信手段，在不同地点之间交换患者的医疗信息，来改善患者的临床健康状态。远程医疗是指使用各种应用程序、双向视频、电子邮件、智能手机、无线工具和其他形式的通信技术提供的服务。欧洲学者 R. Istepanian 认为，远程医疗是指通过远程通信方式实现远距离的监护和医学知识的共享。[4]美国部分学者则倾向于将远程医疗界定为通过通信和计算机技术为特定人群提供医学服务的平台。这一系统包括远程诊断、信息服务、远程教育，进行远距离视频、音频信息传输、存储以及显示。[5]

2. 我国对远程医疗的概念界定

1999 年 1 月 4 日，卫生部发布了《关于加强远程医疗会诊管理的通知》（以下简称《通知》），其对远程医疗会诊作出界定，即远程医疗会诊是指应用计算机及网络、通信技术进行异地医疗咨询活动，属于医疗行为，必须在取得《医疗机构执业许可证》的医疗机构内进行。

2014 年 8 月 21 日，国家卫生和计划生育委员会发布了《关于推进医疗机构远程医疗服务的意见》（以下简称《意见》），其认为远程医疗服务是一方

---

[1] 曹艳林等："远程医疗给医疗服务方式带来变革与挑战"，载《中华医院管理杂志》2012 年第 4 期。

[2] CEC DG XⅢ，"Research and Technology Development on Telematics Systems in Health Care"，*Annual Technical Report on PTD in Health Care*，Brussels：AIM，1993.

[3] 邹志辉等："远程医疗的伦理问题与对策探讨"，载《医学理论与实践》2016 第 15 期。

[4] C. S. Pattichis, E. Kyriacou, S. Voskarides, et al. "Wireless Telemedicine Systems：An Overview"，*IEEE Antenna's Propagation Magazine*，2002，44（2）：143-153.

[5] 杨勇、彭承琳："国外远程医疗发展近况"，载《医疗卫生装备》2005 年第 1 期。

医疗机构（即邀请方医疗机构）邀请其他医疗机构（即受邀方医疗机构），运用通讯、计算机及网络技术，为本医疗机构诊疗患者提供技术支持的医疗活动。医疗机构运用信息化技术，向医疗机构外的患者直接提供的诊疗服务，属于远程医疗服务。远程医疗服务项目包括：远程病理诊断、远程医学影像（含影像、超声、核医学、心电图、肌电图、脑电图等）诊断、远程监护、远程会诊、远程门诊、远程病例讨论及省级以上卫生计生行政部门规定的其他项目。

2015 年 7 月 13 日，贵州省卫生和计划生育委员会发布了《关于印发〈贵州省医疗机构远程医疗服务实施管理办法（试行）〉等文件的通知》，其中《贵州省医疗机构远程医疗服务实施管理办法（试行）》第 3 条明确规定，"本办法所称远程医疗服务，是指一方医疗机构邀请其他医疗机构运用通讯、计算机及网络技术，为邀请方诊疗患者提供技术支持的医疗活动"。

2018 年 7 月 17 日，国家卫生健康委员会和国家中医药管理局联合发布了《远程医疗服务管理规范（试行）》，其虽未对远程医疗作出界定，但明确了远程医疗的两种典型场景：一是某医疗机构直接向其他医疗机构发出邀请，受邀方运用通讯、计算机及网络技术等信息化技术，为邀请方患者诊疗提供技术支持的医疗活动，双方通过协议明确权责；二是邀请方或第三方机构搭建远程医疗服务平台，受邀方以机构身份在该平台注册，邀请方通过该平台发布需求，由平台匹配受邀方或其他医疗机构主动对需求作出应答，运用通讯、计算机及网络技术等信息化技术，为邀请方患者诊疗提供技术支持的医疗活动。邀请方、平台建设运营方、受邀方通过协议明确权利和义务。

国内理论界和实务界通常以上述《通知》和《意见》为参考蓝本对远程医疗进行概念界定。从国内外组织或学者对远程医疗的概念界定考察，我国《意见》对远程医疗的概念界定外延更为宽泛，内容更加全面，因此采纳这一界定。

（二）远程医疗的发展现状

根据有关学者的研究，最早的远程医疗始于 20 世纪 30 年代，其通过无线电台为远航船舶上的海员及乘客提供应急医疗咨询服务。综而观之，国外远程医疗的发展大致经历了 4 个阶段，即初始阶段、交流阶段、革新阶段和热潮阶段。初始阶段利用远程通信手段进行基于远程放射学、远程听诊、远程语言学习、精神和皮肤状况分析等方面的诊治。交流阶段以医务工作间通过远程通信方式交换信息和交流经验为主。20 世纪 70 年代中后期进入革新阶段，一些发达国家开始立项研究远程医疗的运作模式及可行性。20 世纪 90 年代初进入热潮阶段，在此蓬勃发展的形势下，一批专门刊载远程医疗的学术刊物应运而生。[1]

与发达国家相比，我国的远程医疗发展相对较晚，大致经历了两个阶段。第一阶段是早期远程医疗会诊。1988 年，中国人民解放军总医院通过卫星与德国医院举行了电话会议，对神经外科病例进行讨论。1994 年，上海医学院通过电话实现上海华山医院和上海交通大学之间的远程会诊。[2]第二阶段是依托于"互联网"的发展和"医联体"的形式开展远程医疗服务。2010 年以来，中央财政投入 8428 万元，支持 22 个中西部省份和新疆生产建设兵团建立了基层远程医疗系统，并安排 12 所原卫生部部属（管）医院与 12 个西部省份建立高端远程会诊系统，共纳入 12 所原部属（管）医院、98 所三级医院、3 所二级医院和 726 所县级医院，有力推动了远程医疗的发展。根据国家卫生和计划生育委员会于 2013 年的数据统计，全国开展远程医疗服务的医疗机构共计 2057 所。2015 年 12 月，在我国乌镇互联网医院，开出首张电子处方，已经成功实现赋予远程医疗医生的处方权。[3]2017—2020 年底，我国二级以上公立医疗机构开展远程医疗服务占比从 43.3% 上升至 63.2%，远程医疗协作网覆盖所有的地级市 2.4 万余家医疗机构，89.5% 的城市医疗集团和县域医共体，在内部实现远程医疗。国务院办公厅印发《深化医药卫生体制改革 2022 年重点工作任务》，其中指出要推进远程医疗服务覆盖全国 95% 的区县，并逐步向基层延伸。[4]由此可见，我国远程医疗获得诸多政策支持，迎来大力发展的重要机遇。不过，就整体而言，我国远程医疗仍处于初级阶段，并在发展中对我国现行医事立法提出诸多挑战。

〔1〕 白净、张永红主编：《远程医疗概论》，清华大学出版社 2000 年版，第 2~3 页。

〔2〕 Zhao J, Zhang Z, Guo H, et al., "Development and Recent Achievements of Telemedicine in China", *Telemedicine Journal and E-Health：The Official Journal of the American Telemedicine Association*, 2010, 16 (5): 634-638.

〔3〕 刘炫麟主编：《互联网医药法律问题研究》，中国政法大学出版社 2017 年版，第 97~98 页。

〔4〕 孙倩倩、周守君："我国远程医疗的现状、问题及发展对策"，载《南京医科大学学报（社会科学版）》2022 年第 1 期。

二、远程医疗发展中的挑战

（一）远程医疗与医师执业资质

上述《通知》《意见》均明文强调，远程医疗须在医疗机构之间进行，这就涉及远程医疗中医师的执业准入问题。《通知》中规定："具有副高职称以上的医疗卫生专业技术人员方可利用远程医疗会诊系统提供咨询服务。"与之不同的是，《意见》将远程医疗中医师准入的具体条件交由邀请方医疗机构来决定，其规定："邀请方需要与受邀方通过远程医疗服务开展个案病例讨论的，需向受邀方提出邀请，邀请至少应当包括邀请事由、目的、时间安排，患者相关病历摘要及拟邀请医师的专业和技术职务任职资格等。受邀方接到远程医疗服务邀请后，要及时作出是否接受邀请的决定。接受邀请的，须告知邀请方，并做好相关准备工作；不接受邀请的，及时告知邀请方并说明理由。受邀方应当认真负责地安排具备相应资质和技术能力的医务人员，按照相关法律、法规和诊疗规范的要求，提供远程医疗服务，及时将诊疗意见告知邀请方，并出具由相关医师签名的诊疗意见报告。"由于二者均为国际卫生健康主管部门发布的政策文件，处于同一位阶，因此只能按照"新政策优于旧政策"的原则适用《意见》的有关规定。

国外的立法经验表明，美国和日本的远程医疗立法未对医师准入作出有别于传统医疗医师准入的规定，不过加拿大魁北克省要求提供远程医疗服务的医务人员需要在魁北克省执业并受过相关方面的专业训练，并通过《尊重卫生服务、社会服务和其他法律条款法案》予以调整和规制。南非要求提供远程医疗服务的医师不仅需要具备医疗资质上许可认证，而且还要求获得相关互联网技术资格认证。[1]

前文已述，我国的远程医疗正处于初级阶段，从保证医疗质量和维护患者权益的角度考虑，除对医师的医疗技术资质进行必要的限定之外，还应重点考核医师的信息技术能力，其准入条件应当不低于传统医疗中同类医师的执业准入条件，这亦是"线上线下一致"原则的诠释与要求。

---

〔1〕 详可参见刘炫麟主编：《互联网医药法律问题研究》，中国政法大学出版社 2017 年版，第 31~33 页。

（二）远程医疗与医师执业注册

2017 年 4 月 1 日，国家卫生和计划生育委员会制定的《医师执业注册管理办法》开始生效，其中第 8 条规定："医师取得《医师执业证书》后，应当按照注册的执业地点、执业类别、执业范围，从事相应的医疗、预防、保健活动。"第 17 条第 1 款规定："医师跨执业地点增加执业机构，应当向批准该机构执业的卫生计生行政部门申请增加注册。"我国 2021 年《医师法》吸收了《医师执业注册管理办法》的规定。[1] 那么，受邀方医疗机构的医师是否需要在邀请方医疗机构所在地注册？邀请方医疗机构的医师又是否需要在患者所在地进行注册？如果没有注册而提供远程医疗服务，是否会因违反行政法上的相关规定而涉嫌非法行医？对此，《通知》和《意见》两个政策性文件均未涉及。

在美国，医师准入制度须经过两个层次考核：一是参加全美统一的医师资格考试；二是通过考试后可依据自己意愿参加各州层面的执照考试。[2] 1996 年，美国各州医疗委员会推选代表组成的医疗委员会制定了《跨州医疗实践示范法》。该法指出，远程医疗使得医疗服务可以跨越广阔地域付诸实施，但医师的医疗行为用于他州患者时，如果患者所接受的医疗行为不受患者所在州的执业限制或者行政监管，将不能实现对公民权益的有效保护。从保护患者权益和实现医疗公平的角度出发，当医师通过电信或设备传输数据实施互联网医疗或其他远程医疗行为时，应当受到患者所在地医疗委员会监

---

〔1〕《医师法》第 13 条规定，"国家实行医师执业注册制度。取得医师资格的，可以向所在地县级以上地方人民政府卫生健康主管部门申请注册。医疗卫生机构可以为本机构中的申请人集体办理注册手续。除有本法规定不予注册的情形外，卫生健康主管部门应当自受理申请之日起二十个工作日内准予注册，将注册信息录入国家信息平台，并发给医师执业证书。未注册取得医师执业证书，不得从事医师执业活动。医师执业注册管理的具体办法，由国务院卫生健康主管部门制定。"第 14 条规定，"医师经注册后，可以在医疗卫生机构中按照注册的执业地点、执业类别、执业范围执业，从事相应的医疗卫生服务。中医、中西医结合医师可以在医疗机构中的中医科、中西医结合科或者其他临床科室按照注册的执业类别、执业范围执业。医师经相关专业培训和考核合格，可以增加执业范围。法律、行政法规对医师从事特定范围执业活动的资质条件有规定的，从其规定。经考试取得医师资格的中医医师按照国家有关规定，经培训和考核合格，在执业活动中可以采用与其专业相关的西医药技术方法。西医医师按照国家有关规定，经培训和考核合格，在执业活动中可以采用与其专业相关的中医药技术方法"。
〔2〕 许志仁等："美国的医师管理制度"，载《中国中医药信息杂志》2000 年第 9 期。

管，如此才能使得患者可以同等享受到其所处地的各项医疗资源和同等的医疗保健标准。佛罗里达州和亚利桑那州的立法更为严格，他们要求提供互联网医疗服务的医师，必须同时具备医师所在州和患者所在州的行医执照。堪萨斯州最为严格，其远程医疗法规定，不允许外州医师在本州提供远程医疗服务。

由此可见，我国有必要在未来对远程医疗中医师的执业注册问题进行顶层设计与系统考虑，以保证远程医疗服务的质量和患者安全。

（三）远程医疗与患者权益保护

1. 远程医疗与患者知情同意权的保护

知情同意原则（Doctrine of Informed Consent）源于纽伦堡原则，[1]现已为大部分国家或地区的健康立法所采纳，我国亦不例外。《通知》规定："医疗单位根据病情需要提出远程医疗会诊申请前须向病人或其亲属解释远程医疗会诊的目的，并征得病人及其亲属的同意。会诊后应将会诊结果记入病程记录，并向病人或其亲属通报远程医疗会诊结果。"《意见》则规定："邀请方应当向患者充分告知并征得其书面同意，不宜向患者说明的，须征得其监护人或者近亲属书面同意。"

美国的一部分州为了加强对患者权益的保护，通过立法要求医疗机构或医师提供远程医疗服务时，应当告知患者，并征得其同意，同时记录和保护患者的病历资料。欧盟各国认为，在远程医疗服务中，医师和患者的身份识别至关重要，其是解决赔偿及其他（法律）责任的基础。不过，在远程医疗中，由于其改变了医患之间传统的"面对面"式的诊疗模式，不同医师的非连续性的片段的医疗必然对医患信任的建立产生一定的影响。更为重要的是，由于远程医疗在实践中常会发生会诊信息不全面（如邀请方医疗机构遗漏了一些他们自认为并不重要的信息）、邀请方医疗机构对受邀方医疗机构出具的诊疗意见理解有偏差等情况，患者知情同意权亦常常无法得到有效的保障。

2. 远程医疗与患者隐私权的保护。

1890 年，美国的两位法学家布兰蒂斯（Louis D. Brandeis）和沃伦（Samuel D. Warren）在哈佛大学《法学评论》上发表了一篇题为"隐私权"的文章，

---

〔1〕 黄丁全：《医疗法律与生命伦理》，法律出版社 2007 年版，第 371 页。

并在该文中使用了"隐私权"一词，被学界公认为隐私权概念的首次出现。一般而言，隐私权是指自然人享有的私人生活安宁与私人生活信息依法受到保护，不受他人侵扰、知悉、使用、揭露和公开的权利。时至现代社会，在医疗活动中，医疗机构及其医务人员尊重和保护患者的隐私已经成为世界通例。[1]

我国《传染病防治法》《医师法》《母婴保健法》《民法典》《护士条例》《乡村医生从业管理条例》《医疗机构病历管理规定》等法律法规均对保护患者隐私权作出明确的规定。这就意味着，患者隐私权必须在远程医疗所涉所有时间及空间范围内受到保护，包括患者所在的场所、应邀医疗机构场所以及任何涉及数据传输的途径。在远程网络的任何位置，非事先同意的诊疗场所，不能查看患者数据。值得注意的是，在采用电子病历的情况下，知情主体的多样化和复杂化增加了患者隐私侵权主体的多样化和监管的难度。[2]相关医疗实践和社会调研表明，患者隐私权的侵害仍属亟待解决的问题之一。[3]

三、远程医疗中的法律关系与责任认定

在远程医疗中，只有一方医疗机构提供远程医疗服务的情形相对简单，与现实"面对面"诊疗所形成的法律关系与责任认定基本一致，只是发生环境较为特殊而已。当远程医疗中存在两方医疗机构时，就会形成会诊型远程医疗和共同医疗型远程医疗两种形态，但在医疗实践中，以会诊型远程医疗为常态，共同医疗型远程医疗主要适用于邀请方医疗机构与受邀方医疗机构存在紧密型关系（如医共体而非一般的医联体）或特别协议的情形。

（一）邀请方医疗机构与患者间的法律关系与责任认定

无论是会诊型远程医疗，还是共同医疗型远程医疗，邀请方医疗机构与患者之间均构成医疗服务合同关系，即构成医患关系。如果患者在邀请方医疗机构受到损害，患者一方可以按照《民事案件案由规定》，在医疗服务合同

---

〔1〕 王明旭主编：《医患关系学》，科学出版社 2008 年版，第 64~67 页。

〔2〕 高玉玲："论医疗信息化中的患者隐私权保护——以电子病历运用为视角"，载《法学论坛》2014 年第 2 期。

〔3〕 王省等："山东省远程医疗现状及存在问题分析"，载《山东大学学报（医学版）》2016年第 2 期。

纠纷和医疗损害责任纠纷两个诉由中择一行使。这是因为，根据我国《民法典》第468条的规定，"非因合同产生的债权债务关系，适用有关该债权债务关系的法律规定；没有规定的，适用本编通则的有关规定，但是根据其性质不能适用的除外"。不过，在司法实践中，受害人多以医疗损害责任纠纷为诉由进行权利救济。在医疗服务过程中，邀请方医疗机构及其医务人员需要按照我国《医疗机构管理条例》《基本医疗卫生与健康促进法》《医师法》《民法典》等法律的相关规定履行义务，如保护患者隐私权、知情同意权等，否则将承担相应的法律责任。

（二）受邀方医疗机构与患者间的法律关系与责任认定

在会诊型远程医疗中，受邀方医疗机构根据邀请方医疗机构提供的相关病例资料给出诊疗建议和意见，邀请方医疗机构是否采纳以及在多大程度上采纳受邀方医疗机构的意见和建议，尚处于不确定之中，理论上具有较大的自由裁量权，即最终决定权在邀请方医疗机构。因此，受邀方医疗机构与患者之间不存在医疗服务合同关系，即不构成医患关系。

在共同医疗型远程医疗中，由于受邀方医疗机构与邀请方医疗机构存在紧密型关系（如医共体）或者特别协议，因此对患者的诊疗行为通常由受邀方医疗机构和邀请方医疗机构共同作出，受邀方医疗机构与邀请方医疗机构此时将构成实质上的"指示"关系，邀请方医疗机构一般不得拒绝执行。在此情形下，受邀方医疗机构与患者之间应当认定存在医疗服务合同关系，即构成医患关系。如果患者在此过程中受到医疗损害，受邀请方医疗机构与邀请方医疗机构将构成共同侵权，则应当按照《民法典》侵权责任编的相关规定承担连带责任。如果受邀方医疗机构及其医务人员违反了法律法规及诊疗规范，则除民事责任外，还需承担相应的行政责任，甚至刑事责任。

（三）邀请方医疗机构与受邀方医疗机构间的法律关系与责任认定

按照《通知》的相关规定，会诊医师与申请会诊医师之间的关系属于医学知识的咨询关系。这种性质界定存在一定的问题，因为医师是医疗机构的工作人员，受聘于具体的医疗机构，其所从事的诊疗行为均在医疗机构的指示下进行，属于职务行为，在对外事务上不具有独立的人格。换言之，在会诊型远程医疗中，表面上是会诊医师与申请会诊医师之间的互动，但实质上却是邀请方医疗机构与受邀方医疗机构之间的互动，反映的是两个医疗机构之间的关系。因此，将邀请方医疗机构与受邀方医疗机构之间的法律关系定性为医学知识的咨询关系，并不能反映出二者之间实质上的法律关系。

结合我国的远程会诊实践，笔者认为应将邀请方医疗机构与受邀方医疗机构界定为委托关系，既可以有偿，也可以无偿，但一般是有偿的，只不过其收费标准是由省级卫生健康行政部门与物价部门共同制定的，不适用于"市场经济"条件下的自由协商机制，具有一定的特殊性。在共同医疗型远程医疗中，邀请方医疗机构与受邀方医疗机构可被视为同一体，共同为患者提供医疗服务。在会诊型远程医疗中，如果患者受到损害，患者只能向邀请方医疗机构索赔，即便是受邀方医疗机构存在过错，也不能直接向其索赔，而应由邀请方医疗机构先行索赔，然后再按照双方订立的协议或过错大小比例进行处理。在共同医疗型远程会诊中，如果患者健康受到损害，其可以要求邀请方医疗机构与受邀方医疗机构基于共同侵权承担连带责任。

四、远程医疗的法治未来

我国之所以大力发展远程医疗，一是顺应了国际发展趋势和回应了时代特征；二是有着自身深刻的现实背景，并将其作为优化医疗资源配置、促进优质医疗资源下沉、建立分级诊疗制度的重要手段，以此缓解我国（尤其是基层或边远地区）人民群众"看病难、看病贵"等现实问题。但是远程医疗作为一项重大的服务体系，尚有许多问题没有得到解决，如远程医疗的立法不健全问题，因技术标准不统一难以实现交互式联网的问题，PPP模式能否适用于远程医疗领域以缓解当前资金不足的问题，远程医疗与医保部门的有效衔接问题等。这些问题的存在，在很大程度上制约了我国远程医疗的发展，因此迫切需要通过立法、政策等多种举措齐抓共管，只有通过社会各方面的共同努力，才能促进远程医疗的可持续发展，实现医疗资源的公平、公正与可及，保障人民健康。

"互联网+医疗健康"：加油门与踩刹车[*]

~~~~~⚬⚭⚬~~~~~

互联网始于 1969 年，最初称为美国国防部高级研究计划局（Advanced Research Project Agency，ARPA）网络网。美国国防部试图通过 ARPA 网络网使全国不同地点的国防研究人员进行交流和协作。1973 年，ARPA 网络网开始与更多的网络连接，遂演变成互联网。[1]我国于 1994 年正式接入互联网，迄今已近 30 年，这期间大致经历了以下三个阶段：一是 1994~2000 年，即从互联网初期的四大门户到搜索；二是 2001~2008 年，即从搜索到社交化网络，大批社交型互联网产品诞生，用户通过互联网拓展自己的社交关系；三是 2009 年至今，即从 PC 互联网到移动互联网，在此期间手机成为第一网络终端，移动互联网开始爆发。

伴随着中国互联网发展，我国的"互联网+医疗健康"大致经历了萌芽、探索、快速发展、逐步完善四个阶段，但在时间节点上较互联网的发展进程更为滞后，而且与金融、交通、农业、能源、物流、电子商务等领域相比，医疗健康对互联网的拥抱较晚一些，这与医疗健康在各国均是一个严格管控的领域属性紧密相关。2018 年以来，我国的"互联网+医疗健康"已进入相对平稳并不断完善的时期，但实践中仍不断涌现出一些新的法律与政策挑战，因而亟须立足本土，在参考域外经验的基础上，不断加强和完善我国在"互联网+医疗健康"领域的政策与立法，以在全面推进"法治中国""健康中国"建设的背景下，不断提升医疗卫生现代化管理水平，优化资源配置，创

_* 部分内容曾刊载于北京航空航天大学法学院、腾讯研究院：《网络空间法治化的全球视野与中国实践（2019）》，法律出版社 2020 年版，本文有修改。

〔1〕 参见［美］格拉德·佛里拉等：《网络法：课文和案例》，张楚等译，社会科学文献出版社 2004 年版，第 3 页。

新服务模式，提高服务效率，降低服务成本，以期能够满足人民群众日益增长的健康需求。

一、"互联网+医疗健康"的历史发展

（一）"互联网+医疗健康"的内涵与外延

1. "互联网+医疗健康"的内涵

"互联网+医疗健康"，是指以互联网为载体、以信息技术为手段〔包括通信（移动）技术、云计算、物联网、大数据等〕与传统医疗健康服务深度融合而形成的一种新型医疗健康服务业态的总称。其应用于医疗服务、公共卫生、药物管理、计划生育、医疗保障、综合管理、电子商务等医疗卫生各个领域，包括网络健康教育、医疗健康信息查询、在线疾病风险评估和疾病诊疗咨询、网上就诊预约、网上或远程医疗服务、线上医疗支付、互联网延伸医嘱与电子处方、诊疗报告查询、药品配送、在线健康监测、慢病管理、康复指导、基因检测以及云医院、网络医院等提供的多种形式的医疗健康相关服务。[1]

2. "互联网+医疗健康"的外延

2018年4月25日，《国务院办公厅关于促进"互联网+医疗健康"发展的意见》出台，其明确指出，"互联网+医疗健康"服务体系从发展"互联网+"医疗服务、创新"互联网+"公共卫生服务、优化"互联网+"家庭医生签约服务、完善"互联网+"药品供应保障服务、推进"互联网+"医保结算服务、加强"互联网+"医学教育和科普服务、推进"互联网+"人工智能应用服务等七方面，推动互联网与医疗健康服务融合，涵盖医疗、医药、医保"三医联动"诸多方面。

（二）"互联网+医疗健康"的四个发展阶段

综观而论，我国"互联网+医疗健康"大致经历了萌芽、探索、快速发展、逐步完善四个阶段。

1. 萌芽时期

20世纪80年代中后期，我国一些规模比较大、设备设施比较好的医院开

---

[1] 参见孟群：《"互联网+"医疗健康的应用与发展研究》，人民卫生出版社2015年版，第4页。

始了卫生信息化萌芽，旨在通过收费、挂号等信息化缩短和优化人工服务流程，缓解临床诊疗压力。

2. 探索时期

20 世纪 90 年代，我国开始探索和研究电子病历，国家先后启动了金卫网络工程、中国医学基金会互联网络和军卫Ⅱ号工程（远程医疗网），一些医学院校、医疗机构都成立了远程会诊中心，数百家医院相继开展了远程医疗工作。[1]

2001 年，我国首次成功利用机器人进行远程脑外科手术。

2002 年，卫生部发布的《全国卫生信息化发展规划纲要（2003—2010年）》首次提出："三级医院在全面应用管理信息系统的基础上，要创造条件，重点加强临床信息系统的建设应用，如电子病历、数字化医学影像、医生和护士工作站等应用。"

2004 年，我国出台了《电子签名法》，自 2005 年 4 月 1 日起施行，该法为数字化医疗信息资源推广应用的可行性奠定了坚实的法律基础，最为重要的是，它解决了电子签名的安全性和法律效力的问题，在进入 21 世纪网络信息时代的背景下，数字化医疗信息资源有着更为广阔的应用空间，其在提高效率的同时，也降低了法律风险。

3. 快速发展时期

2009 年，《中共中央 国务院关于深化医药卫生体制改革的意见》出台，其明确指出："建立实用共享的医药卫生信息系统。大力推进医药卫生信息化建设。以推进公共卫生、医疗、医保、药品、财务监管信息化建设为着力点，整合资源，加强信息标准化和公共服务信息平台建设，逐步实现统一高效、互联互通。"

2013 年至 2014 年，国家卫生和计划生育委员会陆续出台了《关于加快推进人口健康信息化建设的指导意见》和《关于印发远程医疗信息系统建设技术指南的通知》等文件，既明确数字化医疗的组织领导框架、基础设施、标

---

〔1〕 例如，中国人民解放军总医院（301 医院）远程医学中心成立于 1996 年，是国内最早开展远程医学活动的单位，经过 20 余年的发展，远程会诊居全国全军之首，规模位居全国之最。业务范围涵盖远程会诊、远程教育、远程心电、远程摄像、疑难病例及多学科讨论、居家养老服务、远程学术交流、远程医学健康管理及远程紧急救治等多方面。

准规范、信息安全、功能应用、法律法规等内容的建设，又进一步规范和推动了我国远程医疗体系的发展。[1]

2014年，百度、阿里巴巴、腾讯（BAT三大巨头）凭借自身技术和资金优势开始布局互联网医疗，之后其他各大行业巨头也纷纷进军互联网医疗领域，实现了创业企业与资本的共振。据统计，2014年互联网医疗领域风险投资达到历史最高，共计6.9亿美元，比2013年增长226%，投资总额是过去3年的2.5倍，因此这一年也被称为"互联网医疗元年"。

2015年，国务院发布了《国务院关于积极推进"互联网+"行动的指导意见》，其在"互联网+"益民服务中明确提出，要积极推进和发展互联网医疗。我国互联网医疗的发展，旨在在线改变健康管理方式，重构就医方式、医患生态、购药方式等，进而优化和改善就医体验，实现医疗卫生机构由"以管理为中心"向"以患者为中心"的现代转变。

4. 逐步完善时期

2016年，习近平总书记出席了全国卫生与健康大会。他指出，要坚持正确的卫生与健康工作方针，以基层为重点，以改革创新为动力，预防为主，中西医并重，将健康融入所有政策，人民共建共享。要坚持基本医疗卫生事业的公益性，不断完善制度、扩展服务、提高质量，让广大人民群众享有公平可及、系统连续的预防、治疗、康复、健康促进等健康服务。这为"互联网+医疗健康"的发展提供了更为明确的发展方向，同时提出了更高的时代要求。

2017年，我国先后出台了《电子病历应用管理规范（试行）》《新一代人工智能发展规划》《关于加强互联网药品医疗器械交易监管工作的通知》等，旨在为我国的"互联网+医疗健康"提供更为完善的法律与政策保障。

2018年，《国务院办公厅关于促进"互联网+医疗健康"发展的意见》《互联网诊疗管理办法（试行）》《互联网医院管理办法（试行）》《远程医疗服务管理规范（试行）》等政策与法律文件出台，标志着我国对"互联网+医疗健康"开始全面纳入法治轨道，亦标志着我国"互联网+医疗健康"开始步入逐步完善时期。

---

[1] 参见孟群：《"互联网+"医疗健康的应用与发展研究》，人民卫生出版社2015年版，第10页。

2019 年，我国《基本医疗卫生与健康促进法》出台，其第 49 条第 1 款规定，"国家推进全民健康信息化，推动健康医疗大数据、人工智能等的应用发展，加快医疗卫生信息基础设施建设，制定健康医疗数据采集、存储、分析和应用的技术标准，运用信息技术促进优质医疗卫生资源的普及与共享"。

2021 年，我国《医师法》出台，其第 30 条规定，"执业医师按照国家有关规定，经所在医疗卫生机构同意，可以通过互联网等信息技术提供部分常见病、慢性病复诊等适宜的医疗卫生服务。国家支持医疗卫生机构之间利用互联网等信息技术开展远程医疗合作"。

2022 年，国家卫生健康委办公厅和国家中医药管理局办公室正式发布《互联网诊疗监管细则（试行）》，从医疗机构、人员、业务、质量安全等方面进行监管，旨在引导和保障互联网诊疗高质量发展。

尽管《基本医疗卫生与健康促进法》和《医师法》对"互联网+医疗健康"的规定还比较粗疏，但能在我国法律层面对互联网医疗作出规定却意义重大，这为《互联网诊疗监管细则（试行）》等下位阶法律文件的出台提供了权威依据，进一步规范了互联网诊疗行为。

二、"互联网+医疗健康"面临的问题与挑战

（一）"互联网+医疗健康"的支持和规制以政策为主，立法欠缺且位阶较低

1. 国家层面对"互联网+医疗健康"的政策支持

2009 年 7 月 14 日，卫生部办公厅、国家中医药管理局办公室联合发布了《关于做好互联网医疗保健信息服务管理工作的通知》，要求"互联网医疗保健信息服务管理工作遵循属地化管理的原则，由各省、自治区、直辖市卫生行政部门、中医药管理部门负责对本行政区域内提供互联网医疗保健信息服务的主办单位和信息服务内容依法进行管理"。

2014 年 8 月 21 日，国家卫生和计划生育委员会颁发了《国家卫生计生委关于推进医疗机构远程医疗服务的意见》，旨在加强统筹协调，积极推动远程医疗服务发展；明确服务内容，确保远程医疗服务质量安全；完善服务流程，保障远程医疗服务优质高效；加强监督管理，保证医患双方合法权益。

2015 年 1 月 15 日，国家发展和改革委员会办公厅、国家卫生和计划生育委员会办公厅联合发布了《关于同意在宁夏、云南等 5 省区开展远程医疗政

策试点工作的通知》，旨在通过政策、资金等方面的大力支持，及时总结宣传试点经验，为在全国推广应用远程医疗提供实践基础和经验借鉴。同年 7 月 1 日，国务院发布了《国务院关于积极推进"互联网+"行动的指导意见》，其在"互联网+"益民服务中明确提出，要积极推进和发展互联网医疗。

2018 年 4 月 25 日，国务院办公厅发布了《国务院办公厅关于促进"互联网+医疗健康"发展的意见》，对"互联网+医疗健康"的服务体系、支撑体系、行业监管和安全保障等作出了迄今为止最为详细的规定，是指导互联网医疗发展的纲领性文件。

2019 年 6 月 10 日，国家卫健委、国家发改委、科技部等联合印发了《关于印发促进社会办医持续健康规范发展意见的通知》，其明确指出，支持社会办医发展"互联网+医疗健康"。2019 年 9 月底前，制定出台了互联网诊疗收费政策和医保支付政策，形成合理的利益分配机制。鼓励公立医院与社会办医按规定合作开展远程医疗服务。支持社会办医之间通过"互联网+"开展跨区域医疗协作，与医联体开展横向资源共享、信息互通。鼓励医疗机构应用互联网等信息技术拓展医疗服务空间，构建一体化医疗服务模式。支持医疗卫生机构、符合条件的第三方机构搭建互联网信息平台，开展远程医疗、健康咨询、健康管理服务。

2020 年年初，我国暴发了新冠疫情。为了充分发挥互联网医疗在抗疫中的作用，政府部门出台了一系列推动政策。例如，2020 年 2 月 6 日，国家卫生健康委办公厅发布了《关于在疫情防控中做好互联网诊疗咨询服务工作的通知》，要求充分发挥互联网医疗服务优势，大力开展互联网诊疗服务，特别是对发热患者的互联网诊疗咨询服务……推动互联网诊疗咨询服务在疫情防控中发挥更为重要的作用。2020 年 2 月 28 日，国家医保局与国家卫生健康委联合发布了《关于推进新冠肺炎疫情防控期间开展"互联网+"医保服务的指导意见》，其明确指出，"对符合要求的互联网医疗机构为参保人提供的常见病、慢性病线上复诊服务，各地可依规纳入医保基金支付范围"。除此之外，还有《关于推进"上云用数赋智"行动　培育新经济发展实施方案》《关于进一步推动互联网医疗服务发展和规范管理的通知》《关于进一步完善预约诊疗制度加强智慧医院建设的通知》等。

2021 年 9 月 23 日，《国务院办公厅关于印发"十四五"全民医疗保障规划的通知》指出，支持远程医疗服务、互联网诊疗服务、互联网药品配送、上门护理服务等医疗卫生服务新模式新业态有序发展，促进人工智能等新技术的合理运用。

2022年2月8日，国家卫生健康委办公厅、国家中医药局办公室联合发布了《互联网诊疗监管细则（试行）》，引领互联网诊疗迈入高质量发展新阶段。同年3月3日，《国务院办公厅关于印发"十四五"中医药发展规划的通知》中指出，建设中医互联网医院，发展远程医疗和互联网诊疗。持续推进"互联网+医疗健康"和"五个一"服务行动。构建覆盖诊前、诊中、诊后的线上线下一体化中医医疗服务模式，让患者享受更加便捷、高效的中医药服务。鼓励发展"互联网+中医药贸易"，逐步完善中医药"走出去"相关措施，开展中医药海外市场政策研究，助力中医药企业"走出去"，推动中药类产品海外注册和应用。

2. 地方层面对"互联网+医疗健康"的政策支持

在互联网医疗和互联网药品方面，甘肃、云南、广东、广西、山东、黑龙江、四川、宁夏等地区纷纷进行了诸多有益的探索和尝试，尤以广东和宁夏两地最为突出。

2015年9月23日，广东省人民政府办公厅发布了《广东省人民政府办公厅关于印发广东省"互联网+"行动计划（2015—2020年）的通知》，其明确指出要建设智慧医疗健康云平台，开发移动医疗应用程序推进网络医院试点建设，构建连接省域三级医院、县（区）级医院、社区卫生服务中心、村卫生室、连锁药店的互联网医药平台，探索推进医院、医保系统、药商等信息互联，发展和规范互联网药品交易、药品信息等服务，支持第三方交易平台依法参与互联网药品经营活动。

2016年6月30日，广东省人民政府办公厅发布了《广东省人民政府办公厅关于印发广东省中医药健康服务发展规划（2016—2020年）的通知》，其明确指出，支持"互联网+中医药"发展。积极发展智慧中医医疗，建立智能化医疗信息服务平台，提供安全、便利、优质的中医药服务资源。鼓励健康服务机构利用云计算、大数据等技术搭建公众信息平台，提供长期跟踪、预测预警的个性化中医健康管理服务。鼓励传统中医药企业积极拓展互联网业务，促进中医药产品电子商务的发展。鼓励健康智能产品客户端、手机应用程序、网站、社交软件等为中医药健康服务项目接入端口，推动中医药健康服务产业的智能化发展。

2017年3月10日，宁夏回族自治区银川市发布了《互联网医院执业医师准入及评级制度》《银川市互联网医院管理办法实施细则（试行）》《银川市互联网医院医疗保险个人账户及门诊统筹管理办法（试行）》等文件。这些文件将为国内互联网医院起到引领示范作用，也为国内首个互联网医院产业基地落户银川提供了政策支持。

2019年年初，《宁夏回族自治区"互联网+医疗健康"示范区建设规划（2019—2022年）》出台，其明确指出到2022年，宁夏将基本建成覆盖全生命周期、应用丰富、特色鲜明、结构完善的"互联网+医疗健康"服务体系和产学研用一体化生态圈，形成可复制、可推广的新时代"互联网+医疗健康"模式，提高群众获得感，强化医改新动力，为实施"健康宁夏"战略奠定坚实基础。

2021年3月26日，《浙江省医疗保障条例》经浙江省第十三届人民代表大会常务委员会第二十八次会议通过，于2021年7月1日起施行。该条例第37条第3款规定，"经批准开展互联网医药服务的实体定点医药机构，与医疗保障经办机构签订补充定点服务协议后，其符合国家和省规定的网上医药服务，可以纳入基本医疗保险基金支付范围。"可以说，互联网医药服务在医疗保险报销方面在地方立法中取得重要突破。

2022年1月14日，北京市丰台区人民政府办公室发布了《北京市丰台区数字经济创新发展三年行动计划（2021—2023年）》，该行动计划明确指出，拓宽数字经济应用场景。加强数字技术应用示范，在交通、政务、教育、消费、健康医疗、环保、城市治理等领域培育形成一批典型应用示范场景，智慧城市建设更加高效协同，基本形成良性运转的数字社会生态。

3. "互联网+医疗健康"的立法层次较低，且内容粗疏滞后

我国对互联网医疗的法律规制始于互联网药品。2000年12月4日，国家药品监督管理局通过《互联网药品信息服务管理暂行规定》。2001年1月3日，我国卫生部发布的《互联网医疗卫生信息服务管理办法》。2004年7月8日，国家药品监督管理局制定了《互联网药品信息服务管理办法》，同时宣告《互联网药品信息服务管理暂行规定》废止。2005年9月20日，国家食品药

品监督管理局发布了《关于印发〈互联网药品交易服务审批暂行规定〉的通知》，自 2005 年 12 月 1 日实施。

2015 年新修订的《广告法》第 16 条对（互联网）医药广告作出相关规制。

2016 年 7 月 4 日，国家工商行政管理总局通过了《互联网广告管理暂行办法》，该暂行办法自 2016 年 9 月 1 日正式实施。该暂行办法第 6 条规定，"医疗、药品、特殊医学用途配方食品、医疗器械、农药、兽药、保健食品广告等法律、行政法规规定须经广告审查机关进行审查的特殊商品或者服务的广告，未经审查，不得发布"。该规定将为互联网医药广告提供规制指南。

2018 年 7 月 17 日，国家卫生健康委员会和国家中医药管理局又联合制定了《互联网诊疗管理办法（试行）》《互联网医院管理办法（试行）》《远程医疗服务管理规范（试行）》三个部门规章。

前文已述，《基本医疗卫生与健康促进法》和《医师法》虽然对"互联网+医疗健康"有所规定，但条文过少，十分粗疏。2022 年出台的《互联网诊疗监管细则（试行）》虽然对诊疗规定得较为细致，但其位阶较低，只能称其为规范性法律文件。

4. 法律与政策的关系及价值取向

法律与政策存在密切的联系，如政策对法律的制定及执行具有一定的指导作用，其贯彻实施又需要法律予以保障等。但是法律与政策毕竟是两种不同的调整社会关系的手段，二者存在明显的差异，并彰显着不同的价值取向。

首先，法律是由国家专门的立法机关依照严格法定程序创制的；而政策的制定则出于一个或多个部门，其制定程序没有法律严格。

其次，法律通常是作为国家制定或认可的规范而存在，其成文形态多为法律、法规等规范性的文件，有具体的条文表述；而政策的内容通常比较原则、概括，较少以具体的条文表述。

最后，法律所调整的往往是那些对国家社会有较大影响且相对稳定的社会关系领域，它偏重对既有社会关系的确认、保护或控制；而政策所调整的社会关系要比法律广泛得多，它是一种应对的手段，不仅要处理既有的问题，而且还要对正在出现的或将要出现的问题作出反应，因此它偏重采取灵活多样的措施，以适宜社会形势不断发展变化的需要。

从我国有关"互联网+医疗健康"的政策和立法可知，法律远少于政策调整，且立法层次较低，存在稳定性差等诸多局限性。针对我国当前"互联网+医疗健康"已经步入逐步完善的阶段而言，需要重新审视法律与政策在"互联网+医疗健康"中的作用，并作出科学合理的厘定和安排，需要更加注重法律调整这一领域的功用，以不断契合社会发展的实际需要。

（二）"互联网+医疗健康"的一些重大基础问题尚未解决

1. "互联网+医疗健康"的价值取向具有多元性，且存在一定的冲突

医疗卫生事业具有典型的公益性特征，是指在需要时人人都有机会获得相应服务，实现人人享有基本医疗卫生服务。[1]早在 1997 年《中共中央、国务院关于卫生改革与发展的决定》中曾明确指出："我国卫生事业是政府实行一定福利政策的社会公益事业。"2009 年《中共中央 国务院关于深化医药卫生体制改革的意见》则指出，要"坚持公共医疗卫生的公益性质"。中国人民政治协商会议全国委员会委员、中华医学会副会长饶克勤曾指出，公益性是政府举办公立医院的重要目标和内在要求，也是公立医院的本质特征。国家通过破除以药养医机制，旨在让公立医疗机构回归公益性。但是在我国经济转型过程中，当前公立医院的公益性有所减弱，其原因是多方面的，既有管理体制上的障碍，也有运行机制上的问题，使得当前一部分医疗机构的医疗服务呈现营利性趋向甚至完全走上营利性轨道。

将医疗健康由线下移至线上，与传统的医疗服务相比，其在现实中还可能增加一些社会资本的介入，使得医疗服务的营利性趋向开始显著，与医疗事业整体上的公益性要求存在一定的冲突。如果不能平衡和协调好二者的关系，医疗卫生服务就容易在实践中产生异化。换言之，尽管"互联网+医疗健康"在本质上并不排斥营利，但应在区分不同服务内容的基础上进行公益性、营利性或者以谁为主的划定，否则将难以实现创设和发展"互联网+医疗健康"的初衷，甚至得不偿失。

---

〔1〕 参见钱军程、孟群："论医疗卫生事业的公益性与公益度"，载《中国卫生政策研究》2014年第 12 期。

2. "互联网+医疗健康"的发展呼唤我国健康立法的制定与修改

当前，我国医疗健康领域的专门立法有 14 部法律、40 余部行政法规以及 100 余部部门规章，体系庞大，内容浩瀚，但鉴于"互联网+医疗健康"属于新生事物，在其进入逐步完善阶段之前，我国主要采取政策予以调整和规制，不过这也带来另外一个问题，即我国现有的卫生健康立法对"互联网+医疗健康"的整体观照不足，医疗机构、患者、企业等利益相关主体的行为常常游走于合法与非法、安全与风险的边缘。一部分企业宛如"走钢丝"一般，运气好则躲过一劫，运气不好则遭受重罚，甚至走向破产。

我国《医疗机构管理条例》和《医疗机构管理条例实施细则》均制定于 1994 年，后者于 2017 年经历了一次修正，虽然增加了"医学检验实验室、病理诊断中心、医学影像诊断中心、血液透析中心、安宁疗护中心"等医疗机构类型是一大亮点，但是几乎没有涉及"互联网+医疗健康"。这种状况一直持续到 2018 年出台《互联网医院管理办法（试行）》之后。不足的是，《互联网医院管理办法（试行）》属于部门规章，立法层次偏低，而且部门规章规定的事项应当属于执行法律或者国务院的行政法规、决定、命令的事项。没有法律或者国务院的行政法规、决定、命令的依据，部门规章不得设定减损公民、法人和其他组织权利或者增加其义务的规范，不得增加本部门的权力或者减少本部门的法定职责，具有很大的局限性。2022 年出台的《互联网诊疗监管细则（试行）》也存在相似的问题。

此外，医疗行为的实施，需要药师、护士（师）等专业团队的配合，我国尚未制定《药师法》，现有的一些有关药师的规定，如《执业药师资格制度暂行规定》《执业药师资格考试实施办法》《执业药师资格认定办法》等，均未对互联网药师作出规定，加上我国执业药师实际执业的人员数量不足，现实中已经出现了互联网上的药师不具有合法执业资质的情况，危及医疗用药安全，患者的合法权益得不到有效保障。由此可见，"互联网+医疗健康"的发展呼唤我国健康法治建设。

3. "互联网+医疗健康"仍未形成完全闭环

在"互联网+医疗健康"发展过程中，网上处方药是否开放一直是存在争议。另外，除试点（单位或者地区）之外，尚不能与现有的医保制度进行有机衔接，当前仍停留在试点阶段，在很大程度上限制或者影响到"互联网+医疗健康"的深度发展。如果这两个问题得不到有效解决，那么"互联网+医疗健康"将难以形成一个完整的闭环，属于"带病运行"，难以走出一条高质量发展的道路。

（1）网售处方药存在争议。

2018年12月21日，国家发展和改革委员会、商务部印发《市场准入负面清单（2018年版）》，其明确指出，"药品生产、经营企业不得违反规定采用邮寄、互联网交易等方式直接向公众销售处方药"。事实上，网售处方药在我国一直存在政策上的不确定性：一方面是药占比、"两票制"、药品零加成、"4+7"药品集中采购等都从不同维度推动着医药分开；另一方面又须顾及放开处方药网售的风险。前述负面清单把药企直接网售处方药打入禁区，并不意味着处方外流的停止，相反倒逼业界更合规地探索处方药的院外销售。

综合来看，放开网售处方药有利于破除目前医院"垄断"处方药和"以药补医"现象，让药价更具透明性，有利于医药电商的创新、竞争以及传统药店的网上拓展。但也需要注意到，简单放开互联网售药有可能导致假劣药品泛滥，药品储存、运输条件难以符合要求，危及药品质量安全。此外，网上药店远比实体店情况复杂，如现有条件下难以对网上药店实施有效监管，医疗机构处方外流存在体制障碍，上传处方的真实合法性难以鉴别，网上药店执业药师资质有待考证等，这对我国监管队伍的素质、能力同步提出了新的挑战。不过，《国务院办公厅关于促进"互联网+医疗健康"发展的意见》明确要求完善"互联网+"药品供应保障服务，并促进药品网络销售的规范发展。由此可见，放开网售处方药将是大势所趋。

2019年《药品管理法》第61条规定，"药品上市许可持有人、药品经营企业通过网络销售药品，应当遵守本法药品经营的有关规定。具体管理办法由国务院药品监督管理部门会同国务院卫生健康主管部门等部门制定。疫苗、血液制品、麻醉药品、精神药品、医疗用毒性药品、放射性药品、药品类易制毒化学品等国家实行特殊管理的药品不得在网络上销售。"尽管该条对网售处方药进行了解禁，具有巨大的进步意义，但是如何适用该条，监管部门如何监管，仍任重道远。

2022年8月3日，国家市场监督管理总局公布了《药品网络销售监督管理办法》，自2022年12月1日起施行。该办法对网售处方药作了更为细致的规定，不仅规范了网络交易平台服务活动，而且保障了公众的用药安全。

（2）"互联网+医疗健康"尚不能与现有的医保制度相衔接。

"互联网+"正在全国燃起燎原之势。然而，在"互联网+医疗健康"的支付领域，目前还存在较大的掣肘，因为缺乏明确的法律与政策支持。不能在线实现医保报销的主要原因之一在于政府尚未开放医疗保险入口给移动医疗健康系统。对此，国内较早开通移动互联网医疗的广州妇女儿童医疗中心采取的解决方案是，病患在线先支付全额医药费，再到窗口报销。而全国首家移动互联网中医院——佛山市中医院的移动支付系统暂时只对自费医疗开放。[1]

2018年8月20日，《国务院办公厅关于印发深化医药卫生体制改革2018年下半年重点工作任务的通知》明确指出，要促进"互联网+医疗健康"发展，健全互联网诊疗收费政策，进一步完善医保支付政策，逐步将符合条件的互联网诊疗服务纳入医保支付范围。有些地方已经先行进行了有益的探索，最为典型的就是宁夏回族自治区银川市的地方实践。[2]

2016年，银川市在全国率先出台《互联网医院管理工作制度》《互联网医疗机构监督管理制度》《互联网医院管理办法》等政策文件，明确互联网医疗实施路径，完善互联网医疗监督举措。在框架性政策出台之后，银川市于2017年又出台多个配套文件，不仅明确参保人员可以使用医保个人账户直接支付网上看病的费用，而且凡符合基本医疗保险"三项目录"范围内的网上诊疗费都能享受医保报销。

2017年，有的互联网医疗企业便已经与银川市医保信息系统完成对接，医保报销范围内的金额可以在网上支付时直接抵扣，无须进行线下报销流程。

2019年，国家医疗保障局《关于完善"互联网+"医疗服务价格和医保支付政策的指导意见》出台，其指导思想就是以习近平新时代中国特色社会主义思想为指导，以人民健康为中心，适应"互联网+医疗健康"发展，合理确定并动态调整价格、医保支付政策，支持"互联网+"在实现优质医疗资源跨区域流动、促进医疗服务降本增效和公平可及、改善患者就医体验、重构医疗市场竞争关系等方面发挥积极作用。

2020年，国家医保局和国家卫生健康委联合印发了《关于推进新冠肺炎

---

〔1〕　参见刘炫麟主编：《互联网医药法律问题研究》，中国政法大学出版社2017年版，第197页。

〔2〕　除宁夏回族自治区之外，贵州省、四川省、湖北省等省份先后将远程医疗纳入医保报销范围。

疫情防控期间开展"互联网+"医保服务的指导意见》，对符合要求的互联网医疗机构为参保人提供的常见病、慢性病线上复诊服务，各地可依规纳入医保基金支付范围。互联网医疗机构为参保人在线开具电子处方，线下采取多种方式灵活配药，参保人可享受医保支付待遇。医保部门加强与互联网医疗机构等的协作，诊疗费和药费医保负担部分在线直接结算，参保人如同在实体医院刷卡购药一样，仅需负担自付部分。为防止出现虚构医疗服务等违规行为，该文件还要求落实线上实名制就医和处方审核等措施，确保医保基金安全。此外，同年出台的《关于积极推进"互联网+"医疗服务医保支付工作的指导意见》指出，"互联网+"医疗服务医保支付工作要遵循"突出重点，稳步拓展"的原则。要优先保障门诊慢特病等复诊续方需求，显著提升长期用药患者就医购药的便利性。在"互联网+"医疗服务规范发展以及医保管理和支付能力提升的基础上，稳步拓展医保支付范围。

4. 医学人工智能的不断发展带来新的法律问题

2017年7月8日，《国务院关于印发新一代人工智能发展规划的通知》发布，其明确指出，经过60多年的演进，特别是在移动互联网、大数据、超级计算、传感网、脑科学等新理论新技术以及经济社会发展强烈需求的共同驱动下，人工智能加速发展，呈现出深度学习、跨界融合、人机协同、群智开放、自主操控等新特征。大数据驱动知识学习，跨媒体协同处理、人机协同增强智能，群体集成智能、自主智能系统成为人工智能的发展重点，受脑科学研究成果启发的类脑智能蓄势待发，芯片化、硬件化、平台化趋势更加明显，人工智能发展进入新阶段。

当前，新一代人工智能相关学科发展、理论建模、技术创新、软硬件升级等整体推进，正在引发链式突破，推动经济社会各领域从数字化、网络化向智能化加速跃升。人工智能是影响面广的颠覆性技术，可能带来改变就业结构、冲击法律与社会伦理、侵犯个人隐私、挑战国际关系准则等问题，将对政府管理、经济安全和社会稳定乃至全球治理产生深远影响。在大力发展人工智能的同时，必须高度重视其可能带来的安全风险挑战，通过加强前瞻预防与约束引导，最大限度降低风险，确保人工智能安全、可靠、可控发展。到2025年人工智能基础理论将实现重大突破，部分技术与应用能够达到世界领先水平，人工智能将成为带动我国产业升级和经济转型的主要动力，智能社会建设将取得积极进展。因此需要初步建立人工智能法律法规、伦理规范和政策体系，以形成对人工智能的安全评估和管控能力。

（1）医学人工智能不断推进。

2017年11月6日，2017年度国家执业医师资格综合笔试成绩公布，科大讯飞的人工智能机器人"智医助理"以超出分数线96分的优异成绩，成为我国甚至是全球第一个通过国家医师资格考试评测的机器人。

2018年3月28日下午，一场人工智能与皮肤科医生的"较量"在中日友好医院进行。对阵的一方是来自北京、云南、内蒙古等地的10名皮肤科医生，另一方是首款黄色人种皮肤肿瘤人工智能辅助决策系统——优智AI系统。竞赛科目是皮肤肿瘤的诊断成功率，包括皮肤肿瘤性质及肿瘤名称。比赛开始前，中国人民解放军总医院皮肤病医院孟如松教授拿出60组皮肤肿瘤病例资料，现场随机抽取10组图片，让医师与优智AI系统同时作答，正确答案以病理诊断为金标准。十分钟后，优智AI系统的良性分类符合率达100%，恶性符合率为75%，平均符合率达到了90%；而医生组对应则分别为76%、62.5%和63%，人工智能完胜皮肤科医生。

2018年6月30日，备受关注的首场神经影像领域的"人机大战"在国家会议中心落下帷幕。比赛分为A、B两组。A组由15名"人类战队"选手组成，包括国内神经疾病排名前列的专家、国外知名专家以及通过前期比赛胜出的优秀医生。在对战擂台的另一侧，是两个屏幕和两台电脑主机组成的全球首款神经影像AI——"BioMind天医智"。A组考题是"颅内肿瘤"，试题共25题，人类选手每人回答15题，"BioMind天医智"回答225题，最终将以人类选手整体成绩与"BioMind天医智"成绩进行比较。"人类战队"各选手面前都是一台显示题目的电脑、一张纸质版的答题卡以及一支笔。另一侧，"BioMind天医智"的屏幕上，飞快地扫过一张张片子，并快速显示出在它看来每组片子所反映出来的脑部肿瘤疾病。当场内大屏幕上的倒计时还有14分钟30秒的时候，答题完毕的提示音响了，原来需要独立完成225道题目的"BioMind天医智"提前了将近15分钟"交卷"，这时的"人类战队"仍在紧张作答。B组的10名"人类战队"选手都是国内神经影像领域的"大咖"，包括国内神经疾病排名前列医院专家8名，以及知名医院的专家2名，他们将围绕"脑血管疾病影像判读及血肿预测"对阵"BioMind天医智"。这次，双方都是完成 30 道题的挑战，最终将以人类选手整体成绩与"BioMind 天医智"成绩进行比较。最终，在 A 组比赛里，AI 用 15 分钟完成了 225 例颅脑肿瘤的影像判读，准确率为 87%，15 位医生用时 30 分钟，准确率为 66%；B 组比赛，AI 准确率为 83%，人类战队为 63%，AI 再拿下一城。[1]

Airdoc 的首席医学官陈羽中指出，"AI+医疗"就是直接帮助医生"科研合作，降低劳动强度，提高工作效率和质量"，直接帮助"病人随时随监控、随访病情"，给基层医生赋能，如视网膜识别、心电判别。医疗影像可能是医疗 AI 最早突破的领域，亦是当前最为成熟的领域，眼科可能是医疗 AI 最早落地的临床科室，深度学习技术是人工智能领域的最新技术。眼底照相技术成熟完善，在移动性上有着巨大的优势——不但可以在固定场所应用，同样可以走出医院，在院外开展筛查，发现慢病患者。

（2）医学人工智能对民事主体制度产生挑战。

民事主体是指参加民事法律关系的人。在我国，民事主体包括自然人、法人、非法人组织等。在医学人工智能的拟人化或医学智能化程度不断提高和应用场景不断拓展的同时，它的外在表现形式和语言行为都越来越像人，那么一个不可回避的问题是，医学人工智能或者医疗机器人是民事主体还是民事客体？其区分的标准如何精准确立？这显然是一个疑难问题。

2017 年 10 月 25 日，在沙特阿拉伯首都利雅得召开的"未来投资倡议"大会上，沙特阿拉伯正式授予了机器人索菲亚公民资格。作为历史上第一位被授予公民资格、成为法律关系主体的机器人，索菲亚的出现无疑使得传统的法律主体制度产生动摇。欧盟委员会法律事务委员会于 2016 年向欧盟委员会提交动议，要求将最先进自动化机器人的身份定位为"电子人"，除赋予其"特定的权利和义务"外，还建议为智能自动化机器人进行登记，以便为其进行纳税、缴费、领取养老金的资金账号。这一动议就为我们解决机器人的主体问题提供了一个良好的思路。[2]但不同于强智能机器人，对于一些弱智能机器人，法律是否有必要将其作为法律上的主体？笔者认为，将其作为法律上的"客体"对待更为妥适，因为其不具有"独立"意志，在临床医疗实践

---

〔1〕 张小妹："医疗影像人机大战 AI 胜名医"，载《北京青年报》2018 年 7 月 1 日，第 A04 版。

〔2〕 参见"精彩演讲：人工智能对法律制度的挑战"，载搜狐网，http://www.sohu.com/a/2175 20555_159412，最后访问时间：2018 年 1 月 14 日。

中，其行为亦不具有独立性，只能是医师行为的附属或者辅助行为。由此可见，如何区分和辨别强智能机器人和弱智能机器人将变得至关重要。

（3）医疗过失的判断与医疗损害的承担需要更新观念。

人工智能产品的高度智能化，导致出现了一些因人工智能系统自身瑕疵所产生的损害。日本、美国、德国等国家都曾发生过工业机器人"杀人"的事例。2017 年 11 月，美国赌城拉斯维加斯投入运营的无人驾驶汽车仅运营不到两个小时就发生了撞车事故。因此，人工智能产品责任问题一直备受社会各界关注。如果医学人工智能在诊疗和健康护理过程中造成他人损害，谁应当承担相应的侵权责任？

我国《民法典》第 1218 条规定，"患者在诊疗活动中受到损害，医疗机构或者其医务人员有过错的，由医疗机构承担赔偿责任"。《最高人民法院关于审理医疗损害责任纠纷案件适用法律若干问题的解释》第 4 条规定："患者依据民法典第一千二百一十八条规定主张医疗机构承担赔偿责任的，应当提交到该医疗机构就诊、受到损害的证据。患者无法提交医疗机构或者其医务人员有过错、诊疗行为与损害之间具有因果关系的证据，依法提出医疗损害鉴定申请的，人民法院应予准许。医疗机构主张不承担责任的，应当就民法典第一千二百二十四条第一款规定情形等抗辩事由承担举证证明责任。"由此可见，我国医疗损害责任实行的缓和的过错责任原则。

在医疗损害赔偿责任的证成过程中，医疗过失是必备要件之一。在医学人工智能的情况下，如何证明其存在医疗过失，无疑将会成为一个难题。具体而言，其与当前医疗过失需要证明医疗机构及其医务人员违反了法律法规及其诊疗规范不同，判断医学人工智能是否存在医疗过失，主要存在两种不同的争议：一是应当坚持最高的医学理论水平，因为基于深度学习能力，其可以学习最前沿、最全面的医学理论并不断更新，这是医学人工智能的法定义务；二是应当坚持最高的临床实践水平，因为只要掌握和运用了同时期的最高临床医学技术，且不违反医疗程序性规定，就难以证明其存在医疗过失。

事实上，随着"互联网+医疗健康"以及大数据的发展，很难证明何谓最高医学理论水平和最新临床医疗实践水平。随之而来的问题是，当医学人工智能存有瑕疵，其产生的医疗损害应当由谁承担？笔者认为，医学人工智能分为强医学人工智能和弱医学人工智能。对于强医学人工智能而言，可以大致视为医疗机构的"雇员"，由医疗机构承担医疗损害责任；如果是弱医学人工智能，其只是辅助医务人员从事诊疗行为的工具或者手段，因此可由医疗机构承担损害责任，或者由医学人工智能的生产者或者销售者承担责任。无论如何，在医学人工智能的过失判断和责任承担上，其有别于传统的判断标准，并需要在实践中不断地进行校正和完善。

三、"互联网+医疗健康"的域外经验

（一）美国

美国是世界上较早使用互联网医疗的国家之一，其早期的"互联网+医疗健康"主要是由现实临床需求所推动的。当美国食品药品监督管理局（Food and Drug Administration，FDA）首次批准组织型纤溶酶原激活剂（TPA）这一治疗急性缺血性脑卒中的革命性药物后，为满足无法得到神经学家及时诊断的偏远地区患者的需要，而开发了基于基本音频视频硬件技术的互联网中风治疗服务。时至 20 世纪 80 年代末 90 年代初，美国就开始大力推动信息技术在整个医疗健康领域中的应用，通过建立协调部门、制订专项发展计划、出台配套法律与政策等，全面支持和规制"互联网+医疗健康"的各个环节。

首先，2012 年美国白宫代表和参议院以压倒性票数通过了《美国 FDA 安全及创新法案》（FDA-SIA），并于 2012 年 10 月 1 日正式生效。该法案从法律层面确立了 FDA 对医疗应用程序的监管职责的同时，通过《健康保险携带和责任法》（HIPAA）和《经济与临床健康信息技术法案》（HITECH）等法案共建一套联保标准，旨在推动电子病历的广泛使用、保障"受保护健康信息"（Protected Health Information，PHI）的安全性和隐私性。这两个法案促使了信息共享，提高了美国医疗保健系统的效率和质量，为医疗数据的商业用途提供了强有力的法律依据。

其次，美国的远程医疗一直非常发达，在世界范围内处于领先地位。当前，美国大部分州已经制定了自己的远程医疗法案，用于支持远程医疗的发展。此外，联邦和州两个层面还积极制定"互联网+医疗健康"领域的补助计划，为商业保险机构将远程医疗服务纳入报销提供依据和指导的同时，《平价医疗法案》（ACA）的颁布，加大了"互联网+医疗健康"的报销范围和力度。

最后，在技术应用领域，美国参照医疗设备监管原则，将可穿戴设备与

移动终端应用分为三个类别进行管理，对涉及生命安全的设备和应用采取最严格的监管措施。在医生资质审核方面，美国通过强化医师注册、确认医患身份等方式确保开展"互联网+医疗健康"服务医师的资质审核。美国互联网医疗的初诊政策其实也是经历了从禁止到全面松绑的这个过程。2017 年 5 月 27 日，美国德克萨斯州（以下简称德州）通过了该州的《互联网医疗立法法案》，废除了互联网医疗不能进行初诊的规定。德州是全美 50 个州最后一个废除此项规定的州。德州远程医疗立法法案的通过使得众多互联网医疗公司，如 Teladoc、American Well、Doctor on Demand 和 MD Live 等，得以将其远程互联网视频业务扩展至全美市场。[1]美国 FDA 从 1994 年就开始关注网上售药管理，迄今已经形成一套较为完善的管理体系。其主要法规有《联邦食品药品化妆品法案》《互联网药店消费者保护法》等。法规政策的特点明显偏向于市场调节和合同自由以及尽量少的政府干预，但以专门的消费者保护条款来限制电子商务合同的自由度。[2]《互联网药店消费者保护法》正式确定了 FDA 对网上药店的监管权。该法规定每个网上药店必须在其网页上标明以下内容：药店的名称、业务地址及联系电话；各州批准该药店有权调配处方药的证明；该药店所有药师的姓名；如果配备相应医师从事咨询、开方服务，还必须提供该医师的姓名及获证情况。此外，为了加强对网上售药的监管，解决公众对网上售药安全性顾虑的问题，美国国家药房管理协会（NABP）于 1999 年制订了行业自律计划，即网上药店认证计划（VIPPS）。这项措施并非强制性的，参加 VIPPS 认证的网上药店完全都是自愿的。NABP 的主要职责是组织对获得所在州和调剂医药品所到州的许可以及符合其审查要求的合法网上药店进行"网上药店执业网站认证"，主要手段是制定了一套严格的"网上药店开业站点认证"计划认证标准。[3]认证标准由州和联邦管理会、专家协会及消费者倡议组织根据他们的业务职能制定。要获得 VIPPS 认证，药店

---

〔1〕 参见"从美国经验看互联网医疗在中国的发展趋势和投资价值"，载 https://wenku.baidu.com/view/24f96a23f48a6529647d27284b73f242336c317b.html，最后访问时间：2022 年 6 月 21 日。

〔2〕 参见李江宁、吴清纯："从国外电子商务立法现状到对我国医药电子商务立法现状的分析"，载《首都医药》2006 年第 16 期。

〔3〕 参见孟令全、武志昂、周莹："国外网上药店的规制体系和运营体系的发展概况"，载《中国药房》2013 年第 33 期。

必须遵循所在州和药品销售地州的有关许可条件和检查要求。[1]此外，必须向 NABP 证明其符合 VIPPS 的有关标准。

美国是使用分散立法来保护个人隐私信息的代表性国家。美国目前并未有一部全国通行的横跨各行各业的个人信息保护基本法，但存在较多的部门性立法，如《家庭教育权和隐私法》《金融隐私权利法》《录像隐私保护法》《驾驶员隐私保护法》《电脑资料对比与隐私权保护法》《儿童在线隐私保护法》等。分散立法的优势在于每部法律都可以针对不同领域不同的侵害方式进行细致的保护方案设计，尽可能地使个人隐私保护面面俱到。美国于1967年通过的《信息自由法》作为保护隐私的主要法律，对医疗隐私信息的公开方面作出了规定，如公开行为涉及对公民个人隐私的侵害，则禁止此种公开行为。1974年通过的《隐私权法》则是美国隐私保护的基本法，它明确划定美国联邦政府收集获取个人信息的权限范围，并明令禁止任何未经当事人同意即使用当事人相关个人信息的行为。此后，其陆续出台了各领域内详细的隐私权保护法律法规，包括《录影带隐私保护法案》《联邦电子通讯隐私法案》等。而在一系列医药隐私信息保护法律法规中，最具代表性的莫过于1996年颁布的《健康保险携带和责任法》（HIPAA）。该法案被普遍认为建立了美国医药隐私信息保护的法律框架，奠定了之后统一的相关联邦法律法规和各州地方性法规的基础。根据该法对政府机构的授权，2002年美国卫生和福利服务部公布《个人可识别健康信息隐私标准》，之后又根据社会反响作出修订，修正案于2003年颁布生效；2005年，《电子化健康医疗信息的安全规则》正式宣布生效；同一时期制定了《信息交换与密码设定标准》，由此可见 HIPAA 的重要地位。

美国 FDA 也在给医学人工智能不断地松绑。2018年4月，美国 FDA 批准了一项人工智能软件，可以筛选糖尿病视网膜患者，不需要来自专家的进一步确认。其被称为"突破性设备"，能够加快产品投向市场。该医学人工智能软件（IDx-DR）识别"轻度视网膜病变"的病人的准确率达到87.4%。创业企业 Healthy.io 的地缘产品 Dip.io 使用传统的尿分析试纸监测尿路感染程度。用户可以用智能手机拍下试纸棒的图片，然后计算机视觉算法可以根据不同的灯光和摄像头质量调整校正结果。这种测试可以识别感染以及怀孕相关的复杂情

---

[1] 参见陈锋、洪晓顺："美国药品电子商务管理的一种模式"，载《药学进展》2000年第6期。

况。Dip. io 已经获得了美国 FDA 的许可，并投入欧洲和以色列等国的商业使用。

（二）英国

英国具有全球领先的医疗数据分析、规划和项目实施系统。信息化手段被广泛应用于英国的医疗健康领域，为临床医生、患者及其家属提供了全方位切实有效的帮助。英国医疗局行业专家 Madhukar Bose 总结了四点英国在卫生健康信息化方面的经验：一是信息系统的引进，必须以医师的需求为主导；二是新技术的预期收益必须明晰；三是在引进新技术时，人力和方法都是需要特别强调的；四是总部应该制定方向、政策、标准和目标，但具体决策应当由当地实施。[1]英国国家医疗服务体系（National Health Service，NHS）曾官方宣布，机器人将在 20 年内开展痴呆护理。他们正计划在整个卫生服务部门大规模扩展人工智能，用于日常操作和治疗。这项技术还将用于"推动"患者的生活方式更加健康，特别是如果他们患有糖尿病或心脏病。英国未来的发展趋势是 NHS 将使用人工智能来帮助患者控制自己的健康，特别是针对长期患病的患者。甚至建议，智能手机上的"虚拟健康教练"可以用来提醒患者服药或锻炼。与此同时，能够进行基本日常活动的"辅助生活"机器人可以帮助照顾自己家中的中风或痴呆患者。[2]

英国是世界上分级诊疗做得较早和较好的国家之一。首先它明确了医疗机构的功能定位。医疗服务体系主要是两大层次：第一层次是社区，主要是区分医生；第二层次是以医院为主，包括急诊、专科门诊、手术治疗，按照三级、二级、初级进行区分。所有在 NHS 注册的都有一个独特的病人标识符，称为 NHS 号码。NHS 号码帮助正确识别病人的身份，将病人的详细信息与健康记录相匹配。病人的 NHS 号码是独一无二的。该号码将出现在从 NHS 收到的大多数正式文件和信函中，包括处方、测试结果或医院预约信。如果病人找不到 NHS 号码，可以要求全科医生的帮助。只要注册了，就能提供这个号码。为了保护隐私，病人会被要求出示护照、驾照或其他身份证明。

在全科医生诊所的选择上，可参考患者的体验、注册病人数量、可否在

---

〔1〕 参见陈翠翠："中英医疗信息化经验谈：中国的今天是英国经历的昨天"，载 https://www. hit180. com/13024. html，最后访问时间：2022 年 6 月 21 日。

〔2〕 参见"英国推动人工智能进行医疗治疗和护理"，载 http://k. sina. com. cn/article-. 2090512390_ 7c9ab00602000iw5p. html，最后访问时间：2019 年 2 月 15 日。

线预约、患者的年龄结构、可否开出电子处方、转诊到医院的数量、推荐全科医生诊所的人数、患有长期慢病的病人情况、可否在线查看、开出重复用药处方等因素。也可参考病人对预约经历的评价、病人推荐全科医生诊所的比例、病人对全科医生诊所开诊时间的评分、病人对通过电话与全科诊所联系给予好评的比例、病人对在全科医生诊所总体评价为好或很好的比例等内容。全科医生在线传递转诊信息到医院或诊所，给病人发送转诊信，信中有转诊号和密码。医生可以在线跟踪病人的转诊情况以更方便选择医院或专科医生、选择预约日期和时间。病人可以查看预约的情况，改变、取消预约，也可取消转诊。减少错失预约，减少不当推荐，缩短转诊到治疗时间。节约成本、节省时间、减轻全科医生负担。目前，通过 NHS 转诊系统转诊的病人每天大约有 6 万人次。电子处方系统允许处方以电子方式向病人选择的药店发送处方。医生可以更有效地处理处方，有更多的时间来照顾病人。药店可减少使用纸张，改善存货控制，为病人提供更有效的服务。病人可以利用重复处方，减少路途奔波，特别是冬季。72% 的人反映药品在他们到达药房前已经准备好。在应用上可咨询全科医生、预约就诊、开出重复处方以及查看健康档案。同时，确保每个人都可以在英国 NHS 服务网点用上免费网络（Wi-Fi）。[1]

远程医疗在英国越来越受欢迎，最直接的体现是主打视频问诊的 Push Doctor 用户日增。Push Doctor 是英国的一家在线医生咨询公司，成立于 2013 年，目前共完成 3 轮合计 3 750 万美元融资。Push Doctor 拥有超过 7 000 个通过认证的英国普通医师，提供从早上 6 时至晚上 11 时，一周 7 天不间断的问诊服务。用户可以像滴滴打车一样发出问诊需求，在 3 分钟内就可和医生进行 10~30 分钟的视频通话。医生开具处方后，患者可将处方共享至最近的药店购药。此外，Push Doctor 还提供转诊服务。当用户需要向专家问诊时，平台的医生可以发出转介信，让用户尽快获得治疗。Push Doctor 的咨询费用一般在 20 欧元（约 150 元人民币）起，根据问诊次数及求诊的医生级别的不同来定价。在英国，还有两个知名的在线医疗公司 Babylon 和 Ada Health。与 Push Doctor 不同的是，Babylon 引入人工智能技术，用户可向全天候 AI 机器人（在应用程序中）咨询病症，当机器人无法解决时，他们也提供驻站医师

---

〔1〕 孙杨："从英国分级诊疗做法，看我国'机制与互联网+协同配合'"，载 https://www.iy-iou.com/analysis/2018081879402，最后访问时间：2022 年 6 月 21 日。

服务。此外，Babylon 还提供健康追踪及药品配送等服务。Ada Health 还可利用 AI 技术为用户提供健康评估。[1]

1999 年 11 月，英国开办了第一家网上药店，从而拉开了英国网上药店发展的序幕。英国网上药店法律法规主要包括三个方面：[2]第一，电子商务领域，主要包括《电子商务条例》《隐私和电子通信条例》等多部法律规范。第二，医药电子商务领域，主要包括《药品法》《药剂师法》《网上药店服务专业标准指南》等。《药品法》对药品的销售、供应和广告作出规定。英国允许已注册药房、批发商、销售代理或传统销售中的任何机构，通过网络销售包括处方药在内的医药产品；《药剂师法》专门用于指导和规范药剂师的服务，供应处方药必须凭借合法有效的处方；《网上药店服务专业标准指南》规定网上药店应保护患者对药学服务的选择，必须提供与药品相关的信息等。第三，网上药品销售伦理准则及标准指南，主要包括《药师与药店技术人员伦理准则》《药品销售及供应标准指南》《药品广告和专业服务标准指南》等。这些准则和指南与道德伦理密切相关，发挥了较好的辅助功用。[3]

英国的法律目前还没有承认隐私权，然而，这并不意味着个人隐私不受英国法律的保护，其可以通过侵害之诉（trespass）、妨害（nuisance）、诽谤和恶意诽谤之诉对隐私权进行保护。除"Wainwright v. Home Office""Khorasandjian v. Bush""Hunter v. Canary Wharf Ltd.""Kaye v. Robertson and Another"等判例之外，英国还制定了相关法律支持公民（包括患者）的隐私保护，影响比较大的主要有 1996 年的《广播法案》、1998 年的《个人数据保护法》、2000 年的《信息自由法案》等。在保护隐私权的问题上，相当一部分人认为相比于普通法的保护，适用违反保密义务的方式更有优势。[4]正如马克西尼斯（Markesinis）与迪肯（Deakin）教授在其著作《侵权责任法》中所阐述的那样，目前，保护个人隐私权的最宽泛的方式就是通过不断扩大衡平法来控制违反保密义务

〔1〕 参见黄雪姣："英国卫生部推出远程医疗，其实早在 2013 年他们就可视频问诊了"，载 https://www.cn-healthcare.com/article/20171111/content-497159.html，最后访问时间：2022 年 6 月 21 日。
〔2〕 参见陈明、陈永法、邵蓉："英国网上药店的监管及对我国的启示"，载《中国执业药师》2010 年第 7 期。
〔3〕 孟令全、武志昂、周莹："国外网上药店的规制体系和运营体系的发展概况"，载《中国药房》2013 年第 33 期。
〔4〕 参见王黎黎："英国三大法律下的隐私权保护立法及其评价"，载《求索》2012 年第 3 期。

的适用。[1]在技术上，英国也开始关注患者隐私的保护。例如，其"GP at Hand"系统将采用面部识别功能，以保护患者的隐私，并提供了视频回放功能。

（三）德国

德国的电子医疗起源于2003年通过的《法定医疗保险现代化法》。除要求全面推行电子医保卡以外，该法还详细规定了卡中所储存的数据种类以及基于此卡可开展的医疗应用。而且，互联网医疗绝不是以开展远程医疗服务为唯一目标的"洪水猛兽"。相反，电子通信、医疗主体合作、急救信息、用药计划、医疗诊断结果电子化、健康咨询等才是德国电子医疗的关注重点。[2]

近年来，德国许多公司正利用信息技术的突飞猛进，尤其是智能手机的迅速普及，推动数字化医疗的进步。智能手机上已有数以千计的健康保健相关应用。比如，有的用于测量血压，有的分析孩子的生长发育状况，有的可以检测孤独症。一款名为"线索"的应用声称能预测女性下一个排卵期，以便进行生育安排。还有一款应用声称能通过扫描照片发现一种罕见的眼癌征兆。以皮肤检测应用克拉拉（Klara）为例，病人用智能手机拍摄两张皮疹或肝斑照片，上传后回答若干问题。两天之内，病人将收到回复，医生会给出一个临时诊断，严重的话，如怀疑患有皮肤癌则要求病人在两周之内找专科医生复诊。Klara的研发者西蒙·波尔茨说，公司已成功为98%的照片做出诊断。他相信，公司未来很大一部分收入将来自德国境外；目前，来自海外问诊图片大约占20%。当前，保险公司尚未为Klara用户提供补偿。不过，根据目前德国的职业指引规定，医生不能纯粹通过"打印材料或社交媒体"进行诊断。换言之，虚拟诊断不能替代当面诊断。对此，Klara采用"医疗意见"这样意义模糊的表述来规避可能引起的麻烦。[3]萨那公司旗下有几十家连锁医院遍布德国全境。董事会成员马库斯·穆舍尼希被视为德国医疗初创企业界的思想领袖，曾建立联合会支持数字技术在医疗保健领域的应用。他曾经断言："我毫不怀疑，未来优良的医疗服务将携手互联网。"

德国政府于2004年年初才允许药品网上交易，规定被批准在网上交易的

---

[1] *Markesinis and Deakin's Tort Law*, 6th ed., Oxford University Press, 2008, pp. 819-831.

[2] 参见查云飞："互联网+：德国人早用上了电子医疗"，载《方圆》2015年第22期。

[3] 参见"下一场互联网革命：德国迎来数字医疗新时代"，载新华网，http://www.xinhuanet.com/world/2015-03/19/c_127595089.htm，最后访问时间：2022年6月21日。

医药公司必须拥有药品邮路销售许可，并有能力在顾客网上订购后的 48 小时之内将药品寄给顾客。按照德国法律的有关规定，医疗参保者应在德国或欧盟境内注册的合法网上药店购买药品。[1]德国医药卫生体制建立在覆盖面广泛的社会医疗保险基础之上，消费者在购买药品时必须弄清该品种是否被纳入医保报销范围，否则不得不自担药费。这一制度设计从根本上杜绝了假劣药品通过网络销售的可能性，因为理性的消费者会从成本收益角度出发，充分征求医生和药剂师意见，以避免自掏腰包的风险。在成熟的社会保障体系之上，德国政府还通过药剂师协会的行业准则规范实体药店和网上药店行为，全国所有药剂师共用一部热线电话，实现药事服务标准化。同时，国家建立药店巡查制度以保障高效执法，监管部门一旦发现非法网上药店即将其列入"黑名单"。此外，政府还设立药害事故赔偿基金，以应对突发群体性药品安全事件。该模式的优势是通过严密的科层制和精细的制度设计防范风险，缺陷在于政府介入市场过多，且政策高度统一容易带来政府失灵。[2]

德国对医疗隐私信息采取统一立法模式。德国于 1977 年正式生效的《联邦个人资料保护法》，之后修正本中提出的"资讯自决权"作为宪法基础对个人隐私的保护具有深远意义。该法明确将公共领域和私人领域的个人信息分为两部分，且都纳入了保护范围之内，为包含医药隐私在内的个人隐私信息提供了明确的法律标准。但是统一立法通常在各个领域不同的突发状况下实用性较差，细节方面不够完善，而且作为独立的法案具有一定程度上的滞后性，尤其在信息时代的大背景下显得尤为致命。

(四) 日本

日本初期仅将远程医疗作为常规"面对面"医疗的补充，针对病情稳定且长期接受治疗的慢性病患者，才可进行远程医疗。除此以外，其他疾病只在极少数的情况下允许涉猎。例如，当面诊查较为困难或者比较费时的边远山区居民或离岛居民可进行远程医疗。而且该种情况下若进行远程医疗，还应由当地的医疗机构配合，实现院际合作。除此之外，对于初诊或病情较为

---

〔1〕 参见孟令全、连桂玉、周莹："发展我国网上药店可借鉴德国经验"，载《中国药业》2007年第 16 期。

〔2〕 参见胡颖廉："发达国家网售药品监管模式对比"，载《医药经济报》2015 年 5 月 13 日，第 A02 版。

严重的急性期患者，一般均不允许进行远程医疗。2003 年，日本厚生劳动省对《关于使用咨通讯设备诊疗之规范》作出了修订，取消对偏远或离岛地区进行远程医疗的院际合作限制，只要评价采用通信方式进行医疗有利于患者病情即可施行。同时，这一次修订还对可以采用远程医疗的慢性病的范围进行具体化，并以附表形式列举出可适用的疾病类型，包括糖尿病、高血压、呼吸道疾病等常见慢性疾病，同时明确只要患者申请远程方式治疗，经医生评估认可，确保病情变化能够及时联络，即可采取远程医疗。尽管与之前一版相比，对于互联网医疗许可条件和科目有所放宽，但也仅就应用于偏远地区紧急医疗场合和慢性病治疗之上。日本许多学者对此颇有微词，认为仅这两种情形不能解决当前日本医生匮乏、患者候诊期间长的问题，无法满足线下社会需求，因此提议：应当遵循患者意愿允许其选择远程医疗的方式。[1]

日本药品管理法律目前禁止在网上销售药物，但是医药行业和电子商务领域的业内人士一直呼吁对网上售药实施解禁。而日本卫生部门认为，在完成安全评估之前，不应允许在网上出售药物。但是日本国内的医药公司和电子商务公司却在不断地推动政府全面解除网上售药的管制，甚至要求解除处方药的网上销售管制，以减轻患者的负担和促进经济的发展。但是日本卫生行政部门担心公众错误用药，因而规定只能通过面对面的方式出售。日本卫生行政部门的主张得到了日本药剂师协会的支持。日本药剂师协会常务理事藤原英宪说："我们并不是否定网络销售的便利性，但药品的随意流通，确实会因为副作用和误用，大大增加民众的健康风险。作为确保民众健康的药剂师，我们不太赞成。"[2]由此可见，日本是世界上对网上药物销售控制最为严格的国家。

日本是对隐私权保护采取统分结合立法式的代表性国家。自 2005 年起《日本个人情报保护法》开始生效，该法的主要作用是作为个人信息保护的根本法。该法同时为政府机关和民间组织订立了对公民个人信息处理的同意标准。在该法的基础上，对某些特殊领域，如医疗、金融、通信等的个人信息，在不违背《日本个人情报保护法》的条件下再另行制定单独的法案。统分结合式立法同时兼顾了前两种立法方式的优点，对个人信息既有统一标准的基本法作为根本，又有专门针对特殊情况的细节性法案，具有独特的优越性。

---

〔1〕 刘炫麟主编：《互联网医药法律问题研究》，中国政法大学出版社 2017 年版，第 39 页。
〔2〕 雨果："网上售药是否解禁？"，载《21 世纪药店》2013 年 12 月 23 日，第 CF03 版。

四、"互联网+医疗健康"的对策建议

（一）我国的卫生健康立法需要进一步完善

"互联网+医疗健康"作为我国卫生健康领域的一种新兴事物，在其经历了萌芽、探索和快速发展三个时期之后，已经步入逐步完善阶段，理应在卫生健康领域的"基本法"中进行确认，只有这样，才能为"互联网+医疗健康"领域的具体立法提供权威依据。而这一目标的实现，依赖于我国健康法法典化的进程。

除 2018 年国家卫生健康委员会等制定的《互联网诊疗管理办法（试行）》《互联网医院管理办法（试行）》《远程医疗服务管理规范（试行）》三个重要的部门规范性文件之外，我国还应当在医疗健康大数据方面进行立法，在暂不具备立法条件或者不宜立法的情形下，可以考虑先行制定一些阶段性的政策予以过渡和"润滑"，以期实现联合规制的目标。

由于我国的卫生健康立法多制定于 20 世纪 80 年代和 90 年代，在制定之初并未对"互联网+医疗健康"进行（充分）考虑，为了支持和配合当前的医药卫生体制改革，如分级诊疗、医师（药师、护士）多点执业、医药分开等制度的建立和推进，我们有必要制定新的法律，如"药师法""医事法"（或者"医疗法"）等，同时对现有的卫生健康法律进行相应的修改，如《中医药法》《护士条例》《乡村医生从业管理条例》《医疗机构管理条例》及其实施细则等，以进一步保障医疗安全和患者权益，推进"互联网+医疗健康"事业的长期、稳定和可持续发展。

（二）"互联网+医疗健康"的价值取向应当进一步明确

2019 年 1 月 7 日，全国卫生健康工作会议在北京召开。时任总理李克强、副总理孙春兰作出重要批示，要求认真贯彻落实党中央、国务院决策部署，深入实施"健康中国"战略，坚持"三医"联动把医改推向纵深，聚焦群众看病就医"烦心事"，进一步调动广大医务人员积极性，为维护人民群众身体健康、全面建成小康社会作出新贡献。全力推进健康中国建设，针对重要健康危险因素、重点人群和重大疾病，实施一系列健康行动。整合医疗卫生资源破解"看病难"的问题，着力推进医联体建设，提升县级医院服务能力，大力发展远程医疗，做实做细家庭医生签约服务。推动卫生健康治理体系和

治理能力现代化，加强卫生健康法治建设，进一步完善鼓励社会办医发展的政策体系。在"互联网+医疗健康"发展过程中，关于公益性和营利性的争论始终没有停息过，如果定位不明晰，就会直接影响到"互联网+医疗健康"的发展。

对于"互联网+医疗健康"而言，其应当在内部进行一定的区分，即"互联网+医疗"和"互联网+健康"。在"互联网+医疗"中，根据其提供服务主体的属性，又可以分为公益性、非公益非营利（可称为"中间型"）和营利性三种。不过需要说明的是，即便是营利性服务主体，也可提供公益性的服务，其主要的判断标准在于医疗行为的性质，而非主体本身的类型。

根据 2018 年新出台的《互联网诊疗管理办法（试行）》的相关规定，互联网诊疗活动应当由取得《医疗机构执业许可证》的医疗机构提供。新申请设置的医疗机构拟开展互联网诊疗活动，应当在设置申请书中注明，并在设置可行性研究报告中写明开展互联网诊疗活动的有关情况。如果与第三方机构合作建立互联网诊疗服务信息系统，应当提交合作协议。卫生健康行政部门受理申请后，依据《医疗机构管理条例》《医疗机构管理条例实施细则》的有关规定进行审核，在规定时间内作出同意或者不同意的书面答复。批准设置并同意其开展互联网诊疗的，在《设置医疗机构批准书》中注明同意其开展互联网诊疗活动。医疗机构按照有关法律法规和规章申请执业登记。由此可见，"互联网+医疗"只能由取得《医疗机构执业许可证》的医疗机构提供，即由传统的线下服务变革为线上服务，改变的主要是就诊模式、流程、支付以及更为核心的就诊体验等。

作为医疗机构，自然有公立医疗机构、非公立非营利医疗机构和营利医疗机构之分。公立医疗机构应当坚持公益性，非公立非营利医疗机构亦应坚持公益性，营利医疗机构的"互联网+医疗"服务既可以坚持公益性，也可以坚持营利性，但在实践中，多以营利性为主。在服务内容上，如果是基本医疗卫生服务，应当全部是公益性的，不允许坚持营利性。在非基本医疗卫生服务领域，对于营利医疗机构而言，可以营利。一言以蔽之，在"互联网+医疗"领域，其应以公益性为主，营利性为辅。这与我国现阶段医疗卫生服务主要由非营利性医疗机构来承担密切相关。

与"互联网+医疗"重在治"已病"不同，"互联网+健康"重在治"未病"，强调对个体的健康监测和管理，并不具有（基本）医疗卫生自身秉具的

（准）公共产品的属性，[1]而是带有一种明显的个人需求特性。另外，在"互联网+健康"领域，大量商事主体的社会资本进入，具有十分强劲的营利性动机和目标，尽管偶有公益性的体现，但在更多的情形下，主要还是彰显出逐利的一面。不同的价值取向，意味着不同的行为模式，其监管主体和内容亦随之有所不同。

（三）有条件地允许网售处方药

当前，世界各国对互联网售药服务的态度不尽一致。其中，瑞士、意大利、西班牙等国完全禁止网上售药，瑞典的网上售药权由一家国营企业独享，英国、荷兰则基本持开放态度。

我国网络药品经营管理主要经历了三阶段政策调整。第一，2000 年之前，国家药监部门在《处方药与非处方药流通管理暂行规定》中要求"暂不允许采用网上销售方式"。第二，在 2000—2014 年，采取有条件地放开非处方药，明确提供互联网药品交易服务的企业，应当依法同时设立药品连锁零售企业，并只能在网上销售本企业经营的非处方药。第三，2015 年至今，处于逐步取消资质审批的政策调整和争议阶段。一方面，国务院积极释放加快处方药电子商务销售模式创新、放开网络处方药经营的政策信号；另一方面，药监部门在传达要限制甚至禁止网络处方药的信息。另外，国内大部分互联网药品零售的销售系统暂不能做到与医保报销系统有效对接，受制于政策和地域差异，医保系统和互联网药品经营平台对接存在政策难的问题。

2019 年 1 月 3 日，国家市场监督管理总局办公厅发布了《药品网络销售监督管理办法（送审稿）》。2022 年 8 月 3 日，国家市场监督管理总局公布了《药品网络销售监督管理办法》，并自 2022 年 12 月 1 日起施行。该办法对网售处方药制度进行了考虑和设计，试举以下三个方面进行说明。

第一，从事药品网络销售、提供药品网络交易平台服务，应当采取有效措施保证交易全过程信息真实、准确、完整和可追溯，并遵守国家个人信息保护的有关规定。通过网络向个人销售处方药的，应当确保处方来源真实、可靠，并实行实名制。药品网络零售企业应当与电子处方提供单位签订协议，并严格按照有关规定进行处方审核调配，对已经使用的电子处方进行标记，

---

[1] 参见李昕：《公立医院法律制度研究》，法律出版社 2018 年版，第 3 页。

避免处方重复使用。第三方平台承接电子处方的，应当对电子处方提供单位的情况进行核实，并签订协议。药品网络零售企业接收的处方为纸质处方影印版本的，应当采取有效措施避免处方重复使用。

第二，药品网络销售企业展示的药品相关信息应当真实、准确、合法。从事处方药销售的药品网络零售企业，应当在每个药品展示页面下突出显示"处方药须凭处方在药师指导下购买和使用"等风险警示信息。处方药销售前，应当向消费者充分告知相关风险警示信息，并经消费者确认知情。药品网络零售企业应当将处方药与非处方药区分展示，并在相关网页上显著标示处方药、非处方药。药品网络零售企业在处方药销售主页面、首页面不得直接公开展示处方药包装、标签等信息。通过处方审核前，不得展示说明书等信息，不得提供处方药购买的相关服务。

第三，向个人销售药品的，应当按照规定出具销售凭证。销售凭证可以以电子形式出具，药品最小销售单元的销售记录应当清晰留存，确保可追溯。药品网络销售企业应当完整保存供货企业资质文件、电子交易等记录。销售处方药的药品网络零售企业还应当保存处方、在线药学服务等记录。相关记录保存期限不少于5年，且不少于药品有效期满后1年。第三方平台应当保存药品展示、交易记录与投诉举报等信息。保存期限不少于5年，且不少于药品有效期满后1年。第三方平台应当确保有关资料、信息和数据的真实、完整，并为入驻的药品网络销售企业自行保存数据提供便利。

（四）医保制度需要尽早接入"互联网+医疗健康"

2015年9月8日，国务院办公厅发布的《国务院办公厅关于推进分级诊疗制度建设的指导意见》明确指出，"布局合理、规模适当、层级优化、职责明晰、功能完善、富有效率的医疗服务体系基本构建，基层首诊、双向转诊、急慢分治、上下联动的分级诊疗模式逐步形成，基本建立符合国情的分级诊疗制度"。建立分级诊疗制度，是合理配置医疗资源、促进基本医疗卫生服务均等化的重要举措，是深化医药卫生体制改革、建立中国特色基本医疗卫生制度的重要内容，对于促进医药卫生事业长远健康发展、提高人民健康水平、保障和改善民生具有重要意义。为了建立和推进分级诊疗制度，需要明确各级各类医疗机构诊疗服务功能定位、加强基层医疗卫生人才队伍建设、大力提高基层医疗卫生服务能力、全面提升县级公立医院综合能力、整合推进区域医疗资源共享、加快推进医疗卫生信息化建设等，同时需要与医保制度进行及时衔接。

2019 年 1 月 16 日，京东互联网医院宿迁分院正式上线，这是公立医院与平台型互联网医院的首次线上线下一体化合作。同时，随着宿迁医保体系与京东实现系统性打通，医药电商平台线上医保支付第一人于当天诞生，具有划时代的意义。至此，京东在宿迁实现互联网"医疗、医药、医保"闭环，打造出以患者为中心，连通"医—药—险"的"微笑就医曲线"，为消费者带来真正线上线下一体化的就医购药体验。

不过，京东互联网医院宿迁分院的做法，仅仅是一个局部探索和实践。作为"互联网+医疗健康"的最迫切痛点在于价格政策的空白。如果这一空白没有被填补，那么医保报销就无从谈起。但需要注意的是，医保接入不是全部接入，因为不是所有互联网诊疗行为都属于基本医疗卫生服务的范畴，因此无须全部纳入医保报销。对于非基本医疗卫生服务的部分，由患者全部负担或者大部分负担。

（五）加强患者权益保护，严格监督管理

1. 加强患者权益保护

"互联网+医疗健康"将传统的诊疗和保健模式由线下转移至线上，在优化服务流程和改善服务体验等方面的效果十分显著，但这也带来另一个问题，即相关主体在提供线上医疗健康服务的过程中，能否确保其效果至少不低于线下，患者的权益能否不受其害或者少受其害？实际上，无论是线上或者线下，只要有医疗健康的服务行为存在，就有可能发生侵权现象，甚至在互联网环境下更容易引发侵权现象，进而造成严重的后果。综合当前的医疗实践观察，主要涉及患者生命权、健康权、隐私权、个人信息保护等权益遭受侵害。

首先，医学人工智能的发展，如达芬奇机器人做手术，[1]不仅可以使手术更为精准，患者创伤更小，而且可以增加医生的视野角度，减少手部颤动，

---

〔1〕 达芬奇外科手术系统是一种高级机器人平台，其设计的理念是通过使用微创的方法，实施复杂的外科手术，其主要由三部分组成，分别为外科医生控制台、床旁机械臂系统、成像系统。达芬奇手术机器人是目前全球最成功及应用最广泛的手术机器人，广泛适用于普外科、泌尿科、心血管外科、胸外科、妇科、五官科、小儿外科等。达芬奇手术机器人在前列腺切除手术上应用最多，现在也已越来越多地应用于心脏瓣膜修复和妇科手术中。据悉，美国已经有 2000 多台达芬奇机器人，欧洲也有 600 多台，亚洲有 400 多台。由于技术垄断，所以在美国销售价为 1000 万元人民币的达芬奇机器人到了中国的售价变成了 2000 万元人民币一台。

以防止手术中的疲劳等。但是医学人工智能（包括医疗机器人）确实存在误诊甚至失控的情形，由此可能会给患者的生命权、健康权等权益造成损害，由医疗机构或者生产厂商承担民事责任。

其次，在"互联网+医疗健康"中，患者的许多诊疗信息和健康信息均被电子化，如果网络安全和系统安全得不到保障，那么患者隐私和个人信息外泄的情况将会发生。[1]我国《民法典》第111条更是明确规定："自然人的个人信息受法律保护。任何组织和个人需要获取他人个人信息的，应当依法取得并确保信息安全，不得非法收集、使用、加工、传输他人个人信息，不得非法买卖、提供或者公开他人个人信息。"我国《刑法》亦将侵犯公民个人信息的行为纳入规制范畴，并适用较为严厉的刑事处罚。

最后，医疗健康大数据的权利归属和利用，在我国一直是一个未被立法加以规定的难题，导致患者、医院、政府及其卫生健康主管部门等不同主体在健康医疗大数据上享有何种权利和承担何种义务不甚明晰。2018 年 7 月 12 日，国家卫生健康委员会发布了《关于印发国家健康医疗大数据标准、安全和服务管理办法（试行）的通知》，通过附件的形式公布了《国家健康医疗大数据标准、安全和服务管理办法（试行）》。该管理办法明确了健康医疗大数据的定义、内涵和外延，以及制定办法的目的依据、适用范围、遵循原则和总体思路等内容，明确了各级卫生健康行政部门的边界和权责，各级各类医疗卫生机构及相应应用单位的责权利，并对标准管理、安全管理和服务管理三个方面进行了规范，但并未完全解决上述问题，有待于未来进一步研究和立法。

2. 严格监督管理

(1) 明确"互联网+医疗健康"的监管主体。

目前，关于医疗领域的监管主体很明确，国家卫生健康行政部门是医疗行为的主管部门，也是监管部门。关于"互联网+医疗健康"监管的文件，也大都是由国家卫生健康行政部门制定和发布。但是"互联网+医疗健康"的许多内容已经超出了当前政府及其卫生健康主管部门的管辖范围。例如，互联网医疗中需要的信息技术属于国家工业和信息化部门的管辖范围；远程医疗

---

〔1〕 参见刘炫麟主编：《互联网医药法律问题研究》，中国政法大学出版社 2017 年版，第 144～145 页。

中广泛应用的健康数据监测设备、穿戴式治疗设备等则属于医疗器械的范畴，由国家市场监督管理部门管辖。按照目前的管理体制，"互联网+医疗健康"有可能分属于不同部门管辖，如果各部门"各管一段"，很容易导致部门权力的空白和重叠，从而产生职权错位或者缺位，影响监管的社会实效。因而，我国迫切需要各监管部门系统协同联动、紧密配合，共同监管"互联网+医疗健康"这一行业领域，对违法犯罪行为严惩不贷，起到应有的震慑作用。同时，对于不履行监管职责的监管机关和监管人员，应当及时追究其责任。

（2）积极构建"互联网+医疗健康"的行业标准。

我国"互联网+医疗健康"已处于逐步完善阶段。为促进"互联网+医疗健康"的发展，有必要制定明确的行业标准，主要包括技术标准和服务标准两方面。技术标准是指为"互联网+医疗健康"提供信息技术支持的系统、平台以及应用于远程诊疗的健康监测、诊疗设备等应当遵守的规范。服务标准则包括"互联网+医疗健康"行业的准入门槛、主体资质、范围边界、行为规范等内容。我国正在积极推进这方面的规范和立法，在这个过程中，需要充分调动行业协会的积极性，发挥其"智库"的作用。

（3）明确各方主体的权利、义务及责任。

由于"互联网+医疗健康"行为中参与主体众多，且可能导致损害的原因类型多样，为避免医疗纠纷，有必要对各方主体的权利、义务及责任作出明确界定。例如，在远程医疗中，应当明确规定医疗机构、医生、患者、技术平台各方的权利和义务，远程端医生、近端医生与患者之间的关系定性，不同原因导致的医疗损害的责任确定及划分等内容。[1]同时，为了分担公民在"互联网+医疗健康"中可能遭受的损害风险，可以尝试商业保险、专项基金的介入，建立分担机制，消除各主体的后顾之忧！

---

〔1〕 参见刘炫麟主编：《互联网医药法律问题研究》，中国政法大学出版社 2017 年版，第 292~293 页。

互联网诊疗需拿捏好分寸*

——写在《互联网诊疗监管细则（试行）》之前

　　《互联网诊疗监管细则（征求意见稿）》（以下简称《征求意见稿》）共七章四十一条，重点针对互联网诊疗的主体、内容、责任等方面的监管作出了规定。这是国家卫生健康委自 2018 年发布《互联网诊疗管理办法（试行）》《互联网医院管理办法（试行）》之后，互联网诊疗领域的首部细则性文件，回应了当前互联网诊疗中存在的先买药后补方、医生收入与药品收入挂钩、初诊与复诊的判断模糊不清等问题。《征求意见稿》的出台，意味着通过更严格的监管促进互联网诊疗向规范有序的方向发展，这是我国互联网诊疗法治建设的必由之路。笔者认为，《征求意见稿》在吸收各地经验和实践的基础上进行专项立法，其大部分条文是契合我国实际情况的，但也有一些条文需要完善。

一、需要明确三项原则

　　《征求意见稿》仅在第一章总则第 3 条规定了属地管理为主的监管原则。笔者认为，互联网诊疗改变了传统面对面的诊疗方式，重塑了医疗服务模式，对于这一新生事物，应当在具体条文中明确以下三项原则。

　　第一，坚持"鼓励创新和防范风险"原则。一方面要"加大油门"往前走，鼓励创新；另一方面又要能时刻踩住"刹车"，防范风险。《"十四五"电子商务发展规划》明确指出，建立健全互联网医疗监管规则，探索包容期

---

　　* 本文曾刊于发于《健康报》，鉴于《互联网诊疗监管细则（试行）》当前已经颁布，为了体现立法建议之原貌，未作修改。原文详可参见刘炫麟："互联网诊疗需拿捏好分寸"，载《健康报》2021年 11 月 18 日，第 7 版。

监管方式，其实就是该原则的体现。

第二，"线上线下一致"原则。无论是作为实体医疗机构第二名称的互联网医院，还是依托实体医疗机构单独获得《医疗机构执业许可证》的互联网医院，均应坚持"线上线下一致"监管，《征求意见稿》第6条规定的管理制度、第7条规定的校验制度、第12条和第17条规定的医患实名制度、第19条规定的电子病历质控制度、第27条规定的患者安全不良事件报告制度等均贯彻了这一原则。

第三，"社会共治"原则。互联网诊疗的监管不能仅靠行政监管，而是需要在此基础上充分发挥信用体系的约束作用、行业组织的自律作用以及专业化组织、社会舆论和公众的监督作用，通过综合监管最终实现社会共治的目标。这也是贯彻落实《国务院办公厅关于改革完善医疗卫生行业综合监管制度的指导意见》的应有之义。

二、服务可及性待提高

由于当前互联网诊疗仅限于部分常见病、慢性病复诊，以及"互联网+"家庭医生签约服务，因此对"复诊"如何准确认定，常常成为互联网诊疗实践中争议较大的问题，归根结底还是一个标准或者范围的确立问题。

《征求意见稿》第18条规定，患者就诊时应当提供具有明确诊断的病历资料，如门诊病历、住院病历、出院小结、诊断证明等，由接诊医师判断是否符合复诊条件，并采集证明患者已经确诊的纸质或电子凭证信息。这里将"复诊"交由医师认定，基本符合实际场景，具有较高的科学性。但对于"患者与医师以图文交互形式来证明过往诊断情况"是否可以纳入复诊，当前《征求意见稿》的规定是不明确的，也可以考虑将其列为一种独立的情形予以更加细致的规定，以提高现实可操作性。

从长远来看，鉴于目前行业普遍不具备上传凭证的基础，可以考虑在国家层面搭建处方流转渠道，加速实现数据互联互通，进一步畅通对"复诊"的认定，以方便患者网上就诊，提高优质医疗服务的可及性。

基因编辑婴儿：生命科技对法律的挑战*

　　2018 年 11 月 26 日，贺某宣布一对名为"露露"和"娜娜"的基因编辑婴儿已于 11 月在中国健康诞生，[1]这对双胞胎的一个基因（CCR5）经过修改，她们出生后即能天然抵抗艾滋病病毒（HIV）。这一消息迅速激起轩然大波，在世界范围内引起了震动。2019 年 1 月 21 日，广东省"基因编辑婴儿事件"调查组初步查明，该事件是贺某为追逐个人名利，自筹资金，蓄意逃避监管，私自组织有关人员，实施国家明令禁止的以生殖为目的的人类胚胎基因编辑活动。该事件所产生的影响并没有随着广东省调查组调查结果的公布而停止讨论，其所涉及的法律问题值得深入关注。

一、"基因编辑婴儿事件"的民法关切

　　首先，我国《民法典》第 13 条规定，"自然人从出生时起到死亡时止，具有民事权利能力，依法享有民事权利，承担民事义务"。第 16 条规定，"涉及遗产继承、接受赠与等胎儿利益保护的，胎儿视为具有民事权利能力。但是，胎儿娩出时为死体的，其民事权利能力自始不存在"。这些规定充分体现了 21 世纪民法的人文关怀。如果基因编辑行为给已经出生且为活体的婴儿造成损害（如该事件中的"露露"和"娜娜"），则该婴儿可以作为权利主体

---

　　* 第一部分内容曾刊发于《中国卫生法制》，本文在原有的基础上进行较大修改。原文详可参见刘炫麟："'基因编辑婴儿事件'的民法关切"，载《中国卫生法制》2019 年第 3 期。

　　〔1〕 2017 年 3 月至 2018 年 11 月，贺某通过他人伪造伦理审查书，招募 8 对夫妇志愿者（艾滋病病毒抗体男方阳性、女方阴性）参与实验。为规避艾滋病病毒携带者不得实施辅助生殖的相关规定，贺某策划他人顶替志愿者验血，指使个别从业人员违规在人类胚胎上进行基因编辑并植入母体。最终，有 2 名志愿者怀孕，其中 1 名已生下双胞胎女婴"露露"和"娜娜"，另 1 名在怀孕中，其余 6 对志愿者有 1 对中途退出试验，另外 5 对均未受孕。

以健康权受到损害为由提出请求。如果是未出生的胎儿（如该事件中另外1名已怀孕的家庭），一是可以扩大解释《民法典》第16条的规定，将胎儿视为具有民事权利能力，具有权利主体资格；二是由胎儿之母以健康权或者身体权受到损害为由提出请求。未来，我们可以借鉴《奥地利普通民法典》的规定，因为其确立了"胎儿自受孕时起受法律保护"的原则，使得保护更为周全。关于案由的选择，既可以选择违约之诉，亦可选择侵权之诉，但需要证明违约行为的存在或者损害的发生及严重程度，这显然并非易事。

其次，我国的现行卫生健康立法尚未对"医疗行为"进行界定，只是在1994年制定的《医疗机构管理条例实施细则》第88条中对"诊疗活动"作出过界定，但其外延较窄，不能契合日新月异的医学发展。于是，人体胚胎基因编辑活动属于科研行为还是医疗行为这一基础问题变得复杂和模糊起来。如果是科研行为，则只能按照一般侵权行为处理；如果是（试验性的）医疗行为，则需要考虑参与该试验活动的父母的知情同意权是否受到侵害，即贺某团队一方是否按照法律、法规的要求对试验过程中可能出现的脱靶等风险进行如实、全面告知。不过较为尴尬的是，如果仅以知情同意权受到侵害为由且不能证明现实损害发生的情况下主张侵权责任，则难以获得（充分的）赔偿，甚至只能依据知情同意书等获得较低数额的补偿。

最后，尽管已经出生的基因编辑婴儿"露露"和"娜娜"使用的是化名，但并不意味两人在未来的人生道路上不会遇到障碍，首当其冲的便是其隐私可能发生泄露的风险。尽管我国民事立法、健康立法均设置隐私权的保护条款，任何人均负有不得泄露他人隐私的注意义务，但参与基因编辑的人员、医疗机构及其医务人员、近亲属、新闻媒体等均有可能成为侵权主体。隐私一旦泄露，还可能给两人的就业带来不利影响，如就业歧视等问题。

根据我国《民法典》的规定，夫妻之间有互相忠实的义务，那么"露露"和"娜娜"是否需要以及何时告知自己的配偶自己曾经被基因编辑的事实，这一事实会不会影响到其配偶的结婚决定？另外，由于我国当前的民事立法并未规定自然人的被遗忘权，如果"露露"和"娜娜"有关被基因编辑的讯息严重干扰到两人的现实生活，其也将难以行使此项权利，这对自然人的人格权保护而言，其力度极其有限，亟须通过法治予以改变，以实现整体观照。

二、"基因编辑婴儿事件"：科研无禁区吗?

关于包含基因编辑在内的生命科技立法，在该事件发生之前，已经进行了一定的探索和发展。其中比较重要的有《人胚胎干细胞研究伦理指导原则》《涉及人的生物医学研究伦理审查办法》《基因工程安全管理办法》等，但是这些规范性法律文件也存在着一定的问题。一是立法的位阶太低，二是针对基因编辑的规定粗疏，难以直接适用。其中，最为密切相关的法律依据就是《人胚胎干细胞研究伦理指导原则》，该指导原则第 6 条第 1 款规定，"利用体外受精、体细胞核移植、单性复制技术或遗传修饰获得的囊胚，其体外培养期限自受精或核移植开始不得超过 14 天"。显然，本案中的贺某违反了这一规定，不仅引发了世人关于科技发展对健康法影响的深思，而且使世人检讨了社会上一些秉持"科研无禁区"的观点，即科研应当遵循法律和伦理的底线，如果毫无约束，一旦价值导向出了问题，带给人类的绝不是福祉，而是不可预知的灾难。

三、"基因编辑婴儿事件"引起的立法连锁反应

"基因编辑婴儿事件"的发生，让国人充分认识到相关领域当前立法之不足，这在很大程度上促成了我国立法的两大转向：一是伦理规范进入法律视野，进而成为一种具有法律强制力的法律规范，伦理法制化的需求受到社会各界的重视。二是提高了立法位阶。如前所述，我国在生命科技方面不是没有立法，而是立法位阶较低，这也决定了其"格局"大小，要么是不规定"罚则"，要么是"罚则"内容较少，不能起到有效的震慑规制作用。因此，迫切需要在高位阶的法律或政策上作出有力回应。

2019 年 12 月 30 日，基因编辑婴儿一案在深圳市南山区人民法院一审公开宣判。法院认为，贺某、张某和覃某 3 名被告人未取得医生执业资格，追名逐利，故意违反国家有关科研和医疗管理规定，逾越科研和医学伦理道德底线，贸然将基因编辑技术应用于人类辅助生殖医疗，扰乱医疗管理秩序，情节严重，其行为已构成非法行医罪。根据 3 名被告人的犯罪事实、性质、情节和对社会的危害程度，依法判处被告人贺某有期徒刑 3 年，并处罚金 300 万元；判处张某有期徒刑 2 年，并处罚金 100 万元；判处覃某有期徒刑 1 年 6

个月，缓刑 2 年，并处罚金 50 万元。[1]

陈兴良教授曾在接受采访时表示，"三名被告人在未取得医生执业资格的情况下实施医疗行为，违反国家禁止性规定，把不成熟的技术非法用到人类身上，已属于情节严重，符合非法行医罪的构成要件。法院以非法行医罪对被告人判决相应的刑罚，符合罪责刑相适应的刑法基本原则。即使有医生执业资格的人员，也不得实施违反医疗管理规定的行为，如果实施了本案的行为，造成了严重后果或有其他恶劣情节，也要按照刑法的规定追究法律责任"。尽管将具有社会危害性的基因编辑婴儿行为纳入"非法行医罪"的罪名之下进行处理，是当时一种比较妥适且有法律依据的做法，但是针对性不强，这同样引起国家立法机关的重视。

2019 年 12 月 28 日通过的具有基础性、综合性地位的《基本医疗卫生与健康促进法》率先在法律层面进行回应，其第 32 条第 3 款规定，"开展药物、医疗器械临床试验和其他医学研究应当遵守医学伦理规范，依法通过伦理审查，取得知情同意"。本款中所规定的"其他医学研究"就包括了基因编辑的研究。2020 年 5 月 28 日通过的《民法典》以民事基本法的身份对基因编辑行为进行了民法上的规制，其第 1009 条规定，"从事与人体基因、人体胚胎等有关的医学和科研活动，应当遵守法律、行政法规和国家有关规定，不得危害人体健康，不得违背伦理道德，不得损害公共利益"。与人体基因有关的医学和科研活动，包括基因鉴定、基因制药、基因诊断、基因治疗、基因编辑、基因克隆等，《民法典》人格权编对此作出规定，旨在更加重视人的生命保护和人格尊严。2020 年 12 月 26 日通过的《刑法修正案（十一）》明确指出，"在刑法第三百三十六条后增加一条，作为第三百三十六条之一：将基因编辑、克隆的人类胚胎植入人体或者动物体内，或者将基因编辑、克隆的动物胚胎植入人体内，情节严重的，处三年以下有期徒刑或者拘役，并处罚金；情节特别严重的，处三年以上七年以下有期徒刑，并处罚金"。这一条文增设，对基因编辑行为的刑法规制有了更为明确的法律依据，针对性显著增强，宣导和威慑的作用将进一步提升。

值得一提的是，受"基因编辑婴儿事件"的影响，以及前述数部法律的

---

[1] 刘玲："'基因编辑婴儿'案一审宣判 贺建奎因非法行医罪被判三年"，载 https://baijiahao.baidu.com/s？id＝1654338104962317918&wfr＝spider&for＝pc，最后访问时间：2022 年 7 月 5 日。

规定，2021 年 8 月 20 日通过的《医师法》对医师开展医学临床研究不仅重申了要求，而且设置了相应的行政处罚。具体而言，《医师法》第 23 条将"遵循临床诊疗指南，遵守临床技术操作规范和医学伦理规范等"明确作为医师执业活动中的义务。该法第 26 条规定，"医师开展药物、医疗器械临床试验和其他医学临床研究应当符合国家有关规定，遵守医学伦理规范，依法通过伦理审查，取得书面知情同意"。虽然此条来源于 1998 年《执业医师法》的相关规定，[1]但又在此基础上有所超越，最为显著的变化就是将规制的范围进一步拓展，即采用"医学临床研究"代替"实验性临床医疗"。义务的违反会产生法律责任，因此在《医师法》的法律责任（第六章）部分规定对违反医师职业道德、医学伦理规范的行为进行严惩。《医师法》第 58 条规定，"严重违反医师职业道德、医学伦理规范，造成恶劣社会影响的，由省级以上人民政府卫生健康主管部门吊销医师执业证书或者责令停止非法执业活动，五年直至终身禁止从事医疗卫生服务或者医学临床研究"。由此可见，医师实施严重违反医师职业道德、医学伦理规范的行为，可以对其进行终身禁业的行政处罚，这也是本次《医师法》的立法亮点之一。

四、规定了医师终身禁业就成功了吗？

"终身禁业"不是一个新名词，我国《食品安全法》《教师法》《证券法》《律师法》《道路交通安全法》《公务员法》《会计法》等均有对相关主体"终身禁业"的规定，但是在以医师为主体的医疗领域，这项制度一直阙如。"基因编辑婴儿事件"让我们再次审视在医疗领域建立"终身禁业"制度的必要性，我国在制定《医师法》时以问题为导向，重在回应社会公众之关切，率先在医师群体建立了该项制度。

制度的建立并不代表万事大吉，随着《医师法》的正式实施，如何进行准确的法律适用，是首要的问题，尤其对于行政执法部门而言，更是如此，否则该制度的立法目的和规制效果均难以实现。在笔者看来，至少有两大层面的问题需要得到重视和破解：

一是如何认定"严重违反医师职业道德、医学伦理规范"，这恐怕难以作

---

〔1〕 我国 1998 年《执业医师法》第 26 条第 2 款规定，"医师进行实验性临床医疗，应当经医院批准并征得患者本人或者其家属同意。"《执业医师法》已废止。

出统一的尺度或者设定统一的标准，因为每个案件均有自身的特殊性，如果贸然设定一定的尺度或者标准，常常会产生"挂一漏万"的情况，但是不作规定又会陷入难以操作的"泥潭"。国外大部分国家都建立了医师的"限期禁业"制度，并没有规定医师的"终身禁业"制度，但是有些国家可以通过拒绝为之办理执业注册实现"终身禁业"的效果。例如，奥地利对医生的纪律处分包含"暂时取消该专业的从业资格"和"从医生名单中删除"两种。其中，"从医生名单中删除"的处分如何直接适用并无详细规定，但规定了如果行为人被"暂时取消该专业的从业资格"后仍行医，则应特别实施"从医生名单中删除"的纪律处分，除非在案件的特定情况下有较轻的处罚。但其也规定"从医生名单中删除"的行为人，三年内没有从事过医疗工作的，可以在医生名单上重新登记，但奥地利医学协会也可以拒绝续期注册。关于何种情形构成"严重违反医师职业道德、医学伦理规范"，当前学术界的研究是严重不足的，这必将制约该条的法律适用。

二是我国《医师法》为了谨慎适用"终身禁止"制度，将行政处罚的作出主体由通常的"县级以上人民政府卫生健康主管部门"提升至"省级以上人民政府卫生健康主管部门"，这样的考虑具有一定的合理性。但是现实情况则是，大量的卫生执法案件不是由省级以上人民政府卫生健康主管部门作出的，而是由县级以上人民政府卫生健康主管部门作出的。但是也存在一定的例外，那就是涉及省级卫生健康行政部门主管的医疗机构（及其医务人员）。若是他们实施了"严重违反医师职业道德、医学伦理规范"的行为，省级卫生健康主管部门可以作出"终身禁业"的行政处罚。但问题在于，如果不是省级卫生健康行政部门主管的医疗机构（及其医务人员）实施了"严重违反医师职业道德、医学伦理规范"的行为，那么通常只能由县级卫生健康主管部门提出处罚建议，然后由省级卫生健康主管部门作出处罚。但是无论是哪一种，都有可能造成省级卫生健康行政部门不愿意作出"终身禁业"的行政处罚，使《医师法》第58条处于被"搁置"状态。与其说医师"终身禁业"行政处罚的作出需要更高的权威认定，倒不如说是对我国医师行业自律不足、行业规范缺失的"修补"，但愿过渡的时间不要太长。

五、生命科技与健康法的关系

"基因编辑婴儿事件"在社会上也引发了生命科技发展与健康法之间关系

的讨论。整体来看，生命科技与健康法存在着十分紧密的关系。一方面，生命科技的发展，会带来许多积极的影响，如某些研制的新药延长人的寿命、某些研制的医疗器械促进人的健康、脑机接口（Brain Computer Interface, BCI）大大提升了患者的肢体运动能力等，只要其符合法律和伦理规范，那么健康法就应当对其进行肯认，并保障其发展。如果健康法没有相关规定，说明其已经滞后于社会现实，就应当通过立法、修法和释法等行为作出适当的回应。另一方面，生命科技的发展有时会产生消极的影响，不仅有可能践踏人格尊严，而且有可能关涉公众安全，甚至会上升为国家安全，此时健康法也需要对照自身，只不过此时已经不再是确认和保障其发展，而是禁止或者限制其发展，并借助法律责任之"利剑"，使其不敢或者不值得从事这一违法行为。从这个意义上说，生命科技与健康法的关系是相互促进、相互影响的。

2021年3月16日，国家卫健委发布了《涉及人的生命科学和医学研究伦理审查办法（征求意见稿）》，并面向社会公开征集意见。2023年2月18日，国家卫生健康委员会、教育部、科技部、国家中医药管理局联合印发了《涉及人的生命科学和医学研究伦理审查办法》。与2016年出台的《涉及人的生物医学研究伦理审查办法》相比，该审查办法在立法目的上更加凸显促进生命科学和医学研究健康发展，以及规范涉及人的生命科学和医学研究伦理审查工作，一个基本的指导思想就是凡涉及人的生物医学研究均应纳入伦理审查的范围，进一步凸显伦理委员会的职能和作用，强化卫生健康行政部门的监管，并通过具体列举的方式对何谓"涉及人的生物医学研究"进行框定：一是采用物理学、化学、生物学等方法对人的生殖、生长、发育、衰老进行研究的活动；二是采用物理学、化学、生物学、中医药学和心理学等方法对人的生理、心理行为、病理现象、疾病病因和发病机制，以及疾病的预防、诊断、治疗和康复进行研究的活动；三是采用新技术或者新产品在人体上进行试验研究的活动；四是采用流行病学、社会学、心理学等方法收集、记录、使用、报告或者储存有关人的涉及生命科学和医学问题的生物样本、医疗记录、行为等科学研究资料的活动。"基因编辑婴儿事件"暴露出伦理合规性审查和监管不足的问题，所以对涉及人的生物医学研究将按照行政隶属关系在监管上进行补强。

2022年3月，中共中央办公厅、国务院办公厅联合印发了《关于加强科技伦理治理的意见》，明确指出"伦理先行"的治理要求，即"加强源头治理，注重预防，将科技伦理要求贯穿科学研究、技术开发等科技活动全过程，促进科技活动与科技伦理协调发展、良性互动，实现负责任的创新"，同时强调"压实创新主体科技伦理管理主体责任"，要求"高等学校、科研机构、医疗卫生机构、企业等单位要履行科技伦理管理主体责任，建立常态化工作机制，加强科技伦理日常管理，主动研判、及时化解本单位科技活动中存在的伦理风险；根据实际情况设立本单位的科技伦理（审查）委员会，并为其独立开展工作提供必要条件。从事生命科学、医学、人工智能等科技活动的单位，研究内容涉及科技伦理敏感领域的，应设立科技伦理（审查）委员会"。而"基因编辑婴儿事件"的发生，也让我们更加认识到伦理与法律双重治理的重要性和必要性。

只有科技向善，方能造福人类，否则将是灾难！

医学生跪地救人：好人有风险吗？[*]

◦◦◦◦◦◦◦

2020 年 8 月，两名医学生跪地救人遭恶评的消息在网上引发热议。事发当天，在某地火车站，一名男子突然倒地，两名医学生看到后立即上前按压施救、进行人工呼吸，整个过程持续近 20 分钟，直到救护车到达现场前，两人一直没有放弃。这段救人的视频在网上迅速传播，却遭到一部分网友的恶搞——"次日男子家属把两名学生告上法庭，原因是两个女生没有行医资格证，这剧情怎么样"。这名网友的调侃引起各方的不满，男子的家属表示："今后遇到了困难，很多人就不敢伸手了。不明真相随便评论是不道德的行为。"两名医学生所在的成都中医药大学随后也表示："我们的学生以自己的实际行动践行医学生誓言，体现了医学生的良好素养。"在成都中医药大学于 2020 年 9 月 21 日举行的开学典礼上，这两名医学生获得四川省优秀毕业生、"平凡之善"、校长特别奖等荣誉。新闻的结尾是"暖心"的，但"愿不愿救、敢不敢救"这个老问题，却依然摆在公众面前。

一、自愿紧急救助早有规定

2017 年 3 月 15 日，我国《民法总则》通过，其出台大大缓解了"敢不敢救"的难题。该法第 184 条规定："因自愿实施紧急救助行为造成受助人损害的，救助人不承担民事责任。"这一规定有效弥补了 1986 年《民法通则》（已废止）第 109 条仅对"因防止、制止国家的、集体的财产或者他人的财产、人身遭受侵害而使自己受到损害"有所规定，但"受助人受到损害应如何解决"却无相关规定的不足。

---

* 部分内容曾刊发于《健康报》，本文有较大修改。原文详可参见刘炫麟："紧急施救'责任豁免'该如何适用"，载《健康报》2020 年 9 月 24 日，第 7 版。

我国 2017 年《民法总则》第 184 条具有两层含义：一是对自愿施救的利他行为给予肯定和鼓励；二是明确指出该救助属于一种特殊救助义务，即便是造成受助人一定的损害，仍应豁免其民事责任。不过，从立法条文的演变过程考察，该条的出台并不顺利，而是在经过激烈争论并综合考虑各种因素之后才最终确立。

2020 年 5 月 28 日，新颁布的《民法典》完整地继受了我国 2017 年《民法总则》第 184 条的规定，未作任何修改，这在一定程度上表明，2017 年《民法总则》自实施三年来，总体上是契合我国司法实践的，基本上取得了预期的社会实效。但同时应当看到，2017 年《民法总则》实施以来，存在一部分人可能误解该条的情况，其中一个最为核心的问题就是该条的法律适用条件，即仅适用于"自愿"施救的情形。

社会上有疑问的是，如果是医务人员、具有救护员资格的人员等实施救助，能否直接适用《民法典》第 184 条，是属于道德层面上的自愿救助，还是属于法律层面上的法定救助？这是 2017 年《民法总则》实施之后、《民法典》出台之前这一期间没有完全解决的问题。

我国《民法典》将人格权独立成编，不仅是立法体例上的一大创新，而且在内容上更加强调和彰显以自然人为核心的人格权保护，典型适例之一便是《民法典》第 1005 条，其明文规定："自然人的生命权、身体权、健康权受到侵害或者处于其他危难情形的，负有法定救助义务的组织或者个人应当及时施救。"尽管该条没有明确界定哪些属于"负有法定救助义务的组织或者个人"，但其就此与《民法典》第 184 条所规定的"自愿施救"情形划定了一条泾渭分明的界限，即负有法定救助义务的组织或者个人对他人施救不属于自愿施救的范畴，因而不能直接适用《民法典》第 184 条的规定，相应地也就不能因自身存在过失行为而主张完全的民事责任豁免。[1]

二、医务人员是否属于"法定救助人员"

医疗机构是否属于负有法定救助义务的组织？医务人员、红十字会救护员等是否属于负有法定救助义务的人员？从我国现行法律规定来看，不可一

---

[1] 关于自愿施救和法定施救的关系问题，笔者将在后文专门探讨，在此不赘。

概而论，需要结合具体的场景进行类型化探讨。

（一）医务人员的院内紧急施救

如果医务人员是在医疗机构内紧急施救，我国《医疗机构管理条例》第31条规定："医疗机构对危重病人应当立即抢救。对限于设备或者技术条件不能诊治的病人，应当及时转诊。"我国《医师法》第27条第1款和第2款规定："对需要紧急救治的患者，医师应当采取紧急措施进行诊治，不得拒绝急救处置。因抢救生命垂危的患者等紧急情况，不能取得患者或者其近亲属意见的，经医疗机构负责人或者授权的负责人批准，可以立即实施相应的医疗措施。"我国《护士条例》第17条第1款规定："护士在执业活动中，发现患者病情危急，应当立即通知医师；在紧急情况下为抢救垂危患者生命，应当先行实施必要的紧急救护。"由此可见，医务人员在院内实施紧急救助属于法定义务，至于受助人是否与医院存在医疗合同关系在所不论。

（二）医务人员的院外紧急施救

如果医务人员是在院外紧急施救，如医务人员或者红十字会救护员等在飞机、列车、汽车、影院、公园等公共场所施救，也与自身肩负的职责相符。我国《医师法》第3条规定："医师应当坚持人民至上、生命至上，发扬人道主义精神，弘扬敬佑生命、救死扶伤、甘于奉献、大爱无疆的崇高职业精神，恪守职业道德，遵守执业规范，提高执业水平，履行防病治病、保护人民健康的神圣职责。医师依法执业，受法律保护。医师的人格尊严、人身安全不受侵犯。"第27条第3款规定，"国家鼓励医师积极参与公共交通工具等公共场所急救服务；医师因自愿实施急救造成受助人损害的，不承担民事责任。"我国《基本医疗卫生与健康促进法》第51条第1款规定："医疗卫生人员应当弘扬敬佑生命、救死扶伤、甘于奉献、大爱无疆的崇高职业精神，遵守行业规范，恪守医德，努力提高专业水平和服务质量。"该法第27条第2款规定："卫生健康主管部门、红十字会等有关部门、组织应当积极开展急救培训，普及急救知识，鼓励医疗卫生人员、经过急救培训的人员积极参与公共场所急救服务。公共场所应当按照规定配备必要的急救设备、设施。"此外，铁道部、卫生部、中国红十字会总会于2003年2月27日印发的《旅客列车急救药箱管理办法（暂行）》也具有一定的示范和参考价值。其第10条规定:"医务工作者要发扬救死扶伤和人道主义精神,到达现场后出示证件并积极投入对患者的救治。"第11条规定:"在紧急救治中,医务工作者应当将患者的病情、医疗措施、医疗风险等如实告知患者或同行的旅客,但应当避免对患者产生不利后果。……"这些规定均鼓励医务人员对突发疾病的患者进行救助。但这些义务的规定,首先不是法定义务,其次不是法律上的义务,而应认定为道德上的义务更为适宜。对上述规定的违反,虽然有违医务人员的使命与职责,应当受到道德上的谴责,但并不应带来法律上的责任承担。

（三）医学生的院外紧急施救

对于尚未取得医师执业资格（如医学生）或者尚未取得救护员证书的人员,他们虽然掌握了一定的医学或者专业救助知识,甚至掌握了一定的救助技能,但从法律的本旨和现实情况考虑,不宜将其与已经在医疗机构执业的医务人员和经过培训合格取得救护员资格等人员等同视之,因为他们尚处于"准医生""准救护员"阶段。从鼓励紧急施救的角度考虑,应当将其行为视为利用专业特长进行的施救,与一般主体施救没有本质差别,不宜对其施加过高的注意义务。换言之,其行为符合《民法典》第184条所规定的情形,构成责任豁免。因此,案件中的两位医学生跪地救人行为,积极践行了医学生誓言,[1]我们应当为之点赞。

三、善意的提示与期望

2021年1月1日,《民法典》已经正式施行。对于一般主体的自愿施救,可以直接适用《民法典》第184条的规定。考虑到有的救助人未受过专业的救助训练,尚未掌握专业救助技能,其在因施救行为造成受助人损害的情形下直接免责,以鼓励其在紧急情况下施以援手,消除其后顾之忧。

对于医务人员而言,虽然自身秉具治病救人的职责,也高于社会对一般人的期待,但是从本质上讲,其在公共场所（即医疗机构之外）实施紧急救助,且没有先行为引起的作为义务,因此这一场景下主要是道德义务,而非

---

[1] 医学生誓言:"健康所系,性命相托。当我步入神圣医学学府的时刻,谨庄严宣誓:我志愿献身医学,热爱祖国,忠于人民,恪守医德,尊师守纪,刻苦钻研,孜孜不倦,精益求精,全面发展。我决心竭尽全力除人类之病痛,助健康之完美,维护医术的圣洁和荣誉。救死扶伤,不辞艰辛,执着追求,为祖国医药卫生事业的发展和人类身心健康奋斗终生。"

法定义务。同时，让医务人员这一具有专业知识和专业技能的人员进行施救，受助人被救助的成功率将大大提升，更有利于保障受助者的生命健康权益。实践中，不能也不宜将这种道德义务强制上升为法定义务，避免引起法定义务的泛化。换言之，除"法"规制的领域，也应当有"德"感召的空间，这就是"依法治国"和"以德治国"相结合的重要体现。

关于自愿紧急施救，实际上应当进行分层。如果有医务人员等专业人员在场，还是应当优先由专业人员进行施救，只有在专业人员缺位的情况下，才考虑由一般的社会公众负责施救，这是自愿施救的指导原则。经过初步判断，如果不是十分紧急且会危及受助人的生命，可以联系相关的单位或者机构（如拨打120急救中心电话），寻求专业机构的服务，但是如果事发紧急且危及受助者生命安全，或者受助者的健康权严重受损，那么可以对其进行施救。因为在实践中，已经发现了一部分受助者因为部分非专业人士的施救而造成二次伤害。面对这样的结果，受助者不想看到，也非救助人所愿。

由此可见，国民的健康教育和健康素养（如急救知识和技能的普及）对于一个国家、一个民族、一个公民而言，是何等的重要：只有自己掌握了急救知识和技能，才能对他人施以援手，只有他人掌握了急救知识和技能，才能对自己施以援手，可谓"唇齿相依"，我为人人，人人为我。这是社会法"集体之人"人像与私法"个体之人"人像的重要区别。[1]此外，在我国当前救助体系尚不完善的情况下，受助人常处于非常不利的境地，不仅其自身的生命健康权益无法保障，也不符合健康法的精神！

---

〔1〕 赵红梅："个体之人与集体之人——私法与社会法的人像区别之解析"，载《法商研究》2009年第2期。

自愿施救与法定施救：从医生在列车救人案讲起

风险（risk）的内涵当然不止于已经发生的影响和损害。[1]事实上，我们已经生活在一个高度风险化的社会。我们能确定的是昨天发生了什么，因为那已经成为过去。但是我们对今天正在经历什么以及明天即将来临什么，往往都是不可知的，充满了诸多不确定性。无论是因为外在因素介入（如环境污染、高空抛物等），还是内在的因素引发（如突发疾病、疲劳驾驶引发交通事故等），一部分人的生命健康正在或者即将受到威胁，需要得到他人的救助。救助大致可以分为两种：一是自愿施救，二是法定施救。我国《民法典》对其均作出相关规定，以更好地为人类提供福祉。不过，自愿施救和法定施救均有其自身的法律适用条件，若不能厘清划定，将会导致法律适用的混乱，轻则导致当事人权利义务的失衡，重则影响到诚信社会的建设和社会秩序的安定。

一、医生列车救人引发的紧急施救问题

2019 年 3 月 17 日，有一位陈医生乘坐由柳州开往南宁的 D3563 次动车。途中，列车突然响起了广播，称 3 号车厢有一名男性乘客突发不适，急需一名医务人员帮助救治。陈医生听到广播后，便毫不犹豫地赶往 3 号车厢。经过询问和查体，陈医生考虑可能是胃肠功能紊乱、肠炎，建议吸氧，列车上提供备用药箱里有藿香正气丸，就地取材给患者口服，之后这名男性乘客腹痛慢慢得以缓解。同时，陈医生建议这名男性乘客下车后到医院去诊治，并进行腹部彩超及肠镜检查，以确诊和排除其他疾病可能。

---

〔1〕 ［德］乌尔里希·贝克：《风险社会　新的现代性之路》，张文杰、何博闻译，译林出版社 2018 年版，第 23 页。

然而，就在陈医生准备返回自己的车厢座位时，列车机组人员让其出示医师证，陈医生则表示，自己没有随身携带医师证。列车机组人员又提出查看陈医生的身份证和车票，并进行拍照存案；同时，要求她写一份情况说明，并且必须要在文末注明以上内容系她本人亲笔所写，然后签名，留下具体联系方式。更令陈医生不能接受的是，列车机组人员对陈医生救治男性乘客的过程，进行了全程录像。

2019 年 3 月 19 日，南宁客运段领导带着当事工作人员当面向陈医生致歉，希望得到谅解。

尽管此案已经过去了数年之久，但是其所反映的法律问题却非常重要。例如，列车机组人员到底有没有权利向陈医生索要医师证？陈医生在列车上对患者进行救治的行为是否构成超执业地点或者超执业范围行医？列车机组人员为什么要求陈医生亲自书写一份情况说明？当然，还有一个最重要的问题是，对于广大医务人员而言，院外施救是否存在法律风险？笔者经常接到一部分医务人员的咨询，他们最关注的不是受助人被救治成功之后对他们的赞美，甚至锦旗相送，而是担心如果院外施救造成了他人的损害，是否需要承担相应的法律责任？这个问题曾长期困扰着广大医务人员。

医务人员自愿施救与普通公民自愿施救的显著区别在于二者的专业素养和救治能力不同。通常而言，前者远超后者，对于受助者生命权、健康权等权益保障更加有力，不过也恰恰因为如此，导致社会公众对医务人员自愿施救具有更高的预期，亦容易在受助者伤亡的舆论事件中处于弱势地位。要讲清楚这一问题，就必须认真考察我国《民法典》第 184 条（2017 年《民法总则》第 184 条）的立法背景和立法变迁。

二、自愿施救的立法背景与变迁

（一）自愿施救的立法背景

从 2006 年的"南京彭宇案"，到 2011 年的"小悦悦事件"，再到 2017 年的"河南驻马店女子斑马线被撞遭二次碾压"事件，无论是否构成自愿施救，但讨论核心都与自愿施救有关。

为何许多路人对自愿施救保持"冷漠"？原因有多种，但有两个很重要的原因不容忽视：一是救助人担心因此"被讹"，徒增法律风险，本着"多一事不如少一事"的态度选择离开或者旁观。二是因为救治技能存在欠缺,为了避免患者遭受不必要的二次伤害,所以选择消极的不作为。但是这样一来,许多需要救助的自然人常因失去了最佳救治时间,而发生更大的损害或者出现更为严重的后果,这显然不符合中华民族乐于助人的文化传统。

从司法实践的角度考察,已经涌现出两种异化现象:一是好心的自愿施救,被受助人"讹诈"要求赔偿,导致一部分救助人从此心灰意冷;[1]二是所谓的救助人,实际上是真正的侵权人,但自称是自愿施救,企图逃避相关法律责任,前文所述的"南京彭宇案"即为典型。因此,褒扬见义勇为,匡正社会风气不能仅仅停留于道德褒奖与舆论颂扬层面,完善立法才能凸显充分的保障。鉴于此,《民法典》借鉴其他国家的"好撒玛利亚人法",给予救助人最切实的法律保障。[2]

(二) 自愿施救的立法变迁

我国《民法典》总则编是在 2017 年《民法总则》的基础上进行编纂的,除为数不多的几处修改之外,绝大部分条文被完整地保留下来,其中就包括《民法典》第 184 条和《民法总则》第 184 条,二者完全一致。

在制定《民法总则》第 184 条时,曾经引起了一些争论:一是对此问题要不要在《民法总则》中作出规定?二是如果作出规定,应当如何平衡保护救助人和受助人之间的权利义务?对此社会各界暂时还不能达成一致意见,有的倾向于保护救助人,有的侧重于保护受助人,而最难的就是如何对救助人和受助人进行均衡保护,尤其是在我国除要求相关主体承担法律责任(如损害赔偿等)之外尚无更多救助渠道或者兜底的情况下,这个平衡点难以找到。

在 2017 年《民法总则》立法的初期,无论是一审稿,还是二审稿,实际上均没有对此作出规定。但社会实践的发展绝不会因为法律没有作出规定而停止,一些案例相继出现之后,也在一定程度上促使立法机关重新评估是否

---

[1] 自 2009 年至 2016 年 11 月共发生了约 75 例"扶人案件",其中扶人被讹者有 48 例,"扶不扶"成为一个让人纠结的问题。参见刘鑫:"国外好撒玛利亚人法及对我国的立法启示",载《法学杂志》2017 年第 9 期。
[2] 中国审判理论研究会民事审判理论专业委员会:《民法典总则编条文理解与司法适用》,法律出版社 2020 年版,第 334 页。

应当对其作出规定，以指导我们的社会生活。否则，就有可能因为法律没有规定或者规定不明晰而使得各地法院的裁判不同，进而出现了同案不同判的现象，破坏了法律适用的统一。如此，又怎会"让人民群众在每一个司法案件中感受到公平正义"呢？

立法机关从《民法总则》三审稿（第 187 条）开始对自愿施救作出规定，即"实施紧急救助行为造成受害人损害的，除有重大过失外，救助人不承担民事责任"。这样的规定，引起了两个方面的争议和讨论：一是紧急救助行为的应用场景不清晰，因为紧急救助包括自愿紧急救助和法定紧急救助，二者区分的主要根据就是救助人是否负有法定救助义务。这两种不同的应用场景却适用同样的规则，显然不妥。二是在自愿施救的情况下，是否需要规定"重大过失"需要承担民事责任？

从国外的立法例考察，1959 年，美国加利福尼亚州制定了第一部《好撒玛利亚人法》。该法明确规定，为他人提供免费服务的专业人士，在其施救过程中即便因轻微过失给受救助者造成损失，仍然应当免除其责任。[1]《法国刑法典》规定，"任何人在不给自己或第三方造成危险且其能够提供救助的情况下故意不救助处于危险中的受害者，可能会被判处 5 年的监禁刑和高达 75 000 欧元的罚款"。《德国刑法典》规定，"在意外事故或公共危险的紧急时刻，有能力实施救助且不给自己带来潜在危险或者不违反其他重要职责的情况下不提供救助者将被处以不超过一年的监禁刑或者罚款"。[2]

在国内地方立法实践中，2013 年出台的《深圳经济特区救助人权益保护规定》是全国首部对紧急施救作出系统规定的地方性法规，其首先界定了救助人的内涵，即"本规定所称救助人，是指没有法定义务或者约定义务，对在紧急情况下遭遇人身损害或者人身损害危险的人，自愿提供救助的自然人"。其第 4 条更是明确规定，"被救助人主张救助人在救助过程中未尽合理限度注意义务加重其人身损害的，应当提供证据予以证明。没有证据证明或者证据不足以证明其主张的，依法由被救助人承担不利后果"。换言之，如果有证据证明救助人在自愿紧急施救的过程中存在故意或者重大过失，实际上也是需要承担责任的。

---

〔1〕 陈清："英美法系侵权法上救助义务研究"，载《河北法学》2012 年第 7 期。
〔2〕 刘鑫："国外好撒玛利亚人法及对我国的立法启示"，载《法学杂志》2017 年第 9 期。

如果救助人存在故意造成受助人损害让其承担责任，其正当性较强，也不存在什么大的争议，可以直接适用我国《民法典》侵权责任编的规定。但是在救助人主观上存在重大过失的情况下，是否仍应豁免其民事责任？这实际上是存在争议的。我国《民法总则》三审稿（第187条）采取了肯定的态度。但问题在于，这样的规定会不会因为重大过失难以界定而导致救助人心存后顾之忧呢？答案是肯定的。试想一下，没有法定或者约定义务的救助人对受助人进行紧急施救，如果存在后顾之忧，通常会有两种选择：一是本着"乐于助人"的精神、冒着风险进行施救，"祈求"受助人得到了及时的救助，或者尽管发生了死亡或者损害的后果，但是受助人及其近亲属秉持诚实信用的原则，具有较高的道德品格，不追究救助人的法律责任而避免了法律风险。二是救助人为了从根本上预防法律风险的产生而选择"冷漠"，最多承担的是道德上的否定评价。可是如此以来，鼓励施救的立法初衷就难以实现。

实践中，对于重大过失这一饱含模糊定性和重在描述的法律术语，往往需要进行个案判断，不易掌握。例如，在对受助人进行心肺复苏的过程中按断了2根肋骨，此时救助人是否构成重大过失？从实践来看，由于受助者的年龄、体质等因素，在实施心肺复苏术的规程中按断肋骨乃常见现象，一般的社会公众会认为不构成重大过失。但问题在于，如果说按断2根肋骨不构成重大过失，那么按断3根甚至4根算不算呢？从量变到质变，需要有一个临界点。当然，尽管从损害后果不能简单倒推或者判定主观状态的类型与程度，而应考察其是否尽到了合理的注意义务，但这在一定程度上也是其主观状态在客观结果上的反映，常常会让一些社会公众认为救助者存在重大过失。

由于《民法总则》三审稿引起了一些争论，所以四审稿（第187条）又在三审稿（第187条）的基础上进行修正，其规定："因自愿实施紧急救助行为造成受助人损害的，救助人不承担民事责任。但是救助人因重大过失造成受助人不应有的重大损害的，承担适当的民事责任。"与三审稿（第187条）相比，四审稿（第187条）的改革和进步是显而易见的。首先，它明确区分了自愿紧急施救和法定紧急施救两种不同的应用场景，其仅适用于没有法定或者约定义务对受助人进行施救的情形。其次，如果仅是救助人存在重大过失，也并不意味着其一定要承担民事责任，还需要同时满足"造成受助人不应有的重大损害"的构成要件。最后，如果救助人因重大过失造成受助人不应有的重大损害的，也不再坚持侵权法上的完全赔偿原则，只是承担适当的民事责任。

四审稿（第 187 条）在内容上的变化，整体上是向救助人的权益倾斜的，目的就是让救助人更加没有后顾之忧地去实施自愿紧急救助，进而更好地保障受助人的生命权和健康权。但是这样的规定并没有从根本上消除救助人的后顾之忧。因为此时都是个人行为，并非执行单位指示、命令的职务行为，因此只能用个人财产承担赔偿责任，而难以用替代责任保护自身。退一步讲，即便是因职务行为造成他人损害由用人单位先行承担了替代责任，那么它也可以根据《民法典》的相关规定进行追偿，最直接的依据就是第 1191 条第 1 款规定，"用人单位的工作人员因执行工作任务造成他人损害的，由用人单位承担侵权责任。用人单位承担侵权责任后，可以向有故意或者重大过失的工作人员追偿"。尽管医务人员构成侵权的情况下能否适用《民法典》第 1191 条的规定还存在一定的争议，但是这种法律风险是客观存在的。而且，一旦出现事故或者其他严重的纠纷，救助人在本单位的晋升或绩效将受到不同程度的影响。

《民法总则》四审稿经过讨论后，仍然不能令人满意，立法机关遂在四审稿的基础上出台了五审稿，由此可见，立法机关对这一问题高度重视。五审稿规定，"因自愿实施紧急救助行为造成受助人损害的，救助人不承担民事责任。受助人能够证明救助人有重大过失造成自己不应有的重大损害的，救助人承担适当的民事责任"。

《民法总则》五审稿与三审稿、四审稿的显著区别在于，将"救助人有重大过失造成自己不应有的重大损害"的举证责任明确分配给受助人，实际上进一步向保护救助人倾斜。但是与四审稿相似的是，五审稿依然无法消除救助人的后顾之忧。而且，紧急施救和非紧急施救是不同的，这就诸如本案中的陈医生所实施的紧急施救一样，虽然本案的结果良好，没有产生相关的法律纠纷或者法律风险，但是对于其他医务人员院外施救的案例而言，其结果却未必如此。

医务人员在列车等公共场所进行自愿施救，与院内施救至少存在三个方面的不同：一是院内施救在医疗方案不确定的情况下，可以咨询其他同行专家，甚至可以申请科室会诊或者多学科会诊，但是像陈医生这样在院外紧急施救，通常只有她一名医务人员，在绝大多数情况下并不能得到其他专业人士的协助，风险自然增大，考虑不周全的概率亦随之上升。二是如果院内施救，会有很多的仪器设备、医疗器械等辅助检查，这将大大提高医师诊断的准确性。如果是院外施救，受制于客观条件，实际上是难以借助"器物"进行辅助决策的，风险更大。本案中，出于谨慎考虑，陈医生建议该男性乘客到医院诊治，并进行腹部彩超及肠镜检查以确诊和排除其他疾病可能，就是明证之一。三是在院内施救，医院所配备的药品较全，尤其是与列车、飞机、轮船、电影院等公共场所相比更为丰富，救治行为更加及时，救治效果也更好。这些不同之处决定了院外施救风险性增加，损害后果发生的几率上升。在本案中，陈医生只找到列车上的藿香正气丸，而没有其他适合的急救药品，亦充分说明了这一点。

2017年《民法总则》在自愿施救这个问题上面临着"十字路口"，向左还是向右？这是一个方向性问题。在我国诚信体系尚未完全建立的情况下，同时为了弘扬社会主义核心价值观，鼓励对需要帮助的受助人施以援手，立法机关在最终出台的《民法总则》第184条明确规定"因自愿实施紧急救助行为造成受助人损害的，救助人不承担民事责任"，采取了即便救助人存在重大过失造成受助人损害依然能够豁免民事责任的立场，应当为立法机关的魄力点赞。一是认真讨论多次，经过调研、座谈掌握实情；二是从大局出发，鼓励施救，彻底打消了救助人的顾虑。在《民法典》立法的过程中，该条被完整地予以承继，成为《民法典》第184条。尽管《民法总则》随着《民法典》的颁布而失效，但是其对自愿施救的立法精神将继续绽放光芒。[1]这种光芒不仅照耀市民生活的每一个角落，而且渗透进司法审判的相关案件，凸显其正义的价值。

---

[1] 2017年9月7日上午，齐老太来到药店买药，途中突然昏倒，孙某当即给她做心肺复苏，压断其12根肋骨。5分钟后，老人苏醒过来。孙某拨通120电话，并联系了齐老太的儿子。10分钟后，救护车赶到，将老人送往医院。同年10月，孙某接到法院传唤，齐老太对他告上法院，表示需要由他赔偿住院费用近万元，同时待伤残等级评定后，另需赔偿伤残赔偿金。2019年12月31日，一审法院康平县人民法院认为，孙某自愿实施紧急救助行为，虽然救助过程中导致老人损害，但给老人进行心肺复苏造成肋骨骨折及肺挫伤无法避免，孙某的救助行为没有过错、不违反诊疗规范，故孙某作为救助人对齐老太的损害不承担民事责任，并驳回原告诉讼请求。一审判决之后，齐老太一方提出上诉。2021年5月18日，二审法院辽宁省沈阳市中级人民法院作出终审判决：驳回上诉，维持原判。该案即为自愿紧急施救造成受助人损害但豁免民事责任的典型案例。

三、法定施救的法律适用

前文已述，自愿施救主要适用于没有法定或者约定义务对受助人施救的情形，如果有关组织和个人负有某种法定或者约定的施救义务，或者因为先行行为负有某种施救义务，那么就不属于自愿施救。法定施救义务通常具有一个显著的特征，即源于法律的明确规定，因此其法律适用也需要基于法律的具体规定。我国《民法典》第 1005 条规定，"自然人的生命权、身体权、健康权受到侵害或者处于其他危难情形的，负有法定救助义务的组织或者个人应当及时施救"。该条规定直接将法定施救和自愿施救予以区分。

生命权、身体权、健康权属于典型的物质性人格权，是享有其他具体人格权乃至民事权利的前提和基础，因而在法律保护的力度上十分显著。以下案件就可以很好地说明自愿施救与法定施救的区别。[1]2020 年 10 月 7 日下午五点半左右，当事人董某因为母亲生病，就开车送她去吉林大学中日联谊医院北湖医院（以下简称北湖医院）看病，当他到达医院正在拐弯准备进大门时，突然有一辆车速比较快的摩托车，直接撞上了他的轿车。从医院门口监控视频画面可以看到，董某的小车是从医院门口对面的右侧车道拐弯，准备进入医院，在行驶到左侧车道时，在这条车道上行驶的摩托车意外撞上了轿车，巨大的冲击力致使车手直接飞出了 4 米多远，然后重重地摔落到地面，其脑袋在磕碰到地面后，顿时血流不止，伤势比较严重。

车祸发生得太突然，董某有点猝不及防，但他看到有人员受伤严重，第一时间打电话给 120 救助，并让自己的母亲去北湖医院请求人员过来帮忙。120 服务台问明情况后，回应董某说，事发地点就在北湖医院门口，可以去医院让他们的医生或者护士过来检查一下，再用板车拉伤者进院救治。董某本想自己送伤者进医院，因自己对急救知识一窍不通，所以不敢贸然行事，害怕对伤者造成更大的伤害。母亲进去医院有五六分钟了，医院里还没有医护人员出来，董某很着急，也马上进了医院。

董某数次哀求，都不能得到医院的帮助，他不停地解释自己没有急救处置经验，无法判断伤者的伤情，所以不敢自行把伤者送进医院。见求助无望，

---

[1] "医院门口发生车祸，司机 3 次求助医生被无视，院方：医生不能脱岗"，载 https://baijia-hao.baidu.com/s? id=1680042399205161987&wfr=spider&for=pc，最后访问时间：2022 年 4 月 4 日。

董某只好再次拨打 120 请求他们过来，等了半个多小时，120 急救车到达后，他们才将受伤的摩托车主送去了距此有 14 公里的吉林大学中日联谊医院总院。后经医院诊断，摩托车主除了头部受伤，小腿还有两根骨头折断了，进行治疗后，已被转到了伊通县医院进行救治。2020 年 10 月 8 日，北湖医院某负责人对媒体声称，医院有医院的规定，值班医生是不允许脱岗的，当天还是国庆假期，医院急诊就只有一位值班医生，也请当事人予以理解。

这个案件在社会上引起了不小的反响。有的公众对医院的"冷漠"表示愤慨，有的公众则对医院表示同情，因为确实受到一些法律法规和制度规则的约束或限制。这个案件反映出的法律问题之一就是北湖医院对受伤的摩托车主是否负有法定救助义务？笔者在"医学生跪地救人：好人有风险吗？"一文中已经阐述得比较清楚，在此不赘。一个核心的观点就是，医疗机构及其医务人员在医疗机构场所内（含延伸空间如急救车内）对需要救治的人员承担法定施救义务，如果在医疗机构场所外（不含延伸空间如急救车内），那么其对需要救治的人员属于自愿紧急施救。

由于时值"十一"假期，急诊室的医护人员按照医院管理制度确实不能擅离岗位，否则就会对由其照护的其他患者的生命权、健康权产生威胁或风险，因交通肇事受害的受助者法益并不具有（法律上）的优先性。不过，医院的做法也存在一定的改进与完善空间，其完全可以安排其他科室人员或者行政人员将摩托车主抬进医院或者用拖车送进医院，作为当事人的董某也可以参与其中，因为《民法典》第 184 条已经提供了有力的法律保障。换言之，尽管在此案中，北湖医院不负有法定施救义务，但是医疗机构及其医务人员肩负着救死扶伤的职能，救人是第一位的。在符合法律法规和医院管理制度的前提下，不是没有办法完成这一工作的，还是应当以人为本，充分彰显医者仁心。

公安机关在一些特定的情形下，对需要救助的公民负有法定救助义务。其直接的法律依据就是《人民警察法》。该法第 21 条规定，"人民警察遇到公民人身、财产安全受到侵犯或者处于其他危难情形，应当立即救助；对公民提出解决纠纷的要求，应当给予帮助；对公民的报警案件，应当及时查处。人民警察应当积极参加抢险救灾和社会公益工作。"但是需要注意的是，如果不属于在职在编的人民警察，如协警、退休警察，是否依然对公民人身、财产安全受到侵犯或者处于其他危难情形时负有法定救助义务？笔者认为，此时不应也不宜作扩张解释，否则就容易造成法律义务和道德义务的混淆，进而提出过高的行为要求，但是丝毫不妨碍他们进行见义勇为，只是在法律上不必苛责。这也是立法机关在编纂《民法典》第 184 条和第 1005 条时十分关注的方面。

法律对救助义务的规定，包括两种：第一种是条文中明确规定了救助义务。例如，《民法典》第 822 条规定，"承运人在运输过程中，应当尽力救助患有急病、分娩、遇险的旅客。"《海商法》第 174 条规定，"船长在不严重危及本船和船上人员安全的情况下，有义务尽力救助海上人命。"《道路交通安全法》第 70 条第 1 款规定，"在道路上发生交通事故，车辆驾驶人应当立即停车，保护现场；造成人身伤亡的，车辆驾驶人应当立即抢救受伤人员，并迅速报告执勤的交通警察或者公安机关交通管理部门。因抢救受伤人员变动现场的，应当标明位置。乘车人、过往车辆驾驶人、过往行人应当予以协助。"第二种是法律虽然没有明确规定救助义务，但规定中包含了救助义务。例如，《民法典》第 942 条第 1 款规定，"物业服务人应当按照约定和物业的使用性质，妥善维修、养护、清洁、绿化和经营管理物业服务区域内的业主共有部分，维护物业服务区域内的基本秩序，采取合理措施保护业主的人身、财产安全。"《民法典》第 1198 条规定，"宾馆、商场、银行、车站、机场、体育场馆、娱乐场所等经营场所、公共场所的经营者、管理者或者群众性活动的组织者，未尽到安全保障义务，造成他人损害的，应当承担侵权责任。因第三人的行为造成他人损害的，由第三人承担侵权责任；经营者、管理者或者组织者未尽到安全保障义务的，承担相应的补充责任。经营者、管理者或者组织者承担补充责任后，可以向第三人追偿。"[1]

现实中还存在一种特殊情形，就是有的主体本身并不具有法定施救义务，但是因为其先前行为而产生法定救助义务，如从某、孙某健康权纠纷案。2020 年 11 月 9 日中午，孙某、从某外祖父孙某 2、从某父亲从某 2，及其余两名案外人共五人在该院落房间内共同就餐并饮酒。2020 年 11 月 9 日 17 时许，从某在该处院落的一处火堆旁玩耍，从某母亲孙某 1 在火堆附近。孙某看见从某后，将从某抱离火堆时二人不慎跌入火堆。孙某 1 随即将二人从火

---

[1] 黄薇主编：《中华人民共和国民法典释义及适用指南》，中国民主法制出版社 2020 年版，第 1491 页。

堆中拽出。从某主张孙某在门口斜坡处，抱从某嬉戏时倒地并翻滚到火堆中，仅有利害关系证人从某外祖父证言佐证，法院对从某主张事实不予采信，法院对孙某自认的事实予以确认。

根据孙某陈述，其抱着从某脱离火堆时因从某晃动而导致二人均倒入火中。换言之，从某被火烧伤的直接原因是与孙某共同跌入火中。孙某在抱起从某后，便负有安全带离从某脱离险情的义务。孙某作为一个完全民事行为能力人，明知自己饮酒后存在自身站立不稳、靠近火堆等不安全因素，但仍采取自己直接抱离从某的方式，致使发生二人同时倒入火中的受伤事件，其对从某受伤事件存在疏忽大意的过失，应承担与其过错相应的侵权责任。最终法院判决孙某于判决生效之日起十日内向从某支付医疗费、护理费等费用 190 249.25元（已扣减先行支付的 3000 元），驳回从某的其他诉讼请求。[1]

四、救助人受到损害时的救济路径

我国《民法典》第 184 条规定的对紧急情况下的自愿施救行为，属于社会上的见义勇为，这就涉及该条与《民法典》第 183 条的法律适用衔接问题。《民法典》第 183 条规定，"因保护他人民事权益使自己受到损害的，由侵权人承担民事责任，受益人可以给予适当补偿。没有侵权人、侵权人逃逸或者无力承担民事责任，受害人请求补偿的，受益人应当给予适当补偿"。

在许多情况下，受助人是因为突发疾病而需要救助，并不存在侵权人，因此，当救助人因为自愿施救的见义勇为而导致自身受损，可以向受助人要求补偿。现实中，如果救助人的损害不是太严重，很有可能由救助人自行承担了该损害，其所获得的内心认可或者社会承认已经"覆盖"或者"填平"了该损害，不过这属于救助人对补偿民事权利的放弃。但是在有些情况下，救助人因为见义勇为而自愿施救，造成自身重大损害的情况下，其往往难以选择自担损害，而会向受助人要求补偿，否则就会产生不公平的局面。

依据当前《民法典》第 183 条的规定，向受助人要求补偿已经不成问题，问题在于受助人补偿范围以及存在多个受助人时相互之间承担何种类型的责任。《最高人民法院关于适用〈中华人民共和国民法典〉总则编若干问题的解

---

[1] 详可参见山东省沂南县人民法院民事判决书（2021）鲁 1321 民初 5567 号。

释》第 34 条规定，"因保护他人民事权益使自己受到损害，受害人依据民法典第一百八十三条的规定请求受益人适当补偿的，人民法院可以根据受害人所受损失和已获赔偿的情况、受益人受益的多少及其经济条件等因素确定受益人承担的补偿数额。"由此可见，该司法解释仅初步解决了补偿数额的参考因素问题，对范围问题依然不够清晰，对存在多个受助人时相互之间承担何种类型的责任问题，更是没有规定，因而留下了进一步酌定和解释空间。

《民法典》第 184 条除与第 183 条之间的法律适用衔接外，是否还与合同编第三分编准合同中的无因管理有关，这在实践中也是存在争议的。无因管理制度是一个比较古老的制度，起源于罗马法，后来被许多国家和地区的立法所承继。无因管理制度说到底是一种平衡的"艺术"，其一方面提倡互帮互助，另一方面也不能对本属于他人事务进行"过度"干涉。我国《民法典》第 979 条第 1 款规定，"管理人没有法定的或者约定的义务，为避免他人利益受损失而管理他人事务的，可以请求受益人偿还因管理事务而支出的必要费用；管理人因管理事务受到损失的，可以请求受益人给予适当补偿"。无因管理作为一种典型的债的发生原因，属于法定之债，不属于约定之债，理由就是它是基于法律规定而产生的债权债务关系。

根据上述《民法典》第 979 条的规定，无因管理的构成要件之一就是"管理他人事务"，至于这种事务是属于有关财产的事务，还是与人身有关的事务，在所不论。管理人在管理他人事务时，应当履行一定的义务，其中最主要的是按照善良管理人的注意义务管理他人事务，这主要体现在两个方面：一是管理人依本人明示的或者可推知的意思进行管理。这里明示的或者可推知的意思表示并非对管理人的意思，而是对如何管理事务的意思。实践中，通常是依平常人或者一般人的经验得以推知本人的意思。二是管理人应当以利于本人的方法进行管理。是否有利于本人应当以客观上能否避免本人利益受损为标准，一般都认为管理人应当以像管理自己的事务一样进行管理。管理人未以善良管理人的身份尽到恰当管理义务造成本人损害的，原则上要承担过错的损害赔偿责任，但是若管理人为本人管理的是公共利益上的事务或者紧急事务的，仅就其故意或者重大过失管理行为承担损害赔偿责任。[1]

---

[1] 黄薇：《中华人民共和国民法典释义及适用指南》，中国民主法制出版社 2020 年版，第 1446 页。

由此可见,《民法典》第184条所规定的自愿紧急施救不属于一般意义上的无因管理,而是一种特殊类型的无因管理。其中一个显著的差别在于,对于一般的无因管理而言,管理人因为故意或者重大过失管理他人事务,需要承担一定的过错责任,而《民法典》第184条所规定的自愿紧急施救并没有对此作出规定。这仰赖立法机关和司法机关对相关条文和司法适用作出解释,以便于案件得到公平与公正的处理。

为了避免"英雄流血又流泪"的现象发生,《民法典》第183条和第979条将成为救助人受到损害时两条重要的救济路径。不过,现实中有可能出现这样一种情形,即当救助人实施紧急救助之后,自身受到了(严重的)损害,但由于受助人财产有限,要么是只能承担微不足道的一部分,要么是无力承担,此时救助人就会陷入困境。为此,有的省市进行了地方立法,并设立了见义勇为基金,尽管这些举措在一定程度上缓解了上述困境,但也产生两种难以协调的尴尬:一是见义勇为作为一种普遍值得鼓励的行为,其受到损害之后的补偿状况需要受制于各个省市的具体情况,因为有的省市进行了地方立法,并设立了救助基金,而有的地方虽然进行了地方立法,却没有设立救助基金,于是就产生"救助人"成为一种新的"受害者"的局面;二是即便是各省市都进行了地方立法,也都设立了救助基金,但是同一见义勇为行为很有可能会因为不同地域面临着大小不一甚至迥异的救助范围,这是否会产生一种新的不公平?从这个意义上说,在全国层面设立见义勇为救助基金有一定的必要性,为良好风气的传承与延续保驾护航。不过,在全国尚未建立统一的见义勇为基金之前,还是应当鼓励地方立法先行,[1]在这一过渡期内,有救助总比没有救助要好,只是期盼等待的时间不要太长。

---

〔1〕 在医药卫生领域,许多地方立法是具有开创性的,其制度的建立,往往早于国家的统一立法,并为之提供相应的经验借鉴。例如,2022年6月23日下午,深圳市第七届人大常委会第十次会议表决通过了《深圳经济特区医疗条例》的修订,于2023年1月1日正式施行。该条例第64条第1款规定,"建立专科护士制度。鼓励护士根据学科发展需要参加专科护士专业培训,取得专科护士证书。"第65条第1款规定,"取得专科护士证书的护士,可以在护理专科门诊或者社区健康服务机构开展下列执业活动:(一)开具检查申请单、治疗申请单等;(二)开具外用类药品。"这是借鉴欧美发达国家的做法,在地方立法中率先赋予护士一定的处方权,可以开具检查、治疗、外用药的"处方",具有开创性的意义。

五、从立法论走向解释论

随着《民法典》的颁布和实施，理论界和实务界的关注重心将由立法论转变为解释论，即如何理解和适用《民法典》第 184 条、第 1005 条等规定。例如，从《民法典》第 184 条立法变迁的历史解释考察，救助人在自愿紧急施救的过程中，即便是存在重大过失，也不应当承担民事责任。但是有疑问的是，如果救助人一开始就存在故意或者在施救的过程中先是过失后转变为故意，那么救助人是否需要承担民事责任？如果对《民法典》第 184 条进行机械的文义解释，似乎也并不能直接得出救助人存在故意的情况下就一定承担民事责任的结论。但是如此一来，显然不符合立法意旨，亦不符合目的解释。

令人遗憾的是，《最高人民法院关于适用〈中华人民共和国民法典〉总则编若干问题的解释》并没有对此作出细化规定。不过从法理上讲，行为人主观上存在故意（恶意）而造成他人损害，其要豁免民事责任，需要法律的直接规定，因为这种情形下，该行为具有危害性，也具有较强的道德谴责性。而综观整部《民法典》，尤其是其侵权责任编，尚未对此作出规定，因此应当承担民事责任。一般而言，对受助人自愿施以援手，其品德较为高尚，主观上存在故意侵害受助人的情形较为罕见，但是考虑到现实生活的复杂性和多样性，也不能保证类似事件不会发生，尤其是救助人先善意后恶意的情况，至少在理论上和逻辑上是存在这种可能的。从这个意义上说，加强对《民法典》的解释工作至关重要，这将成为法治精神向外输出和传递的重要渠道！

中医药的健康发展离不开高质量立法

自新中国成立以来，我国一直将"中西医并重"作为医疗卫生事业的工作方针，有关中西医的发展与规制也是通过政策尤其是立法不断固化，总体上呈现出"成熟一部、制定一部"的思路。时至今日，我国已经建立起以《宪法》为核心，以《基本医疗卫生与健康促进法》为基础，以《中医药法》《医师法》等法律为支柱，以《医师执业注册管理办法》《中医医术确有专长人员医师资格考核注册管理暂行办法》《中医诊所备案管理暂行办法》等规章为配套的中医药法律体系。这是健全中西医相互补充、协调发展的服务体系的重要保障，亦是全面推进"健康中国"和"法治中国"建设的重要支撑，具有十分重要的意义。

一、中医医师的管理更为精细化

2021 年《医师法》是在扬弃 1998 年《执业医师法》的基础上制定出来的，其以突出问题为导向，既承继了 1998 年《执业医师法》的大部分制度规则以保持法的连续性和稳定性，又结合医师队伍建设与管理所出现的新情况、新问题，尤其是新冠疫情防治过程中所呈现的不足、短板和弱项，新增或者修正了一部分制度规则以保证法的创新性和时代性，其内容而言就包含对中医师制度的完善。这实质上是中医重要性在我国健康立法上的直接反映，也是贯彻习近平总书记所提出的"人民至上、生命至上""健康优先"等理念的新要求、新举措。

与 1998 年《执业医师法》相比，2021 年《医师法》在医师管理制度方面进行了重点修改，其中一个显著的变革就是在法律上首次采用中医医师、西医医师这种创新性的术语表述，并且在第 14 条第 4 款明确指出，"经考试取得医师资格的中医医师按照国家有关规定，经培训和考核合格，在执业活动中可以采用与其专业相关的西医药技术方法。西医医师按照国家有关规定，经培训和考核合格，在执业活动中可以采用与其专业相关的中医药技术方法"。这是在贯彻"中西医并重"发展理念下法律在临床医师队伍管理范围上的科学划分，与《医师法》第 4 条所规定的"中医药等有关部门在各自职责范围内负责有关的医师管理工作"实现了呼应，更有利于我国医师制度的精细化管理。

二、中医药参与疫病救治至关重要

几千年来，在中国历次疫病的防治过程中，中医药发挥了不可替代的重要功用，并已经形成了一整套系统且独特的理论体系和实践体系。[1]2019 年年底发生新冠疫情以来，党中央、国务院多次强调坚持中西医结合治疗。习近平总书记更是明确指出，要不断完善诊疗方案，坚持中西医结合。中央应对新冠疫情工作领导小组要求强化中西医结合，促进中医药深度介入诊疗全过程，及时推广有效方药和中成药。

我国《基本医疗卫生与健康促进法》第 9 条规定，"国家大力发展中医药事业，坚持中西医并重、传承与创新相结合，发挥中医药在医疗卫生与健康事业中的独特作用"。《中医药法》第 18 条规定，"县级以上人民政府应当发展中医药预防、保健服务，并按照国家有关规定将其纳入基本公共卫生服务项目统筹实施。县级以上人民政府应当发挥中医药在突发公共卫生事件应急工作中的作用，加强中医药应急物资、设备、设施、技术与人才资源储备。医疗卫生机构应当在疾病预防与控制中积极运用中医药理论和技术方法"。《传染病防治法》第 8 条第 1 款规定，"国家发展现代医学和中医药等传统医学，支持和鼓励开展传染病防治的科学研究，提高传染病防治的科学技术水平"。

从这些现行法律规定考察，相关规定过于原则，尤其是没有解决其中最

---

〔1〕 根据中国中医研究院 2003 年编辑出版的《中国疫病史鉴》记载，从西汉到清末两千多年，中国至少发生过 321 次大型瘟疫。中医先贤们在这一过程中创造出六经辨证、卫气营血辨证和三焦辨证等许多理论和经方验方，凝聚了中华民族应对传染病疫情的深邃智慧和实践经验。详可参见张彩霞：
"发挥中医药在新发传染病防控中的重要作用"，载《中国卫生法制》2020 年第 6 期。

为重要的要素——人力资源（即中医医师）问题，而《医师法》第37条第4款和第45条第3款从中西医教育、人才培养、体制机制等多重角度对中医参与疾病预防控制和治理突发公共卫生事件提供具体方案。这不仅在很大程度上弥补了《基本医疗卫生与健康促进法》《中医药法》《传染病防治法》等法律规定过于宽泛的问题，而且可以通过"谱系化"的制度衔接，提升国家治理体系和治理能力的现代化水平。

三、中医医师的多元化准入

我国《医师法》第11条规定，"以师承方式学习中医满三年，或者经多年实践医术确有专长的，经县级以上人民政府卫生健康主管部门委托的中医药专业组织或者医疗卫生机构考核合格并推荐，可以参加中医医师资格考试。以师承方式学习中医或者经多年实践，医术确有专长的，由至少二名中医医师推荐，经省级人民政府中医药主管部门组织实践技能和效果考核合格后，即可取得中医医师资格及相应的资格证书。本条规定的相关考试、考核办法，由国务院中医药主管部门拟订，报国务院卫生健康主管部门审核、发布"。这与《中医药法》实现了较好的衔接，不仅尊重了中医人才培养的独特路径，而且有利于中医药理论与技术的传承弘扬。

四、未来的法治努力

未来，在修改《传染病防治法》时，应在其第8条中明确规定"支持和鼓励中西医协作开展传染病防治的科学研究"，从而强调中医药参与重大疫情防控工作的重要性；同时，在《传染病防治法实施办法》增设相关条款对《传染病防治法》第8条的内容进行细化，对中医药在传染病防治与突发公共卫生事件应急处置中的领导指挥机制、应急响应机制、中医药应急救治网络、中医药应急能力、中医药应急人才队伍建设、中医药应急科研支撑能力、中医或中西医结合传染病医疗机构的设立、中医诊疗方案的制定与推行、中西医联合会诊制度、中医巡诊制度等作出具体规定。

在《中医药法》或其实施细则中，应对全面发挥中医药在传染病疫情防控中的作用作出明确规定，细化规定中医药参与传染病疫情防控的具体措施、运行机制、应急物资的调配、应急人才储备，将中医药纳入公共卫生应急管理体系之中。继续加强中医药应急救治能力建设，进一步强调中医药应急物资、设备、设施、技术与人才资源储备，优化中医药应急救治网络〔1〕。

在《中医药法》《药品管理法》《药品注册管理办法》等法律法规中，应明确规定重大疫情等突发公共卫生事件发生时的中药、中药制剂的快速审批及临床快速安全应用制度，改革完善中药审评审批机制，促进中药新药研制开发。在疫情结束后，这些中药制剂申请制剂备案或者中药新药时，需要探索和完善真实世界研究与随机对照临床试验结合机制，建立重大疫情下中药制剂扩大适用制度，制定中药配方颗粒的国家质量标准。如在此次新冠疫情防控中，各地药监部门开通绿色通道。截至 2020 年 2 月 21 日，共有 11 个省（自治区）45 种新冠肺炎医疗机构制剂获批，附条件获批的医疗机构制剂以传统中药制剂为主，另有 6 种藏药和 1 种彝药。这些在新型冠状病毒感染肺炎的预防、治疗和康复过程中使用的有效方药和中成药，临床疗效显著，充分发挥了中医药的抗"疫"优势。〔2〕

---

〔1〕 喻小勇、田侃："论中医药融入国家公共卫生应急管理体系"，载《南京中医药大学学报（社会科学版）》2020 年第 2 期。

〔2〕 李菲菲等："中医药防治新冠肺炎疫情现状引发的对中药监管科学的一些思考"，载《中国食品药品监管》2020 年第 3 期。

我国精神障碍者监护制度的局限及克服[*]

　　1948 年，联合国大会通过了第 217A（Ⅱ）号决议并颁布了《世界人权宣言》，其第 1 条、第 25 条的内在意旨表明：人人生而自由，平等地享有人格尊严和权利，在丧失谋生能力时，有权享受保障。

　　1989 年，世界精神卫生联盟发表了《卢克索尔人权宣言》，更是明确地指出"精神病人享有与其他公民同等的基本权利"。[1]

　　我国现行《宪法》第 45 条规定，中华人民共和国公民在年老、疾病或者丧失劳动能力的情况下，有从国家和社会获得物质帮助的权利。国家发展为公民享受这些权利所需要的社会保险、社会救济和医疗卫生事业。

　　为了践行国际公约的先进性理念和国内宪法的总纲性要求，我国主要通过民法上的监护制度对精神障碍者提供基础性保护。起源于罗马法的监护，从其本质上讲就是对缺乏行为能力人的监督和照顾制度。[2]我国《民法典》《精神卫生法》《民事诉讼法》等法律及司法解释对精神障碍者的监护从实体和程序两个方面作了规定，形成了我国独具特色的精神障碍者监护制度。

　　但我们应当看到，随着社会经济的快速发展以及权利保护需求的日渐提升，上述法律以及司法解释在立法理念、立法技术等方面的局限以及学术界在理论研究上的匮乏已经尽显，亟须参考世界先进国家的经验范例进行制度修补和规则完善，以期更好地保护精神障碍者的合法权益和维护社会公共安全，实现二者的平衡与融洽。

---

　　[*] 曾刊发于《两岸民商法前沿——民法典编纂与创制发展》，本文作了适当修改。原文详可参见刘炫麟："民法典视野下我国精神障碍者监护制度的局限及克服"，载龙卫球、王文杰：《两岸民商法前沿——民法典编纂与创制发展》（第 5 辑），中国法制出版社 2016 年版。

　　〔1〕 吴崇其主编：《中国卫生法学》，中国协和医科大学出版社 2011 年版，第 184 页。

　　〔2〕 王利明：《民法总则研究》，中国人民大学出版社 2003 年版，第 362 页。

一、精神障碍者的概念与主要特征

(一) 精神障碍者的概念

根据国家卫健委公布的数据，截至 2017 年底，全国精神障碍患者达 2.4 亿多人，总患病率高达 17.5%，严重精神障碍患者超过 1600 万人，发病率超过 1%，而这一数字还在逐年增长。我国抑郁症患病率达到 2.1%，焦虑障碍患病率达 4.98%。全国已登记在册的严重精神障碍患者 581 万人。[1] 2011 年，世界卫生组织（WHO）公布，中国神经和精神疾病导致的疾病负担占全球疾病总负担的 17.6%。[2] 2014 年，国家统计局发布的数据为，2013 年我国精神障碍者的死亡率达到了 2.86/100000，位居公民死因构成系统的第 11 位。[3]

上述数据说明，我国精神障碍者不仅数量庞大，而且疾病负担较重，死亡率控制亦不理想。然而，即便身处这样的现实情境，有关精神障碍者的（监护）问题仍没有得到应有的重视，例证之一便是，在日常生活中仍有很大一部分人将精神障碍者和精神病人视为同义语，交叉混用的现象十分普遍。而实际上，二者虽有联系，但仍是内涵和外延区隔较为清晰的两个独立的概念。

在我国，精神疾病是一种发病率很高的疾病，一般以认定精神活动障碍为主要表现。精神障碍是指在各种生物、心理以及社会环境因素影响下大脑功能失调，导致感知、情感、思维、意志和行为等精神活动出现不同程度的障碍。[4] 在未来的立法中，立法机关应当摒弃精神病人而采纳精神障碍者这一概念，主要基于以下三项理由：

首先，精神障碍者一般可分为重性精神障碍者和轻性精神障碍者，而精神病人通常指的是重性精神障碍者，因此其在外延上无法涵盖轻性精神障碍者。换言之，精神障碍者与精神病人在概念上构成属种关系，使用精神障碍

---

〔1〕 "《2020 精神心理健康报告》：精神疾病网上问诊渐成趋势"，载 https://page.om.qq.com/page/OJwS8sZUXs4nZlvmH7peMuAw0，最后访问时间：2022 年 6 月 27 日。

〔2〕 胡林英："精神病患者的权利保护与完善立法——全国精神病学伦理和法律问题学术研讨会综述"，载《医学与哲学》2014 年第 1 期。

〔3〕 中华人民共和国国家统计局编：《中国统计年鉴 2014》，中国统计出版社 2014 年版，第 699 页。

〔4〕 吴崇其主编：《中国卫生法学》，中国协和医科大学出版社 2011 年版，第 180 页。

者这一概念无疑范围更广，亦更为准确。

其次，"精神障碍者"的称谓比较中性，能够彰显出一定的人文关怀。它强调的是各种社会环境对患某种疾病的人的不利影响和冲突，如各种观念，社会制度和基础设施等所构成的综合因素阻碍了这类群体参与社会生活的可能性。[1]而"精神病人"的称谓已被污名化，带有歧视、侮辱性。[2]

最后，精神障碍者这一称谓更符合国际立法趋势和我国最新的立法进展。20世纪50年代之后，法国、德国、日本、美国、英国等国家纷纷修改了本国的成年人监护制度（包括精神障碍者监护和老年人监护），大多使用了"精神障碍者"的称谓。另外，2005年《欧洲侵权法原则》在第6：101条亦采纳了"精神障碍者"的称谓。[3]我国于2013年5月1日实施的《精神卫生法》采纳了"精神障碍者"的称谓。2015年4月19日，中国法学会民法典编纂项目领导小组对外发布的《中华人民共和国民法典·民法总则专家建议稿（征求意见稿）》同样采纳了"精神障碍者"的称谓。

2017年3月15日，《民法总则》获得通过，但是其不再使用"精神障碍者"的称谓，而是使用更为中性的"成年人"，同时借助其第19条和第21条从智力和精神状况的角度对其进行限制民事行为能力与无民事行为能力的分类，进而匹配相应的监护。我国于2020年5月28日通过的《民法典》与《民法总则》保持一致，具体内容体现为《民法典》第19条和第21条。

（二）精神障碍者的主要特征

1. 年龄跨度大

我国《民法典》按照年龄和智力状况分别确立了未成年人和成年精神障碍者的行为能力，对于未成年的精神障碍者仍将其纳入未成年人的保护体系之下。因此从年龄上讲，精神障碍者的年龄会从18周岁开始一直延续到生命的终止，即民事权利能力（民事主体）的消灭之时。2021年5月11日，第七次全国人口普查结果公布，2020年平均预期年龄为77.93岁。这就意味着，一部分自然人将会有超过3/4的生命长度被纳入监护的视野，年龄跨度显著

---

〔1〕 邓国敏："精神障碍者监护制度研究"，苏州大学2013年硕士学位论文。
〔2〕 崔建科："论我国成年精神障碍者监护制度之完善"，载《湖北社会科学》2011年第9期。
〔3〕 欧洲侵权法小组编著：《欧洲侵权法原则：文本与评注》，于敏、谢鸿飞译，法律出版社2009年版，第164页。

高于未成年人（低于 18 年），亦高于老年人。这是因为，按照世界卫生组织（WHO）最新的划分标准，60 周岁以上的自然人才能被称之为"年轻的老年人"，75 周岁以上的自然人才是"名副其实的老年人"，90 周岁以上的自然人则被称为"高龄老年人"，即"长寿老人"。即便是从年轻的老年人起算，截至平均寿龄，亦不过 15 年的时间。

2. 民事行为能力的确认相对困难

精神障碍者的民事行为能力确认较难主要源于两个方面：一是精神障碍者的民事行为能力是变动不居的。在通常情况下，未成年人和无精神障碍的老年人大致呈现出一维性趋势。而未成年人和无精神障碍的老年人的不同点在于，在无意外的情况下，未成年人的民事行为能力越来越强，直至其成为完全民事行为能力人；而无精神障碍的老年人的民事行为能力则越来越弱，直至其成为无民事行为能力人。他们大致呈现出一种"纺锤体"的生命轨迹与图景。[1]二是司法精神病学虽然已有百年历史，但这一学科及其支撑的精神病鉴定制度始终面临着各种质疑，根本原因在于其自身的五大特征：对象的复杂性、过程的回溯性、知识背景的跨学科性、手段的有限性与结论的主观性[2]，认定十分困难。正如有的精神病学专家所提出的灰色理论所言，"如果将人的精神基本正常比作白色，精神严重不正常比作黑色，那么在白色与黑色之间存在一个巨大的缓冲区域，即灰色区域，社会中有很多人都散落在这一灰色区域内。"[3]

《最高人民法院关于贯彻执行〈中华人民共和国民法通则〉若干问题的意见（试行）》（已废止）第 4 条规定，"不能完全辨认自己行为的精神病人进行的民事活动，是否与其精神健康状态相适应，可以从行为与本人生活相关联的程度、本人的精神状态能否理解其行为，并预见相应的行为后果，以及行为标的数额等方面认定。"第 5 条规定，"精神病人（包括痴呆症人）如果没有判断能力和自我保护能力，不知其行为后果的，可以认定为不能辨认自己行为的人；对于比较复杂的事物或者比较重大的行为缺乏判断能力和自我

---

〔1〕 金博、李金玉："论我国身心障碍者监护制度的完善"，载《西北大学学报（哲学社会科学版）》2014 年第 5 期。

〔2〕 陈卫东、程雷："司法精神病鉴定基本问题研究"，载《法学研究》2012 年第 1 期。

〔3〕 金博、李金玉："论我国身心障碍者监护制度的完善"，载《西北大学学报（哲学社会科学版）》2014 年第 5 期。

保护能力，并且不能预见其行为后果的，可以认定为不能完全辨认自己行为的人"。这两个条文从侧面表明，精神障碍者的民事行为能力在认定上存在相当的复杂性。尽管该司法解释已经失效，但是关于民事行为能力判断的精神依然会对司法实务界产生影响，这是一种惯性使然。

3. 侵害与受害同在

在社会生活中，一方面精神障碍者会因为自己无控制力或控制力减弱而造成其他主体的人身或者财产等合法权益的损害，另一方面精神障碍者本人的人身或者财产权益亦容易受到他人的损害。根据我国《精神卫生法》的规定，当患者无决定能力或无法决定时，监护人可作为法定代理人以患者的名义进行知情同意活动，容易致使监护人权利滥用，损害被监护人的合法权益。[1]这种侵害与受害双向存在，无论给个人还是家庭均会带来沉重的精神上和经济上的负担，也会给社会治安带来不稳定因素。[2]

二、我国精神障碍者监护制度的局限

（一）程序启动上的局限

为了维护交易安全，我国《民法典》规定了精神障碍者民事行为能力的宣告制度，同时根据精神障碍者的健康恢复情况创设了向法院申请调整其民事行为能力的制度。无论是向法院申请对精神障碍者进行无民事行为能力或者限制民事行为能力的认定宣告，还是向法院申请将精神障碍者的民事行为能力进行上下的调整，其主要依赖于利害关系人的申请。利害关系人的范围主要是《民法典》第 28 条所明确列举的相关自然人或者单位。

但问题在于，一旦利害关系人向法院申请宣告精神障碍者为无民事行为能力人或者限制民事行为能力人，而且法院通过我国《民事诉讼法》上的特别程序最终确认了这一事实，就意味着要把精神障碍者民事行为能力欠缺的事实公布天下，这样既不利于精神障碍者隐私权的保护，亦不利于其生活的正常化。[3]因此，在我国的司法实践中，很少有人主动向法院申请认定精神障

---

〔1〕 王岳主编：《精神卫生法律问题研究》，中国检察出版社 2014 年版，第 168~169 页。
〔2〕 达庆东、田侃：《卫生法学纲要》，复旦大学出版社 2011 年版，第 252 页。
〔3〕 李昊："大陆法系国家（地区）成年人监护制度改革简论"，载《环球法律评论》2013 年第 1 期。

碍者民事行为能力的情况，几乎均为事后认定，亦即个案审查制。在德国，对于精神病人或者精神耗弱者，仅当他们不能料理自己的事务，同时宣告禁治产对他们有利时，法律才许可将他们宣告为禁治产人。[1]因此，在德国的司法判例中，很早就出现了回避禁治产宣告的现象，并最终被其他制度所代替。[2]

如果一个国家或者地区不能及时有效地认定精神障碍者的民事行为能力，那么就会动摇善意第三人与精神障碍者之间的交易基础，导致精神障碍者致人损害或者第三人致精神障碍者损害的危险概率大幅上升，精神障碍者与第三人的权利保护将受到影响，因而亦无法实现事前的预防和干预。完全依赖事后救济，尤其是人身损害、精神损害方面的事后救济，往往是无奈之下的权宜之计，合同法规范的诚实信用原则以及侵权责任法规范的预防功能将无法实现。此外，这一制度设计缺陷还在于，其不能有效解决一部分精神障碍者并无利害关系人的情况。

(二) 实体内容上的局限

1. 监护人报酬请求权的缺位

有的学者认为，我国《精神卫生法》第21条的规定不仅充分体现了中国传统文化的"国之本在家""积家而成国""家和万事兴"之精神，而且符合现代社会伦理和法制的规范。[3]有的学者则指出，监护制度是一种基于血缘和伦理、为保护被监护人之利益而设立的制度。因而，监护对于监护人来说应该是一种纯粹的责任，监护人不能够借助监护谋取任何利益。监护的本质为一种职责，[4]我国《民法典》第34条也充分印证了这一点。应当说，这两种观点均有一定的道理，也符合传统民法理论常将成年监护作为亲权延伸的理念，但仍存在商榷之处，毕竟精神障碍者的成年监护关系不是建立在亲权的基础之上。

如果实体法上没有规定监护人享有 定的报酬请求权，而且监护人还要

---

〔1〕 ［德］卡尔·拉伦茨：《德国民法通论》（上册），王晓晔等译，法律出版社2013年版，第138页。

〔2〕 王竹青："德国从成年人监护制度到照管制度的改革与发展"，载《北京科技大学学报（社会科学版）》2005年第2期。

〔3〕 孙东东："精神障碍患者的监护及其相关问题"，载《中国心理卫生杂志》2013年第11期。

〔4〕 梁慧星：《民法总论》，法律出版社2007年版，第106页。

承担我国一定的职责与损害赔偿风险，显然不符合法律的最高理性要求和最高价值目标——公平，在实践中势必无法有效调动监护人的积极性，甚至会衍生出监护人难找、监护人不尽监护职责、复数监护人并行时相互推诿责任、监护人难以负担费用等诸多弊端，难以发挥监护制度的应有功能，保护精神障碍者的合法权益的价值理念就难以得到有效实现。基于这个意义，有的学者指出，经济伦理核心目标在于追求理性价值，绝非单纯的唯价值论。因此，以非合理途径追求善的行为本身即是非善，要求精神障碍患者家庭成员履行超越其能力范围的职责也是如此。因为道德规范符合社会现实性是其合理性的基础。[1]

2. 意定监护类型一度缺失

我国 1986 年《民法通则》及其司法解释原本仅规定法定监护（指定监护本质上仍为法定监护），[2]缺少与之相对的意定监护的相关规定。这一做法忽略了精神障碍者残余行为能力的存在，过多地限制甚至剥夺了其行为能力，不利于对其实施有效的保护。从该问题的另一个侧面考察，也反映出我国在制定原《民法通则》及其司法解释时的局限，"宜粗不宜细"的立法指导思想清晰可见，立法技术上缺乏严密性，立法内容上缺乏系统性。

民法的人权精神反映在成年监护制度上，表现为对人性、人权和个人尊严的尊重。现代成年监护制度引入了新的立法理念，即"尊重本人自我决定权"和"维持本人生活正常化"的立法理念，认为成年监护制度设定的主要目的在于保护受监护人的人权，尊重其自主的意志，并让其使用自身残存能力，从而融入社会生活。"尊重本人自我决定权"的理念强调不剥夺各类障碍者的行为能力，让其借助监护人的帮助，依本人的意思融入普通人的正常社会，并对本人基本生活有自主决定权。"维持本人生活正常化"的理念认为不应当将残障人视为社会的特殊群体而将他们与世隔绝，而是应当将残障人的生活与正常社会群体生活相融合，让他们回归社会，参加社会生活。直到 2017 年，我国《民法总则》的颁布才正式建立起意定监护制度，具体为该法第 33 条，其被废止后被平移至我国《民法典》第 33 条。

---

〔1〕 牛志民、李丽："国家承担精神障碍患者监护责任的伦理性"，载《医学与哲学》2014 年第 9A 期。

〔2〕 李永军：《民法总论》，法律出版社 2006 年版，第 274 页。

3. 监护职责履行中的立法不足

精神障碍者监护人在履行监护职责过程中的立法缺欠，主要表现为监护期限、监护的辞任权和解任权、监护内容、监护范围以及监护监督人等方面的不足。

首先，根据我国《民法典》的相关规定，当监护人不履行职责或者出现监护人失去监护能力或者对被监护人明显不利时，可以更换监护人。这就意味着，如果上述情况不发生，监护人需要履行长时间的监护，直至自己不能监护或者被监护人不需要监护，尤其在监护人无报酬请求权的现状之下，如此长的监护期限通常难以调动监护人履行监护职责的积极性，亦无法实现监护人的有效轮转，难以最大程度地实现监护的效果。

其次，我国《民法典》只规定了监护人无法胜任时被动的人员更换，并未规定特定情形下监护人的辞任权和解任权。这在很大程度上无法解决"监护人因为主客观原因实际上已经难以或者不宜履行监护职责，但又不得不低效地继续承担监护职责"的问题。

再次，我国对精神障碍者监护人职责的规定，主要体现在《民法典》第34条和《精神卫生法》第9条，但这两条中的"合法权益"具体体为何并未予以明确，这给法律实践留下进一步解释和探讨的空间。但与此同时亦加剧法律理解和法律适用上的不统一，在操作性上存在欠缺。

最后，对我国而言，受多重因素的影响，当前每一个家庭的子女减少，职业女性人数骤增，这在很大程度上约束了家庭成员担任监护人的时间和空间，能够担任监护人的自然人越来越少，亲属监护的功能日渐式微。[1]但我国《民法典》对监护人范围的规定主要定位于近亲属及朋友，对公益组织以及社会团体的监护规定明显不足，让村委会、居委会和民政部门担任精神障碍者的监护人存在诸多困境；[2]此外，尽管我国《民法典》规定监护人可以是一人，也可以是同一顺序中的数人，但并未规定监督监护人履行监护职责的监督人，这是制度设计上的明显缺陷。

---

〔1〕 陈伯礼、陈翰丹："我国精神病人公共监护制度论纲"，载《西南民族大学学报（人文社会科学版）》2013年第5期。

〔2〕 刘凤："我国成年监护制度研究"，吉林大学2011年硕士学位论文。

三、精神障碍者监护制度的完善

(一) 建立登记制度

从世界范围的立法实践来看，法国将精神障碍者监护的公示方法从"揭帖于公判庭及当地公证人事务所悬挂的揭示牌"修正为"于受保护人的出生证书备注栏加以记述"。德国法废除了应在联邦中央登记簿上记载禁治产宣告的规定，改为监护法院有义务将裁判内容通知其他法院、官署、公机关，并对文件资料的保存作了详细严格的规定。日本法取消了在户籍或者政府官报上公示禁治产宣告的做法，而由法务省所指定的法务局或者地方法务局办理成年人监护登记。[1]

我国可吸收其他国家及地区的经验，结合我国实际，摒弃精神障碍者限制民事行为能力或者无民事行为能力的主动宣告，代之以个案审查制。如果认定某一自然人因为精神障碍存在民事行为能力上的欠缺，法院可以作出宣告并予以登记，供利害关系人查询。如果交易的相对方在得知精神障碍者的民事行为能力信息后依然选择继续交易，那么就应当由交易相对方自行负责，与精神障碍者及其监护人无涉，亦在意思自治和公共安全之中取得平衡。

(二) 确立监护人的报酬请求权

综观世界各国的立法，关于监护人的报酬主要有以下三种立法例。

一是无偿主义，以俄罗斯、泰国等为主要代表。《俄罗斯联邦家庭法典》第150条第5款规定，"监护和保护义务，应由监护人和保护人无偿履行"；《泰王国民商法典》第1598/14条第1款规定，"监护人无权获得报酬"，[2]但存在一些例外情形。

二是有偿主义，以西班牙、瑞士等为主要代表。如《西班牙民法典》第274条规定，"监护人在被监护的财产允许的情形下有权获得报酬。法官规定报酬的金额和接受方式，因此应该了解监护人执行工作以及财产的价值和盈利性，

---

[1] 余延满：《亲属法原论》，法律出版社2007年版，第480页。

[2] 《泰王国民商法典》，周喜梅译，中国法制出版社2013年版，第281~282页。

尽可能地使得报酬金额不低于财产流动收益的 4%，也不高于其 20%"。[1]第 955 条规定，"法院可依监护人的请求，斟酌被监护人的财产状况及其他情形，从被监护人的财产中给付监护人以适当的报酬"。[2]

三是介于无偿主义和有偿主义之间的补偿主义，以法国、德国和意大利等为主要代表。如《法国民法典》第 419 条第 1 款规定，"由保护成年人的司法委托代理人以外的其他人实施司法保护措施时，不取报酬。但是，监护法官，或者亲属会议，如其已经设置，得视需要受管理的财产的数量以及履行保护措施的困难程度，准许向担负保护职责的人支付补偿费，并确定补偿费的数额。这项补偿费用由受保护人负担"。第 2 款规定，"如果是由保护成年人的司法委托代理人执行司法保护措施，其所需经费，根据受保护人的财产收入并按照《社会与家庭行动法典》规定的方式，全部或者一部分由受保护人负担"。第 3 款规定，"如果实行保护措施所需的经费不能由受保护人全额承担，不论此种经费的来源如何，均按照所有监护成年人的司法委托代理人的共同计算规则并考虑实施保护措施的具体条件，由公共行政部门负担。具体负担方式，由法令确定"。第 4 款规定，"作为特别情形，法国或者亲属会议，如其已设置，在听取共和国检察官的意见之后，可以决定给予负责保护成年人的司法委托代理人以补贴，以便其完成保护措施所必要的、需要特别长的时间或各种复杂的工作。所给予的补贴款项，在前两款所指的款项明显不足时，用作补充。这一补贴款项由受保护人负担。"[3]《意大利民法典》第 379 条规定，"监护的职务为无偿。但是监护裁判官考虑财产的实体及管理的困难性，得对监护人给予适当的报酬"。[4]

对于我国而言，精神障碍者监护人的报酬不能简单地采取"一刀切"的做法，即对于近亲属的监护应当采取补偿主义，对于近亲属以外的其他自然人或者组织（公职组织除外）应当采取有偿主义，参照法国和德国的做法，在综合考虑监护人与精神障碍者的精神状况，监护事务的数量、轻重、难度以及复杂程度，给予相应的报酬，实现权利与义务的统一。

---

〔1〕 西班牙议会：《西班牙民法典》，潘灯、马琴译，中国政法大学出版社 2013 年版，第 109～110 页。

〔2〕《韩国民法典》，金玉珍译，北京大学出版社 2009 年版，第 150 页。

〔3〕《法国民法典》，罗结珍译，北京大学出版社 2010 年版，第 139 页。

〔4〕《意大利民法典》，陈国柱译，中国人民大学出版社 2010 年版，第 80 页。

（三）完善意定监护制度

德国和日本均赋予成年的被监护人在一定清醒意识的情况下自行设立监护人，并优先于法定监护的权利。[1]这与奥地利规定的预防性代理权有异曲同工之妙。2012 年修正的《奥地利普通民法典》第 284f 条第 1 项规定："在被代理人就其委托他人处理的事务丧失了必需的民事行为能力，或者其丧失了认识和判断能力，或者其丧失了表达能力时，预防性代理权应当按照其内容发生效力。授权他人处理的事务必须被明确列举。在代理人和被代理人所居住的或者对该被代理人进行照料的医疗机构、疗养院或其他机构之间，不得存在从属关系或其他密切关系。"[2]《美国持续性代理权授予法》第 1 条规定，"持续性代理权是，本人以书面形式指定代理人，该代理人的代理权不受本人无行为能力、精神障碍或者时间的影响，或者当本人无行为能力时该代理权开始生效，除非指定了结束时间，代理权的效力自设立开始，不受时间限制"。[3]

为了充分彰显和尊重精神障碍者的自我决定权和余存的意思能力，我国可借鉴这些国家的有益经验，结合我国实际，进一步完善我国的意定监护制度。

（四）完善监护的履行规则

1. 设定监护人的监护周期

《埃塞俄比亚民法典》第 359 条规定，"除禁治产的配偶、尊亲属和卑亲属外，任何人都无义务履行禁治产人的监护人或保佐人的职责超过 5 年的时间。"[4]《意大利民法典》第 426 条规定，"无论何人，配偶、尊亲属或卑亲属除外，对于禁治产人的监护或者准禁治产人的保佐，超过十年之后不负继续义务。"[5]《中国民法典草案建议稿（第三版）》第 1921 条规定，"自然人担任指定照顺人的，年期为五年。照顾人任期届满时，人民法院可以另行指

---

〔1〕 李霞："意定监护制度论纲"，载《法学》2011 年第 4 期。

〔2〕 《奥地利普通民法典（2012 年 7 月 25 日修改）》，周友军、杨垠红译，清华大学出版社 2013 年版，第 46 页。

〔3〕 李霞："意定监护制度论纲"，载《法学》2011 年第 4 期。

〔4〕 《埃塞俄比亚民法典》，薛军译，厦门大学出版社 2013 年版，第 54 页。

〔5〕 《意大利民法典》，陈国柱译，中国人民大学出版社 2010 年版，第 88 页。

定照顾人，或者经照顾人同意而延长其任期。延长的期限仍为五年。"〔1〕

笔者认为，对于精神障碍者而言，如果其监护人为近亲属的，原则上不应当设置监护期限；除非发生了法律规定的条件，如近亲属不能（丧失行为能力等）或者不宜（染上吸毒等恶习）监护的，才由法院依照职权或者依其他近亲属的申请进行更换。但是对于近亲属之外的监护人，应当规定一个监护周期，可以考虑上述国家所规定的5~10年，当监护人完成这一周期后，可以视为其已完成了监护周期内的法定职责；有关部门在听取精神障碍者意见的基础上，既可以让原监护人连任，也可以选任其他监护人接替。之所以进行这样的制度安排，主要是从以下两个方面进行考虑：一方面可以有效调动监护人履行职责的积极性，否则就容易在实践中产生因为监护遥遥无期而使监护人态度消极、行动倦怠的弊端；另一方面可以最大程度地利用各种资源，加强对精神障碍者合法权益的保护。

2. 正当事由下的辞任权和解任权

《西班牙民法典》第251条规定，"在监护权的履行中，由于年老、疾病、个人专业或职业，监护人与被监护人之间缺少某种联系或者其他原因而导致监护权的行使负担过于沉重的，监护权可予免除。法人如果因为缺乏足够资源而导致无法妥善履行监护的，也可以申请免除监护权"。〔2〕第247条规定，"在授予监护权之后监护人构成其他导致监护不称职的法律原因的，或在履行监护权的过程中出现不端行为，譬如未履行监护人应尽的职责、众所周知的行为不称职，或者出现严重且持续的与共同居住相关的问题，监护权应予剥夺"。〔3〕《意大利民法典》第383条规定，"监护裁判官，在其监护的执行对于监护人过苛，而且亦有其他适当的人可以代替时，得将监护人从监护解放"。第384条规定，"监护裁判官，在监护人犯有懈怠的过失或者滥用其权利，或者被证明其权限的行使不适当，或者即使对于与监护无关的行为亦不胜任，或者已成为无资力时，得将监护人从其职务罢免。监护裁判官非听取监护人的意见或者呼出之后，不得将监护人罢免。但于不得延缓场合，得使

---

〔1〕 梁慧星：《中国民法典草案建议稿》，法律出版社2013年版，第401~402页。

〔2〕 西班牙会议：《西班牙民法典》，潘灯、马琴译，中国政法大学出版社2013年版，第103页。

〔3〕 西班牙会议：《西班牙民法典》，潘灯、马琴译，中国政法大学出版社2013年版，第102页。

监护的行使停止"。[1]《日本民法典》第846条规定，"监护人有不正当行为、严重劣迹或其他不适宜担任监护人的事由的，家庭法院可以根据监护监督人、被监护人或其亲属或者检察官的请求，或者依照职权将其解任"。[2]

笔者认为，现代社会是一个充满高风险的社会，在法律上规定正当事由下的辞任权和解任权，解决了实践中监护人因为主客观原因导致其不能或者不宜对精神障碍者继续监护的情况；相反，如果不改变这一状况而任其自流，无疑将不能有效地保护精神障碍者的合法权益。

3. 进一步明确监护人的监护职责

无论是大陆法系国家和地区，还是英美法系的国家和地区，几乎都规定了监护人的职责，区别在于监护的内容粗疏有别、繁简不一。例如，《西班牙民法典》第269条规定，"监护人有义务照顾被监护人，特别是注意以下事项：（1）为其提供食物；（2）教育未成年人，并为其提供全面的培养；（3）促进被监护人获取和恢复各方面的能力，积极投入社会；（4）每年向法官通报未成年人或者无民事行为能力人的情形，并呈交年度财产管理账目。"相比之下，《韩国民法典》却用了16个条文（第941条至第956条）规定了监护人的任务（职责），内容十分丰富。我国可结合本土实际，借鉴《韩国民法典》的相关规定，对监护人的监护职责作出更为详细的规定。

4. 扩大监护人的范围

综观世界各国，有关精神障碍者的监护人范围各不相同。历史上，新西兰于1873年建立了世界上第一个公共监护办公室；尽管1906年英国也仿照新西兰建立了本土第一个公共监护办公室，却没有获得与新西兰相同的成功；加拿大安大略省在1919年设立了全国第一个公共信托办公室。[3]

我国1986年颁布的《民法通则》曾规定，我国精神障碍者的监护人范围按照顺位依次是配偶、父母、成年子女、其他近亲属、关系密切的其他亲属和愿意承担监护责任的朋友；在上述人员缺位时才考虑补充监护，其范围主要是精神病人所在单位或者住所地的居民委员会、村民委员会和民政部门。有的学者曾经提出，让居民委员会、村民委员会和民政部门担任监护人，会

---

〔1〕《意大利民法典》，陈国柱译，中国人民大学出版社2010年版，第81页。
〔2〕《日本民法典》，王爱群译，法律出版社2014年版，第134条。
〔3〕 朱雪林："加拿大公共监护制度研究"，载《黑龙江科技信息》2012年第7期。

造成社会职能分工的混乱，影响机关事业单位的办事效率，应当予以废除。[1]

尽管上述批评具有一定的道理，但笔者认为不能简单地予以直接废除，而是应当加以适当改造。理由是，村民委员会和居民委员会虽然不属于一级政府机构，但是作为自我管理、自我服务的群众性自治组织，必然需要对精神障碍者有可能侵害他人或者受到他人侵害的这种事务负有属地管理职责，而且在实践中出现了村民委员会和居民委员会很好地照顾精神障碍者的事例，应当鼓励其成为精神障碍者监护人的一种选择；民政部门限于其职能定位、人力配置等因素，实际上无力实现对精神障碍者的监护，但其可以通过行政委托的方式，由其主管的养老院、福利院等机构具体行使监护职责；对于有暴力倾向的精神障碍者，可以暂由医疗机构作为看护人。[2]我国《民法典》第 28 条和第 32 条规定了可以适用精神障碍者监护人的主体范围，总体上中规中矩，未来仍有进一步拓展和细化的空间。

5. 设立监护监督人

《奥地利普通民法典》第 278 条第 3 项规定，"法院必须在不超过五年的适当的期间内进行审查，以确定被管理人（或被保佐人）的幸福是否要求管理（或保佐）的终止或变更。"[3]《西班牙民法典》第 232 条规定，"监护权在检察机关的监督之下行使，检察机关依职权以及任何利益相关方要求对其进行监督。检察官在任何时候都可以要求监护人通报未成年人或无民事行为能力人的近况以及监护管理的状态。"第 233 条规定，"法官也可以在任何时候要求监护人通报未成年人或无民事行为能力人的近况以及监护管理的状态。"[4]还有一些国家设置了专门的监护机构，如德国的青少年局和监护法院、瑞士的监护官署、日本的家庭裁判所等，加强对监护人的监督。[5]《法国民法典》第 416 条规定，"监护法官和共和国检察官对在其辖区内实施的保

---

〔1〕 吴汉勇："论我国成年人监护立法制度完善"，载《黑龙江省政法管理干部学院学报》2012年第 2 期。

〔2〕 陈伯礼、陈翰丹："我国精神病人公共监护制度论纲"，载《西南民族大学学报（人文社会科学版）》2013 年第 5 期。

〔3〕《奥地利普通民法典（2012 年 7 月 25 日修改）》，周友军、杨垠红译，清华大学出版社2013 年版，第 42 页。

〔4〕 西班牙议会：《西班牙民法典》，潘灯、马琴译，中国政法大学出版社 2013 年版，第 96~97 页。

〔5〕 余延满：《亲属法原论》，法律出版社 2007 年版，第 503 页。

护措施进行一般监督。监护法官和共和国检察官是走访或派人走访受保护人以及为之提出了受保护请求权的人，不论已经采取或请求采取的是何种保护措施。担负保护任务的人，应服从监护法官与共和国检察官的传召并向他们通报要求提供的任何情况。"〔1〕《路易斯安那民法典》第 393 条规定，"法院应当指定一名监督保佐人以履行其法定的义务，监督保佐人的义务与权利始于其获得保佐资格之时。在履行义务时，监督保佐人应尽到合理的注意、勤勉与谨慎义务，且其行为应符合禁治产人的最大利益。"〔2〕

《民法典·民法总则专家建议稿（征求意见稿）》第 34 条规定，"居民委员会、村民委员会或者民政部门以及其设立的救助保护机构履行监护职责，国家应当进行监督、提供保障。"2015 年 5 月，中国人民大学民商事法律科学研究中心发布了《民法典·民法总则专家建议稿（征求意见稿）》第 44 条规定，"被监护人的所在单位、居民委员会、村民委员会为监护监督机构，对于监护人履行义务状况进行监督。各级政府的民政管理部门为国家的监护监督机构，负责监督监护人的监护行为，保护被监护人的合法权益。"笔者认为，当自然人担任精神障碍者的监护人时，可以由被监护人的所在单位、居民委员会、村民委员会作为监护监督机构；当福利院等社会团体担任精神障碍者的监护人时，可以由司法行政部门作为监护监督机构；当被监护人所在单位、村民委员会、居民委员会以及其他主体担任精神障碍者的监护人时，法院和检察院应当成为监护监督机构。遗憾的是，我国正式颁布的《民法典》没有明确规定监护监督人制度。不过，我国《未成年人保护法》第 7 条、第 43 条等建立了对未成年人监护的监督制度，一定程度上补足了《民法典》的缺陷。

我国《民法典》第 34 条第 3 款规定，"监护人不履行监护职责或者侵害被监护人合法权益的，应当承担法律责任"。实践中，被监护要么是未成年人，要么是辨识能力受限甚至全无的成年人。无论是哪一种，如果监护人不履行监护职责或者不能完好地履行监护职责，被监护人的利益就有可能受损，进而无法实现《民法典》设置监护制度的初衷。但是，如何发现监护人不履行职责或者不能完好地履行监护职责呢？如果仅靠监护人本人的高度自律，往往不可持续，因此应当建立一定的制度，即监护监督人制度。如果这项制

〔1〕《法国民法典》，罗结珍译，北京大学出版社 2010 年版，第 139 页。
〔2〕《路易斯安那民法典》，娄爱华译，厦门大学出版社 2009 年版，第 46 页。

度缺失，监护职责的履行情况难以被及时发现和评估，将不利于保护被监护人的利益。当前，社会上已经出现了一些监护人侵害精神障碍者等被监护人人身、财产权益的情况，2019 年发生在山东的"患有精神障碍的女子方某因不能怀孕遭到公公、婆婆以及丈夫的虐待"一案即为适例。[1]应当说，监护人监督制度的现实基础已具备。笔者认为，未来对《民法典》的完善应当考虑增设监护监督人制度，为更好地实现监护的本旨和精神障碍者的权益保护。

法谚有云："正义只会迟到，从来不会缺席。"（The laws sometimes sleep, but never die.）我国《民法典》的颁布，与 1986 年《民法通则》和 2017 年《民法总则》相比，已经实现了两次跃升。尽管当前对精神障碍者的监护规定仍不完善，但这种追求制度完善的理想却矢志不渝，愿监护有爱，人间有爱！

---

〔1〕 2019 年 1 月 31 日，某女精神障碍者方某因不能怀孕遭到公公、婆婆以及丈夫的虐待导致死亡。该案件由禹城市人民法院审理，一审判决：公公张某林犯虐待罪，处以有期徒刑三年；婆婆刘某英犯虐待罪，处以有期徒刑二年二个月；丈夫张某犯虐待罪，处以有期徒刑两年缓刑三年执行。死者方某母亲不服一审判决，已经提起上诉。2020 年 4 月 29 日，山东省德州市中级人民法院作出裁定，撤销原判决发回重审。这个案件的特殊性之一就体现在女精神障碍者的监护人（丈夫）恰恰就是施暴者，如果没有监护监督人，精神障碍者的合法权益是难以得到周全保护的。

乡村医生的隐忧：医疗损害风险并不小*

随着人们法律维权意识的不断提高，尤其是 2010 年 7 月 1 日我国原《侵权责任法》的实施，在医疗损害赔偿责任的法律适用上，几乎全部取代了先前《医疗事故处理条例》、原《民法通则》及相关司法解释等裁判依据，在赔偿范围上有所拓宽，在赔偿标准上有所提高。[1]随着 2020 年 5 月 28 日我国《民法典》的出台，原《民法通则》、原《侵权责任法》等九部单行法完成了自身的历史使命，全部被废止。但是其大部分内容却被《民法典》承继，并在此基础上进行必要的修正和完善。受害人的生命权、健康权等人身权保障力度更强，使得原本依靠血缘、亲缘、地缘等伦理优势缓解或抵御乡村医疗损害赔偿纠纷的能力骤然下降，实践中已有越来越多的案件开始涌向法院，寻求比和解、调解等更为权威和终局的救济途径。

一、基本案情与判决结果[2]

（一）基本案情

沈某某系个体乡村医生，在红联卫生室执业，系该卫生室的主要负责人，红联卫生室日常经营由沈某某自负盈亏。章某某系沈某某的儿媳，取得执业助理医师资格，系某市红十字医院职工，在该医院执业。2009 年 4 月 1 日晚上 6 时多，杨某辉、陈某某之女杨某飞因病由父亲杨某辉陪同到红联卫生室就诊。沈某某接诊后简单询问了病情，杨某辉陈述服用了一支双黄连口服液。

---

　　* 主体内容曾刊发于《法律适用（司法案例）》，本文有修改。原文详可参见刘炫麟："乡村医生医疗损害赔偿责任司法认定研究"，载《法律适用（司法案例）》2017 年第 6 期。
　　〔1〕 参见刘炫麟："村医赔偿责任难题怎么破"，载《健康报》2016 年 9 月 29 日，第 6 版。
　　〔2〕 详可参见浙江省高级人民法院民事判决书（2012）浙民提字第 69 号。

随后，沈某某与其儿媳章某某共同商定了治疗方案，并由章某某负责输液（部分用药不详，患方认为注射了先锋霉素，医方予以否认，主张注射的是林可霉素），后因杨某飞病情无法控制，当即注射肾上腺素予以抢救，并拨打了120急救电话。同日20时17分，杨某飞转入某市人民医院抢救，检查见：患者深度昏迷，体温39.5℃，脉搏207次/分，四肢阵发性强直，初步诊断：休克待查、疑似甲亢危象、感染性休克、颅内感染、多脏器功能衰竭、吸入性肺炎。入院后予以气管插管呼吸支持、抗感染等治疗，全院会诊时考虑败血症、感染性休克、DIC、多脏器功能衰竭。4月2日14时出现心跳骤停、无自主呼吸触发，立即予以肾上腺素针静推、心肺复苏抢救，并告知家属随时有死亡可能，14时44分患者出院后死亡。某市人民医院抢救期间，杨某辉、陈某某支出医疗费10 458.80元。本次医疗事件发生后，医患双方发生激烈矛盾，并为此引发信访。

（二）判决结果

2009年11月16日，杨某辉、陈某某诉至某市人民法院，请求判令红联卫生室、章某某共同赔偿经济损失1 005 141.25元，某市红十字医院承担连带责任，后将诉讼请求的数额变更为1 155 147.2元。

某市人民法院经审理后作出一审判决：（1）沈某某赔偿杨某辉、陈某某医疗费、护理费、住院伙食补助费、死亡赔偿金、丧葬费、鉴定费、交通费、精神损害抚慰金等经济损失共计397 632.35元，限判决生效之日起三十日内付清；（2）章某某赔偿杨某辉、陈某某医疗费、护理费、住院伙食补助费、死亡赔偿金、丧葬费、鉴定费、交通费、精神损害抚慰金等经济损失共计170 413.87元，限判决生效之日起三十日内付清；（3）沈某某与章某某对上述款项互负连带清偿责任；（4）驳回杨某辉、陈某某要求某市陶朱街道红联卫生室、某市红十字医院承担民事赔偿责任的诉讼请求和其余诉讼请求。一审宣判后，沈某某、章某某均不服，向浙江省某市中级人民法院提起上诉。

二审法院经审理认为，沈某某、章某某提出的上诉理由不足，其上诉请求不予支持。一审判决认定事实清楚，适用法律正确，实体处理得当，故判决驳回上诉，维持原判。二审案件受理费6176元，由沈某某负担4323元，章某某负担1853元。二审宣判后，沈某某又向浙江省高级人民法院申请再审。浙江省高级人民法院于2012年3月12日作出（2012）浙民申字第90号民事裁定，决定由本院提审本案。浙江省高级人民法院经再审后认为，沈某某的再审申请理由缺乏事实和法律依据，不予支持。原一审、二审判决认定事实清楚，实体处理得当，应予维持。

（三）裁判分析

法院认为，医疗机构在对患者诊疗过程中，由于过错侵害患者人身的，应当承担民事责任。杨某辉、陈某某之女杨某飞在红联卫生室接受治疗时，经治医生未尽到与其医疗水平相应的高度注意义务，存在没有询问病人必要病情和做必要检查、诊疗过程中没有诊疗记录、转院时没有转诊记录导致上级医院救治困难等诸多医疗过失。这已被上海华医司法鉴定所出具的鉴定意见书所确证。上述医疗过失的存在，最终使得杨某飞发生过敏性休克而死亡，两者之间存在主要因果关系。因沈某某系红联卫生室的主要负责人和实际经营者，并自负盈亏，相应的民事责任应由沈某某承担，红联卫生室不承担本案民事责任。同时，从沈某某2009年4月27日接受某市卫生局卫生执法人员调查时的陈述来看，足以认定其与章某某共同商讨决定了用药和治疗方案，事后双方又共同补开了处方笺，故沈某某和章某某的行为属于共同侵权行为，根据原《民法通则》第130条（现为《民法典》第1168条）及相关司法解释的规定应承担连带赔偿责任。同时还应当看到，患者杨某飞本身的过敏状态与其死亡之间也存在一定的因果关系，本病例并非完全系沈某某、章某某的医疗过失所致。根据本案实际，确定由沈某某、章某某承担80%的赔偿责任份额。根据双方在本次医疗事件中所起的作用分析，确定被告章某某与沈某某内部按三七比例分摊。杨某辉、陈某某诉讼请求合理部分，予以支持。

本案历时3年且经过一审、二审、再审而终结，在很大程度上说明医疗损害赔偿纠纷案件不仅专业性强（如经过法医和医学会两次鉴定），而且责任分配与责任主体的认定较为复杂。在我国，村卫生室可以由乡村医生个人或联合举办，亦可由村委会、乡镇卫生院、卫生健康行政部门举办。当前，由于我国各省市村卫生室管理体制和运行机制迥异，乡村医生与各相关主体之间的关系错综复杂，常常面临着比本案更为疑难和棘手的局面。如果司法处理不得当，将会直接影响到法院裁判的社会效果，"努力让人民群众在每个司法案件中都能感受到公平正义"的目标就会受到影响。有鉴于此，笔者将作逐一类型化讨论，以期为法院裁判提供些许建议，并寻求一些认知与共识。

二、乡村医生举办村卫生室时的医疗损害责任认定

（一）村卫生室的民事主体地位

截至 2021 年 11 月底，全国医疗卫生机构数为 104.4 万个，其中村卫生室有 607 597 所，与 2020 年 11 月相比，减少 8934 所。[1]无论是乡村医生个人举办村卫生室，还是乡村医生联合举办村卫生室，实质上均属于自然人举办的情形。此时，村卫生室不仅是乡村医生按照国务院《乡村医生从业管理条例》的规定而注册的法定执业地点，亦是聘用其执业的用人单位。患者前往村卫生室就诊，与村卫生室构成医疗服务合同关系，而非与乡村医生形成医疗服务合同关系。那么，一个核心的问题便是，村卫生室属于何种类型的民事主体？是否能够独立承担民事责任？这是划定和厘清医疗损害赔偿责任的关键问题之一。对于这一问题，学术理论界长期缺乏关注和研究，司法实务界认定不一，甚至同一省份不同地区的法院也存在认识上的分歧。例如，江苏某法院在审理王某琴、王某郎、王某希、王某奇与某村卫生室、某卫生院、某村委会、某乡镇政府医疗损害赔偿纠纷一案中，就认定村卫生室系独立法人，应依法独立对外承担赔偿责任；[2]而江苏另一法院在审理梅某与某村卫生室医患纠纷一案中却认定，村卫生室不具有独立的法人资格，不能独立对外承担民事责任。[3]

笔者认为，在我国现行的民事法律和理论框架下，村卫生室既不是特殊的自然人（如个体工商户等），也不是法人，而只能勉强地将其归类为其他组织，主要理由包括以下三个方面。

首先，我国采取民商合一的立法体例，《民法典》所规定的个体工商户、农村承包经营户属于典型的商事主体，具有较强的营利性特征，而村卫生室主要是从事全科医疗和预防保健等业务的单位，具有明显的非营利性特质，而且卫生健康行政部门颁发的医疗机构执业许可证亦通常载明为"非营利性"，二者具有本质上的不同。

---

〔1〕 "卫健委统计信息中心发布《2021 年 11 月底全国医疗卫生机构数》，载 http://med. china. com. cn/content/pid/317752/tid/1026，最后访问时间：2022 年 6 月 27 日。

〔2〕 朱艳红："乡村村卫生室能否作为诉讼主体独立承担责任"，载 http://www. lsbar. com/guide-Content/33732，上传日期：2016 年 9 月 14 日，最后访问时间：2017 年 1 月 6 日。

〔3〕 "村卫生室造成医疗事故镇卫生院埋单"，载 https://www. lawtime. cn/info/yiliao/yljf/2011071230725. html，最后访问时间：2022 年 6 月 28 日。

其次，将村卫生室认定为法人或典型的其他组织同样遭遇了一定的障碍，一是因为现实中大量存在一所村卫生室仅有一名乡村医生执业的情况，难以满足法人和其他组织的人合性要求。二是法人之所以被界定为一种独立于其成员的社会组织，乃是因为其存在独立的人格、独立的财产和独立的责任，[1]但在乡村医生举办（包括个人办或联合办）村卫生室的情况下，主要利用乡村医生的个人财产进行投入，由自己运营和管理，所产生的收益或用于村卫生室的事业发展，或用于乡村医生的收入分配（严格来说这一点与其自身秉持的非营利性定位相悖），其人格、财产和责任均难以具备独立性，而是容易形成较高程度上的混同。

最后，虽然将村卫生室作为其他组织对待，常会在一人村卫生室时面临人合性不具备的问题，不过在乡村医生联办或有多名乡村医生共同在村卫生室执业的情况下，这一结论大致是可以成立的。[2]换言之，村卫生室不能独立对外承担民事责任。此外，我们还需考虑一种共通的情况，即举办村卫生室的乡村医生除了自己之外，是否还聘请了其他相关医疗卫生技术人员（如护士等）。如果聘请，那么这些其他医疗卫生技术人员将成为该所村卫生室的工作人员，这对于法院认定医疗损害赔偿责任而言，同样至关重要。

（二）医疗损害赔偿责任的具体认定

在乡村医生个人举办村卫生室的情形下，无论是乡村医生基于职务行为造成的医疗损害，还是村卫生室聘用的其他医疗卫生技术人员基于职务行为造成的医疗损害，由于村卫生室不能独立对外承担民事责任，且与乡村医生形成人格、财产、业务上的高度混同，因此既可由举办村卫生室的乡村医生承担赔偿责任，亦可先以村卫生室的财产承担赔偿责任，当村卫生室的财产不足以清偿医疗损害赔偿责任之时，再由举办村卫生室的乡村医生以个人财产承担补充责任（参见《民法典》第104条）。司法实践中，法院应当优先选择前者，主要基于以下两点考虑：一是乡村医生是最终的责任人，二是如果以村卫生室的财产先行赔偿，一方面是村卫生室的财产极其有限，难以实现赔偿的目的；另一方面让村卫生室的财产先行赔偿，则有可能导致村卫生室

---

〔1〕 参见朱庆育：《民法总论》，北京大学出版社2016年版，第419页。

〔2〕 详可参见刘炫麟："首都农村卫生室民事主体类型研究"，载《中国卫生法制》2013年第6期。

因财产锐减而难以为继，这将直接影响到广大农村居民正常的看病就医，涉及社会公共利益的维护，除非发生了该所村卫生室没有必要存续的事由。例如，2011 年 4 月 21 日，原告的妻子胡某因病找到乡村医生孙某诊治。孙某在为胡某输液过程中离开去碾米，后胡某猝死。同年 4 月 22 日，在当地派出所和村委会的调解下，双方达成调解协议，约定由被告孙某给予胡某家属精神抚慰金 9.5 万元，分五次付清，如违约加收欠款 10% 的滞纳金。签订协议后，被告仅支付胡某家属 5 万元，余款未付。原告遂起诉至江西省遂川县人民法院，该法院依法判处被告孙某给付死者家属 4.9 万元（包括余款和滞纳金）。[1]

在乡村医生联合举办村卫生室的情形下，无论是乡村医生基于自身职务行为造成的医疗损害，还是村卫生室聘用的其他医疗卫生技术人员基于职务行为造成的医疗损害，既可由联办村卫生室的乡村医生承担连带赔偿责任，亦可先以村卫生室的财产承担赔偿责任，当村卫生室的财产不足以清偿时，再由联办村卫生室的乡村医生承担补充责任。法院在裁判这类案件时，同样应当优先选择第一种路径，理由同上，在此不赘。当联办村卫生室的乡村医生对外清偿医疗损害赔偿责任之后，可以按照与受聘乡村医生之间签订的内部协议进行处理，没有协议的，可按我国《民法典》第 178 条的规定进行处理。例如，2012 年 12 月 6 日 12 时许，山东省泰安市东平县大羊镇某村的王某某因病到尚庄卫生室就诊，乡村医生毕某、李某在未做皮试的情况下，为王某某开具头孢曲松钠进行静脉输液，王某某随即出现呕吐、尿急等症状，后经抢救无效死亡。泰安市公安局鉴定认为：王某某系过敏性休克死亡。泰安市医学会鉴定认为：该病例属于一级甲等医疗事故，医方负完全责任。对于民事赔偿，乡村医生毕某、李某与被害人亲属达成和解协议，共同赔偿被害人亲属各项损失共计 32 万元。[2]这虽然是一起基于共同侵权而产生的医疗损害赔偿纠纷，但对于联办村卫生室的乡村医生而言，其赔偿责任的承担规则大致相同。

有疑问的是，在村卫生室或举办村卫生室的乡村医生在对外承担医疗损害赔偿责任之后，能否向有过错的乡村医生或村卫生室聘用的其他医疗卫生技术人员行使追偿权？关于这一点，我国 2009 年《侵权责任法》第 34 条第 1

〔1〕 郭宏鹏、黄辉："医生输液时擅自离开碾米致病人猝死"，载 https://news.sina.com.cn/s/2013-05-20/110827173223.shtml，最后访问时间：2022 年 6 月 26 日。
〔2〕 参见刘炫麟："村医赔偿责任难题怎么破"，载《健康报》2016 年 9 月 29 日，第 6 版。

款没有作出明文规定。但在法理上，如果不赋予这些主体一定的追偿权，则在医疗损害系由其他乡村医生或医疗卫生技术人员故意或重大过失造成时，就会有违公平原则。[1]正是基于这样的考虑，我国《民法典》充分吸收了2009年《侵权责任法》第34条第1款的规定，同时增加了关于追偿权的规定。《民法典》第1191条第1款规定，"用人单位的工作人员因执行工作任务造成他人损害的，由用人单位承担侵权责任。用人单位承担侵权责任后，可以向有故意或者重大过失的工作人员追偿"。不过，在司法实践中要重点防止两种倾向：一是村卫生室将经营风险转嫁给有过错的其他医疗卫生技术人员；二是在村卫生室存在监督管理过失的情况下，让有过错的其他医疗卫生技术人员承担大部分责任。我国《民法典》第1218条规定，"患者在诊疗活动中受到损害，医疗机构或者其医务人员有过错的，由医疗机构承担赔偿责任。"从文义解释的角度分析，并不能直接得出医疗机构在承担替代责任之后享有追偿权的结论。而且与《民法典》第1191条的规定相比，其构成在医疗领域的特别条款，从法理上讲，具有优先适用的空间。总之，这一问题仍存有一定的争议，有待未来的立法或者司法解释进一步细化。

三、村委会举办村卫生室时的医疗损害责任认定

（一）村委会的民事主体地位

通常而言，村委会举办的卫生室占据主体地位。[2]关于村委会的民事主体地位，学术界和实务界并不存在大的争议，因为村委会作为土地承包经营权合同的一方主体，已经得到了广泛的认可。但问题在于，村委会属于我国民事主体体系中的哪一种具体类型？关于这一点，有的学者主张将村委会纳入其他组织的范畴，[3]而有的学者则坚持将其作为法人对待。[4]应当说，这

---

〔1〕 最高人民法院侵权责任法研究小组编著：《〈中华人民共和国侵权责任法〉条文理解与适用》，人民法院出版社2010年版，第254~255页。

〔2〕 参见国家卫生和计划生育委员会编：《2015中国卫生和计划生育统计年鉴》，中国协和医科大学出版社2015年版，第20~26页。

〔3〕 参见李鹏、程庆水、孟磊："我国村委会组织性质分析——以法律地位为视角的考察"，载《北京科技大学学报（社会科学版）》2008年第2期。

〔4〕 参见任自力："村民委员会的法律地位辨析"，载《中国农业大学学报（社会科学版）》2006年第3期。

两种观点均有一定的道理。不过，根据我国 2001 年《第二次全国基本单位普查法人单位及产业活动单位划分规定》第 7 条规定，其他法人是指除企业法人、事业单位法人、机关法人和社会团体法人以外的其他符合法人条件的单位。其中包括依据《居民委员会组织法》和《村民委员会组织法》批准设立的居民委员会和村民委员会。此外，2017 年《民法总则》第 96 条明文将村委会纳入特别法人范畴，2020 年颁布的《民法典》承袭 2017 年《民法总则》的规定将其作为特别法人对待。由此可见，无论是在具体的政策执行中，还是在新近的民事立法上，我国均已将村委会作为法人对待，其具有独立对外承担民事责任的资格。

（二）医疗损害赔偿责任的具体认定

当村委会举办村卫生室时，一般由村委会负责聘用乡村医生，但囿于医疗卫生事业的专业性，村委会通常难以对村卫生室进行有效的业务指导，只是基于《村民委员会组织法》赋予村委会自我管理、自我教育、自我服务的基层群众性自治组织的定位，而对村卫生室进行一定的属地化"行政"管理，但普遍存在形式化、粗疏化的问题。因此，村卫生室实际上主要由乡村医生进行运营和管理。乡村医生运营村卫生室的收入全部或部分上缴村委会。在这种情况下，村卫生室近似于村委会的一个职能部门，村委会主任应是村卫生室的代表人，乡村医生是村卫生室的负责人，乡村医生的执业行为应当视为村委会职能的延伸（详见《村民委员会组织法》第 7 条）。若乡村医生基于职务行为造成医疗损害，既可由村委会承担赔偿责任，亦可先以村卫生室的财产承担赔偿责任，当村卫生室的财产不足以清偿时，再由村委会承担补充责任。法院在裁判此类案件时，应当优先选择第一种路径，理由同上。至于村委会对外承担赔偿责任之后，是否有权对有过错的乡村医生行使追偿权，可以按照村委会和受聘乡村医生之间的合同约定进行处理。

在此，笔者试举一例加以说明。

2005 年 3 月 30 日，北京市昌平区某村卫生室的乡村医生佟某，在为一患者配制中药的过程中，违反医务操作规程，没有对所配制的中药进行复核，致使川乌、草乌超过规定用量的十倍，造成患者于 4 月 2 日晚服用其配制的中药后中毒，经抢救无效死亡。后经北京市昌平区医学会鉴定，构成一级甲等医疗事故，被告人佟某负完全责任。法院经审理查明，该所村卫生室由村委会举办，然后发包给乡村医生佟某营业，佟某每年须向村委会上交一笔管理费。最终，法院判决佟某有期徒刑两年，村委会与佟某共同赔偿受害者家属赔偿金 30 余万元。[1]在本案中，根据权利与义务的统一性原理，佟某的对外行医不再是纯粹的个人行为，而是具有履行一定职务行为的性质，故判决村卫生室的举办单位村委会承担连带责任。笔者认为，在本案中，如何科学、准确地认定"管理费"的性质，是责任认定的关键问题之一。

乡村医生运营村卫生室的收入如不上交村委会，而是实行自主经营，自负盈亏，此时，虽然村卫生室的负责人还是乡村医生，但是村委会主任显然不愿意继续担任村卫生室的代表人，因为仅让村委会承担责任而不享受任何收益，显然有违权利与义务的统一性原理。这亦是实践中为何越来越多的村卫生室的医疗机构执业许可证上的"法定代表人"一栏为空的主要原因之一。在这种情况下，村委会举办和管理村卫生室，其形式意义已经远远大于实质意义，甚至已经近似于乡村医生个人或联合举办村卫生室的情形。基于这样的考虑，当乡村医生基于职务行为产生医疗损害，既可由乡村医生承担赔偿责任，亦可先以村卫生室的财产承担损害赔偿责任，如果村卫生室的财产不足以清偿的，则由乡村医生以其个人财产承担补充责任。但难点在于，当乡村医生的个人财产也不足以清偿赔偿责任时，村委会是继续承担补充责任，还是无须承担责任？实践中有的案例支持了后者。例如，浙江省高级人民法院在再审"沈某某与杨某辉、陈某某等医疗损害赔偿纠纷"案中就明确认定，"沈某某系红联卫生室的主要负责人和实际经营者，并自负盈亏，相应的民事责任应由沈某某承担，红联卫生室不承担本案民事责任"。笔者认为，从强化村委会的监管责任，保障农村居民医疗安全等角度考虑，不宜将村委会完全从赔偿责任主体中分离出去，但又不宜过重，否则将引发新的不公平，建议在乡村医生不足以承担损害赔偿责任之时，由村委会继续承担补充责任。在村委会对外承担补充责任之后，可按相关协议的具体约定向有过错的乡村医生追责，因为归根结底，医疗损害的最终责任人是有过错的乡村医生。

---

[1] 参见刘炫麟："村医赔偿责任难题怎么破"，载《健康报》2016 年 9 月 29 日，第 6 版。

四、乡镇卫生院举办村卫生室时的医疗损害责任认定

（一）乡村卫生服务一体化

近些年来，我国通过《关于进一步完善乡村医生养老政策提高乡村医生待遇的通知》《国务院办公厅关于进一步加强乡村医生队伍建设的指导意见》《卫生部办公厅关于推进乡村卫生服务一体化管理的意见》《中共中央 国务院关于深化医药卫生体制改革的意见》等一系列政策文件倡导并要求有条件的地区实行乡村卫生服务在行政、人事、业务、药械、财务和绩效等方面的一体化管理，但从全国各地的实践发展情况考察，其总体进程较为迟缓。因为根据原国家卫生和计划生育委员会的数据统计，在我国的村卫生室中，只有很少的一部分是由乡镇卫生院（社区卫生服务中心）举办的，[1]主要原因有三：一是乡村医生的身份在由农民转化城镇职工方面存在一定的障碍，如乡村医生需要放弃宅基地等资源等；二是限于年龄偏大、学历偏低以及实践技能偏弱等不利因素，其难以通过全国的执业（助理）医师考试，存在执业资质转化不能或困难的障碍；三是有些地方政府及卫生行政部门在政策执行力度方面明显不足，在很大程度上延迟了这一进程。

（二）医疗损害赔偿责任的具体认定

在我国，无论是乡镇卫生院，还是社区卫生服务中心，都属于法人单位，能够独立承担民事责任。因此，如果是在乡镇卫生院或社区卫生服务中心举办村卫生室的情形下，乡村医生因为执业行为发生了医疗损害，乡镇卫生院或社区卫生服务中心既可以直接承担损害赔偿责任，亦可先以村卫生室的财产承担赔偿责任，当村卫生室的财产不足以清偿时，再由其承担补充责任。此时，村卫生室实际上处于乡镇卫生院或社区卫生服务中心分支机构的地位，可以适用《民法典》第74条第2款的规定。不过，法院在裁判这类案件时，应当优先选择第一种路径。理由是，村卫生室被纳入乡村卫生服务一体化管理之后，其财产已经汇入乡镇卫生院（或社区卫生服务中心）的财产范围，不具有独立性，让乡镇卫生院先行承担赔偿责任，可以在很大程度上避免村

---

〔1〕 参见国家卫生和计划生育委员会编：《2015 中国卫生和计划生育统计年鉴》，中国协和医科大学出版社 2015 年版，第 20~26 页。

卫生室因财产锐减而难以为继的情况。乡镇卫生院或社区卫生服务中心对外承担赔偿责任之后，可以按照其与乡村医生之间聘用合同的相关约定进行处理，包括追偿权的行使等。

在此，笔者试举两例加以说明。

2014 年 1 月 24 日，家住山东省日照市岚山区高兴镇某村村民丁某（48 岁）感觉身体不适，并伴有头晕、恶心等症状，村卫生室乡村医生杨某到其家中为其治疗，并为其口服药物、输液，但不见好转。同年 1 月 25 日，丁某被送往日照市某医院住院治疗。同年 2 月 4 日，丁某因治疗无效死亡。法院遂委托专业机构进行鉴定。鉴定结论是，"丁某本身所患疾病严重，病情复杂、变化快，是其死亡的主要原因。乡村医生杨某在对丁某的治疗过程中，对病情严重性认识不足，处理不恰当、不规范，存在过错，与丁某的死亡有间接因果关系，属轻微责任"。法院经审理查明，乡村医生杨某执业的村卫生室是当地乡镇卫生院的派出机构，已被纳入乡村卫生服务一体化管理。2015 年 11 月 16 日，山东省日照市中级人民法院依法作出终审判决，杨某所在地的镇卫生院赔偿患者家属 10 万元。[1]

另外一则案例同样支持了作为村卫生室举办主体的卫生院的损害赔偿责任。2001 年 11 月至 12 月，梅某因踝关节有响声到江苏省通州市（现为南通市通州区）某村卫生室就诊，乡村医生给梅某配了约 180 粒强的松。2002 年 3 月，梅某外出打工后感觉右髋关节不适和疼痛，即开始就医。2003 年 1 月，梅某到通州市人民医院拍片，诊断为右股骨头无菌性坏死，双方遂发生纠纷。2004 年 8 月，梅某诉至通州市人民法院，并申请医疗事故技术鉴定。江苏省南通市医学会经鉴定认为，医方未认真执行诊疗规范，就诊记录不全，在诊断不明确的情况下给原告服用强的松，适用症掌握不当。服用强的松与患者股骨头坏死的发生存在一定的因果关系。鉴定结论为本病例属于三级丙等医疗事故，医方承担次要责任。法院经审理查明，该村卫生室于 1999 年 5 月 31 日取得医疗机构执业许可证。根据《南通市村卫生管理暂行办法》规定，卫生局是村卫生室的行政主管部门，乡（镇）中心医院对村卫生室进行了具体管理、指导和监督，负责卫生室人员聘用、药品代购、财务管理，村卫生室

---

[1] 参见刘炫麟："村医赔偿责任难题怎么破"，载《健康报》2016 年 9 月 29 日，第 6 版。

业务收入按月上缴至卫生院统一管理。乡村医生是村卫生室的工作人员，其医疗行为属职务行为，行为后果应由单位承担，即由某村卫生室承担。但某村卫生室并不具备法人资格，其人员由镇卫生院聘用、药品由镇卫生院配购，业务收入也全部上缴至镇卫生院，再由镇卫生院确定医务人员工资，镇卫生院并提留部分管理费，故应由镇卫生院承担赔偿责任。[1]

五、卫生健康行政部门举办村卫生室时的医疗损害责任认定

关于卫生健康行政部门代表政府举办村卫生室的数量，国家卫生和计划生育委员会并无专门的数据统计，但可以肯定的是，其数量较少。理由是，在全国村卫生室中除去乡村医生个人和联办（29.39%）、村委会举办（54.14%）、卫生院设点（9.20%）之外，其他情形（包括政府举办）仅剩下7.27%，[2]同样不足十分之一。当前，我国已经有越来越多的村卫生室加入到政府购买服务的行列，为一定范围内的农村居民提供基本公共卫生、基本医疗、零差价药品等服务，政府根据村卫生室或乡村医生完成任务的情况（一般委托乡镇卫生院对属地村卫生室和乡村医生进行考核），给予不同数额的补助（不是工资），但全国各地相差悬殊，最高可达十倍以上。国家卫生健康行政部门曾在《关于进一步完善乡村医生养老政策提高乡村医生待遇的通知》中明文指出，乡村医生聘用应当遵循"县聘、乡管、村用"的原则。[3]既然村卫生室由县级卫生健康行政部门举办，那么乡村医生通常亦由卫生健康行政部门聘用，如果乡村医生基于职务行为导致医疗损害，则应由聘用的卫生健康行政部门承担替代责任。卫生健康行政部门对外承担损害赔偿责任

---

〔1〕 关宏静："村卫生室造成医疗事故镇卫生院埋单"，载 http://china.findlaw.cn/bianhu/ge-zuibianhu/fhsfglcxz/whggwsz/yiliaoshiguzui/28076.html，2011年2月18日，最后访问时间：2017年1月6日。

〔2〕 参见国家卫生和计划生育委员会编：《2015中国卫生和计划生育统计年鉴》，中国协和医科大学出版社2015年版，第20~26页。

〔3〕 该规定对"县聘、乡管、村用"进行了进一步阐释，即县级卫生计生行政部门负责本行政区域内乡村医生的聘用、注册和管理工作。乡镇卫生院受县级卫生计生行政部门委托负责辖区内乡村医生的业务指导和管理，按照《劳动合同法》相关规定，与乡村医生签订劳动合同，明确各自权利和义务。要充分认识乡村医生从事社会公益事业的性质，创造条件使其参加各项社会保险，享受相应的社会保险待遇，按规定需单位缴纳的社会保险费，由地方政府给予补助。从这一规定可以看出，"县聘"的主体是县级卫生计生行政部门，而与乡村医生签订劳动合同的主体却是乡镇卫生院，存在一定的错位。

之后，可以依照聘用合同的有关规定对有过错的乡村医生行使追偿权。不过，此类案件在实践中并不常见。

六、逻辑困境与根本出路

（一）逻辑困境

当前，我国乡村医生的身份普遍属于农民，尚未进入国家公职人员的体制之内，与乡镇卫生院或社区卫生服务中心的医务人员相比，无论是在经济收入上，还是在社会保障上，抑或在职业发展空间上，均存在较大差距，但其实际承担的职责与付出的劳动，已与乡镇卫生院或社区卫生服务中心的医务人员旗鼓相当，在一些人口较为密集或交通较为偏僻的地区，还可能更为繁重。近些年来，党和政府连续出台了多项政策措施予以扶持，使得乡村医生的经济收入和执业环境得到了很大程度上的改善，但仍有一些突出、重大和疑难的问题尚未解决，如乡村医生的待遇、养老保障以及执业风险的分担机制缺乏等。我国于 2019 年出台的《基本医疗卫生与健康促进法》第 56 条第 5 款规定，"国家加强乡村医疗卫生队伍建设，建立县乡村上下贯通的职业发展机制，完善对乡村医疗卫生人员的服务收入多渠道补助机制和养老政策。"尽管该条规定得比较粗疏，但是与我国《乡村医生从业管理条例》相比，还是前进了一步，但是未来如何细化落地，却是一个难题。

无论是乡村医生个人或联合举办村卫生室，还是由村委会举办村卫生室，抑或由卫生健康行政部门举办村卫生室，实际上均存在着明显的缺陷。理由是，乡村医生个人或联合举办村卫生室的财力不足是显而易见的，这导致其抵御医疗损害风险的能力十分脆弱，只要发生医疗事故，不仅有可能因为触犯刑法而身陷囹圄，而且在民事责任上也可能会让其"破产"，村卫生室常常难以为继；如果是村委会举办村卫生室，虽然与个人或联合举办的自然人相比拥有一定的财力优势，但也并非绝对，因为现实中各村委会的经济创收能力相差悬殊，一部分村委会更是由于失去了昔日集体经济的支撑而陷入了"入不敷出"的境地，再加上其对村卫生室的业务指导几乎为零，使其控制或降低医疗风险的能力亦十分有限，难以起到举办者和监管者的作用；如果是由卫生健康行政部门举办村卫生室，虽然专业对口，且拥有相对稳定的财力，客观上亦能起到很好的指导和监管作用，但基于其人力资源的有限性，其难以在实践中亲力亲为，否则就不会委托各乡镇卫生院对属地卫生室进行统一的业务指导和绩效考核。此外，商业保险机构往往不愿意承保乡村医生的医疗损害责任保险，因为该保险产品常常无法盈利。这使得上述乡村医生个人或联合、村委会、卫生健康行政部门举办村卫生室抵御医疗损害赔偿风险的境况雪上加霜。

（二）根本出路

笔者认为，为了让乡村医生更好地发挥农村居民健康守门人的作用，未来应当尽快实现两大变革：一是继续按照国家医药卫生体制改革的方向，将村卫生室纳入乡村卫生服务一体化管理体系，让村卫生室与农村社区卫生服务站一样，成为乡镇卫生院或社区卫生服务中心的分支机构，全面实现二者在行政、人事、业务、药械、财务和绩效等方面的一体化管理。[1]村卫生室的收入上交乡镇卫生院或社区卫生服务中心，由乡镇卫生院或社区卫生服务中心与其签订劳动合同，发放工资，并交纳医疗保险、养老保险等，在职业发展空间上（如上调至卫生院或者职称晋级等）给予一定的考虑，以进一步激发和调动其工作积极性[2]；二是要逐步建立乡村医生医疗损害赔偿责任的分解机制，探索医疗责任保险、赔偿基金、互助金等多种形式，[3]从根本上消除乡村医生的后顾之忧，努力营造一个安全有序的就医环境，切实保障患者的合法权益，以进一步缓解法院适用《民法典》解决医疗损害赔偿纠纷的压力，实现增进医患信任、促进社会和谐的目标！

---

〔1〕 刘炫麟主编：《农村医疗卫生法治问题研究》（上册），中国政法大学出版社 2016 年版，第252~262 页。

〔2〕 我国 2021 年通过的《医师法》第 46 条第 1 款规定，国家采取措施，统筹城乡资源，加强基层医疗卫生队伍和服务能力建设，对乡村医疗卫生人员建立县乡村上下贯通的职业发展机制，通过县管乡用、乡聘村用等方式，将乡村医疗卫生人员纳入县域医疗卫生人员管理。

〔3〕 刘炫麟："乡村医生医疗损害赔偿责任的分解机制研究"，载《中国卫生法制》2015 年第 5 期。

乡村医生的福音：医疗损害风险可分解[*]

在县、乡、村三级医疗卫生服务体系中，村卫生室处于网底地位，在村卫生室执业的乡村医生实际上承担了一个村落全体居民之"健康守门人"的角色。因此，农村卫生室和乡村医生的重要地位和意义是不言而喻的。当前，由于管理体制、运行机制以及功能定位等多重因素的综合影响，农村卫生室的设备设施普遍陈旧简陋，乡村医生的医疗技术水平总体偏低且提升缓慢，实际上已经难以适应伴随经济快速发展中农村居民日益提高的医疗卫生服务需求。这使得一直较为和谐的农村医患关系开始出现不同程度上的裂痕甚至破坏，血缘、地缘的缓解功用有所下降，村卫生室的首诊功能未能较好地得到实现，在农村居民法律意识不断提高的时代背景之下，医疗纠纷呈逐年上升态势。尽管 2018 年《医疗纠纷预防和处理条例》的颁布促使医患关系有所改善，但整体上仍处于较为紧张的态势之中。

虽然乡村医生在执业过程中面临着民事、行政和刑事三种法律责任上的风险，但从医疗实践考察，其最主要的风险仍来源于民事责任中的损害赔偿责任。由于乡村医生个人以及家庭财产有限，若让其独立承担受害人的损害赔偿责任，在很多情形下无异于让其退出这一职业。受害人亦往往难以获得完全的救济，尤其是在《民法典》取代《医疗事故处理条例》关于损害赔偿的法律规定之后，更促使一部分乡村医生为了规避风险而推诿病人或者限制甚至取消一部分服务项目。我们应当清晰地认识到，尽管这样的做法在一定程度上控制了风险，但其导致的直接不良影响就是村卫生室的功能萎缩和患者就诊秩序的紊乱，阻碍了我国分级诊疗体系的建立健全。不仅广大居民原

---

* 主体内容曾刊发于《中国卫生法制》，本文有修改。原文可参见刘炫麟："乡村医生医疗损害赔偿责任的分解机制研究"，载《中国卫生法制》2015 年第 5 期。

本正常的就医需求受到一定的抑制，而且村卫生室的网底地位和"守门人"功能亦受到不同程度的削弱。这样的安排在使得乡村医生收入减少的同时，也导致患者付出更多的时间、人力和金钱成本，可以说是一种"两败俱伤"的局面。更为重要的是，这种局面一旦形成，还有可能形成恶性循环，不仅使得国家"人人享有基本医疗卫生服务"的目标难以实现，而且社会主义和谐社会的建设进程亦因此受到一定影响。于是，构建和完善乡村医生损害赔偿责任的分解机制就成为当下亟须解决的现实问题。

一、分解机制的建立现状

近些年来，各地围绕乡村医生损害赔偿责任的分解机制进行了一些有益的探索和尝试，但若从全国层面上观察，大部分省市仍尚未建立这一分解机制。在已经建立乡村医生损害赔偿责任分解机制的地区，其实践做法大致可以概括为医疗责任保险、互助金、基金以及保险与基金的混合四种模式。

（一）医疗责任保险模式

在实行医疗责任保险的省市又可以分为两种类型：第一种是村卫生室或者乡村医生无需缴纳保险费用，该模式以湖北省宜都市为代表。其具体做法是：首先由市卫生局与商业保险公司达成合作协议，投保所需费用全部纳入本市财政预算，在村卫生室执业的乡村医生不需要缴纳任何费用。当乡村医生发生医疗损害时，由保险公司先行赔付，单次赔付的最高金额为10万元，全年累计赔付的最高金额为20万元。第二种是村卫生室或者乡村医生需要交纳一定的保险费用，该模式以山西省太原市为代表。根据《太原市村卫生室医疗责任保险实施方案》的规定，医疗责任保险的费用由市、县两级财政按照每所村卫生室每年735元的标准平均承担，乡村医生按照每人每年75元的标准缴纳。当发生医疗损害时，保险公司单次赔付的最高额度为20万元，不论该村卫生室执业的乡村医生的数量如何，单所村卫生室年度累计赔付的最高额度为30万元，超过的部分不予赔付。同时，保险公司还拥有免赔额的权利，其数额为确定赔付金额的5%或者1000元，以高者为准予以扣减。

（二）互助金模式

2004年8月，福建省龙溪县组织村级医疗卫生机构开展防御医疗风险互助互济活动，取得了很好的效果。2010 年 1 月 1 日，其施行了新修改之后的《村级卫生组织抗医疗风险互助互济工作实施方案》。新实施方案明确指出，在村卫生室执业的乡村医生按照每人每年 100 元的标准缴纳。当乡村医生在执业过程中发生医疗损害时，由当事人通过和解、调解、诉讼等方式确定赔偿金额，然后根据该乡村医生参加互助互济活动的年限确定该互助金的赔偿比例。具体而言，乡村医生参加 1 年的，互助金的支付比例为 10%；参加 3 年的，互助金的支付比例为 30%；参加 5 年的，互助金的支付比例为 35%；参加 8 年的，互助金的支付比例为 40%；参加 10 年的，互助金的支付比例为 50%；参加 15 年以上的，互助金的支付比例为 80%。新实施方案同时规定，互助金支付的最高数额不超过 3 万元，对参加该互助互济活动满 10 年且未发生医疗纠纷的乡村医生给予表彰和奖励。江苏省徐州市、江西省瑞昌市等地区均采取该种模式。

（三）基金模式

2014 年 10 月，安徽省蚌埠市五河县颁布了《五河县村卫生室医疗执业风险分担统筹资金筹集管理办法》，可以说是实行基金模式的代表。其具体做法是，基金的资金来源主要由三个部分组成，即市财政、县财政按照每所卫生室不低于 1000 元的标准投入以及每所村卫生室按照不低于 3000 元的标准缴纳。乡村医生发生医疗损害时，当事人可以通过和解、调解、诉讼等方式确定赔付金额。若赔付金额低于 1 万元，该基金不予支付，由村卫生室和乡村医生按照 1:1 承担；如果赔偿金额超出的部分在 1 万元至 3 万元（含），由基金、村卫生室和乡村医生按照 2:1:1 的比例承担；如果赔偿金额超出的部分在 3 万元至 5 万元（含），由基金、村卫生室和乡村医生按照 4:3:3 的比例承担；如果赔偿数额超出的部分在 5 万元以上，则由基金、村卫生室和乡村医生按照 8:1:1 的比例承担。安徽省阜阳市阜南县、滁州市凤阳县、江苏省宿迁市沭阳县、淮安市洪泽县、重庆市永川区等均采取这一做法，其不同之处在于，这些地区在基金赔付的范围和比例上有所差异。

（四）医疗责任保险与基金的混合模式

2013 年 5 月，安徽省桐城市卫生局和财政局联合发布了《关于印发桐城市基层医疗机构医疗基金管理办法（试行）的通知》，该办法是实行医疗责任保险和基金混合模式的代表。其具体做法是，医疗风险资金的来源包括乡村医生按照每人 200 元/年的标准缴纳和市财政专拨 50 万元（其中一部分还将用于乡镇卫生院），基金用于医疗责任保险的投保费用和投保赔偿额以外的费用支付。按照市卫生局和商业保险公司签订的统保协议，乡村医生发生医疗损害后，由保险公司先行赔付，不足的部分，由医疗风险基金承担 60%，村卫生室承担 20%，乡村医生个人承担 20%。

二、分解机制的比较分析

（一）资金来源和总量上的比较分析

在医疗责任保险模式下，其资金全部（第一种模式）或者主要（第二种模式）来源政府财政，这在我国当前总财政经费不足且卫生经费在与教育、能源、环保、交通运输、航空航天等经费平衡中处于下风的现况之下，其筹集的资金总量过于受限于地方财政投入的状况，其结果往往难以令人满意。在互助金模式下，地方财政不投入，主要依靠乡村医生个人自愿缴纳，因此其资金总量往往不够理想，即便是与医疗保险模式相比，仍常常处于下风。在基金模式下，村卫生室、乡村医生和政府财政共同出资，而且村卫生室、乡村医生的出资通常多于医疗责任保险模式和互助金模式下的出资，因此在资金总量上往往要超过这两种模式。在责任保险和基金混合模式下，资金同样源自乡村医生的出资和政府财政投入，在资金总量上尽管优于互助金模式，但与医疗责任保险（尤其是乡村医生参与出资的第二种模式）、基金模式却大致相当。

（二）保护力度上的比较分析

在医疗责任保险模式下，当乡村医生发生医疗损害时，保险公司承担的是无过错责任，需要先行理赔。当赔付的金额低于医疗损害的赔偿数额之时，再由乡村医生本人承担补充责任。至于免赔金额或者其他减责、免责条款，则已由保险合同双方当事人事前在协议中作出具体约定，保护力度处于中等水平，基本上可以实现分解乡村医生医疗损害责任的目标。在互助金模式下，当乡村医生发生医疗损害时，互助金将按照一定的比例予以支付，但通常设定一个赔付金额的最高限制。例如，福建省龙溪县就将基金的最高赔付金额限定在 3 万元，若该 3 万元不足以赔偿受害人的医疗损害，则由乡村医生个人承担补充责任，与医疗责任保险相比，其保护力度偏低。在基金模式下，按照乡村医生发生医疗损害的确定数额所处的不同区间，由基金和村卫生室、乡村医生分别承担一定的比例，总体原则是医疗损害的数额越高，村卫生室和乡村医生承担的比例就越低。但需要注意的是，我国医疗实践中很多村卫生室只有 1 名乡村医生在执业，该乡村医生就是村卫生室的主要负责人，那么村卫生室的赔偿责任将转嫁至乡村医生的身上，因此基金对乡村医生保护的力度尽管要高于互助金，但要低于医疗责任保险。在责任保险与基金混合模式下，当乡村医生导致医疗损害时，由保险公司承担无过错责任先行赔付，然后由基金（承担一定比例）、村卫生室和乡村医生各自承担一定比例的按份补充责任，与其他模式相比，其保护力度显然最高。

（三）操作可行性上的比较分析

在医疗责任保险模式下，商业保险公司在资金的管理和使用上比较专业、规范，贪污、挪用等腐败现象可以降到最低。但其不足之处亦很明显，即由于乡村医生的医疗技术偏低、年龄偏大以及村卫生室的医疗设备较为简陋，保险公司大都不愿意承保这一责任。即便是保险公司愿意承保，恐怕在保险受益人的确定上也难以实现普遍性，这是因为不同乡村医生在执业年限、技术水平等方面呈现出巨大的差异性。因此，在减责、免责的条款上有更多的约定，保险费用也会较高。一方面，如果经过测算，每年用于投保的费用与每年赔付的费用相当甚至更多，那么乡村医生并无积极性参加医疗责任保险，因为它事实上已经起不到分解乡村医生损害赔偿责任的功用。另一方面，商业保险公司属于典型的商事主体，主要以营利为目的，如果经过精算，每年的投保费用少于理赔数额，那么其亦无积极性可言，其采取的应对措施通常是要么上浮保费，要么期满不再承保。在互助金模式下，无论是资金的筹集，还是赔付的程序，都较为简捷，但在赔付的认定上却很难做到专业化，在一部分案件的处理中有失公正恐不可免，而且在资金的管理和使用上容易出现贪污腐败、非法挪用等情况，管理机构（通常是卫生健康行政部门）由于欠缺专业能力而不具备互助金保值增值的能力。在基金模式下，与互助金相同的问题是管理机构的非专业化；与互助金不同的是，基金的筹资数额通常要高于互助金的数额，这无疑对基金的管理机构提出了更高的要求。在医疗责任保险和基金混合模式下，两种损害赔偿责任分解机制的弊端都存在，而且环节较多，程序复杂。尽管受害人最终获得的赔付数额可能较高，但等待的时间偏长，借用 19 世纪英国政治家威廉·格拉德斯通的名言"迟到的正义非正义"，那么"迟到的救济非救济"。这是因为遭受医疗损害的受害人，往往急需得到赔付用于支付医药救治费用和生活费用，获得救济的时间拖得越久对受害人实际的帮助就越小。总体而言，责任保险和基金混合模式在实践操作上具有比其他分解机制更高的难度，需要多个部门相互配合和有序衔接。

三、分解机制的最优选择与制度设计

（一）分解机制的最优选择

综合上述的比较分析，笔者认为乡村医生损害赔偿责任的分解机制应当采纳基金模式。主要理由是，与医疗责任保险相比，基金的成立、赔付更为简捷。除此之外，尽管在有些情形下基金的保护力度比不上医疗责任保险，但需要看到的是，在乡村医生造成医疗损害的大部分案件中，其数额通常较小，而且就保护的宽度而言，基金具有自己独特的优势，甚至可以淡化对医疗过错责任的认定。在医疗责任保险模式下，保险公司为了控制自己的风险，通常会设定免赔数额或者其他减责、免责的条款，因此一部分乡村医生的风险并没有得到实质性的分解。在乡村医生责任财产十分有限的情境之下，受害人往往难以实现填平自己的损害，甚至没有积极性或者能力参加医疗责任保险，因此应当舍弃医疗责任保险模式，不宜照搬城市医院的做法，从而契合城市和乡村当前不同的制度基础和运行逻辑。在资金的来源和总量上，其优于互助金模式是显而易见的，即便是与医疗责任保险模式相比，其亦不处于明显的下风。针对卫生健康行政部门对基金的管理和运作不够专业且容易滋生腐败等问题，可以通过一定的制度设计予以避免。

（二）基金模式的制度设计

1. 基金筹集

笔者认为，基金的筹集应当确立以乡村医生而非村卫生室为筹资的基准单位。我国自 20 世纪 80 年代中期人民公社解体之后，"乡政村治"的乡村治理模式逐步确立，[1] 大部分村卫生室尽管名为集体举办甚至政府举办，但就

---

[1] 首都医科大学"医改背景下的首都农村卫生人力资源配置研究"课题组：《"乡村政治"环境中村级卫生人力资源配置研究——基于北京市密云县的实地调研》，北京出版社 2014 年版，第 97 页。

其实质而言，许多已经演变成了自主经营、自负盈亏的个人"产业"。再加上很大一部分村卫生室都只有一名乡村医生在执业，因此以乡村医生作为基准对象不仅便于操作，而且更为准确，在实践中亦更加能够实现提高乡村医生风险意识和规范乡村医生执业的目的。需要指出的是，基金筹集应以区（县）为单位，因为以地级市为单位难免因各区县差异过大筹资标准难以统一，且不便于管理，以乡镇为单位难免范围过小、资金总量偏少，难以真正起到风险防控的功用。此外，为了增加基金的赔付能力和体现政府应当承担的责任，法律与政策应当要求省、市、县三级财政投入一定比例的资金注入该基金。对于各区县的基金赔付差异，可考虑在省级层面建立相关"救助"机制，以更为公平地保障每一位公民的健康权。

2. 基金管理

本着"专账管理、专款专用"的原则，由县级财政部门设立专户用于统筹资金的汇集、核拨和支付等业务；县级卫生健康行政部门则负责资金的筹集、赔付审核等环节。基金的日常监管由县财政部门、卫生健康行政部门按照各自的工作分别负责。当乡村医生发生医疗损害，无论通过和解、调解、仲裁还是判决的方式确定赔付金额，乡村医生都应当向县级卫生健康行政部门申请，经过审核，由县级财政部门审批，原则上在一个月内将赔付金额拨付受害人的账户。县级卫生健康行政部门应当按每月或者每季度向全县村级医疗卫生机构披露医疗纠纷的处理情况和统筹资金的使用情况，以便接受社会的监督。

3. 基金赔付

基金赔付主要存在两个问题，一是赔付范围，二是赔付比例。必须明确的是，并非乡村医生导致的医疗损害都应纳入基金赔付的范围，发生以下情形，由乡村医生个人承担赔偿责任：（1）乡村医生没有缴纳费用的；（2）乡村医生违反规定私自购进假冒伪劣药品的；（3）乡村医生超出诊疗范围或者没有经过注册而非法行医的。关于基金赔付的比例，笔者建议 1 万元以下的，由乡村医生承担90%的责任，基金赔付10%；1 万元以上不足 5 万元的，由乡村医生承担80%的责任，基金赔付20%；5 万元以上不足 10 万元的，由乡村医生承担70%的责任，基金赔付30%；10 万元以上不足 15 万元的，由乡村医生承担60%的责任，基金赔付40%；15 万元以上不足 20 万元的，由乡村医生和基金各自承担 50%；20 万元以上不足 25 万元的，由乡村医生承担 40% 的责任，基金赔付 60%；25 万元以上的，由乡村医生承担 30% 的责任，基金赔付 70%。换言之，对属于赔付范围内的医疗损害，乡村医生的责任不能低于 30%，之所以设定这一比例，是为了提高乡村医生风险意识和防范乡村医生因责任过重而"破产"。

四、《乡村医生从业管理条例》修改进入倒计时

我国《乡村医生从业管理条例》自 2004 年 1 月 1 日生效以来，已经将近 20 个春秋。这部由国务院颁布的卫生行政法规在提高乡村医生职业道德和业务素质、加强乡村医生从业管理、保护乡村医生合法权益以及保障村民获得初级医疗卫生服务等方面的确发挥了不可替代的作用。[1]但是亦应看到，随着时间的推移，其成文法的滞后性和局限性渐渐显现，其中之一便是没有设计有关乡村医生医疗风险分解机制的规定。[2]在未来的制度设计中，对于医师执业风险主要通过保险机制予以分解，对于乡村医生的执业风险主要通过基金机制予以分解，实现保险与基金的双向互动。因此，建议在修改《乡村医生从业管理条例》之时增加这一内容，消除乡村医生的后顾之忧，为筑牢基层医疗卫生服务的网底和实现农村居民就近享受优质的医疗服务做出新的贡献！

---

〔1〕 汪建荣："《乡村医生从业管理条例》制定过程和主要内容"，载《中国卫生法制》2003 年第 6 期。

〔2〕 我国《医疗纠纷预防和处理条例》第 7 条规定，"国家建立完善医疗风险分担机制，发挥保险机制在医疗纠纷处理中的第三方赔付和医疗风险社会化分担的作用，鼓励医疗机构参加医疗责任保险，鼓励患者参加医疗意外保险"。我国《医师法》第 52 条规定，国家建立完善医疗风险分担机制。医疗机构应当参加医疗责任保险或者建立、参加医疗风险基金。鼓励患者参加医疗意外保险。由此可见，我国《医师法》将《医疗纠纷预防和处理条例》"鼓励医疗机构参加医疗责任保险"升级为"医疗机构应当参加医疗责任保险"，尽管《医师法》并不适用于乡村医生，但是对医疗责任保险更加重视的趋势是毋庸置疑的，既然一个方向指向医师，那么另一个方向为何就不能指向乡村医生？而且从现实的角度考虑，乡村医生抵御风险的能力更弱，需要获得更多的保障。当前，国家已经启动了《乡村医生从业管理条例》的修改工作，应当对乡村医生的执业风险分担机制作系统考虑。

医疗旅游：一场可能高风险的旅途*

已近中年、孩子已 15 岁的张女士，在一次偶然看到韩国整形真人秀电视节目后，瞒着家人只身前往韩国，在该国某医院接受了鼻部整形手术，支付了 15 万元人民币的手术费用。但是，手术效果并未如其所愿，出现了鼻梁不正、鼻孔朝天、发际线弯曲、凹凸不平等问题。为此，她向医生提出投诉并要求赔偿，但被对方以种种理由拒绝。在绝望之时，她曾多次前往韩国讨要说法，甚至连续 1 个月在医院门口拉起横幅示威，然而未能得到赔偿。

当今时代，上述案例并非个案。近年，随着人们收入的增加和生活质量的改善，民众对健康、外貌的关注度亦在不断提升。与此同时，各类以看病就医、美容整形等为主要目的的跨国旅游项目大量涌现，即人们常说的医疗旅游。这种医疗旅游不仅有国人去国外，也有外国人来中国。然而，此类新兴的旅游项目在满足人们对健康、美容需求的同时，亦会给参与者带来极大的风险，包括医疗风险和法律风险。前述所提及的维权问题是非常典型的适例，若不能得到及时有效的解决，不仅不利于当事人的健康权保障，而且会造成社会秩序的破坏。

一、医疗旅游的界定与特点

医疗旅游（medical tourism）作为一种新兴事物，是在健康旅游（health tourism）的基础上分离并逐步发展起来的，其在范围上比后者更为狭窄一些。当前，无论是在国外还是国内，关于医疗旅游的概念界定尚未形成统一认识，一般认为，有广义和狭义两个层面，具体如表 6 所示。综合来看，各国的医

---

* 部分内容曾刊发于《中国医学论坛报》，本文有修改。原文详可参见刘炫麟："医疗旅游的法律风险与防范"，载《中国医学论坛报》2016 年 11 月 3 日，第 A4 ~A5 版。

疗旅游实践和学术研究主要集中于狭义的医疗旅游，我国亦是如此。

表6 医疗旅游的广义与狭义概念

概念的类型	概念的内涵
广义的医疗旅游	泛指所有以医疗护理、康复和休养为主题的旅游服务
狭义的医疗旅游	仅指以有创性手术治疗、医疗诊断和生活方式医学为主题的旅游服务； 有创性手术治疗：以心脏手术、癌症治疗、器官移植、堕胎、整容等为适例； 医疗诊断：以健康体检等为典型； 生活方式医学：以减肥、抗衰老、瑜伽、美体等服务为主，重在对患者生活方式进行一定的干预

据统计，全球医疗旅游市场在2000年至2016年间增长了20倍，市场规模已达到600亿美元。根据国际医疗旅游理事会（IMTJ）的已知数据，预计2023年全球医疗旅游市场规模将达到3500亿至5000亿美元，比2017年增长约5%至9%。随着新型医疗技术、诊断技术的快速发展，医疗旅游市场将占全球旅游收入的半壁江山，市场容量在2023年可能将达到2100亿美元甚至更大。[1]

需要注意的是，医疗旅游不同于一般性旅游，其主要呈现出由发达国家（输出国）流向发展中国家（目的国）的态势。据统计，2020年，即使疫情期间，全球医疗旅游人数约2100—2600万人，人均医疗旅游消费支出约为3550美元，医疗旅游消费总额达740—920亿美元。在旅游目的国中，地处亚洲的泰国、马来西亚、新加坡、印度尼西亚、印度等国颇受欢迎。其原因主要有三：一是旅游目的国通常为发展中国家，其医疗服务价格与输出国相比更为低廉；二是世界各国医疗技术水平的差距正日益缩小，医疗旅游者在目的国实际享受的医疗服务品质等于甚至高于本国；三是现代交通方式的便捷、网络通信技术的发展以及世界经济一体化进程的加快，在很大程度上助推了医疗旅游行业的跨界融合与深度发展。

---

[1] "医疗旅游市场规模及需求分析2023"，载 https://www.sgpjbg.com/info/beecb9974dc3f015267bb0a587a1311d.html，最后访问时间：2023年7月7日。

二、医疗旅游的法律风险

中国具有丰富且独具特色的中医中药及养生资源，西医技术水平也在不断攀升，因此，我国作为医疗旅游目的国，正受到国外游客越来越多的关注与青睐。不过，由于我国公立医疗机构占据主体地位且需要承担较为繁重的基础医疗服务，在非公立医疗机构发展不足的情况下，全面提供医疗旅游服务的条件尚不具备。近年来，国家和地方先后出台了多项政策鼓励开展医疗旅游，但尚未进行医疗旅游方面的专项立法，仅有针对一般性旅游的法律规制。换言之，我国目前仍以医疗旅游输出国为主，医疗旅游目的国为辅。医疗旅游在给各国游客带来福音的同时，也暗藏着诸多法律风险。

（一）医疗报销受到很大限制

对于医疗旅游输出国而言，大量本土患者外流，意味着其医疗收入骤减，本国医务人员可能面临失业危机。因此，有些国家会动用法律、政策与经济等多种手段加以干预。例如，在法律上禁止或限制本土患者前往海外治疗，在政策上否认目的国医学认证标准，在经济上将医疗保险限定于本国医疗机构等。如果医疗旅游者不了解本国的法律与政策规定，医疗费用将由患者自担，这反而体现不出目的国医疗费用低廉的优势（自费项目除外）。

目前，我国的社保网络尚未延及国外，除本单位有特殊政策外，对海外治疗费用一般不予报销。

（二）医院与医师的执业资质良莠不齐

医疗旅游合同通常由经纪人与医疗机构（或医师）、旅行社签订，因此对经纪人的注意义务提出了更高要求。但由于经纪人是一个以促成合同成立才收取报酬的商事主体，其营利性的本质极易诱发道德风险。输出国医疗旅游者的大量涌入，必然要抢占目的国本土患者的医疗资源，因此有些医院基于自身公益性的定位无法承接医疗旅游者。经纪人便会另行选择一些资质等级较低甚至无相应资质的医疗机构及医师合作，一方面可以通过降低价格吸引医疗旅游者，另一方面亦可实现成本效益的最大化。但如此一来，医疗旅游者的生命安全和财产权益随时有被侵害之虞。例如，韩国大韩整形外科理事会曾披露，1名中国女患者于2015年1月27日在韩国首尔一家医院接受整形手术的过程中，心脏停搏，陷入脑死亡状态。据有关媒体报道，本案中的涉事整形医院很可能是一家"事务长医院"，这类医院的负责人没有行医执照，仅通过投资和雇佣医护人员就设立了医院。

（三）跨国维权难度颇高

就医疗旅游而言，世界各国的立法程度不一，但整体上比较粗疏和滞后。更为重要的是，不同国家的起诉条件、法院管辖、诉讼时效、医疗损害鉴定等具有很大差异，如果医疗旅游者在作为侵权行为发生地的目的国起诉，其很有可能因不符合起诉条件或不属于法院管辖而被法院不予受理，亦可能因为已罹诉讼时效而被法院判决驳回诉讼请求。2014 年 11 月 11 日，3 位中国姑娘赴韩美容惨遭毁容，不仅在维权过程中遭到威胁、殴打和辱骂，即便是她们跑到了警局，找到律师，也遭遇了投诉无门的窘境。退一步讲，即使韩国法院受理了此案，待医疗旅游者拿到法院的终审判决，往往需要数年时间（平均 6 年左右），这就使得一部分受害者不得不花费大量人力、物力和财力来等待一个未知的结果。另外，作为输出国的医疗旅游者，要想证明目的国的医疗机构或医师存在医疗过错以及医疗行为与损害之间存在因果关系，势必需要在异国他乡调查取证。这会遇到诸多障碍，可谓困难重重。

（四）与医疗旅游相适应的保险产品缺位

当前，多数国家的保险公司尚未研发出与医疗旅游相适应的保险产品，仅有旅游险和意外险等常规险种。如果医疗旅游者在目的国遭受医疗损害后，常规险种不能赔付，将陷入十分不利的境地。我国一些保险公司已开始考虑进军医疗旅游保险，但在险种、保障力度以及针对性上还存在诸多不足，与医疗旅游的快速发展态势不相匹配。

（五）知情同意权、隐私权等缺乏保障

对于医疗旅游中的一些有创性手术服务，目的国的医疗机构或医师常要求医疗旅游者签署知情同意书。但医疗旅游者常因时间紧迫、语言沟通存在障碍等不利因素，难以在真正理解的基础上为自己作出最佳的利益判断和医疗决策。《法治周末》曾经报道过这样一则案例。2014 年 1 月 17 日，1 名中国游客在韩国某整形外科医院进行包括眼睛、鼻子、上下颌骨等 12 项面部整形手术，由于语言不通，翻译又不到位，在手术前后她无法与院方进行详细

地沟通。手术同意书是上了手术台才签署的，然而后来却发现，她签下的竟然是医院的免责书。另一个值得考虑的问题是，医疗旅游者之所以不选择在输出国进行治疗，除医疗费用的考虑之外，有时还出于自身隐私保护的需要。如果目的国医疗机构或医师将患者的隐私加以泄露或进行商业化利用，那么医疗旅游者不仅难以及时发现被侵权的事实，亦难以尽快维权，将损害降到最低。

（六）扰乱了正常的医疗秩序

医疗旅游者的大量涌入，严重挤占了目的国的医疗资源，致使其本国居民看病更难、更贵，排队等候的时间更长。这直接导致医患沟通时间缩短以及医疗服务品质下降，易激起当地医患的对立情绪。此外，医疗旅游者有时为了规避本国的法律规定，在目的国进行器官移植旅游、安乐死旅游、代孕旅游等，这在很大程度上助推了当地人体器官黑市、"帮助杀人"黑市以及"帮助出生"黑市的兴起。这些现象的存在，扰乱了医疗旅游输出国以及目的国的正常医疗秩序。

三、医疗旅游法律风险的防范

为防范上述法律风险，切实维护各方的合法权益，各国应着重从以下四个方面进行改进。

（一）制定和完善相关法律法规

医疗旅游的出现与发展有其合理性，应当采取疏堵结合的方式切实维护输出国旅游者等各主体的合法权益。具体而言，无论是医疗旅游的输出国还是目的国，均应尽快制定和完善相关的法律法规，使得各方主体均能更为清晰地知晓其权利义务内容。这样既能规制非法的医疗行为，又能促进医疗旅游业的健康发展。

（二）提高医疗旅游者的警示意识和保险意识

医疗旅游合同在多数国家属于无名合同，通常需要适用合同法的一般规定或比照最相近似的合同类型处理，整体上较为粗疏，这就取决于合同条款的具体设定。因此合同条款的商定和审查就至关重要，在必要的时候，应当有律师参与。此外，医疗旅游者有必要提前了解输出国、目的国现行医事立法状况、医疗机构及医师的资质与声誉等事项。同时，不要存在侥幸心理，应进行必要的投保，以防患于未然。

(三) 做好病历资料的复印与保存

当前，我们已经步入"风险社会"时代，医疗行为总是利益与风险共存。医疗旅游者如果发生医疗损害，就面临着责任如何认定等问题。无论是医疗机构，还是医师，抑或医疗旅游者，要想证明对方存在医疗过错，除少数简单案件外，通常需要进行医疗损害鉴定，这就需要相应的证据材料作为支撑。而在证据材料中，检查单、化验单等病历资料是最为重要的医疗文书，因此需要及时做好复印、保存等工作。

(四) 加强行业自律与监管

法律法规是粗疏的，而行业规范则是细密的。对于多数发展中国家目的国而言，应当尽快成立医疗旅游协（学）会，加快行业规范的制定，一方面加强医疗旅游经纪人的行业自律，另一方面协同公安、市场、卫生健康等行政部门制止恶性竞争和非法行医等行为，共同维护良善有序的医疗秩序。

具体到我国而言，如果是我国的医疗机构承接了国外医疗旅游者，应当从以下五个方面加以判断并进行必要的风险防控（见表7）。

表7 我国医疗机构承接国外医疗旅游者时的风险防控

1. 要查看经纪人（中介）、旅行社的资质、规模、信誉等情况，无资质、规模小或者信誉差的，建议最好不要承接。
2. 语言要熟悉，确保医患之间沟通不存在障碍，医师一定要重复并确认旅游者的医疗诉求，防止发生误解。
3. 需要做好治疗前的诊断评估，防止国外旅游者被经纪人、旅行社"忽悠"，而实际上却没有治疗的必要性。
4. 查看国外医疗旅游者有无投保医疗保险，如果未投保，建议不要承接。
5. 一旦发生纠纷，千万不要隐匿或者篡改病历，而应主动帮助医疗旅游者复印病历等相关资料，并明确告知其救济途径和联系方式，积极协助其维权。这是因为，如果有关部门最终判定医疗机构存在过错，任何逃避均于事无补，倒不如表现得积极主动一些，一方面有利于通过安抚医疗旅游者情绪以缓和医患关系，另一方面也有利于我国医务界树立良好的国际形象。

非亲属活体器官交叉移植：法律与伦理的考验[*]

在我国活体器官移植实践中，尤其是进入 21 世纪以来，涌现出一种较为特殊的小概率类型[1]，即非亲属活体器官交叉移植（以下简称交叉移植）。交叉移植在活体器官移植中虽然比例较低，但地位却十分重要，因为交叉移植在很大程度上缓解了我国器官移植中器官来源不足的现况，挽救了两个或者两个以上患者的生命健康。当然，作为一种世界各国或地区持有不同立法态度的新事物，交叉移植同样面临着法律、伦理上的诘问与考量。

一、交叉移植的内涵

关于交叉移植的内涵，学界尚未形成统一的认识。有的学者认为，交叉移植是指两个或者两个以上的患者，其各自的亲属配型均不符，但双方患者亲属恰恰以对方亲属提供活体器官捐献为条件，由医疗机构实施活体器官移植的活动。有的学者认为，所谓交叉移植是指两个或者两个以上的患者家庭成员互以对方家庭成员提供活体人体器官捐献为条件，并由医疗机构实施活体器官移植手术的活动。[2]应当说，上述两种概念界定在内容上并无实质性差异，但均未完全揭示出交叉移植的内涵，有待进一步完善。

笔者认为，交叉移植是指在两个或者两个以上的患者在与各自亲属配型不符而与他方亲属配型交叉相符的情况下，一方亲属互以他方亲属自愿捐献

---

  * 主体内容曾刊发于《中国医学伦理学》，本文有修改。原文详可参见刘炫麟："非亲属活体器官交叉移植的法律与伦理问题研究"，载《中国医学伦理学》2017 年第 10 期。

[1] Sommer E. Gentry, Robert A. Montgomery, Dorry L. Segev, "Kidney Paired Donation: Fundamentals, Limitations, and Expansions", *Am J Kidney Dis*, 2011, 57 (1): 144–151.

[2] 李娜玲、葛欣："关于器官'交叉移植'现象的法律解读"，载《医学与哲学》2009 年第 1 期。

为条件，经适格医疗机构的伦理委员会审查通过，由该适格医疗机构组织实施的活体器官移植活动。在类型上，交叉移植分为二元家庭交叉移植和开放性家庭交叉移植，但以前者为常态，且更具典型意义。与一般的器官移植相比，交叉移植无论是在技术层面，还是在法律层面，抑或在伦理层面，都更为复杂。由于交叉移植涉及多种不同类型的法律关系，需经适格医疗机构（原则上为三级医院）的伦理委员会审查通过，且由该适格医疗机构组织实施。

二、交叉移植的立法态度

（一）绝对禁止

中国是对交叉移植持绝对禁止态度的代表国家之一。我国于 2007 年 3 月 21 日通过的《人体器官移植条例》第 10 条将活体器官的接受人限于活体器官捐献人的配偶、直系血亲或者三代以内旁系血亲，或者有证据证明与活体器官捐献人存在因帮扶等形成亲情关系的人员。2009 年 12 月 28 日卫生部印发的《关于规范活体器官移植的若干规定》第 2 条明确规定，"活体器官捐献人与接受人仅限于以下关系：（一）配偶：仅限于结婚 3 年以上或者婚后已育有子女的；（二）直系血亲或者三代以内旁系血亲；（三）因帮扶等形成亲情关系：仅限于养父母和养子女之间的关系、继父母与继子女之间的关系"。由此可见，我国并不允许非亲属活体器官交叉移植。

（二）严格限定

意大利于 1967 年颁布的《肾脏移植法》规定，受赠人必须是捐赠人的父母、子女或兄弟姐妹。但当患者没有上述近亲属，或者上述近亲属不同意捐赠或者血型不符时，患者的其他亲属或无血缘关系的朋友也可以成为捐献者。[1]值得一提的是，《世界卫生组织人体细胞、组织和器官移植指导原则》（2010 年）、国际移植学会公布的 7 项有关活体捐赠者捐献肾脏的准则（1986 年）均坚持这一立法态度。

（三）明确允许

在对交叉移植持允许态度的国家和地区中，又可分为两类：一是必须无

---

〔1〕 杨健、刘颖："人体器官互换移植法律问题研究"，载《医学与哲学》2013 年第 12 期。

偿，这是大部分国家或地区的通例；二是以伊朗为代表的国家，允许有偿。

1. 必须无偿

英、美等发达国家在法律上允许非亲属活体器官捐献。美国器官资源共享网络（United Network for Organ Sharing，UNOS）的数据显示，目前在全美的活体肾脏移植中，35.00%的捐献来自非亲属活体供者。[1]一些国家还采取有效措施积极促进这种做法。例如，荷兰由国家参与建立资料库，为来自不同家庭的患者提供咨询。美国有些州由州政府建立资料库，推动不同家庭之间实现有效的交叉移植。根据英国于 1989 年出台的《人体器官移植法案》（Human Organ Transplants Act 1989）的规定，英国成立了非遗传性器官移植管理局，它被赋予对符合某些条件则可以在遗传上无关的人员之间进行器官移植的准许权，这为交叉移植提供了法律上的可能。考虑到交叉移植名义上并不属于器官买卖，现实中英国已经允许并实际实施此类手术。

2. 允许有偿

伊朗于 1988 年开始准许有偿器官移植，是迄今为止世界上唯一允许器官有偿捐献的国家。伊朗的人体器官移植系统在某种程度上可以被视作是一个"市场"，但与经济学家所设想的完全自由协商形成交易价格市场不同的是，这一"市场"在很多方面受到严格管制，使得当事人之间基本没有"讨价还价"的余地。

三、交叉移植应当合法化的基础

（一）法律基础

我国《宪法》第21条第1款规定："国家发展医疗卫生事业，发展现代医药和我国传统医药，鼓励和支持农村集体经济组织、国家企业事业组织和街道组织举办各种医疗卫生设施，开展群众性的卫生活动，保护人民健康。"该条确立了国家对公民健康的给付义务，若从一个侧面考察，等于确立和支持了公民的健康权。在我国立法上，《民法典》《基本医疗卫生与健康促进法》等均确认了自然人的健康权。无论是在生命法学领域，还是在人格权法领域，健康权均具有优先顺位。既然《人体器官移植条例》第10条的规定比较模

---

〔1〕 杨阳、刘宇峰："非商业性的利他与非诱骗强迫性的自主——论非亲属活体器官捐献的伦理向度及道德基础"，载《医学与哲学》2015年第8期。

糊，那么就应当秉承上位法的精神，在不产生社会危害且不损及他人利益的基础上，作出允许交叉移植的法律解释，而不是《关于规范活体器官移植的若干规定》所作出的限缩解释，即排除了"血亲、拟制血亲"之外的其他成员成为适格的器官捐献人，医疗机构及其医务人员实际工作中有可能面临法律与伦理的二元冲突，即遵法还是救死扶伤？要从法律上真正解决这一问题，迫切需要通过立法予以确认和协调。

（二）伦理基础

中国传统法律的儒家化表现在两个方面：一是法律的伦理化；二是隐藏在法律伦理化过程中伦理的法律化。由于法律与道德在起源上相同，且调控范围交叉，社会功能互补，伦理的法律化常常被法律的伦理化所遮蔽，而实际上伦理的法律化有其自身的特点和表现。[1]美国哲学家约翰·罗尔斯指出："法律与道德这一主题引起人们注意许多不同的问题。其中有：道德观念影响法律制度和受法律制度影响的途径和方式；道德概念和原则是否应进入一个适当的法律定义之中；法律道德强制；批评法律制度的道德性原则和我们默许法律制度的道德基础。"[2]这表明，有一些伦理观念，实际上已经内化于法律之中，而且在器官移植等生命法学领域，具有可能性和必要性。[3]

如果对《人体器官移植条例》第10条进行严格的限缩解释，如《关于规范活体器官移植的若干规定》即为适例，那么非亲属活体器官交叉移植将不被允许。在学术理论界，也有一部分专家学者支持这一观点。例如有的专家认为，"因帮扶等形成的亲情关系"是特指养父母与养子女、继父母与继子女之间，长期生活在一起形成了抚养与被抚养的关系的特定情况。这种因帮扶形成的亲情关系，仅限上述特殊身份的人员之间，不能推而广之。[4]还有的专家认为，"因帮扶等形成的亲情关系"是指活体器官接受人与捐献人此前客观存在亲情关系，而不是因相互需要临时建立的所谓"亲情关系"。如果随意

---

〔1〕 夏清瑕："论中国传统社会伦理的法律化"，载《南京经济学院学报》2001年第4期。

〔2〕 张文显：《20世纪西方方法哲学思潮研究》，法律出版社1996年版，第395～396页。

〔3〕 刘长秋："生命伦理法律化研究"，载《浙江学刊》2008年第3期。

〔4〕 杨立琼："我国人体器官移植的立法问题探析"，载《西南交通大学学报（社会科学版）》2011年第5期。

认定"亲情关系"，极有可能给器官买卖提供可乘之机。[1]应当说，反对者们提出的上述观点并非没有道理。

但笔者以为，根据我国《医师法》的相关规定，若严格解释《人体器官移植条例》和适用《关于规范活体器官移植的若干规定》等法律规范性文件的相关规定，医疗机构及其医务人员就不应当实施交叉移植，但又显然没有把患者的利益放在第一位。毕竟维护患者的健康权是首要的，这与《人体器官移植条例》的根本目的是一致的，也不存在损害法律权威的问题，因为作为法律效力位阶更高的《人体器官移植条例》并没有明令禁止，作为部门规章的《关于规范活体器官移植的若干规定》将"因帮扶等形成亲情关系仅限定在养父母和养子女、继父母和继子女之间的关系"，既可以理解为是对上位法的进一步细化和限定，又可以理解为有违反上位法之嫌。正是基于这一点，笔者认为，对《人体器官移植条例》第 10 条的规定不宜作出过于严格的限缩解释，在规范技术应用和避免社会危害的基础上，应当允许适格医疗机构开展交叉移植活动。

(三) 实践基础

2007 年发生的湖南常德"交叉换肾"一案虽争议很大，但并不是我国首例非亲属活体器官交叉换肾事件。据有关媒体报道，2006 年武汉同济医院就已经实施过交叉换肾，并且获得成功。在《人体器官移植条例》于 2007 年 5 月 1 日实施之后，武汉同济医院、原广州军区第二总医院以及解放军 153 医院分别进行了 5 例亲情交换器官移植手术。[2]尽管现实中涌现出一些交叉移植的案例，但由于其是"小概率"事件，因此不会导致大规模的技术应用。而且，交叉移植是以无偿性原则为前提的，并须经过严格的（伦理）审查程序，一般不会出现大规模的器官买卖的现象。例如，无论是湖南常德"交叉换肾"一案，还是北京"全国首例肝源互换移植手术"一案，双方都是以无偿为前提形成的家庭互助方案，并没有产生社会危害性。一项针对医学生对非亲属活体器官交叉移植认可度的调查分析指出：对于用"非亲属活体器官

---

〔1〕 李刚、罗昌爱："'交叉换肾'凸显器官移植窘境"，载《人民日报》2008 年 1 月 11 日，第 5 版。

〔2〕 白晶、邱仁宗："家庭之间'交叉换肾'的伦理考虑"，载《中国医学伦理学》2008 年第 5 期。

交叉移植"的措施来缓解我国器官来源严重不足的做法，69.78%的医学生表示支持，67.11%的医学生支持用"非亲属活体器官交叉移植"来缓解我国器官来源不足的现状。[1]这在一定程度上说明，作为医师后备军的医学生，在主观上具有较高的支持非亲属活体器官交叉移植的认知基础。

四、交叉移植的立法建议

(一) 立法模式的选择

一个国家或地区对交叉移植立法模式的选择，通常是基于自身经济发展水平、历史文化传统以及当前社会所处的阶段等因素综合考量的结果。笔者认为，我国对交叉移植应当采取肯定的立法态度，但需要严格限定实施条件和程序。理由主要有两个方面：一是健康权是自然人至关重要的人格权，应当提供最大可能的保障；二是交叉移植不会导致大规模的器官买卖，只要措施得当，不会产生社会危害性。

(二) 严格适用条件

1. 知情同意权的保障

我国卫生立法历来重视对患者知情同意权的保障。[2]例如，我国《民法典》《基本医疗卫生与健康促进法》《医师法》《医疗机构管理条例》《医疗机构管理条例实施细则》《人体器官移植技术临床应用管理暂行规定》《人体器官移植条例》以及《关于规范活体器官移植的若干规定》均在不同层面对患者知情同意权作出了相关规定。交叉移植属于特殊治疗，因此在交叉移植前，作为具体实施移植手术的医疗机构，应当向捐献人和接受人说明医疗风险、替代医疗方案等，并征得其书面同意，以充分保障其知情同意权。

2. 建立健全"风险收益比"第三方评价 (估) 制度

由于医疗领域的专业性，处于交叉移植法律关系中的患者及其家庭成员在信息格局上处于弱势地位，因此迫切需要一个相对专业的团队或者 (临时)

---

〔1〕 王兰等："医学生对非亲属间活体器官交叉移植认可度的调查分析"，载《中国医学伦理学》2016年第4期。

〔2〕 郑学宝、李大平："患者知情同意权"，载《法律与医学杂志》2004年第4期。

组织出具一份较为客观的专业意见予以辅助，这对于自身知情同意权的行使与保护将大有裨益。笔者认为，在医疗机构人体器官移植技术临床应用与伦理委员会进行伦理审查之前，应当建立"风险收益比"第三方评价（估）制度，以辅助患者及家庭成员作出符合自己最佳利益原则的决定。

关于第三方评价（估）的人员，有的学者认为应由活体器官交叉移植专业的医生护士、社会工作者、伦理学家、精神心理学家等组成，防止发生相关的利益冲突，任何参与活体器官交叉移植过程的医生护士都不允许介入活体器官交叉移植的"风险收益比"的评估过程。[1]笔者认为，这是一项较好的建议，但也存在两个方面的不足：一是人员的专业表述存在瑕疵；二是人员组成可以进一步优化。首先，无论是普通的器官移植，还是器官交叉移植，都不能称其为一个专业，如肾脏移植主要有肾外科（或普外科）完成，肺脏移植主要由胸外科完成等。其次，参与第三方评价（估）的人员除上述医生、护士、社会工作者、伦理学家、精神心理学家之外，法律专家（如律师等）的参与同样不可或缺，毕竟在权利与义务是否对等这一问题上，法律专家更有发言权。此外，美国还设有独立的器官捐献专员（Independent Donor Advocates，IDA）制度，要求所有的活体器官移植都必须有器官捐献专员的全程参与，以帮助和指导供者作出符合自身利益的决策。[2]美国独立的器官捐献专员制度的建立，为我国提供了一些可以借鉴的思路。

关于第三方评价（估）的内容，有的学者建议，"主要针对器官移植的供受双方的目的及其真实性、器官的质量、身体的状况、心理的状态、手术的期望以及可能受到潜在情感胁迫或者不当经济诱惑等进行综合判断"。笔者认为，第三方对上述内容的评价（估）是有必要的，但还应对是否有必要进行器官交叉移植作出评价（估）。《世界卫生组织人体细胞、组织和器官移植指导原则》曾在序言中明确指出，可用器官的短缺，不仅促使很多国家建立程序和体系来提高供给，同时刺激了人体器官的商业买卖，尤其是与器官接受人无亲属关系的活体器官捐献。此类商业行为，加上相关人口贩运方面的证

〔1〕 王兰等："医学生对非亲属间活体器官交叉移植认可度的调查分析"，载《中国医学伦理学》2016年第4期。

〔2〕 杨阳、刘宇峰："非商业性的利他与非诱骗强迫性的自主——论非亲属活体器官捐献的伦理向度及道德基础"，载《医学与哲学》2015年第8期。

据，在最近几十年已越发明显。因此，我国在承认非亲属活体器官交叉移植的同时，应当注意到国际器官移植的新动向，遏制器官"黑市"的形成或进一步发展。

（三）建立和完善器官移植的分配与共享系统

美国霍普金斯大学医学院于 2001 年率先建立了器官移植配对系统。目前已有数十位患者经不同家庭亲属之间肾脏互换，顺利完成了肾脏移植手术。[1]为了挽救更多器官衰竭患者的生命，规范我国器官移植事业的发展，保障人民群众的健康权益，中国红十字会总会和原卫生部于 2010 年 3 月共同启动了人体器官捐献试点工作。2012 年 7 月 6 日，中央机构编制委员会办公室印发《关于设立中国人体器官捐献管理中心的批复》（中编办复字〔2012〕151 号），同意在中国红十字会总会设立中国人体器官捐献管理中心。[2]中国人体器官捐献管理中心作为中国红十字会总会直属的中央财政补助事业单位，编制 16 人，主要负责参与全国人体器官捐献的宣传动员、报名登记、捐献见证、公平分配、救助激励、缅怀纪念及信息平台建设等相关工作。2017 年 2 月 24 日，第十二届全国人民代表大会常务委员会第二十六次会议修订了《红十字会法》，其第 11 条第 1 款第 3 项明确规定，红十字会参与、推动无偿献血、遗体和人体器官捐献工作，参与开展造血干细胞捐献的相关工作。这一修订使得红十字会成为法律确认下的适格参与主体。

（四）建立对器官捐献者的适当补偿制度

一方面，我们需要通过医疗机构及其医务人员在交叉移植前充分履行告知义务来预防，使患者提前知道进行交叉移植之后可能会出现的各种风险；另一方面，需要建立对器官捐献者因为器官捐献引发并发症而支付的合理费用的补偿机制。只有对器官捐赠者进行合理的补偿，才能更符合或体现法律上的公平观念和公正原则，才能从根本上起到救济的作用。其实，绝大多数活体器官捐赠都会或多或少地、暂时或永久地损害捐赠者的健康，供体应该有权从捐赠的直接或间接受益人那里获得旨在康复或被补偿由此造成生活不便等损失的补偿。当然，此种有偿重在对捐赠者的补偿，与器官的商业化存在

---

〔1〕 白晶、邱仁宗："家庭之间'交叉换肾'的伦理考虑"，载《中国医学伦理学》2008 年第 5 期。
〔2〕 郑芸、何毅、蔡炜："关于活体器官捐献的建议"，载《医学与法学》2015 年第 2 期。

明显的区别。[1]

五、利益、法律与伦理的平衡

目前，器官移植技术已经成为治疗某些疾病、拯救病人生命和恢复或改善患有器官功能不可逆病变者的身体健康的重要方法和手段之一。器官交叉移植涉及多重法律关系，每一重法律关系又涉及不同的主体，这些主体的利益指向有时是统一的，有时是偏移的，这就需要各主体之间的利益平衡。活体器官交叉移植应在优先考虑供体利益原则的基础上，[2]实现与受体的利益平衡，实现两个或多个家庭之间的平衡，实现个人和社会的平衡。

法谚有云，"法律乃公正的准则，违反正义准则的行为就属于违法行为。"[3]器官交叉移植合法的前提是该行为是公正的，是符合伦理的，因而需要实现法律与伦理的平衡。换言之，技术虽然是中立的，但是其同样需要受到法律和伦理的约束。如果非亲属间的活体器官交叉移植会在未来的立法中予以肯定，就必须从制度设计和规则拟定上予以严格规范，从而保证医疗质量和医疗安全，保护人的生命健康！

---

[1] 李娜玲："关于非亲属间活体器官'交叉移植'的法律思考"，载《河北法学》2011年第5期。

[2] 申卫星、王琦："论人体器官捐献与移植的立法原则"，载《比较法研究》2005年第4期。

[3] Law is a rule of right, and whatever is contrary to the rule of right is a wrong.

非医师行医：悬顶之剑之三类法律责任[*]

非法行医的问题由来已久，直到现在仍然没有消除这一违法现象，究其本质，还是逐利的驱动和法治意识的淡薄。非法行医具有较大的危害性，不仅破坏了医疗卫生管理秩序，而且有可能造成他人健康受损，甚至生命侵害，自然会成为法律规制的对象。非法行医具有一定的特殊性，可能会一行为触犯多个法律，进而引起多种性质不同的法律责任，在法律上称之为"法律责任的聚合"。具体而言，它是指由于某种法律事实的出现，导致多种法律责任的并存或者相互冲突。[1]

一、典型案例

2020 年 6 月 2 日，北京市某区卫生监督执法人员在执法检查时发现杨某无证行医。涉案场所内有牙椅和用于器械消毒的消毒柜各 1 台，另有药品及口腔诊疗器械若干，还有使用后的注射器和带血渍的纱布、棉球。现场的一个小本子上记录着前来"看病"的患者信息，另一个本子上记录着杨某开出的收费明细。经初步核算，费用近 1.7 万元。后经核实，杨某无证行医并非初犯，此前曾因相同违法行为被处罚，此次为其第二次被查处。在本案中，杨某既无医师执业证书，又在没有医疗机构执业许可证的场所内从事医疗行为，属于"双证"欠缺的情形。随着《基本医疗卫生与健康促进法》《医师法》和《民法典》的实施，如何正确适用法律是理论和实务上的一个重点和难点，亟须深入研究。

---

* 部分内容曾刊发于《健康报》，本文有修改。原文详可参见刘炫麟："非医师行医三类责任如何认定"，载《健康报》2020 年 8 月 13 日，第 7 版。

〔1〕 舒国滢主编：《法理学导论》，北京大学出版社 2019 年版，第 166 页。

二、民事责任

《民法典》已于 2020 年 5 月 28 日颁布,并于 2021 年 1 月 1 日实施。在本案中,如果有证据证明杨某的行为导致患者损害,那么其需要依法承担民事侵权责任。由于案发之时《民法典》尚未生效,因此只能适用我国原《侵权责任法》的相关规定,且因其不属于医疗损害,不能适用原《侵权责任法》第七章有关医疗损害的规定,只能适用普通民事侵权的一般规定,援引的法条主要是原《侵权责任法》第 3 条、第 6 条、第 15 条、第 16 条等。在《民法典》实施之后,原《侵权责任法》被废止,援引的法条为《民法典》第179 条、第 1165 条、第 1179 条等。

三、行政责任

我国 1998 年《执业医师法》第 39 条规定:"未经批准擅自开办医疗机构行医或者非医师行医的,由县级以上人民政府卫生行政部门予以取缔,没收其违法所得及其药品、器械,并处十万元以下的罚款;对医师吊销其执业证书……"[1]《基本医疗卫生与健康促进法》第 99 条第 1 款规定:"违反本法规定,未取得医疗机构执业许可证擅自执业的,由县级以上人民政府卫生健康主管部门责令停止执业活动,没收违法所得和药品、医疗器械,并处违法所得五倍以上二十倍以下的罚款,违法所得不足一万元的,按一万元计算。"

在本案中,杨某构成非医师行医,亦属于未经批准擅自开办医疗机构行医,但无论是哪一种,均符合 1998 年《执业医师法》第 39 条的规定。《基本医疗卫生与健康促进法》第 99 条第 1 款没有限定主体条件,因此可以解释为

---

〔1〕 本案处理时,《医师法》尚未出台,因此只能适用我国 1998 年《执业医师法》的规定。1998 年《执业医师法》第 39 条还对未经批准擅自开办医疗机构行医规定了法律责任,《医师法》第59 条不再保留这一规定,主要考虑是,《基本医疗卫生与健康促进法》第 99 条已对此作了专门规定,《医师法》仅从医师管理的角度对非医师行医作出处罚规定并加大了处罚力度。其第 59 条规定,"违反本法规定,非医师行医的,由县级以上人民政府卫生健康主管部门责令停止非法执业活动,没收违法所得和药品、医疗器械,并处违法所得二倍以上十倍以下的罚款,违法所得不足一万元的,按一万元计算。"因此,《医师法》生效之后,这一案件的处理将变得更加简单,因为《执业医师法》已经失效,《医师法》与《基本医疗卫生与健康促进法》保持一致,二者不存在矛盾之处,无法律适用上的困惑。

一般主体，既包括医师，也包括非医师。杨某属于非医师，且其在未取得医疗机构执业许可证的情况下擅自执业，亦符合本款的规定。于是，本案构成法条竞合。

我国《基本医疗卫生与健康促进法》是我国医疗卫生领域的一部基础性、综合性立法，与单行的1998年《执业医师法》相比，《基本医疗卫生与健康促进法》属于一般法，1998年《执业医师法》属于特别法。但若从两部法律的实施日期上考察，《基本医疗卫生与健康促进法》属于新法，1998年《执业医师法》属于旧法。

我国《立法法》第92条规定："同一机关制定的法律、行政法规、地方性法规、自治条例和单行条例、规章，特别规定与一般规定不一致的，适用特别规定；新的规定与旧的规定不一致的，适用新的规定。"换言之，若按照特别法优于一般法的原理，应当适用1998年《执业医师法》；但若按照新法优于旧法的原理，应当适用《基本医疗卫生与健康促进法》，这就产生新的一般规定与旧的特别规定不一致的情形。对此，我国《立法法》第94条第1款规定："法律之间对同一事项的新的一般规定与旧的特别规定不一致，不能确定如何适用时，由全国人民代表大会常务委员会裁决。"2021年《医师法》的出台将人员无证行医的问题纳入自身规制的范围，而将未经批准擅自开办医疗机构行医的问题删除，将其置于《基本医疗卫生与健康促进法》中规制，较好地协调了立法冲突。

四、刑事责任

我国《刑法》第336条第1款规定："未取得医生执业资格的人非法行医，情节严重的，处三年以下有期徒刑、拘役或者管制，并处或者单处罚金；严重损害就诊人身体健康的，处三年以上十年以下有期徒刑，并处罚金；造成就诊人死亡的，处十年以上有期徒刑，并处罚金。"

根据2016年12月20日实施的《最高人民法院关于审理非法行医刑事案件具体应用法律若干问题的解释》第1条的规定，未取得或者以非法手段取得医师资格从事医疗活动的，应认定为刑法第336条第1款规定的"未取得医生执业资格的人非法行医"，本案中的杨某符合犯罪主体条件。但构成非法行医罪，还要求具有"情节严重"的情形。根据该司法解释第2条的规定，所谓情节严重是指以下五种情形：（1）造成就诊人轻度残疾、器官组织损伤导致一般功能障碍的；（2）造成甲类传染病传播、流行或者有传播、流行危险的；（3）使用假药、劣药或不符合国家规定标准的卫生材料、医疗器械，足以严重危害人体健康的；（4）非法行医被卫生行政部门行政处罚两次以后，再次非法行医的；（5）其他情节严重的情形。在本案中，尚无相关证据证明杨某的行为造成了上述后果，暂不满足本罪的客观要件，因而不构成刑事犯罪。

五、有权不可任性

行政权的行使不可恣意妄为，需要遵循行政法的程序性基本原则，即正当法律程序原则、行政公开原则、行政公正原则和行政公平原则。[1]卫生监督执法人员在行政执法中必须遵循行政法的基本原则，尤其是程序性原则，对行政相对人陈述权、申辩权等给予保护。根据《行政处罚法》第63条的规定，作出较大数额罚款的行政处罚决定前，还应当告知当事人有要求举行听证的权利，行政相对人要求听证的，行政机关应当组织听证，并按照相应的程序进行。在执法过程中，要防止程序违法，确保依法行政，切实保障人民群众的生命安全和健康权益。

---

〔1〕 姜明安主编：《行政法与行政诉讼法》，北京大学出版社、高等教育出版社2015年版，第74~81页。

第三部分

公共卫生法

依法治"疫"与我国公共卫生法的完善[*]

突如其来、形势严峻的新冠疫情对于我国现行传染病防控法律体系而言，无疑是继"非典"之后的又一场"大考"，既有成功经验，亦呈现出一些漏洞、短板和弱项。这将促使我国公共卫生法进一步修改和完善，以尽快满足国家治理体系和治理能力现代化的需要。

一、传染病防控立法的成绩与不足

传染病防控法律体系是我国公共卫生法的重要内容，我国历来重视对传染病防控的立法，早在 20 世纪 50 年代中期，我国原卫生部就制定了《传染病管理办法》。时至 21 世纪，我国现已初步形成了以《传染病防治法》为核心，以《突发事件应对法》《突发公共卫生事件应急条例》《学校卫生工作条例》《突发公共卫生事件与传染病疫情监测信息报告管理办法》《国境卫生检疫法》《基本医疗卫生与健康促进法》《国家突发公共事件总体应急预案》《国家突发公共卫生事件应急预案》《国家突发公共事件医疗卫生救援应急预案》等为配套或者衔接的法律规范体系。经过多年来的实践检验，这套法律防控体系总体上是有效的，也是管用的，在预防、控制和消除传染病的发生与流行以及保障人体健康、完善公共卫生方面发挥了十分重要的功用，取得了不小的成绩。

在肯定我国传染病防控立法取得成绩的同时，我们也应当看到其还存在有待完善之处。但客观公允地说，即便是没有这场新冠疫情，我国传染病防控法律体系也已到了修订和完善的阶段，否则其将无法与当今的时代发展和

＊　主题内容曾刊发于《中国社会科学报》，本文略有修改。原文详可参见刘炫麟："依法治'疫'与我国公共卫生法的完善"，载《中国社会科学报》2020 年 2 月 19 日，第 3 版。

精神理念相适应，自身的滞后性也将进一步凸显。具体而言，主要有以下三个方面的理由：一是我国已于 2019 年 12 月 28 日通过了《基本医疗卫生与健康促进法》，自 2020 年 6 月 1 日起实施。这是我国卫生健康领域的第一部基础性、综合性立法，对传染病防控提出了新的要求和理念，这显然需要通过修订传染病防控法律体系与之匹配。二是我国《传染病防治法》自 1989 年制定 30 余年来，仅在 2004 年、2013 年修改过两次，与我国之后实施的全面推进"法治中国""健康中国"战略建设不相适应，与全方位、全周期保障人民健康的要求还有差距。三是我国《传染病防治法》的配套或者衔接法律规范也面临着修订。例如，虽然我国《传染病防治法》已经修改，但作为其配套实施的部门规章《传染病防治法实施办法》自 1991 年制定以来从未修改，其原初功能是通过细化我国《传染病防治法》的相关规定以增加实践中的可操作性，而现实的情况却是该实施办法的大部分内容已被《传染病防治法》《突发事件应对法》《突发公共卫生事件应急条例》《国家突发公共事件总体应急预案》《国家突发公共卫生事件应急预案》等所修改甚至完全取代，法律适用性大打折扣。此外，为了防止传染病由国外传入或者由国内传出而威胁人体健康，我国实施国境卫生检疫制度，并于 20 世纪 80 年代先后制定了《国境卫生检疫法》及其实施细则，尽管中间有过修正，但是修改的幅度并不大，随着我国国际合作的不断深入，传染病的跨境传播风险显著上升，这也迫使上述两部法律文件及时作出有效回应。

二、"非常时期"更要严格守法和执法

"疫情就是命令，防控就是责任。"就守法而言，无论是以"块"状思维强调政府主导作用的《国家突发公共事件总体应急预案》，还是以"条"状思维强调卫生系统中枢功能的《传染病防治法》《突发公共卫生事件应急条例》等，实际上都对政府、卫生健康行政部门、政府其他相关部门、医疗卫生机构、单位和个人的权力、责任、权利和义务作出了明文规定。只有严格遵守这些法律规定，我们才能有效保障疫情防控和患者救治等工作有条不紊地进行，才能确保社会秩序的稳定，并努力把疫情所致的损害降到最低。例如，各级人民政府领导传染病防治工作，县级以上人民政府制定传染病防治规划并组织实施，建立健全传染病防治的疾病预防控制、医疗救治和监督管

理体系；国务院卫生行政部门主管全国传染病防治及其监督管理工作，县级以上地方人民政府卫生行政部门负责本行政区域内的传染病防治及其监督管理工作，县级以上人民政府其他部门在各自的职责范围内负责传染病防治工作。各级疾病预防控制机构承担传染病监测、预测、流行病学调查、疫情报告以及其他预防、控制工作，医疗机构承担与医疗救治有关的传染病防治工作和责任区域内的传染病预防工作。在中华人民共和国领域内的一切单位和个人，必须接受疾病预防控制机构、医疗机构有关传染病的调查、检验、采集样本、隔离治疗等预防、控制措施，如实提供有关情况。疾病预防控制机构、医疗机构不得泄露涉及个人隐私的有关信息、资料。

在这次战"疫"过程中，绝大多数的单位和公民个人都模范遵守法律法规，不仅是对自己负责，也是对他人负责，对社会负责。但也有少数个人法治观念不强，甚至漠视法律，这种违法行为给一线防疫和救治工作带来了非常大的压力，有的还严重威胁到他人的生命健康，这就需要严格执法予以维持和保障。例如，国家卫生健康委员会、最高人民法院、最高人民检察院和公安部于2020年2月7日联合印发了《关于做好新型冠状病毒肺炎疫情防控期间保障医务人员安全维护良好医疗秩序的通知》，要求依法严厉打击疫情防控期间涉医违法犯罪行为，如对医务人员实施撕扯防护用具、吐口水等可能导致医务人员感染新型冠状病毒的行为；卫生健康行政部门应当及时指导医疗卫生机构做好突发事件应急处置工作，采取果断措施，最大程度地保障医务人员和其他患者安全，维护医疗秩序并及时报警，协助做好安全防护工作。公安机关接到报警后应当及时出警、快速处置，对应当追究刑事责任的，依法及时立案侦查，全面、规范地收集、固定证据。此外，有些患者擅自外出或者前往公共场所，导致多人感染或者被隔离。有的企业"趁机"哄抬物价，最终遭受严重处罚。

三、辩证思维的具体应用

当突发公共卫生事件来临时，我们需要将辩证思维应用于具体的工作之中，具体而言，主要包括五个方面：一是既要重视救治，更要强调事前预防。二是既要强调对患者的生命健康权益保障，也要充分考虑医务人员的安全，如提供符合生物安全标准的防护装备、配置必要的现场调查处置设备设施等。

三是树立全国一盘棋的思想，充分调动各方面的积极性，既要重视城市社区，也要关注农村基层，只有这样才能做到联防联控，群防群控。四是既要重视西医治疗，也要重视中医药在传染病防控中的独特地位。五是既要坚持传统技术手段，也要与时俱进，如发展互联网医疗、人工智能等，做到科学防控，智慧防控。

疫情报告制度：我们仍在路上[*]

从体系上讲，有关传染病防控法律法规是我国公共卫生法的重要组成部分，而疫情报告制度又是传染病防控法律法规所规定的一项核心制度，不仅与疫情监测、预警、发布等制度紧密相关，而且关系到突发公共卫生事件发生后整体或者局部防控措施的精准运用。

目前，我国已建成以《传染病防治法》为核心、以《突发事件应对法》《基本医疗卫生与健康促进法》等为上位法、以《传染病防治法实施办法》《突发公共卫生事件应急管理条例》《突发公共卫生事件与传染病疫情监测信息报告管理办法》等为下位法、以《国境卫生检疫法》《动物防疫法》等为衔接的立体性防控法律体系。多年的实践检验证明，这套传染病防控法律体系对预防、控制、消除传染病的发生、流行曾发挥了至关重要的作用，对其成绩应予肯定。但自新冠疫情暴发以来，这套体系也暴露出一些不足，其中之一便是违反疫情报告义务的行为类型和法律责任缺失，且没有相互呼应，导致在法律适用上出现"空白"现象，影响到依法防控的实效。

一、对医疗机构、疾控机构等违反疫情报告义务的法律责任缺少规定

2007 年出台的《突发事件应对法》第 39 条第 2 款明确规定："有关单位和人员报送、报告突发事件信息，应当做到及时、客观、真实，不得迟报、谎报、瞒报、漏报。"由于突发事件包括公共卫生事件，因此公共卫生事件中的信息报告义务主体当然负有不得迟报、谎报、瞒报、漏报的法定义务。该法第 63 条对地方各级人民政府和县级以上各级人民政府有关部门迟报、谎

---

[*] 主体内容曾刊发于《健康报》，本文略有修改。原文可参见刘炫麟："疫情报告制度有哪些法律空白"，载《健康报》2020 年 3 月 26 日，第 6 版。

报、瞒报、漏报有关突发事件信息的行政责任作出了规定，但对医疗机构、疾病预防控制机构、单位和个人等疫情报告义务主体的迟报、谎报、瞒报、漏报并无直接规定，只能通过《突发事件应对法》第 65 条和第 67 条的一般性规定达到规制的目的。1989 年制定、2004 年修订和 2013 年修正的《传染病防治法》第 37 条规定："依照本法的规定负有传染病疫情报告职责的人民政府有关部门、疾病预防控制机构、医疗机构、采供血机构及其工作人员，不得隐瞒、谎报、缓报传染病疫情。"同时该法第 65—66 条、第 68—70 条分别对地方各级人民政府、县级以上人民政府卫生行政部门、疾病预防控制机构、医疗机构、采供血机构隐瞒、谎报、缓报传染病疫情的法律责任作出了规定。此外，《传染病防治法》第 77 条与《突发事件应对法》第 67 条的规定相似，可通过一般性规定涵盖单位和个人隐瞒、谎报、缓报传染病疫情的行为类型。不过从两部法律的对比可知，《传染病防治法》没有规定"漏报"的行为类型，因此，其在法律责任上的缺失也就不足为奇。如果说因《传染病防治法》2004 年的修订发生在《突发事件应对法》之前而无法吸纳"漏报"的行为类型，但其 2013 年的修正仍未吸纳就可以算是一种立法缺憾了。

二、对授意他人隐瞒、缓报、谎报疫情的行为类型没有形成统一认定

2003 年出台的《突发公共卫生事件应急条例》曾于 2011 年修订过一次，且仅涉一项内容，即将相关条文中的"治安管理处罚条例"修改为"治安管理处罚法"。该法第 21 条规定："任何单位和个人对突发事件，不得隐瞒、缓报、谎报或者授意他人隐瞒、缓报、谎报。"同时该法第 45 条、第 50—51 条分别对县级以上地方人民政府及其卫生行政主管部门、医疗卫生机构、有关单位和个人隐瞒、缓报、谎报作出了规定，但仅规定了县级以上地方人民政府及其卫生行政主管部门授意他人隐瞒、缓报、谎报的情形，对医疗卫生机构、有关单位和个人并无相关规定。《突发公共卫生事件应急条例》与《传染病防治法》相似，既没有吸纳"漏报"这一行为类型，也没有相关的法律责任设计。但该条例也有进步之处，即其规定了授意他人隐瞒、缓报、谎报的行为类型。就整个传染病防控法律体系而言，还存在两个方面的问题：一是内部不协调、不统一。该条例第 21 条明确了任何单位和个人均有发生授意他人隐瞒、缓报、谎报可能的情形，但在其法律责任的制度设计上，仅规定了

县级以上地方人民政府及其卫生行政主管部门因为此种行为类型承担法律责任，如果是医疗卫生机构、有关单位或者个人授意他人隐瞒、缓报、谎报疫情信息，将如何承担法律责任，这显然是没有明确规定的。二是上位法没有及时与之呼应，无论是 2004 年修订、2013 年修正的《传染病防治法》，还是于 2007 年出台的《突发公共卫生事件》，均没有吸纳授意他人隐瞒、缓报、谎报疫情的行为类型。此外，《传染病防治法》没有规定国境卫生检疫机关和动物防疫机构违反疫情报告义务的类型和法律责任，而《国境卫生检疫法》《动物防疫法》中也规定得不甚完善。由此可见，我国传染病防控法律体系中相关主体违反疫情报告义务的行为类型和法律责任需要全面修订。

三、《传染病防治法》修改的最新动态

2023 年 10 月 20 日，《中华人民共和国传染病防治法（修订草案送审稿）》提请十四届全国人大常委会第六次会议审议。修订草案共 10 章 115 条，从传染病防治体制机制建设、应急处置制度、疫情救治保障体系等方面进行了修改完善。此外，修订草案还完善了法律责任制度。尤其需要注意的是，修订草案第 52 条规定，"依照本法的规定负有传染病疫情报告职责的人民政府有关部门、疾病预防控制机构、医疗机构、采供血机构及其工作人员，不得隐瞒、谎报、缓报、漏报传染病疫情。同时，修订草案第 98 条规定，地方各级人民政府未依照本法的规定履行报告职责，或者隐瞒、谎报、缓报、漏报传染病疫情，或者干预传染病疫情报告，或者在传染病暴发、流行时未依法组织救治、采取控制措施的，由上级人民政府责令改正，通报批评；对负有责任的领导人员和直接责任人员，依法给予记过或者记大过处分，情节较重的，依法给予降级或者撤职处分，情节严重的，依法给予开除处分；构成犯罪的，依法追究刑事责任。由此可见，修订草案第 52 条和第 98 条有效弥补了现行《传染病防治法》的不足。笔者曾在多个场合和文章中提及上述缺陷，并力主加以修订和完善，当立法建议获得立法机关的采纳时，对学以致用的理解便更深了一层，愿人民群众的生命健康能得到更强的保障与护佑！

疫情预警和报告：新立法可操作性更强了[*]

新冠疫情不仅全面考验了我国现行公共卫生防控法律体系的完备性，而且深刻"检阅"了处于该法律体系中各法律、法规、规章之间的协调性。在没有彻底了解和掌握新冠疫情的发生原因、发病机理、有效治疗方案之前，疫情预警制度和疫情报告制度至关重要，直接关系到疫情防控的实效。作为本次疫情治理过程中备受社会公众关注的两项制度，是本次《传染病防治法》修订工作的重要内容。

一、外部衔接与内部夯实

《传染病防治法（修订草案征求意见稿）》（以下简称《征求意见稿》）共有 2020 年和 2023 年两个版本，二者均从维护社会稳定和国家安全的高度出发，针对疫情预警制度和疫情报告制度进行了两个层面的修订：一是协调《传染病防治法》与《突发事件应对法》《国境卫生检疫法》《生物安全法》《突发公共卫生事件应急条例》等法律法规的冲突；二是针对本次疫情所暴露出的漏洞、短板和弱项，在制度内部进行夯实、提升或者重构，不断增加实践层面的可操作性，使之真正发挥"依法、科学和有序"防控的功用。

二、两个修订重点：专业与效率的双重提升

第一个修订重点是，重视疾控机构的专业性，将预警权明确赋予县级以上人民政府。2023 年《征求意见稿》第 43 条是在现行《传染病防治法》第 19 条的基础上演变而来的，其不仅明文规定疾控机构负有及时分析传染病及

---

* 本文曾刊发于《健康报》，略作修改。原文可参见刘炫麟："疫情预警和报告 新立法可操作性更强了"，载《健康报》2020 年 12 月 31 日，第 7 版。

健康危害因素相关信息、评估发生传染病疫情的风险以及可能造成的影响、疫情发展态势等义务，而且享有向社会发布健康风险提示、根据需要向同级卫生健康主管部门报告预警建议的权力，提高了疾控机构的法律地位，进一步凸显了疾控机构的专业性和权威性。此外，2023 年《征求意见稿》将向社会发布传染病预警的权力赋予县级以上人民政府，大大降低了预警主体的行政层级，基本实现了与《突发事件应对法》第 43 条、《生物安全法》第 28 条的衔接和协调，有效解决了法律适用上的冲突和矛盾。

第二个修订重点是，提高报告效率，预留相应空间接入《突发公共卫生事件应急条例》《突发公共卫生事件与传染病疫情监测信息报告管理办法》等下位法，建立报告奖励和责任豁免制度。2023 年《征求意见稿》第 46 条严格贯彻了传染病分类管理的基本原则，是总则第 3 条在分则中的具体体现，即对甲类传染病或者疑似患者、乙类传染病或者疑似患者、丙类传染病的报告进行分别规定，并通过《突发公共卫生事件应急条例》《突发公共卫生事件与传染病疫情监测信息报告管理办法》等进行准用性的细化规定。该项立法技术的概括性和灵活性，在很大程度上保证了上位法的稳定性和权威性。从报告时限的角度而言，其更加紧缩；从报告责任的角度而论，其更加严格。对于报告不明原因聚集性疾病、新发传染病疫情的主体可以进行奖励，对于经过确认排除传染病疫情的，实行责任豁免制度。这样的规定不仅提升了报告效率，而且改善了报告效果，理念由之前的"惩罚"转向"激励"，有利于贯彻传染病防控的"早发现、早报告、早隔离、早治疗"原则。

三、《生物安全法》的蓝本效应

2020 年《征求意见稿》对疫情预警、疫情报告制度的修订和完善具有较强的针对性，必将有效提升我国公共卫生防控法律体系的整体质量。但在笔者看来，还有一些问题值得我们在修法时予以重点关注，典型适例即为违反疫情报告的行为类型。

2020 年《征求意见稿》第 42 条规定，依照本法的规定负有传染病疫情报告职责的人民政府有关部门、疾病预防控制机构、医疗机构、采供血机构及其工作人员，不得瞒报、迟报传染病疫情。与现行《传染病防治法》第 37 条相比，《征求意见稿》保留了"瞒报""迟报"两种行为类型，但删除了

"谎报"这一行为类型，既难以与下位法《突发公共卫生事件应急条例》相对应，也难以与"上位"法《突发事件应对法》相衔接，还难以与平行法或特别法《生物安全法》《国境卫生检疫法》《动物防疫法》等相协调。

《突发公共卫生事件应急条例》第 21 条规定，任何单位和个人对突发事件，不得隐瞒、缓报、谎报或者授意他人隐瞒、缓报、谎报。《突发事件应对法》第 39 条明确规定，有关单位和人员报送、报告突发事件信息，应当做到及时、客观、真实，不得迟报、谎报、瞒报、漏报。《国境卫生检疫法》第 23 条规定，国境卫生检疫机关工作人员，应当秉公执法，忠于职守，对入境、出境的交通工具和人员，及时进行检疫；违法失职的，给予行政处分，情节严重构成犯罪的，依法追究刑事责任。根据《动物防疫法》第 37 条的规定，任何单位和个人不得瞒报、谎报、阻碍他人报告动物疫情。2020 年 10 月 17 日通过的《生物安全法》（自 2021 年 4 月 15 日起施行）第 29 条规定，依法应当报告的，任何单位和个人不得瞒报、谎报、缓报、漏报，不得授意他人瞒报、谎报、缓报，不得阻碍他人报告。

因此，建议以《生物安全法》为蓝本，全面修订《传染病防治法》《突发事件应对法》《国境卫生检疫法》《动物防疫法》《突发公共卫生事件应急条例》等关于违反疫情报告的行为类型，同步修改相应的法律责任条款，不断增加法律的说服力和威慑力，更好地保障人民群众的生命安全和身体健康。2023 年《征求意见稿》基本上弥补了这一缺陷。

强化公共健康刑事法治保障：要动真格的了[*]

《刑法修正案（十一）》从保护公共卫生安全的角度出发，全面梳理和总结了新冠疫情防控经验与治理实效，实现了与我国《传染病防治法》《野生动物保护法》《生物安全法》等法律衔接，进一步强化了公共健康刑事法治保障，对完善我国健康法律体系和提升国家公共健康治理能力具有重要的意义。

经过改革开放后40余年的努力，我国已经初步形成了独具特色的健康法律体系，内容涵盖医事法、公共卫生法、健康产品法（含食品、药品等）、健康保障法（含医疗保障、生育保障）等。健康无论是对单一个体而言，还是对整个社会而论，其重要性均不言而喻。在功能上，以医事法为核心的子法律体系更多关注个体健康，以公共卫生法为核心辅以健康产品法、健康保障法为支撑的子法律体系则更多关注公共健康。个体健康与公共健康关系密切，相辅相成。具体而言，个体健康是公共健康的基础，公共健康强调预防为主，是个体健康的保障，没有公共健康，个体健康亦难以完全实现。

与传统的基于纵向划分的法学学科不同，健康法律体系是基于横向划分的行业法或领域法，以健康权为调整对象，侧重以问题为研究中心，内容涉及宪法、行政法、民商法、刑法、社会法等。《刑法修正案（十一）》的出台，进一步完善了健康法律在刑事法治领域的发展。

《刑法修正案（十一）》通过增补、删除、细化相关内容，多处强化了公共健康的刑事法治保障，如扩展了生产、销售假药罪和生产、销售劣药罪的处罚范围，增加了妨害传染病防治罪的犯罪情形，修改了食品监管渎职罪的构成要件，完善了非法猎捕、杀害珍贵、濒危野生动物罪和非法收购、运

＊ 本文曾刊发于《民主与法制时报》，略作修改。原文详可参见刘炫麟："强化公共健康刑事法治保障"，载《民主与法制时报》2021年3月4日，第6版。

输、出售珍贵、濒危野生动物、珍贵、濒危野生动物制品罪。同时，《刑法修正案（十一）》结合实践中出现的各种乱象，将非法从事基因编辑、克隆胚胎，非法采集我国人类遗传资源或者非法运送、邮寄、携带我国人类遗传资源材料出境，非法引进、释放或者丢弃外来入侵物种的行为纳入刑法规制等。其中，完善妨害传染病防治罪和加强野生动物刑法保护尤为典型。

一、完善妨害传染病防治罪，严厉打击危害公共卫生行为

《刑法修正案（十一）》第37条规定，将《刑法》第330条第1款修改为："违反传染病防治法的规定，有下列情形之一，引起甲类传染病以及依法确定采取甲类传染病预防、控制措施的传染病传播或者有传播严重危险的，处三年以下有期徒刑或者拘役；后果特别严重的，处三年以上七年以下有期徒刑：（一）供水单位供应的饮用水不符合国家规定的卫生标准的；（二）拒绝按照疾病预防控制机构提出的卫生要求，对传染病病原体污染的污水、污物、场所和物品进行消毒处理的；（三）准许或者纵容传染病病人、病原携带者和疑似传染病病人从事国务院卫生行政部门规定禁止从事的易使该传染病扩散的工作的；（四）出售、运输疫区中被传染病病原体污染或者可能被传染病病原体污染的物品，未进行消毒处理的；（五）拒绝执行县级以上人民政府、疾病预防控制机构依照传染病防治法提出的预防、控制措施的。"

《刑法修正案（十一）》在《刑法》原条文基础上主要发生了以下五处变化。

第一，增加了"依法确定采取甲类传染病预防、控制措施的传染病传播"的情形。根据我国《传染病防治法》第3条第1款、第2款的规定，传染病分为甲类、乙类和丙类。其中，甲类传染病包括鼠疫、霍乱。该法第4条第1款规定，"对乙类传染病中传染性非典型肺炎、炭疽中的肺炭疽和人感染高致病性禽流感，采取本法所称甲类传染病的预防、控制措施。其他乙类传染病和突发原因不明的传染病需要采取本法所称甲类传染病的预防、控制措施的，由国务院卫生行政部门及时报经国务院批准后予以公布、实施"。2020年1月，经报国务院批准，国家卫生健康委员会发布了2020年度第1号公告，将新冠肺炎纳入《传染病防治法》规定管理的乙类传染病，并采取甲类传染病的预防、控制措施，将新冠肺炎纳入《国境卫生检疫法》规定的检疫传染病管理。2020年2月6日，《最高人民法院、最高人民检察院、公安部、司法部印发关于依法惩治妨害新型冠状病毒感染肺炎疫情防控违法犯罪的意见》将故意传播新冠肺炎病原体、危害公共安全行为之外的其他拒绝执行卫生防疫机构依照传染病防治法提出的防控措施，引起新型冠状病毒传播或者传播严重危险的，明确为妨害传染病防治罪的行为。《刑法修正案（十一）》充分吸收了这一司法解释的相关规定，明确将新冠肺炎等依法确定的采取甲类传染病管理控制措施的传染病，纳入了妨害传染病防治罪的调整范围，完善了构成该罪的情形，增强了法律适用的明确性。一般认为，妨害传染病防治罪的主观构成要件为过失，因此在司法实践中需正确区分妨害传染病防治罪与故意伤害罪、以危险方法危害公共安全罪。若行为人故意将传染病病原体传染给特定的个人，应当认定为故意伤害罪；若是行为人故意不采取有效防护措施，进入车站、医院、商场、养老院等人群聚集场所，故意将传染病病原体传染给不特定的多数人，此时应构成以危险方法危害公共安全罪。

第二，将"卫生防疫机构"修改为"疾病预防控制机构"。1989年《传染病防治法》中使用了"卫生防疫机构"的称谓，并规定了其法律地位和法定职能。1997年《中共中央、国务院关于卫生改革与发展的决定》和2001年卫生部《关于疾病预防控制体制改革的指导意见》相继发布后，各级卫生防疫机构自上而下地进行了疾病预防控制机构改革。因此，2004年修订的《传染病防治法》不再使用"卫生防疫机构"的称谓，取而代之的是"疾病预防控制机构"，并规定了其新的职责定位与法律责任。《刑法修正案（十一）》的修改，既符合我国卫生机构改革的现实，又实现了与我国《传染病防治法》的衔接，更具科学性。

第三，在消毒对象上，将"粪便"修改为"场所和物品"。这是为了与我国2013年修正的《传染病防治法》第27条实现衔接。该条规定："对被传染病病原体污染的污水、污物、场所和物品，有关单位和个人必须在疾病预防控制机构的指导下或者按照其提出的卫生要求，进行严格消毒处理；拒绝消毒处理的，由当地卫生行政部门或者疾病预防控制机构进行强制消毒处理。"

第四，增加了"出售、运输疫区中被传染病病原体污染或者可能被传染病病原体污染的物品，未进行消毒处理的"这一妨害传染病防治的犯罪行为的规定，总结了新冠疫情防控中出现的情形，填补了相应漏洞。

第五，增加"拒绝执行县级以上人民政府依照《传染病防治法》提出的预防、控制措施的"犯罪情形，旨在与我国《传染病防治法》第 42 条相衔接。该条第 1 款明确规定，"传染病暴发、流行时，县级以上地方人民政府应当立即组织力量，按照预防、控制预案进行防治，切断传染病的传播途径，必要时，报经上一级人民政府决定，可以采取下列紧急措施并予以公告……"此外，《刑法修正案（十一）》的这一规定，亦同步实现了与我国《突发事件应对法》第 7 条、第 49 条、第 68 条等法律条文的衔接，大大增强了法律之间的协调性。

二、加强野生动物刑法保护，预防和控制公共卫生风险

《刑法修正案（十一）》第 41 条规定，在《刑法》第 341 条中增加一款作为第 3 款："违反野生动物保护管理法规，以食用为目的非法猎捕、收购、运输、出售第一款规定以外的在野外环境自然生长繁殖的陆生野生动物，情节严重的，依照前款的规定处罚。"

国内外的相关调研表明，人类接触、食用野生动物等行为给病毒侵入人类肌体提供了机会，甚至会直接传染给人类，进而产生重大公共卫生风险。由于历史的局限，我国现行《野生动物保护法》的调整对象或保护范围较窄，仅保护珍贵、濒危的陆生、水生野生动物和有重要生态、科学、社会价值的陆生野生动物（一般简称"三有"野生动物），且强调资源利用。这不仅缺少对野生动物作为独立生命体的应有尊重和人文关怀，也忽视了生态平衡、生物安全等更高的价值追求。换言之，我国现行《野生动物保护法》实际上确立了"有限保护+广泛利用"模式。关于这一点，笔者将在后文详述，在此不赘。

2020 年 2 月 24 日，第十三届全国人大常委会第十六次会议表决通过了《全国人民代表大会常务委员会关于全面禁止非法野生动物交易、革除滥食野生动物陋习、切实保障人民群众生命健康安全的决定》。该决定从维护生物安全和生态安全、有效防范重大公共卫生风险、切实保障人民群众生命健康安全、加强生态文明建设和促进人与自然和谐共生等价值理念出发，对现行《野生动物保护法》进行了有针对性的补充，其显著的变化之一体现在野生动

物保护范围的拓展。该决定的出台将野生动物保护法的理念和保护范围，由"有限保护+广泛利用"模式转变为"全面保护+严格利用"模式。

《刑法修正案（十一）》第 41 条的规定旨在与该决定相衔接，将以食用为目的非法猎捕、收购、运输、出售除珍贵、濒危野生动物以外的在野外环境自然生长繁殖的陆生野生动物，情节严重的行为规定为犯罪，目的是从源头上控制重大公共卫生风险发生，客观上也促使我国《野生动物保护法》尽快修改，以实现法律体系的协调。

野生动物法律保护与疫情防控[*]

  2020 年 2 月 14 日，习近平总书记在中央全面深化改革委员会第十二次会议上强调，"要强化公共卫生法治保障，全面加强和完善公共卫生领域相关法律法规建设，认真评估传染病防治法、野生动物保护法等法律法规的修改完善"。基于此，笔者梳理和分析了我国现行野生动物保护的法律体系，指出其存在的主要缺陷，在遵守相关国际公约和吸纳地方成功立法经验的基础上提出了相关完善路径，除实现保护野生动物的直接目的之外，更主张从生物安全、生态文明的高度从源头上预防重大公共卫生风险的发生，以保障人民生命安全和身体健康，推进国家治理体系和治理能力现代化，推动"法治中国""健康中国""美丽中国"建设。

一、我国野生动物法律保护的层次与体系建构

  按照法律规范的适用频度、内容的关联程度以及规制力度等因素，我国野生动物法律保护的体系大致可分为核心层、中间层、最外层三个层次，其相互关联、互为支撑，并在不同层面发挥独特的功用。

  （一）核心层法律规制

  1988 年第七届全国人民代表大会常务委员会第四次会议通过的《野生动物保护法》，分别于 2004 年、2009 年、2016 年、2018 年、2022 年进行了 5 次修改，其中 2016 年和 2022 年的修订属于"大修"，旨在适应野生动物保护新

---

* 本文曾刊发于《法学杂志》，略作修改。原文详可参见刘炫麟："我国野生动物法律保护的体系、缺陷与完善路径"，载《法学杂志》2021 年第 8 期。

形势、新要求，尤其是要充分彰显生态文明的理念。[1]作为配套行政法规，国务院于 1992 年、1993 年分别批准了《陆生野生动物保护实施条例》《水生野生动物保护实施条例》，前者于 2011 年、2016 年修订了两次，后者于 2011 年、2013 年修订了两次。2020 年 2 月 24 日，第十三届全国人民代表大会常务委员会第十六次会议表决通过了《全国人民代表大会常务委员会关于全面禁止非法野生动物交易、革除滥食野生动物陋习、切实保障人民群众生命健康安全的决定》（以下简称《决定》）。《决定》从维护生物安全和生态安全、有效防范重大公共卫生风险、切实保障人民群众生命健康安全、加强生态文明建设和促进人与自然和谐共生等价值理念出发，对《野生动物保护法》进行了有针对性的补强，其显著的变化之一是对野生动物保护范围大幅拓展。我国现行《刑法》（2020 年修正）通过第 341 条（危害珍贵、濒危野生动物罪；非法狩猎罪；非法猎捕、收购、运输、出售陆生野生动物罪）[2]、第346 条（单位犯破坏环境资源罪的处罚规定）对野生动物提供了刑法保护。事实上，为了更好地理解和适用《刑法》第 341 条，最高人民法院早在 2000年 11 月 27 日就发布了《最高人民法院关于审理破坏野生动物资源刑事案件具体应用法律若干问题的解释》。此外，最高人民法院、最高人民检察院、林业部、公安部、国家工商行政管理局曾于 1990 年 12 月 15 日联合颁布了《关于严厉打击非法捕杀收购倒卖走私野生动物活动的通知》，旨在保护野生动物、维护自然生态平衡。

（二）中间层法律规制

中间层法律规制主要分为两个方面：一是与《野生动物保护法》相衔接的法律法规，主要有《动物防疫法》《进出境动植物检疫法》《渔业法》《畜牧法》《食品安全法》《传染病防治法》《生物安全法》《濒危野生动植物进出口管理条例》《实验动物管理条例》《进出境动植物检疫法实施条例》《食品

---

〔1〕左荣昌、杨岩："以'生态文明'理念重构《野生动物保护法》的思考——以新冠肺炎疫情防控为切入口"，载《重庆交通大学学报（社会科学版）》2021 年第 1 期。

〔2〕2020 年 12 月 26 日，第十三届全国人民代表大会常务委员会第二十四次会议通过了《刑法修正案（十一）》，自 2021 年 3 月 1 日起施行。其第 41 条规定："在刑法第三百四十一条中增加一款作为第三款：'违反野生动物保护管理法规，以食用为目的非法猎捕、收购、运输、出售第一款规定以外的在野外环境自然生长繁殖的陆生野生动物，情节严重的，依照前款的规定处罚。'"

安全法实施条例》《传染病防治法实施办法》《国家重点保护野生动物驯养繁殖许可证管理办法》等。二是地方性法规、政府规章等。例如,《吉林省野生动植物保护管理暂行条例》《浙江省陆生野生动物保护条例》《贵州省陆生野生动物保护办法》等。其中,《吉林省野生动植物保护管理暂行条例》于1985年由吉林省第六届人民代表大会常务委员会第十一次会议通过,系我国首部关于野生动物保护的地方性法规。这些针对性和操作性更强的地方性法规、政府规章在指导和规范野生动物法律保护方面起到了至关重要的作用,[1]亦为中央层面法律法规或者政策的出台提供了借鉴。

(三) 最外层法律规制

最外层法律规制主要包括两个方面:一是国家出台的相关政策文件,如国务院常务会议于2010年9月17日审议通过的《中国生物多样性保护战略与行动计划》(2011—2030年),以"软法"或近似"软法"的形式对我国生物多样性保护总体目标、战略任务和优先行动予以了明确;二是我国加入的一些国际公约,主要有《国际管制捕鲸公约》《濒危野生动植物国际贸易公约》《保护世界文化和自然遗产公约》《国际湿地公约》《生物多样性公约》《南极海洋生物资源养护公约》《跨界鱼类种群和高度洄游鱼类种群的养护与管理协定》《养护大西洋金枪鱼国际公约》等。

综上所述,我国野生动物法律保护的体系已经初步建立。这是20世纪80年代以来我国取得的重要立法成就,应予肯认。但受制于多种因素(如制定时期、立法理念、价值追求等)的综合影响,该体系尚存在一些缺陷,2020年新冠疫情的暴发使得这些缺陷更为凸显,亟待修补与完善。

二、现行野生动物法律保护的主要缺陷

(一) 指导理念上的格局偏窄

我国现行《野生动物保护法》的制度设计(如保护范围等)无法承担起"野生动物保护基本法或基础法"的功用,必然导致该法律体系中各组成部分

---

〔1〕 例如,2020年4月24日北京市第十五届人民代表大会常务委员会第二十一次会议通过了《北京市野生动物保护管理条例》,于2020年6月1日开始施行。该条例明文规定全域全年禁猎,进一步加强栖息地保护,并严控人工繁育等,具有很强的针对性和实效性。

的目标各异，缺乏具有灵魂性与共识性的价值指引，这就容易降低野生动物保护法律体系在指导理念上的整体格局。例如，尽管从立法名称上看《野生动物保护法》应对所有的野生动物提供法律保护，但从条款内容上考察却并非如此，其保护范围偏窄，仅保护珍贵、濒危的陆生、水生野生动物和有重要生态、科学、社会价值的陆生野生动物（以下简称"三有"野生动物），且强调资源利用，进而把大量的野生动物作为客体对待。这不仅缺少对野生动物作为独立生命体的应有尊重和人文关怀，也忽视了生态平衡、生物安全等更高的价值追求。换言之，我国《野生动物保护法》实际上确立的是"有限保护+广泛利用"的模式，虽然 2020 年《决定》的出台对其格局进行了一定的提升，转变为"全面保护+严格利用"的模式，但与生态文明、生态安全、生物安全等指导理念尚存在一定差距。

（二）立法技术上存在不足

1. 野生动物的分类标准不科学、不合理

《野生动物保护法》第 2 条第 2 款至第 3 款规定，"本法规定保护的野生动物，是指珍贵、濒危的陆生、水生野生动物和有重要生态、科学、社会价值的陆生野生动物。本法规定的野生动物及其制品，是指野生动物的整体（含卵、蛋）、部分及其衍生物"。或许受到该法的影响，《陆生野生动物保护实施条例》《水生野生动物保护实施条例》亦采取相应的立法技术对陆生野生动物、水生野生动物进行了界定。从这些条款内容可见，其分类的标准为是否珍贵、濒危、存在价值，并没有揭示出野生动物的本质属性——"野"，对于人工饲养或者人工繁育的野生动物究竟是不是野生动物等情形，现实中存在一定的疑问，这将直接影响到其监管范围等问题。

2. 立法目的自相矛盾

前文已述，《野生动物保护法》第 1 条开宗明义地指出其"为了保护野生动物"，此处的"野生动物"理论上应泛指一切野生动物，但是该法第 2 条又对野生动物进行了限定，即珍贵、濒危或者"三有"野生动物。大量的野生动物并非属于珍贵、濒危或者"三有"之列，因此形成了《野生动物保护法》普遍保护的立法目的与有限保护范围之间的矛盾，可谓当时立法的一大缺陷。

3. 法律责任的规定存在形式错位

《野生动物保护法》第 41 条规定："……任何组织和个人将野生动物放生

至野外环境，应当选择适合放生地野外生存的当地物种，不得干扰当地居民的正常生活、生产，避免对生态系统造成危害。……随意放生野生动物，造成他人人身、财产损害或者危害生态系统的，依法承担法律责任。"该条规定了行为模式和法律后果，但是关于法律后果的部分应当安排在法律责任一章中，而不应放在本条之中单独规定，否则在形式及体系上会显得不伦不类。

4. 法律法规间缺少衔接

尽管《野生动物保护法》处于野生动物法律保护体系核心层的中心地位，但仅靠一部法律显然难以独立完成野生动物保护、预防公共卫生风险等重任，需要通过一定的立法技术实现法律法规之间的谱系化衔接，进而达到系统、综合、全面保护的立法目的。例如，对于《野生动物保护法》与《传染病防治法》《动物防疫法》《进出境动植物检疫法》《刑法》《生物安全法》《民法典》以及其他地方性法规、规章的衔接，应当预留相应的制度或者规范"接口"，站在该法律保护体系的中心方位上，系统而周密地考虑这一问题。

（三）制度建设上存在缺陷

在野生动物保护法律体系内部，一些制度、规则尚存在着明显缺陷。限于篇幅，在此不作全面探讨，仅举三例予以说明，以凸显其修补完善的必要性与紧迫性。

1. 食用环节的法律规制不够

尽管《野生动物保护法》对野生动物的猎捕、交易、运输、食用均有规定，但并没有抓住这一链条上的关键点，即"食用"，因为若从终端上禁止食用，则作为食用前端的猎杀、交易、运输等环节也就失去了大部分意义。2018 年修正的《野生动物保护法》第 27 条第 4 款规定："出售、利用非国家重点保护野生动物的，应当提供狩猎、进出口等合法来源证明。"第 30 条第 2 款规定："禁止为食用非法购买国家重点保护的野生动物及其制品。"这两条规定说明非国家重点保护野生动物可以食用，导致我国野生动物交易和食用的现象层出不穷，在监管缺位、检疫标准缺失或者技术条件不足的情况下，显然无法预防（重大）公共卫生风险，存在较大的生物安全隐患。

2. 法律后果或者法律责任的相关规定存在漏洞

通常而言，一个完整的法律规范应当包括行为模式和法律后果两个部分，[1]但是我国《野生动物保护法》的部分条文在规范构造中存在多处虽有禁止行为模式却无法律后果的情形。例如，该法第6条第1款规定："任何组织和个人都有保护野生动物及其栖息地的义务。禁止违法猎捕野生动物、破坏野生动物栖息地"，但相关主体若实施了违法猎捕野生动物、破坏野生动物栖息地等违法行为，却并不能在该法的法律责任一章中找到对应的条文依据。该法第26条规定禁止虐待野生动物，但相关主体若实施了虐待野生动物的行为，同样难以在该法的法律责任一章找到对应的条文依据。这些条款构造上的缺陷直接影响到其法律适用，实践领域的威慑力自然锐减。

3. 举报制度缺乏激励机制

《野生动物保护法》第6条第3款规定："任何组织和个人都有权举报违反本法的行为。接到举报的县级以上人民政府野生动物保护主管部门和其他有关部门，应当及时依法处理。"但该法并没有对举报人设定相应的激励机制和保护机制，这与国内已经建立的举报制度和国际范例并不一致，难以完全激活举报制度在野生动物保护、惩治违法犯罪乱象方面的重要作用。

（四）《决定》自身存在困境

2020年2月24日，全国人大常委会迅速出台了《决定》，既克服了全面修订《野生动物保护法》需要一个过程的局限，又在新冠疫情防控的关键时期发挥了关键性作用，具有十分重要的意义。但需要指出的是，《决定》的出台并非解决了所有的问题，其自身也存在一定的困境。

1. 法律适用上的困境

《决定》第1条明确规定，"凡《中华人民共和国野生动物保护法》和其他有关法律禁止猎捕、交易、运输、食用野生动物的，必须严格禁止。对违反前款规定的行为，在现行法律规定基础上加重处罚"。《野生动物保护法》第48条规定，未取得特许猎捕证、未按照特许猎捕证规定猎捕，构成犯罪的，依法追究刑事责任。《野生动物保护法》第49条规定，未取得狩猎证、未按照狩猎证规定猎捕有重要生态、科学、社会价值的陆生野生动物或者地方重点保护野生动物，构成犯罪的，依法追究刑事责任。但《野生动物保护法》的这两条规定不能独立适用，需要援引《刑法》中"非法狩猎罪"的相

---

[1] 张文显主编：《法理学》，高等教育出版社2007年版，第117页。

关条款。一般认为，非法狩猎罪是指违反狩猎法规，在禁猎区、禁猎期或者使用禁用的工具、方法进行狩猎，破坏野生动物资源，情节严重的行为。[1]根据《最高人民法院关于审理破坏野生动物资源刑事案件具体应用法律若干问题的解释》（已失效）第 6 条的规定，"违反狩猎法规，在禁猎区、禁猎期或者使用禁用的工具、方法狩猎，具有下列情形之一的，属于非法狩猎'情节严重'：（一）非法狩猎野生动物二十只以上的；（二）违反狩猎法规，在禁猎区或者禁猎期使用禁用的工具、方法狩猎的；（三）具有其他严重情节的。"根据我国《刑法》第 341 条第 2 款的规定，"违反狩猎法规，在禁猎区、禁猎期或者使用禁用的工具、方法进行狩猎，破坏野生动物资源，情节严重的，处三年以下有期徒刑、拘役、管制或者罚金"。那么，问题由此产生，如果某自然人在疫情期间的行为已经构成非法狩猎罪，那么按照《决定》的规定应当加重处罚，但按照现行《刑法》的规定，非法狩猎罪的刑事处罚仅有一个量刑幅度，显然无法实现加重处罚，势必在法律适用上存在一定的困境。2021 年 3 月 1 日施行的《刑法修正案（十一）》虽在内容上进行了修补，但未从根本上克服上述缺陷。

2. 行政执法上的困境

《野生动物保护法》对野生动物的禁食限于国家重点保护野生动物和没有合法来源、未经检疫合格的其他保护类野生动物。对于"三有"野生动物和其他非保护类陆生野生动物是否禁止食用，无论是《野生动物保护法》还是其他法律，均未作明确规定，这是制度的短板和漏洞。《决定》以维护人民群众的生命安全和身体健康作为首要价值，确立了全面禁止食用野生动物、严厉打击非法野生动物交易的制度，以严密的规范、严格的标准、严明的责任筑起了公共卫生安全法治防线。[2]其强调，必须严格禁止《野生动物保护法》和其他有关法律明确禁止的食用野生动物行为，全面禁止食用国家保护的"三有"以及其他陆生野生动物，包括人工繁育、人工饲养的陆生野生动物。与《野生动物保护法》相比，《决定》的保护范围大幅拓展，但我国现行执法队伍并无增加。在人力、物力、技术等要素并无增长的情况下，其能

---

〔1〕 张明楷：《刑法学》，法律出版社 2017 年版，第 1134~1135 页。
〔2〕 王晨："依法全面禁止食用野生动物 保障人民群众生命健康安全"，载《人民日报》2020年 3 月 19 日，第 6 版。

否胜任保护范围大为拓展后的监督管理和行政执法工作，显然是个挑战，因为即便是在《决定》出台之前，关于野生动物非法交易和滥食的现象也屡禁不止，部分监管和执法队伍是否履行或者完全履行了法定职责，亦曾受到一部分社会公众的质疑。

3. 中央立法与地方立法的关系困境

在《决定》出台之前，有些省市已经先行出台了一些地方性立法。例如，2020 年 2 月 14 日，天津市出台《天津市人民代表大会常务委员会关于禁止食用野生动物的决定》，并自公布之日起施行。其明确规定，禁食国家重点保护的野生动物、天津市重点保护的野生动物、国务院野生动物保护主管部门公布的"三有"陆生野生动物和在野外环境中自然生长繁殖的其他陆生野生动物以及法律、法规和国家有关规定禁止食用的其他野生动物，但禁食范围明确排除了"经依法许可人工繁育、并经依法许可食用且检验检疫合格的野生动物"。而按照全国人大常委会《决定》的有关规定，人工繁育、人工饲养的陆生野生动物，无论是否检验检疫合格，均在禁食之列。于是，二者就产生了冲突，但能否据此认定《天津市人民代表大会常务委员会关于禁止食用野生动物的决定》构成违法？笔者认为，答案是否定的，只是在法律适用上，仍需遵循《决定》的相关规定执行。更为棘手的是，在《决定》出台之后，其他省市的人大常委会若是简单照搬《决定》的相关内容，就会使得立法出现"叠床架屋"的现象，地方立法将失去针对性和差异性。而按照现行《立法法》的规定，全国人大常委会对省级人大常委会的监督权较为有限，这同样会造成一定的困境。

（五）监管与执法存在掣肘

1. 管理职权存在重叠或空白

前文已述，野生动物保护是一个长链条，包括猎捕、交易、运输、食用等各个环节，必然会涉及多个监管和执法部门，如农业农村部门、林业部门、市场监管部门、交通运输部门、卫生健康部门、自然资源部门、公安部门、城管部门、网信部门、邮政部门等，突出问题表现在职能分散交叉、工作衔接不畅、信息共享不足等方面。现实生活中，"捕猎—运输—贩卖—消费"野生动物的黑色利益链时隐时现，有的野味市场和网络交易平台商家利用驯养繁殖许可证、经营利用许可证、狩猎证、生产专用标识，专门从事名为"养殖""狩猎"实为贩卖的"洗白"交易。[1]当涉及多个部门职权交叉或者重叠时,[2]在没有建立良好的协调机制的情况下,相关监管和执法部门不是"相争"就是"推诿",不利于野生动物猎捕、交易、运输和食用等各个环节的全面监管,既容易滋生腐败,又容易留有监管空白。

2. 社会共治的格局尚未形成

2014 年《政府工作报告》曾明确指出,要"推进社会治理创新。注重运用法治方式,实行多元主体共同治理"。[3]在政府、市场、社会日臻完善的背景下,单靠政府或者市场一元治理的模式已经不能适应当前社会发展的需要,野生动物保护也亟须社会共治的格局。近些年来,一些动物保护组织发挥了很大的作用,公民个人也积极参与到野生动物保护中,并取得了良好的社会实效,一定程度上弥补了政府监管的不足。有的学者提出应当通过信息公开制度保障公众对野生动物保护的相关问题享有知情权、参与权和监督权,发挥符合条件的社会组织和符合法律规定的机关的主观能动性,鼓励对涉野生动物保护的违法行为积极提起民事和行政公益诉讼。[4]当前,我国野生动物保护的社会共治格局尚未形成,无论是在法律制定时的顶层设计上,还是法律制度的具体建构中,实际上还是过于强调政府及其相关部门的监管、执法,对于社会组织、公民个人等其他主体的规定严重不足,导致这些主体难以在野生动物保护上找到有力的法律依据。

三、野生动物法律保护的完善路径

(一) 理念变革与体现

1. 生物安全的理念

生物安全不仅对经济社会发展、人民健康及生态环境等具有重要影响,从更深层次来看,也必将对国家安全产生全方位、系统性的影响。党的十八

---

[1] 吕忠梅、陈真亮:"《野生动物保护法》再修订:背景、争点与建议",载《生物多样性》2020 年第 5 期。

[2] 王岳:"我国野生动物保护进入新时代",载《人民论坛》2020 年第 27 期。

[3] 《政府工作报告》,载 http://www.gov.cn/guowuyuan/2014-03/14/content_2638989.htm,最后访问时间:2021 年 3 月 21 日。

[4] 周珂、陈微:"修改《野生动物保护法》的理念与路径",载《环境保护》2020 年第 6 期。

大以来，党和国家高度重视国家安全问题，精准把握国际国内形势变化，从全球视野和战略高度创造性地提出了总体国家安全观。[1]习近平总书记更是强调，要从保护人民健康、保障国家安全、维护国家长治久安的高度，把生物安全纳入国家安全体系，系统规划国家生物安全风险防控和治理体系建设，全面提高国家生物安全治理能力。《野生动物保护法》经过30余年的发展、修正，虽然重点保护了野生动物，尤其体现在拯救珍贵、濒危野生动物上，也考虑到了维护生物多样性、生态平衡以及推进生态文明建设等问题，但新冠疫情的出现使人们认识到有必要将这些理念提升至生物安全的高度，纳入到国家安全体系之中。换言之，在《野生动物保护法》修改时，应在立法宗旨中体现生物安全的理念，可惜的是，2022年《野生动物保护法》的修订只增加了"促进人与自然和谐共生"，而对生物安全的理念没有提及。

2. 健康中国的理念

2016年8月19日至20日，全国卫生与健康大会在北京召开，习近平总书记出席并在讲话中强调，没有全民健康，就没有全面小康。要把人民健康放在优先发展的战略地位，以普及健康生活、优化健康服务、完善健康保障、建设健康环境、发展健康产业为重点，加快推进健康中国建设，努力全方位、全周期地保障人民健康，将健康融入所有政策。2016年10月25日，中共中央、国务院发布了《"健康中国2030"规划纲要》。2019年12月28日，我国《基本医疗卫生与健康促进法》颁布，自2020年6月1日起实施。这是我国卫生健康领域的第一部基础性和综合性立法，其不仅在第1条明确提出要"推进健康中国建设"，还在第4条明确规定了"公民的健康权"，具有划时代的意义。野生动物保护与人民健康密切相关，应当将其与国家全面推进的"健康中国"战略紧密联系起来，因此在修改《野生动物保护法》时，应当通过在立法目的中规定公共健康来彰显"健康中国"的理念，将野生动物保护视为控制公共卫生风险的新方法。[2]

---

〔1〕 王景云、齐泉博："总体国家安全观视域下的生物安全法治体系构建"，载《学习与探索》2021年第2期。

〔2〕 See Aysha Akhtar, "The Need to Include Animal Protection in Public Health Policies", *Journal of Public Health Policy*, 2013, 34（4）: 549-559.

3. 利益平衡的思想

法律是调节正义和利益关系的评价准则，其希冀在利益保护和行为主体的行动自由之间进行科学划定，并尽量实现二者的良性平衡。就利益保护而言，在没有冲突或者矛盾之时，在理论上是可以兼顾和统一的，但在利益存在冲突或者矛盾之时，就需要进行一定的取舍，进行价值的优位判断和选择。比如在公共卫生风险面前，国家或者社会利益通常优位于集体或者个人利益，多数利益应当优位于少数利益，长远利益应当优位于眼前利益，整体利益应当优位于局部利益。[1]现行《野生动物保护法》采取了"有限保护+广泛利用"的价值取向，但新冠疫情这一重大突发公共卫生事件的发生，让我们不得不重新思考先前的利益格局。从预防和控制重大公共卫生风险的角度出发，有必要将"有限保护+广泛利用"转变为"全面保护+严格利用"。《决定》也正是从国家和社会利益、多数利益、长远利益和整体利益的站位要求全面禁止非法野生动物交易，革除滥食野生动物陋习，实现诸种利益、价值的综合平衡。例如，《决定》实施后将影响到一批野生动物养殖者的利益，而有些从业者还可能是贫困户，这在很大程度上"切断"了他们的收入来源，对其利益应予考虑。从《决定》的内容来看，要求地方政府视情况给予一定的补偿存在相当程度上的困难或局限，各地方政府的财政状况不一，财政状况较差的地方政府恐怕难以作出补偿，因此建议中央财政在可能的情况下给予适当支持，帮助野生动物养殖者尽快转产或做好野生动物养殖处置，实现规范、有序、平稳过渡。

（二）野生动物法律保护体系的内在衔接与协调

1. 《野生动物保护法》的修订需要重视三个方面的关系

一是《野生动物保护法》与《决定》的关系。由于《决定》颁布在前，且属于全国人大常委会颁布的具有法律效力的法律文件，《野生动物保护法》应当全面吸收《决定》的内容，有的转化为具体的法条，有的则可作为理念予以指导和细化。

二是《野生动物保护法》的修订与现行文本的关系。该法不仅在指导理

---

[1] 关于在调节正义和利益关系时的评价准则，详可参见沈宗灵：《法理学》，北京大学出版社2003年版，第61~63页。

念上存在一定的滞后性，在具体内容、立法技术、监管执法上也存在一定缺陷，因此既要克服现行文本存在的局限，又要最大限度承继现行文本的合理规定，以保持法律的连续性。

三是注意《野生动物保护法》与《传染病防治法》《动物防疫法》《刑法》《民法典》《生物安全法》等法律之间的衔接和协调，具体包括以下五个方面。

第一，《野生动物保护法》与《传染病防治法》《动物防疫法》的衔接。作为公共卫生法中的一部支柱性法律，《传染病防治法》在预防、控制和消除传染病的发生与流行等方面发挥了极其重要的作用。[1]如果《野生动物保护法》不能有效控制野生动物的非法交易和滥食等现象，公民因接触、食用野生动物而感染病毒的风险将陡然上升，那么有效的风险防范方法必然是检疫。赋予检疫部门检疫职责和义务，必然涉及疫情发现后的上报和通报。上报是指将疫情信息按照法定时限、程序向野生动物保护的主管部门报告，通报则是将相关疫情信息通告给卫生健康行政部门等相关部门，实现信息共享，以尽早尽快采取措施防止疫情的发生和流行。与《传染病防治法》相似，《动物防疫法》亦是维护公共卫生安全和促进人体健康的一部重要公共卫生法律，规制的重点是家畜家禽和人工饲养、合法捕获的其他动物的防疫和监督。这一范围既与《野生动物保护法》中的检疫范围存在侧重点上的明显不同，又有一定的交叉或者衔接。在疫情监测、防控上，《野生动物保护法》第16条实际上是存在制度安排的，即野生动物保护主管部门、兽医主管部门、卫生健康主管部门在各自的职责范围内共同防治和管理与人畜共患传染病有关的动物传染病，但我国《动物防疫法》《传染病防治法》却无相关的衔接条款，未来修法时应当建立三者之间的衔接。

第二，《野生动物保护法》与《进出境动植物检疫法》的衔接。当前，随着国际社会的交流、合作、交往日益频繁和不断拓展，"地球村"已经形成。传染病疫情防控往往不是一个国家或者一个地区之事，应由各国、各地区携手进行联防联控。作为促进流行病和地方病防治的国际上最大的政府间卫生组织，世界卫生组织（WHO）无疑将发挥十分重要的协调作用。不过，

---

[1] 刘炫麟："依法治'疫'与我国公共卫生法的完善"，载《中国社会科学报》2020年2月19日，第3版。

能够起到直接强制性作用的还是国内法的相关规定。一个国家或者地区既要防止传染病由境内传到境外威胁其他国家或者地区的公共安全，又要防止传染病由境外传到境内威胁本国或者本地区的公共安全。对于野生动物的出入境，主要适用《进出境动植物检疫法》的相关规定进行严格检疫。当前的《野生动物保护法》并没有设定相关条款与《进出境动植物检疫法》建立衔接。在野生动物保护缺少基本法或基础法的情况下，《野生动物保护法》作为这一核心层中的最重要法律规范应当发挥"谱系中心"地位的作用，将法律保护的触角自然延伸至进出境领域。

第三，《野生动物保护法》与《生物安全法》的衔接。2020年10月17日，第十三届全国人民代表大会常务委员会第二十二次会议通过了《生物安全法》，自2021年4月15日起施行。该法的立法宗旨是"维护国家安全，防范和应对生物安全风险，保障人民生命健康，保护生物资源和生态环境，促进生物技术健康发展，推动构建人类命运共同体，实现人与自然和谐共生"。该部法律内容丰富，重点突出，其中之一便是防控重大新发突发传染病、动植物疫情，通过监测预警、风险评估、决策技术咨询等体系的综合构建，积极应对生物安全挑战。《野生动物保护法》作为构建生物安全体系的重要前置关口之一，作用不言而喻，不仅需要将自身的理念提升至生物安全的高度，还要在防范措施的制度设计上与《生物安全法》衔接。

第四，《野生动物保护法》与《刑法》的衔接。我国《刑法》中与野生动物保护紧密相关的条文分别是第341条和第346条，涉及的罪名主要有三种：一是非法猎捕、杀害珍贵、濒危野生动物罪，二是非法收购、运输、出售珍贵、濒危野生动物及其制品罪，三是非法狩猎罪。前两种罪名涉及的行为对象是珍贵、濒危野生动物，按照《最高人民法院关于审理破坏野生动物资源刑事案件具体应用法律若干问题的解释》（法释〔2000〕37号）的规定，其主要包括三类野生动物：一是列入国家重点保护野生动物名录的国家一级保护野生动物；二是列入国家重点保护野生动物名录的国家二级保护野生动物；三是列入《濒危野生动植物种国际贸易公约》附录一、附录二的野生动物。需要注意的是，驯养繁殖的上述三类野生动物亦在此列。《决定》实施后，尤其是将来我国《野生动物保护法》全面吸收《决定》的内容进行修订后，保护的范围由珍贵、濒危的野生动物扩大到一般的野生动物，其涉及的刑事犯罪与处罚部分自然需要通过修改《刑法》来实现，最直接的方式就是删除"珍贵、濒危"的限制，将其作为量刑的情节予以考量，从而实现全面保护的目的。对于非法狩猎罪则应在现行仅有一个量刑规范的基础上增设"情节特别严重"的量刑区间，以彻底解决《决定》中"加重处罚"的法律适用问题。

第五，《野生动物保护法》与《民法典》的衔接。2020 年 5 月 28 日，第十三届全国人民代表大会第三次会议通过了《民法典》，自 2021 年 1 月 1 日起施行。其第 251 条明文规定，"法律规定属于国家所有的野生动植物资源，属于国家所有。"第 258 条规定，"国家所有的财产受法律保护，禁止任何组织或者个人侵占、哄抢、私分、截留、破坏。"由此可见，我国《民法典》重在保护野生动物的归属，对野生动物的特殊保护规定不足，尽管可以将"国家所有的财产受法律保护"作为衔接性的条款进行理解和适用，但并没有从更加普适意义上的"动物"出发设置特殊保护的总括式条款，只能依赖《民法典》作为民事基本法的地位以及规则所体现出的张力为动物提供一定的保护。世界上许多国家的民法典均对动物作出了特殊保护规定。例如，《瑞士民法典》在第四编（物权法）第一分编（所有权）第十八章（通则）第 641a 条明确规定，"动物不是物"；[1]《法国民法典》第三卷（取得财产的各种方法）总则第 715 条规定："狩猎权或捕鱼权，亦由特别法律规定"；[2]《奥地利普通民法典》第二编（财产法）第 285a 条规定："动物不是财产；它通过特别法予以保护。只有不存在不同的规定时，适用于财产的法律规定才适用于动物"。[3]《德国民法典》区分了有生命的物和无生命的物，前者就包括动物，并作出了特别规定。[4]其第 90a 条规定，"动物非为物。其受特别法律的保护。对于动物，以无其他的规定为限，相应地适用关于物的规定。"这一规范来源于 1990 年通过的《关于改善动物在民法上的法律地位的法律修正案》的规定，[5]《德国民法典》第一编第二章之标题亦因该法律修正案而发生改

---

〔1〕《瑞士民法典》，戴永盛译，中国政法大学出版社 2016 年版，第 221 页。

〔2〕《法国民法典》，罗结珍译，北京大学出版社 2010 年版，第 203 页。

〔3〕《奥地利普通民法典（2012 年 7 月 25 日修改）》，周友军、杨垠红译，清华大学出版社 2013 年版，第 47 页。

〔4〕［德］卡尔·拉伦茨：《德国民法通论》，王晓晔等译，法律出版社 2013 年版，第 381 页。

〔5〕《奥地利普通民法典（2012 年 7 月 25 日修改）》，周友军、杨根红译，清华大学出版社 2013 年版，第 47 页。

变。该规范的出发点在于，动物作为生物，不应当被置于与物同样的地位，也就是废止将动物与物置于同一地位的做法。[1]《德国民法典》第903条指出，动物所有权人在行使其权利时，应注意有关保护动物的特别规定。家养动物和野生动物都属于动物保护的范围。我国《民法典》及其相关配套规定未来可以借鉴德国、瑞士、奥地利、法国等国家民法典的立法经验，对动物这一具有生命的物作出单独的、总括式的规定，实现对动物的特别保护。

2. 《决定》与地方人大立法的冲突与协调

前文已述，在《决定》出台之前，已有省市对野生动物的交易和食用进行了地方性立法，并不因为其保护范围低于《决定》而违法，而应启动法定程序进行修订，使二者保持协调一致。根据我国《立法法》第7条的规定，全国人大常委会可以在全国人大闭会期间，对后者制定的法律进行部分补充和修改。根据《立法法》第72条的规定，在与现行宪法、法律、行政法规不抵触的情况下，省级人大常委会可以根据本行政区域的实际需要和具体情况制定地方性法规。在清晰厘定全国人大及其常委会立法权和省级人大及其常委会立法权的基础上，可以修改《立法法》的相关规定，适当扩大省级人大及其常委会的立法权，以实现权威性和灵活性的融合统一。此外，根据《立法法》第98条和第100条的规定，省级人大常委会制定地方性法规后需要备案至全国人大常委会，全国人大常委会的专门委员会、常务委员会工作机构可以对该地方性法规进行审查。未来在《立法法》修改时，全国人大常委会对省级人大常委会制定的地方性法规的审查，其重点除了与宪法、法律无冲突之外，还应避免另外一种不合理现象，即简单"照抄"全国人大常委会出台的法律文件，丧失了其因地制宜的优势。例如，《决定》出台后，部分省级人大制定的地方性法规与之并无实质性不同，有浪费立法资源之嫌。

(三) 严格监管、加强执法并实行社会共治

1. 严格监管

首先，监管部门应当严把"入口关"。我国《野生动物保护法》中设置了诸多行政许可。例如，运输非国家重点保护野生动物出县境的，除了需要持有狩猎、进出口等合法来源证明之外，还应当持有检疫证明；因科学研究、

---

[1] 杜景林、卢谌：《德国民法典全条文注释》，中国政法大学出版社2015年版，第70~71页。

种群调控、疫源疫病监测或者其他特殊情况，需要猎捕国家一级、二级保护野生动物的，应当按照法定程序向国务院、省级野生动物保护主管部门申请特许猎捕证。因此，监管部门应当按照法定条件和程序授予行政许可，对于违法授予行政许可的，应当在将来修法时设定严厉的法律后果。其次，我国《野生动物保护法》第31条、第53条等对野生动物及其制品制作的食品在生产、经营、使用等环节进行规制，但对终端的食用环节监管不足。这是我国《野生动物保护法》未来修改时应当补足的重点领域。再次，由于我国野生动物保护适用的法律法规繁杂，且所涉的监管部门众多（如林业草原、渔业、生态环境、卫生健康、城市管理、市场监管、交通、海关、邮政、网信等），因此各监管部门之间容易出现职责不清、监管交叉、协调不力等情形，有的地方甚至基于野生动物养殖和交易所带来的税源考量，不惜"纵容"一部分违法乱象的存在，监管的力度和效果十分有限。因此，未来我国《野生动物保护法》的修改应当进一步理顺监管体制，既要强调不同监管部门的职责划分，也要重视监管部门之间的联动与衔接。最后，国家需要加强监管队伍建设，更新监管理念，创新监管手段，努力做到"无缝监管"和综合监管，对潜在违法者在"入口关"就形成巨大的威慑。

2. 加强执法

监管和执法是密切联系在一起的，未来的执法应当从以下五个方面重点切入和补强：一是鉴于野生动物保护范围的拓展，应当增加或者配备相应的执法人员，否则难以完成执法重任。二是执法人员应加强理论学习，提升执法意识。由于野生动物保护的相关法律陆续需要修订，修订后的法律需在执法人员中及时宣传和贯彻，增进其对于新法的准确理解，归纳执法重点和难点。三是提高执法技术手段。野生动物保护领域的法律具有一定的专业性，即使是对于不同保护等级的野生动物的判断，也需要仰赖专业组织和专业人士以及先进的设备设施的介入和帮助。四是执法必严。执法人员在面对各种违法乱象时，应当严格按照法律的相关规定对违法分子进行严惩，以提高违法成本、震慑违法犯罪分子。五是加强执法宣传，定期汇总典型执法案例，通过融媒体向社会各界发布。这些做法不仅可以教育和警示其他公民，营造全民守法的社会氛围，也有利于社会各界向执法机关举报相关违法行为，扩展执法线索。

3. 社会共治

除行政监管外,社会监管、行业自律、公民监督等同样重要。社会监管需要重视媒体监管,因为媒体具有专业性和敏锐性,其往往最先发现或者披露相关违法行为。行业自律在社会共治中占有十分重要的地位,一方面倡导行业内部对国家法律法规的自觉遵守,另一方面通过行业内的自我规制和自我约束,对行业成员进行监督和保护。公民监督的重要抓手之一是违法举报制度,我国《野生动物保护法》也规定了公民举报制度,但是其在激励举报人方面没有规定,一定程度上会影响举报人的积极性。实际上,我国在劳动保障、产品质量、食品安全、环境保护、证券期货、安全生产等领域都有相关规定和实践应用,明确规定实行有奖举报。

四、从人类中心主义向生态中心主义转变

近些年来引发全球性疫情事件的病毒,包括高致病性禽流感病毒(H5N1、H7N9)、猪流感病毒(H1N1)、中东呼吸综合征病毒(MERS)、埃博拉病毒(EBoV),普遍都在野生动物体内分离出了高度同源性病毒。有的研究甚至表明,野生动物是许多人类传染病的源头,在已确认的 335 种急性传染病中源于野生动物的比例达 43%。[1]在国际社会已经联为一体的时代背景下,加强国际合作实现联防联控十分必要,缔约国应当严格遵守《国际卫生条例》等国际公约的规定,自觉履行国际义务,防止传染病的扩散和蔓延,共同维护人类命运共同体。在国内制度建设上,我国应当切实推进国家的治理体系和治理能力的现代化,从生物安全和国家安全的角度认识和预防公共卫生风险。对于容易引发公共卫生风险的非法交易、滥食野生动物的行为,必须进行更为严格的规制。这种规制不仅仅是野生动物保护法律体系的自我完善,也包括《宪法》上的确认和保护。例如,2002 年德国联邦议院以压倒性多数通过了一项在宪法中加入保护动物权利的议案,成为欧洲第一个将动物权益写入宪法的国家。[2]未来,我国应在"健康中国"理念所秉持的"大

---

〔1〕 See Kate E. Jones and Nikkita G. Patel, et al., "Global Trends in Emerging Infectious Diseases", *Nature*, 2008, 451 (7 181): 990–993.

〔2〕 王敬波、王宏:"为谁立法——野生动物保护立法目的再讨论",载《浙江学刊》2020 年第 3 期。

卫生""大健康"的观念下系统修改公共卫生和野生动物保护的相关法律法规，从源头上预防和控制重大公共卫生风险的发生，从人类中心主义价值观向生态中心主义价值观转变，以生态文明推动构建人类命运共同体，开启人与野生动物和谐共处的新时代。

铁路法修改：客运列车应否全面禁烟

1814 年，英国发明家乔治·史蒂芬森（George Stephenson，1781～1848）成功地制造了第一台蒸汽作为动力的火车机车，迄今已逾 200 年。1825 年，英国修建了世界第一条铁路，迄今接近 200 年。1876 年 6 月 30 日，英商在上海擅自修筑吴淞铁路通车，这是外国人在中国建筑和经营的第一条铁路。新中国成立后，中国共产党人只用 2 年时间就实现了铁路通车，创造了新中国建设史上的第一个奇迹——成渝铁路，并于 1952 年 7 月 1 日正式通车。截至 2020 年 12 月底，中国铁路营业里程达 14.6 万公里，其中高铁 3.8 万公里，居世界第一。2020 年 8 月 13 日，《新时代交通强国铁路先行规划纲要》发布，明确提出，到 2035 年，全国铁路网运营里程达到 20 万公里左右，其中高铁 7 万公里左右。由此可见，我国的铁路建设已经取得了举世瞩目的成绩。

与铁路建设的发展相比，我国的铁路立法进展缓慢。1990 年 9 月 7 日，第七届全国人民代表大会常务委员会第十五次会议通过了《铁路法》，自 1991 年 5 月 1 日起施行。该法于 2009 年 8 月 27 日和 2015 年 4 月 24 日经历过两次修改，但幅度均较小。第十三届全国人民代表大会常务委员会五年立法规划将《铁路法》纳入第一类项目。2020 年 6 月，铁路法（修改送审稿）经交通运输部报送国务院。2021 年 5 月，司法部形成修改稿，已再次征求有关方面的意见。2021 年底通过的全国人民代表大会常务委员会 2022 年度立法工作计划明确包括《铁路法》的修订。在铁路法修改过程中，与卫生健康紧密相关的一个重要内容就是客运列车应否全面禁烟。这不是一个新话题，但绝对是一个难话题。

一、客运列车全面禁烟的时机是否成熟

烟草不仅危害吸烟者的个人健康，而且威胁到社会公众的集体健康，[1] 关于这一点，早已取得国内和国际共识。2003 年 5 月，第 56 届世界卫生大会在瑞士日内瓦召开，世界卫生组织（WHO）192 个成员一致通过了第一个限制烟草的全球性公约——《烟草控制框架公约》(Framework Convention on Tobacco Control，FCTC)，其核心目的就是在全球控制烟草危害，共同维护人类健康。《烟草控制框架公约》第 8 条第 2 款明确指出，"每一缔约方应在国家法律规定的现有国家管辖范围内采取和实行，并在其他司法管辖权限内积极促进采取和实行有效的立法、实施、行政和/或其他措施，以防止在室内工作场所、公共交通工具、室内公共场所，包括其他公共场所接触烟草烟雾"。

2003 年 11 月 10 日，我国正式签署《烟草控制框架公约》，迄今已有 20 年之久。2005 年 2 月 27 日，《烟草控制框架公约》正式生效。2005 年 8 月，全国人大常委会表决批准了该公约，并于 2006 年 1 月生效，同时承诺在 2011 年 1 月 9 日起在公共场所全面禁烟。为了配合这一目标的实现，作为与健康最密切关系的卫生系统率先垂范。2009 年 5 月 20 日，卫生部、国家中医药管理局、总后勤部卫生部和武警部队后勤部四部门联合印发了《关于 2011 年起全国医疗卫生系统全面禁烟的决定》，要求军地所有卫生行政部门和至少 50% 的医疗卫生机构到 2010 年应建成无烟单位，确保到 2011 年实现全国医疗卫生系统全面禁烟目标。

客运列车不仅属于公共交通工具，而且属于公共场所，如果允许在客运列车上吸烟，那么就会对乘客自身以及其他乘客（尤其是老年人、孕妇、儿童等特殊人群）的健康产生危害。国家法律法规对实施侵害自身健康的行为采取柔性的态度，是倡导性的不侵害，但是对于侵害他人法定权利的行为，则采取刚性的态度，是强制性的不允许侵害。现实中，在公共交通工具、室内公共场所难以全面禁烟，从法律的角度就是侵害到相关群体的健康权，而直接的原因主要是"法律缺、落实难、执行弱"，其更深层次的原因则是税收、习惯、文化等因素的综合影响。

---

[1] 《健康中国行动（2019—2030 年）》指出，我国现有吸烟者逾 3 亿，每年因吸烟相关疾病所致的死亡人数超过 100 万，因二手烟暴露导致的死亡人数超过 10 万。

笔者认为，当前客运列车全面禁烟的时机已经基本成熟，具体来说，主要包括以下四个方面：一是我国履行《烟草控制框架公约》所规定的缔约国义务的需要。二是我国已将"健康中国"作为国家战略，并在具有基础性和综合性地位的《基本医疗卫生与健康促进法》中明确"公民是自己健康的第一责任人"，应当尊重他人的健康权利和利益，不得损害他人健康和社会公共利益。同时，国家有义务采取措施，减少吸烟对公民健康的危害。三是随着人民健康意识的逐步提升，尤其是一些行业组织（如中国控制吸烟协会等）的推动，无论是地方立法，还是地方司法，均开始支持在客运列车等公共交通工具或者室内公共场所禁止吸烟。四是我国的高铁、动车已经全面禁烟，尽管大部分普通客运列车仍未全面禁烟，但已有一部分普通客运列车自动拆卸了相关吸烟装置，支持普通客运列车全面禁烟，从未来的趋势观察，完全有希望"撬动"其他未全面禁烟的普通客运列车。更为重要的是，如果仅在高铁、动车上全面禁烟，而在密闭性同样较好的普通客运列车上不全面禁烟，那么是否违反了健康权平等呢？这值得进一步深思。笔者认为，答案是肯定的。乘客乘坐普通客运列车有的是出于经济原因，有的是出于线路的原因（如该线路只有普通客运列车可以选择），有的则是因为节日或者假期错峰出行而选择普通客运列车，还有的是因为特定目的而选择普通客运列车（如乘坐旅游专列欣赏沿途风景等），但无论出于何种目的，作为吸烟乘客之外的其他乘客，已经构成不特定的社会公众，他们当然享有维护处于权利基础层次的健康权等权利。实践中，由于一部分普通客运列车已经全面禁烟，而另一部分普通客运列车没有全面禁烟，就相当于对公民健康权的保障是分层次的、有差别的，这显然有失公平公正。因此，总体而言，在客运列车上全面禁烟非常有必要，且时机已经基本成熟。

二、客运列车全面禁烟如何嵌入铁路法修改

2021 年 12 月 31 日，中国生物多样性保护与绿色发展基金会法律工作委员会举办"控烟与《铁路法》修改讨论会"，笔者在这个会议上较为详细地阐述了客运列车应当全面禁烟的态度，并提供了如何嵌入《铁路法》修改的相关建议。具体而言，主要包括以下三个方面。

（一）立法目的中增设"保护公众安全和健康"

我国现行《铁路法》第1条规定，"为了保障铁路运输和铁路建设的顺利进行，适应社会主义现代化建设和人民生活的需要，制定本法"。铁路法修改草案继续沿用该法第1条的规定，"为了保障铁路运输和铁路建设的顺利进行，促进铁路高质量发展，适应建设富强民主文明和谐美丽的社会主义现代化强国和人民日益增长的美好生活的需要，制定本法"。保障铁路运输和铁路建设以及促进铁路高质量发展是《铁路法》的外在目的，其内在目的同样需要适当体现，尽管这不是《铁路法》的主要意旨和功能，却是其一个有机组成部分。之所以建议在立法目的中增设"保护公众安全和健康"，一是《铁路法》中不可避免地涉及货运和客运，安全和健康是永恒的两个主题，二是使得在《铁路法》中增加控烟、禁烟条款有了上位统辖，即立法目的上的统领，可以做到"师出有名"或者"名正言顺"。因此，建议将《铁路法》第1条修改为："为了保障铁路运输和铁路建设的顺利进行，保护公众安全和健康，促进铁路高质量发展，适应建设富强民主文明和谐美丽的社会主义现代化强国和人民日益增长的美好生活的需要，制定本法。"

（二）增加禁烟标识的规定

有人认为，在客运列车上设置禁止吸烟的标识没有什么作用。这种说法不能说没有一点道理，但它可能过于局限于一个时间点，而不是一个时间段。禁烟标识的合理、醒目设置，对吸烟乘客不仅是一种警示，更是一种尊重他人健康权的具体举措，也是一种与他人能够和谐共处的态度表达，是"公民是自身健康第一责任人"的身体力行。如果能在铁路法修改草案中增加有关禁烟标识的规定，对吸烟乘客是一种重要的引导和教育，结合相应的劝诫和罚款等，相信会起到一定甚至较好的约束作用和效果。

（三）客运列车从部分禁烟到全面禁烟

《铁路法》修改草案第58条规定了一系列禁止实施的"危害铁路运营安全和秩序的行为"。其中第5项规定，"在禁止吸烟的列车上、其他列车以及铁路车站的禁烟区域内吸烟，或者使用能够产生烟雾的香烟替代品及其他物品"，建议修改为"在列车、车站等室内公共场所禁止吸烟，或者使用能够产生烟雾的香烟替代品及其他物品，并在铁路公共场所张贴禁止吸烟的标识和标语。禁止携带火种和电子烟上车"。关于这一项的修改建议,与会专家几乎没有争议,很快达成了共识。

笔者认为,除了在客运列车上,在候车站台和候车室等公共场所也应禁烟。这对烟民乘客而言,可能是极力反对的。但是如果在这些区域内不禁烟,保护公众安全和健康的实效必将大打折扣。以北京这样的一线城市为例,在候车室、候车站台等设置吸烟区,其原本是为了在烟民乘客的行动自由与其他乘客的权利保护之中寻求一种大致平衡,不过"理想很丰满,现实很骨感"。当列车靠近站台,无论是上车还是下车之时,恰恰是人潮汹涌之际,更多的乘客只是出于无奈选择了快速离开,但是"烟雾缭绕"的空气环境是十分糟糕的,最终还是让全体人承受,唯一的区别就是一手烟还是二手烟。相关研究表明,二手烟的危害丝毫不亚于一手烟的危害,尤其对孕产妇、婴幼儿等特殊群体而言,更是如此。因此,笔者支持在客运列车、站台和候车室等公共场所全面禁烟。

三、第三方组织的推动已初见成效

2021年1月4日,北京市第四中级人民法院正式立案受理了中国生物多样性保护与绿色发展基金会向中国国家铁路集团有限公司、中国铁路兰州局集团有限公司、中国铁路北京局集团有限公司提起环境公益诉讼(环境污染责任纠纷案)。这是《民法典》正式实施后的第一例环境公益诉讼案,也是推进无烟列车、无烟奥运的首例环境公益诉讼。[1] 本案源于中国生物多样性保护与绿色发展基金会接到多位乘客反映,称带孩子乘坐普通客运列车(特别是寒暑假、法定节假日、周末等)时,吸烟者在吸烟区/处随意吸烟,导致烟雾缭绕、空气质量极差,且无人管理。中国生物多样性保护与绿色发展基金会的工作人员乘坐普通客运列车时也发现车厢内吸烟者随意在列车接头处吸烟,导致车厢内空气受到污染,绝大多数不吸烟的乘客和列车工作人员对此非常反感,却又无可奈何。

2020年12月,中国生物多样性保护与绿色发展基金会工作人员和志愿者对张家口至北京市普通客运列车进行了现场调查和检测,分别乘坐客运列车

---

〔1〕 有关案例和判决据中国生物多样性保护与绿色发展基金会马勇副秘书长和黄琦涵女士提供的资料改编,在此致谢。

从张家口站到达北京站（K42、K41），在张家口市辖区内途经宣化站、沙城站，运行区间时长近 4 个小时。在乘车过程中发现列车接头处设有烟具、烟灰缸，贴有吸烟区/处的指示标识，乘客和其他人员均在列车接头处吸烟，且有两位其他人员在卧铺洗漱区多次吸烟，也无任何人员进行管理和制止，乘坐火车的未成年人、孕妇等深受影响。经检测，列车内细颗粒物（PM2.5）、总挥发性有机化合物（TVOC）、甲醛（Formaldehyde）等严重超标。

2021 年 4 月，在法院的主持下，中国生物多样性保护与绿色发展基金会与三被告进行调解，诉讼请求得以实现。2021 年 6 月 9 日，中国生物多样性保护与绿色发展基金会收到案件民事调解书：第一，中国铁路兰州局集团有限公司于本调解书生效后十五日内取消 K41/K42 次快速旅客列车内的吸烟区，采取对烟灰盒进行遮挡、封堵、改造等适当方式进行取消，以及不设置吸烟装置，并取消吸烟区标识，进行控制吸烟提示；第二，中国铁路北京局集团有限公司于本调解书生效后十五日内取消 Y535/Y536 次旅游列车内的吸烟区，采取对烟灰盒进行遮挡、封堵、改造等适当方式进行取消，以及不设置吸烟装置，并取消吸烟区标识，进行控制吸烟提示。此后，几名被告积极推动，取得良好的效果。[1]

四、共建共享健康环境：克己与奉公

燃烧的是香烟，消耗的是生命！

当前，虽然在短期内全面禁烟不太现实，但是在公共交通工具（如客运列车）、室内公共场所和室内工作场所等一定区域内全面禁烟还是有希望的。在党和国家的正确领导下，在中央和地方立法的规制下，在社会组织的推动和监督下，各主体对维护自身健康权和保护他人健康权的意识越来越高，控

---

[1] 2021 年 7 月 15 日至 16 日，中国生物多样性保护与绿色发展基金会控烟团队分别乘坐 K41、Y536 次北京与张家口之间的普速列车，核验之前该会诉国家铁路总公司等"无烟列车"公益诉讼调解协议执行情况。发现中国铁路兰州局、中国铁路北京局分别取消 K41/K42 次、Y535/Y536 次旅游列车内的吸烟区，并对烟灰盒进行遮挡、封堵、改造等适当方式进行取消，以及不设置吸烟装置，并取消吸烟区标识，进行控制吸烟提示。进入 K41 车厢门口，列车员始终在提醒车内不准吸烟。在 Y536 车厢内，中国生物多样性保护与绿色发展基金会控烟团队在当班列车长的带领下，查看了全列车厢，确认吸烟区及吸烟装置全部取消、封盖，并有明显的禁止吸烟标志覆盖。车厢广播滚动播报禁止吸烟的提示信息，列车员也在车厢内巡视提醒禁止吸烟。

烟工作正在走向一个新阶段。将健康融入所有政策，当然需要融入《铁路法》的修订过程。如果能在《铁路法》上打开客运列车禁止吸烟的缺口，《民法典》第8条所规定的"守法和公序良俗原则"也因此增加了新的"色彩"。该条明确规定，"民事主体从事民事活动，不得违反法律，不得违背公序良俗"。希望这一规定将引导烟民乘客克制自身之行为，维护自身及他人之健康。让我们携起手来，做好自己健康的第一责任人，共建共享健康环境。

| 第四部分 |
健康产品法

食品健康法治化的"跳跃"：从惊心动魄到美好期待

〰〰

古人云："王者以民人为天，而民人以食为天。"从古至今，食品管理问题均为国之大事、要事。回顾新中国成立以来的健康立法史可知，有关食品方面的立法一直是重心之一，并形成了不同效力层次的法律规范体系。就法律层面而言，我国在 20 世纪 80 年代初制定了《食品卫生法（试行）》。20世纪 90 年代中期，我国正式结束了"试行"时代，出台了《食品卫生法》。进入 21 世纪的第一个十年，我国放弃修订《食品卫生法》的思路，转而制定《食品安全法》，《食品卫生法》完成自己的使命，被宣告废止，进入历史的长河。随着人民物质生活水平的提高和对健康权的关注，我国以《食品安全法》为支柱，又陆续通过制定、修订司法解释和其他规范性法律文件，弥补该法在应对社会各种问题中的不足，那么，我国《食品安全法》又会在新时代发生何种重大转向呢？尽管时间的长短并不确定，但其未来的发展趋势似乎已经渐进清晰，值得我们每一个人深思，并提前做好准备。

一、《食品卫生法》：从无到有

1965 年 8 月 17 日，国家出台了《食品卫生管理试行条例》，这是我国食品卫生管理中的第一部行政法规。1979 年 8 月 28 日，国务院颁布《食品卫生管理条例》，同时废止了前述的《食品卫生管理试行条例》。由于《食品卫生管理条例》制定于改革开放初期，商品经济发展很不充分，因此该条例在出台之时，便不可避免地带有计划经济的印记，这其中亦有《食品卫生管理试行条例》废止后的惯性使然。

我国《食品卫生管理条例》回应了当时社会中出现的因卫生导致食品中毒等突出问题，国家也试图对其加强监管。应当说，我国《食品卫生管理条例》抓住了改革开放初期食品管理的主要问题，但随着食品行业的快速发展，大量的集体企业、私人企业也开始进军食品领域，这在很大程度上打破了国有企业在食品领域的垄断格局，但问题亦由此产生，陆续出现了一些颇具社会影响力的食品安全事件。一方面，国家对集体企业、私人企业的监管乏力且缺少充足的法律依据，二是条例在监管内容与职责分工上尚存在"混沌不清"的情况，因此食品安全事件在数量上迅速增长，[1]引发党和政府的高度关注，人民群众对强化食品管理有了新的期待。为了有效应对上述问题，国家于1982年将《食品卫生管理条例》上升为法律，并定名为《食品卫生法（试行）》。

我国《食品卫生法（试行）》的重要贡献在于不仅提升了法律位阶，而且建立了具体的体系、制度与规则。在体系方面，该法初步建立了一套食品卫生监督体系；在制度方面，该法建立了食品卫生监督制度（第2条）、食品生产经营卫生许可制度（第26条）等；在规则方面，最显著的变化体现在法律责任部分。具体而言，《食品卫生管理条例》第六章规定了奖励和惩罚，但是从条文数量上只有两条，即第25条和第26条。其中第25条规定，"食品生产、经营主管部门和卫生部门对于认真执行本条例、经常坚持做好食品卫生工作，有显著成绩和贡献的单位和个人，应当给予精神和物质奖励"。第26条规定，"卫生部门、工商行政管理部门和食品生产、经营主管部门，对于违反本条例的单位和个人，应当根据情节轻重，分别给予批评教育、限期改进、罚款、没收等处置。对于情节严重、屡教不改、造成食物中毒或重大污染事故的单位和事故责任者，应当责令停止生产（营业）、赔偿损失，给予行政处分，直至提请司法部门依法惩处"。

我国《食品卫生法（试行）》的实施，大大改变了《食品卫生管理条例》以"行政处分"为主的惩戒模式，其在第8章通过5个条文规定了相关主体的法律责任，不再采取泛泛规定的做法，而是逐步走向精细化。不过，《食品卫生法（试行）》也有自身的不足和局限，最为突出之处体现在各监管部门的职责分工仍不甚清晰，在衔接上容易出现"缝隙"，在实践中就会被异化为漏洞，当伦理、自律等约束规则"失灵"之时，一些不法分子开始铤而走险，利用监管漏洞不断挑战法律规则，主要目的仍是攫取利润。从立法

---

〔1〕 参见赵辰等："阐述我国食品卫生法制的发展"，载《中国卫生监督杂志》2012年第2期。

名称上考察，《食品卫生法（试行）》中的"试行"，也说明为了检验法律规范的社会效果，先将其制定出来，待试行一段时间之后，总结所发现的问题并加以修改完善，最后再正式颁布。应当说，《食品卫生法（试行）》具有特定的历史使命。

我国《食品卫生法（试行）》于 1983 年 7 月 1 日起正式实施。1992 年，中国共产党第十四次全国代表大会在北京胜利举行。实践的发展和认识的深化，客观上要求将建立社会主义市场经济体制作为经济体制改革的目标，以利于进一步解放生产力，发展生产力。1993 年，国务院进行机构改革。其中，轻工业部被撤销，同时组建中国轻工总会，成为国务院直属事业单位。国务院授权中国轻工总会对全国轻工行业进行行业管理。这一机构改革为"政企分开"提供了依据。此外，这一时期人们的法制观念和权利意识还不是很强，很多仍依赖于之前的行政管理。《食品卫生法（试行）》实施的 12 年间，我国正处于计划经济与商品经济、市场经济交织变动的重要时期，无论是食品的产业规模，还是产品数量，抑或企业类型，尤其是新食品的上市和流通，均对《食品卫生法（试行）》提出了严峻的挑战。因此，该法在试行过程中实际上处于"独木难支"的态势，国家为此制定了大量的配套性规范加以辅助。

由此可见，挑战与机遇并存，但更多的是机遇，我国于 1995 年出台了《食品卫生法》，结束了我国《食品卫生法（试行）》的试行历史，完成了我国食品健康法治化的"第一级跳跃"。它全面总结了其试行时期所出现的各种问题，充分吸收了其试行时期所累积的法治治理经验，推动了我国食品法律体系的建立与发展。

二、《食品安全法》：从有到强

进入 21 世纪以来，在商业逐利、监管缺失等综合因素的影响下，我国陆续出现了一些影响较为恶劣的食品安全事件如"毒瓜子"事件、"假鸭血"事件、"苏丹红"事件、"福寿螺"事件、"劣质奶粉"事件等。可以说，每一个事件都触动了千万国人的神经，对食品安全的渴望显著增强，对问题食品所致的生命安全和身体健康的危害或者威胁有了更深的认识，亟须通过法治的手段对食品管理进行升级，突出法律的引导、威慑等功能。

食品安全事件的发生，不仅危及公民的生命安全和身体健康，而且引发人与人之间的信任危机，人民群众对食品安全缺乏信心。产生这些问题的一个主要原因是现行有关食品卫生安全制度和监管体制不够完善，具体主要体现在以下五个方面：一是食品标准不完善、不统一，标准中一些指标不够科学，对有关食品安全性评价的科学性有待进一步提高。二是规范、引导食品生产经营者在重质量、重安全方面仍缺乏较为有效的制度和机制。食品生产经营者作为食品安全第一责任人的责任不明确、不严格，对生产经营不安全食品的违法行为处罚力度不够。三是食品检验机构不够规范，责任不够明确。食品检验方法、规程不统一，检验结果不够公正，重复检验还时常发生。四是食品安全信息公布不规范、不统一，导致消费者无所适从，甚至造成消费者不必要的恐慌。五是有的监管部门监管不到位、执法不严格，部门间存在职责交叉、权责不明的现象。为了从制度上解决这些问题，更好地保证食品安全，有必要对现行食品卫生制度加以补充、完善，制定食品安全法。[1]

　　2004 年 7 月 21 日，国务院召开第 59 次常务会议，会议的主要内容有两项：一是研究部署加强食品安全工作，二是审议并原则通过《军人抚恤优待条例（修订草案）》。2004 年 9 月 1 日，国务院发布的《国务院关于进一步加强食品安全工作的决定》在"完善食品安全法律法规和部门规章"中明确指出，"国务院法制办要抓紧组织修订《食品卫生法》和《工业产品生产许可证管理条例》，加快《农产品质量安全法（送审稿）》的审查工作。商务部要研究修订《生猪屠宰管理条例》。农业部、商务部、卫生部、工商总局、质检总局等部门要根据职责调整，尽快清理、修订涉及食品安全方面的部门规章，力争 2004 年年底前完成"。2006 年，修订食品卫生法被列入年度立法计划，并转变思路，即由修订《食品卫生法》改为制定《食品安全法》。2007 年，食品安全法草案首次提请全国人大常委会审议。2008 年 4 月 20 日，全国人大常委会办公厅向社会全文公布食品安全法草案，广泛征求各方面意见和建议，以便更好地修改、完善这部法律草案。但让我们无法预料是，2008 年轰动全国的"三鹿奶粉"食品安全事件被曝光，迫使我们重新审视食品安全法草案的相关内容，因此又增设了责令召回制度，并强化了责任追究制度等。2009 年 2 月 28 日，《食品安全法》以高票在全国人大常委会会议上

---

〔1〕　曹康泰："关于《中华人民共和国食品安全法（草案）》的说明"，载 http://www.npc.gov.cn/zgrdw/npc/zt/2009-06/09/content_1517540.htm，最后访问时间：2022 年 7 月 8 日。

获得通过，即 158 票赞成，3 票反对，4 票弃权。

从《食品卫生法》到《食品安全法》，虽然只有两字之差，但它代表着立法定位和理念的重要转变。"卫生"相对于"安全"的表达含义较窄，即使符合某种标准，也并不意味着安全，因此"卫生"不能完全囊括"安全"之义。这如同产品质量合格与产品缺陷的关系一样，产品质量合格一般系指满足某项标准，包括国家标准、行业标准、地方标准和团体标准、企业标准等，但是满足某项标准，并不代表其不会产生不合理危险，此时缺陷仍然存在。此外，这一时期发生的多种食品安全事件，让我们深刻认识到多方参与、社会共治的重要性，尤其是行政部门的监管，包括进一步理顺监管体制、更加强调源头监管的重要性（如建立食品安全风险监测与评估）等。如果说我国《食品卫生法》起步于人民群众重点解决温饱的阶段，那么随着社会经济的发展，当前温饱问题已经成为过去，食品安全成为人民群众更为关心的问题。在这个意义上说，从《食品卫生法》上升为《食品安全法》，不仅是法律内涵的提升，更是其背后所对应经济发展阶段的内在需求转变，实现了食品健康法治化的"第二级跳跃"，标志着我国食品管理法治化由弱变强。它对于防止、控制、减少和消除食品污染以及食品中有害因素对人体的危害，预防和控制食源性疾病的发生，规范食品生产经营活动，防范食品安全事故发生，保证食品安全，保障公众身体健康和生命安全，增强食品安全监管工作的规范性、科学性和有效性，提高我国食品安全整体水平，切实维护人民群众的根本利益，具有重大而深远的意义。

三、"食品健康法"：从强到优

我国制定《食品安全法》之后，学术界的一部分学者也提出一些不同意见，突出表现在对食品安全概念的理解、食品标签的重要性以及充分发挥消费者的制衡作用等方面存在不足。[1]应当看到，我国《食品安全法》有力回应了我国食品管理中的突出问题，从法治的视角在宏观、中观和微观三个层次上进行了制度创新和规则完善，基本契合了当时的社会发展。但是如同"人无完人"一样，"法无完法"，只能不断自我修正和完善。随着社会的发

---

〔1〕 孙效敏："论《食品安全法》立法理念之不足及其对策"，载《法学论坛》2010 年第 1 期。

展和形势变化，《食品安全法》在其颁布的十余年中共经历了 3 次修改，具体包括 1 次修订（2015 年）和 2 次修正（2018 年、2021 年）。这种规则内部的完善，并不能引起理念的革新，而且越来越呈现出一定的局限性。比如，当处于温饱阶段时，我们主要解决的是食品卫生这一初级问题；当处于小康阶段时，我们主要解决的是食品安全问题；当我们处于共同富裕的道路上，下一站我们将主要解决食品的何种问题？这是一个值得我们共同思考的问题。

我国于 2019 年出台了《基本医疗卫生与健康促进法》，其在第 4 条明确提出健康权之后，在第 69 条确立了"公民是自己健康的第一责任人"的理念。之所以作出这样的规定，主要是基于以下两个方面的考虑：一是发达国家健康发展过程证实了人的生活和行为因素在自身健康状况中的重要影响；[1]二是我国的主要健康问题变化趋势需要调动个人的积极性，进而减少疾病尤其是慢性病的进一步发展。同样于 2019 年出台的《健康中国行动（2019—2030年）》围绕疾病预防和健康促进两大核心，提出将开展 15 个重大专项行动，促进以治病为中心向以人民健康为中心转变，努力使群众不生病、少生病。专项行动包括：健康知识普及、合理膳食、全民健身、心理健康促进等。这两个重要的文件为何如此重视健康知识的普及和强调公民的健康管理，实际上就是我们食品管理法治化的下一个转向，即食品健康。为了更好地说明这一问题，笔者在此以食品包装正面标识（Front-of-package labelling，FOP）为例进行说明。

何谓食品包装正面标识？这是一个首先需要解决的问题。一般认为，其是指以图形、文字等方式，以补充通常位于食品侧面或者背面的更为详细的营养成分表。"三高"（高盐、高糖、高油）食品大量存在，其中预包装食品也是一个重要的领域。"三高"食品是引起肥胖、心脑血管疾病、糖尿病及其他代谢性疾病和肿瘤的危险因素，这亦是我国为何提倡通过"三减"（减盐、减糖、减油）实现合理和营养膳食的原因。根据 2016 年全球疾病负担研究结果显示，饮食因素导致的疾病负担占到 15.9%，已成为影响人群健康的重要危险因素。

消费者前往商场、超市等购买"三高"食品，既有难以抗拒的美味吸引，

---

〔1〕 世界卫生组织指出，健康=60%生活方式+15%遗传因素+10%社会因素+8%医疗因素+7%气候因素。由此可见，生活方式是影响健康的重要因素。

也有健康知识乃至健康素养上的不足。前文已述，公民是自己健康的第一责任人，其是否选择"三高"食品在本质上仍属于有关主体意思自治的范畴，消费者拥有选择权，一般情况下，国家无需干涉。但是问题在于，国家需要为因食用"三高"食品导致非传染性慢性病等患者提供更多的医疗卫生资源和财政负担，因此其完全"听之任之"不加干预，也存在现实的问题难以逾越。既然不能强加干预，又不宜完全放任，这就需要走出一条中间道路，而食品包装正面标识制度就是平衡的临界点，因为它可以通过更直观的图形、文字等有效提醒和助推消费者选择更为健康或者更为适合的食品。因此，在消费者和经营者的信息格局中，消费者在绝大多数情况下处于弱势地位，而这一制度将辅助消费者作出更加理性和正确的选择。

目前，已有 50 多个国家实施了食品包装正面标识制度。[1]食品包装正面标识制度大致有两种模式：一是以政府机构强制要求的模式，主要代表国家有新加坡、马来西亚、泰国、文莱、阿拉伯联合酋长国、瑞典、丹麦、挪威、马其顿、立陶宛、冰岛、芬兰、波兰、荷兰、赞比亚、澳大利亚、新西兰、阿根廷等；二是非政府组织倡导模式，本质上属于企业自愿，主要代表国家有菲律宾、尼日利亚、津巴布韦、南非、斯洛文尼亚、克罗地亚等。其中，新加坡是实施 FOP 制度最早的国家，也是经验最为丰富的亚洲国家。新加坡健康委下属的健康促进局于 2001 年开始推行"健康选择标识"（Healthier Choice Symbol），对于脂肪、饱和脂肪、钠和糖含量比同类产品更低，全谷物、膳食纤维和营养素含量比同类产品更低的食品，可以向健康局申请使用"健康选择标识"。至今，该标识已应用于乳制品、谷物、食用油、豆类、肉类、果蔬、调味品、蛋及蛋制品、饮料、零食、便利餐食、甜点等 12 个大类的 70 多个食品品类，新加坡市场上符合健康选择标识的产品占有率已达到 26%。从 2017 年开始，新加坡已在餐饮行业推行"健康选择标识"的使用。新加坡是一个人均糖消费量比较高的国家，其中，预包装食品贡献了人均糖消费量的64%。自从推行 FOP 制度以来，新加坡预包装食品糖含量平均下降 25%，[2]效

---

〔1〕 杨晓晶："专家倡议构建预包装食品正面标识体系"，载《中国食品报》2022 年 1 月 20 日，第 3 版。

〔2〕 赵佳、王瑛瑶、杨月欣："助消费者轻松理解食物营养价值 FOP：这个食品标签不'高冷'"，载 http://www.eshian.com/article/75362120.html，最后访问时间：2022 年 7 月 9 日。

果十分显著。

食品包装正面标识制度契合了新公共卫生（The New Public Health）的理念。新公共卫生理念的提出，也不是偶然的。早在 1986 年，英国利物浦市提出建立健康城市和健康社区计划，总结经验出版《新公共卫生》一书，倡导以社区为方向的新公共卫生服务。英国认为健康服务的重点应当发生变化，因为不良生活方式和行为，以及环境恶化和不良的社会卫生问题已成为威胁人类健康的主要问题。[1]当前，我国并未建立食品包装正面标识制度，但未来的立法或者修法中有可能引进这一制度。该制度的最大优势是简便易行，清晰易懂，既为健康赋能，又为充分地保障了消费者的知情权、选择权的行使夯实基础，保护公民的健康。因此，从食品安全到食品健康，将会成为食品健康法治化的"第三级跳跃"。

四、食品健康与健康法的发展

从《食品卫生法（试行）》实施以来，我国在法律层面上对食品管理进行法治化。从《食品卫生法（试行）》到《食品卫生法》，它解决的是处于温饱阶段的"卫生"问题，强调要达到某种标准，实现了食品健康法治化的"第一级跳跃"，属于初级阶段；从《食品卫生法》到《食品安全法》，它解决的是处于小康阶段的"安全"问题，强调预防和控制风险尤其是不合理风险的发生，实现了食品健康法治化的"第二级跳跃"，属于中级阶段；从《食品安全法》到未来的"食品健康法"，它要解决的是处于（高度）富裕阶段的"健康"问题，强调的是健康生活、健康饮食的问题，将实现食品健康法治化的"第三级跳跃"，属于高级阶段。当前我们正处于第二阶段向第三阶段过渡的路上。

国以民为本，民以食为天，食以安为重，安以康为要。当我们经过"三级跳"进入食品健康法治化的高级阶段，大大提升健康法治建设的品格与内涵，可以畅想：那将是一个物质极为丰富的时代，也是一个健康法较为发达的时代，还是一个健康法的精神大放异彩、熠熠生辉的时代。不仅照耀在中国，而且闪耀于世界！

---

〔1〕梁浩材："新公共卫生与后医学时代"，载《医学与哲学》2005 年第 11 期。

食品药品惩罚性赔偿：是否有特殊性

我国已经建立惩罚性赔偿制度，并形成了一定的体系，广泛分布在环境污染、劳动与社会保障、知识产权、产品责任（食品、药品等）等领域，与我国的民生紧密关联。食品、药品作为一种产品，一种健康产品，是否具有区别于一般产品的特殊性呢？在笔者看来，答案是肯定的，这种特殊性不仅体现在（健康）产品属性之上，而且体现于具体法律适用之中。无论是作为我国民事基本法的《民法典》，还是作为单行法的《食品安全法》和《药品管理法》，均规定了惩罚性赔偿制度。三者的核心连接点就是产品以及本质上的产品责任。这是它们发生内在互动和外在关联的基础。

一、《民法典》产品责任中的惩罚性赔偿

产品责任历来是关注的重点。我国《民法典》第1207条规定，"明知产品存在缺陷仍然生产、销售，或者没有依据前条规定采取有效补救措施，造成他人死亡或者健康严重损害的，被侵权人有权请求相应的惩罚性赔偿。"[1]该条来源于2009年《侵权责任法》第47条，"明知产品存在缺陷仍然生产、销售，造成他人死亡或者健康严重损害的，被侵权人有权请求相应的惩罚性赔偿"。《民法典》第1207条规定之所以增补"或者没有依据前条规定采取有效补救措施"，是因为实践中有些生产者或者销售者主观恶性极大，在产品投入流通领域之后尽管其发现了某种缺陷，但出于经济利益、"品牌形象""心

---

[1] 我国《民法典》第1206条规定，"产品投入流通后发现存在缺陷的，生产者、销售者应当及时采取停止销售、警示、召回等补救措施；未及时采取补救措施或者补救措施不力造成损害扩大的，对扩大的损害也应当承担侵权责任。依据前款规定采取召回措施的，生产者、销售者应当负担被侵权人因此支出的必要费用"。

存侥幸"等原因没有及时采取停止销售、警示、召回等补救措施，置社会公众的生命安全和身体健康于不顾，在民事责任上有必要受到更加严厉的惩戒。

除第 1207 条之外，《民法典》第 179 条第 2 款的规定同样不容忽视，即"法律规定惩罚性赔偿的，依照其规定。"该条规定作为总则编关于民事责任的规定，至少在法律适用上链接了两个方向：一是在《民法典》体系内部所规定的惩罚性赔偿，二者构成一般规则和特殊规则的关系，如《民法典》第179 条和第 1207 条、第 1332 条的关系。二是在《民法典》体系外部其他法律所规定的惩罚性赔偿，二者通常构成一般法与特别法的关系，如《民法典》第 179 条与《消费者权益保护法》第 55 条、《食品安全法》第 148 条、《药品管理法》第 144 条等关于惩罚性赔偿规定的关系。但无论是哪一种情形，在法律适用时都应当优先适用特别法（规则），但不影响在特定情况下原告放弃特别法或者特别规则而转用一般法（规则）作为救济依据，为了避免重复，后文将对此加以论证，在此不赘。

二、《食品安全法》和《药品管理法》中的惩罚性赔偿

食品、药品是一种重要的健康产品，与人的生命安全和身体健康密切相关。根据我国《食品安全法》第 150 条第 1 款的规定，"食品，指各种供人食用或者饮用的成品和原料以及按照传统既是食品又是中药材的物品，但是不包括以治疗为目的的物品"。食品不仅具有营养功能，而且具有感官功能，前者提供营养素和能量，供人体需要，后者则通过色香味等刺激感官，以达到增进食欲和稳定情绪的作用。根据我国《药品管理法》第 2 条第 2 款的规定，"本法所称药品，是指用于预防、治疗、诊断人的疾病，有目的地调节人的生理机能并规定有适应症或者功能主治、用法和用量的物质，包括中药、化学药和生物制品等"。药品不仅种类繁多，而且直接关系到人的生命健康，因此除部分简单的"自疗"购买非处方药之外，绝大部分情形需要在医师处方或药师的指导下使用。所谓"是药三分毒"，只有合理用药，才能最大限度地减少对人体健康的损害。因此，就世界范围内而言，食品、药品均是严格管控的重要民生领域。

我国《食品安全法》第 148 条第 2 款规定，"生产不符合食品安全标准的食品或者经营明知是不符合食品安全标准的食品，消费者除要求赔偿损失外，

还可以向生产者或者经营者要求支付价款十倍或者损失三倍的赔偿金；增加赔偿的金额不足一千元的，为一千元。但是，食品的标签、说明书存在不影响食品安全且不会对消费者造成误导的瑕疵的除外"。我国《药品管理法》第144条第3款规定，"生产假药、劣药或者明知是假药、劣药仍然销售、使用的，受害人或者其近亲属除请求赔偿损失外，还可以请求支付价款十倍或者损失三倍的赔偿金；增加赔偿的金额不足一千元的，为一千元"。由此可见，食品、药品领域的惩罚性赔偿制度在赔偿标准或者原理模式上高度近似。

实践中，公民个人购买食品和药品多属于消费行为，于是就产生了这样一个问题：当消费者在食品、药品领域寻求惩罚性赔偿之救济时，是适用我国《消费者权益保护法》还是适用《食品安全法》或《药品管理法》？这涉及《消费者权益保护法》与《食品安全法》或《药品管理法》的法律适用关系问题。之所以讨论这一问题，是因为其选择的请求权基础不同，就会产生具体权利义务上的变化与影响，最为核心的两大问题就是归责原则和赔偿数额。我国《消费者权益保护法》第55条规定，"经营者提供商品或者服务有欺诈行为的，应当按照消费者的要求增加赔偿其受到的损失，增加赔偿的金额为消费者购买商品的价款或者接受服务的费用的三倍；增加赔偿的金额不足五百元的，为五百元。法律另有规定的，依照其规定。经营者明知商品或者服务存在缺陷，仍然向消费者提供，造成消费者或者其他受害人死亡或者健康严重损害的，受害人有权要求经营者依照本法第四十九条、第五十一条等法律规定赔偿损失，并有权要求所受损失二倍以下的惩罚性赔偿"。此外，在食品、药品领域还出现了"知假买假"的现象，有的则化身为职业打假人，此时是否应当继续支持其惩罚性赔偿诉求？如果试图得出不同于一般产品责任中惩罚性赔偿的规定，就必须做到食品、药品惩罚性赔偿特殊性的自我证成。

三、食品药品惩罚性赔偿的归责原则之特殊性

从我国《民法典》第1207条和《消费者权益保护法》第55条的规定考察，在惩罚性赔偿法律适用的构成要件上，无论是生产者还是销售者，均适用过错责任原则。但是《食品安全法》第148条和《药品管理法》第144条在惩罚性赔偿法律适用的构成要件上则进行了类型化和精细化的区分，即对于生产者适用无过错责任原则，对于销售者适用过错责任原则。这也较好地

解释了食品、药品的产品责任高于或者严于一般产品责任的原因。

需要注意的是，我国《药品管理法》第 144 条规定的"使用"，将不属于"销售者"却大量使用药品的医疗机构吸纳进来，应当说考虑得非常周全。在适用惩罚性赔偿制度之时，原告可以选择《民法典》《消费者权益保护法》进行维权，这是一种思路；但是转而选择《食品安全法》《药品管理法》则是另外一种思路，属于超越一般法层面的特别法适用。鉴于《食品安全法》《药品管理法》对生产者的惩罚性赔偿责任适用无过错责任，会在很大程度上减轻原告的举证责任，这时原告选择《食品安全法》《药品管理法》相关条文作为请求权基础，就具有了一定的优越性。

四、食品药品惩罚性赔偿的数额之特殊性

对于原告而言，除特殊情况以患者的身份出现之外，绝大部分情形下是消费者。消费者维权的目的首先是填补损害，这也是原《侵权责任法》将损害填补作为基础功能的原因之一。[1]但是惩罚性赔偿的主要目的并不在于填补消费者的损害，而是通过特别警示的方式惩戒主观恶性较为严重的相关主体（尤其是经营者）和一般警示的方式提醒、教育、引导其他相同或者类似的主体，一方面传递出否定性评价，另一方面则告诫其他相关主体不要再犯、不能再犯或者不敢再犯。不过，当法律对惩罚性赔偿作出规定之后，在解决合法性的同时，通常也完成了正当性的论证。因此，当消费者维权之时，虽不能说都是积极追求超过其实际损害的高额赔偿，但通常也不会拒绝惩罚性赔偿带来的高额"受益"。

我国《民法典》第 1207 条没有规定惩罚性赔偿的具体计算方式，而是采取概括式的笼统规定。除其他法律有明确规定外，倒是尊重、考验了法官的自由裁量权。之所以说是"尊重"，这是因为法律尤其是作为民事基本法的《民法典》应当保持一定的张力，不宜规定得过细，唯此方能保持其包容性、稳定性，否则就会被频繁修改，影响其权威性。法官可以根据个案的实际情

---

〔1〕 有的学者将侵权责任法的功能概括为填补损害、预防损害、教育与惩戒、分散损失与平衡社会利益，并指出侵权责任最主要的功能是填补被侵权人一方遭受的损失，通过赔偿损失、恢复原状等责任方式使被侵权人一方遭受损害的财产或人身尽可能恢复到受害之前的状况。详可参见王利明主编：《民法》，中国人民大学出版社 2020 年版，第 503～504 页。

况决定要不要支持原告诉求，以及在多大程度上支持原告诉求，这是一个自由裁量的过程，在保持一定灵活性的同时，也最大限度地保证了公正性。之所以说是"考验"，这是因为《民法典》没有对惩罚性赔偿数额的计算方式作出明确规定，不同地域、不同层级的法院法官，是否能够做到"同案同判"？最高人民法院之所以要求落实类案检索制度，其核心目的也是追求法律适用的统一，"让人民群众从每一个案件中感受到公平正义"。这无疑考验着法官的司法裁判水平。

原告为了利益的最大化，当适用一般法（规则）对自己更有利时，其就会抛弃特别法（规则）而选择一般法（规则）作为请求权基础；当适用特别法（规则）对自己更有利时，其就会抛弃一般法（规则）而选择特别法（规则）作为请求权基础。在食品、药品惩罚性赔偿领域，恰恰属于后者，无论是举证责任的负担，还是索赔数额的大小，适用《食品安全法》《药品管理法》的相关规定均更为有利。这亦是实践中原告根据我国《食品安全法》《药品管理法》进行维权的重要缘由。

关于归责原则，前文已经作了初步的分析，对于惩罚性赔偿数额，我国《食品安全法》《药品管理法》均规定了较高的标准，即被告除赔偿损失外，还需"支付价款十倍或者损失三倍的赔偿金"。尽管"损失三倍的赔偿金"与我国《消费者权益保护法》第55条第1款实现了接轨，但是在支付产品价款的倍数、最低赔偿数额以及适用情形方面，《食品安全法》《药品管理法》均表现出更大的优越性，这也是食品、药品惩罚性赔偿的特殊性所在。当然，原告究竟选择寻求"支付价款十倍"还是"损失三倍"的赔偿金救济，一个核心的观察要素是原告是否遭受了实际损失？如果原告遭受了实际损失，则需要在比较"支付价款十倍"的赔偿金和"损失三倍"的赔偿金数量关系之后进行理性选择，以实现消费者合法维权的利益最大化。但是若原告没有遭受实际损失，其能否要求惩罚性赔偿呢？

实践中对上述疑问存在两种不同的理解：一种观点认为，无论原告是否遭受了实际损失，均可寻求惩罚性赔偿的救济，只不过需要做一定的区分：当原告没有遭受实际损失时，其索赔的数额需要适用"支付价款十倍"的赔偿金，而无法适用"损失三倍"的赔偿金，当原告遭受实际损失时，其可在"支付价款十倍"或"损失三倍"的赔偿金之间进行救济选择。另外一种观点认为，当原告没有遭受实际损失时，其不能主张惩罚性赔偿的救济。因为从我国《食品安全法》第 148 条和《药品管理法》第 144 条的条文内容考察，"应当按照消费者的要求增加赔偿其受到的损失"隐含的前提是作为消费者的原告遭受了损失，在这一前提之下再选择"支付价款十倍"还是"损失三倍"的赔偿金救济。这涉及一个价值判断的选择问题，如果进行了"宽松"的价值选择，就会倾向于第一种观点，如果进行了"严格"的价值选择，就会倾向于第二种观点。当前，这两种观点还未形成共识，仍需要理论界和实务界的持续努力和推动，进而保障法律适用的统一。

五、"知假买假"要求惩罚性赔偿之特殊性

关于"知假买假"能否适用惩罚性赔偿，我国理论界和实务界一直存在巨大争议，直到今天，仍无结束争议的迹象，这主要表现在"知假买假"的自然人是否属于消费者？"知假买假"的自然人，能否有力证明经营者构成"欺诈"，这种欺诈与民法上的"欺诈"是否同义？[1]"知假买假"（尤其是大量购买）行为是否属于我国《消费者权益保护法》在适用范围上所明确的"为生活消费需要购买、使用商品"？"知假买假"一般均以牟利为目的，是否符合诚实信用原则？是否具有法律保护的正当性？如此等等。可以说，自我国 1993 年《消费者权益保护法》建立惩罚性赔偿制度之后，尤其是 1995 年出现王海等"职业打假人"之后，"知假买假"能否获得惩罚性赔偿的争论就没有平息过，在历次《消费者权益保护法》修改之时，亦是热议的话题之一。

客观地说，"知假买假"等职业打假人的出现，提升了消费者的维权意识，弥补了一些地方政府在行政监管的"失灵"，在涉及食品、药品等领域，职业打假人的出现更是在很大程度上保障了社会公众的生命健康权益，尽管其有牟利的一面，但也有维护社会公共利益的一面，尤其在初期，具有积极的面向。[2]但是随着职业打假人维权的深入和拓展，实践中陆续出现了一些

---

〔1〕 杨立新："最高人民法院《关于审理食品药品纠纷案件适用法律若干问题的规定》释评"，载《法律适用》2014 年第 3 期。

〔2〕 中国消费者权益保护法学研究会会长河山认为，知假买假打假对社会有好处，国家不花一分钱，把消费者动员起来，就能打掉假货，何乐而不为？参见李仁玉、陈超："知假买假惩罚性赔偿法律适用探析——对《最高人民法院关于审理食品药品纠纷案件适用法律若干问题的规定》第三条的解读"，载《法学杂志》2015 年第 1 期。

异化现象，产生了许多负面的效果，如有的职业打假人以举报违法为要挟向经营者索取"封口费"，其本质是以一种不法行为对抗另一种违法行为，严重扰乱了市场秩序，并造成了不良影响。这是法治社会所不能允许的，这与"以暴制暴"又有何分别？因此，我国《消费者权益保护法》第55条第1款所规定的"欺诈"原则上不适用于"知假买假"者。但是我们需要思考的是，在这种原则之外，是否存在特殊性的例外规则呢？食品、药品即为这一特殊性的例外。

2021年11月15日修正的《最高人民法院关于审理食品药品纠纷案件适用法律若干问题的规定》第3条规定，"因食品、药品质量问题发生纠纷，购买者向生产者、销售者主张权利，生产者、销售者以购买者明知食品、药品存在质量问题而仍然购买为由进行抗辩的，人民法院不予支持"。而且，从《食品安全法》第148条和《药品管理法》第144条的规定考察，惩罚性赔偿的构成要件中，亦未将"知假买假"排除在外。因此，在食品、药品领域，"知假买假"仍可寻求惩罚性赔偿的救济。2019年发生的"朱某某在某公司淘宝网购买人参鲍鱼汤等40罐"一案即为适例，无论是一审法院还是二审法院，均支持了原告关于支付价款10倍的惩罚性赔偿数额。

六、未来的制度反思：堵点与痛点并存

食品、药品究竟存在何种特殊性，让我们的立法与司法选择（至少暂时选择）了支持带有违反诚实信用原则而又可能催生侥幸心理和投机行为的"知假买假"？最为核心的一个考虑恐怕仍是食品、药品作为健康产品的本质属性，其与每一位公民的生命安全和身体健康紧密相关，而在社会生活中也的确起到了一定的实效，否则难以成就这一"例外"。但是需要注意的是，"知假买假"需要合理维权，如果其以非法占有为目的，对经营者使用威胁或要挟的方法，强行索要公私财物，则已经涉嫌敲诈勒索罪。如果不对这样的违法犯罪行为进行打击，又何谈优化营商环境？因此，实践中区分"知假买假"者究竟是正常维权还是违法犯罪，将是一个很重要的课题，[1]需要准确划分其边界与标准。否则，这些堵点与痛点的存在，势必会影响到我国法律

---

〔1〕 2010年发生的"李某与华润万家有限公司产品质量损害赔偿纠纷"一案，法院对职业打假人故意造成损害以谋取10倍赔偿的诉求不予支持。

适用的统一。

无论是"知假买假",还是已经形成职业打假人,并不能因为这样一个身份就不能获得法律的保护。如果我们戴着有色眼镜看待"知假买假"者或职业打假人,那么就会形成一种新的歧视,或许将形成一种新的不公平、不公正。[1]因为只要这些人购买食品、药品不是为了再次销售,且属于合理数量的范围之内,就应当承认其消费者的身份。如果购买食品、药品是为了销售,或者虽然不是为了销售但是已经超出合理的数量范围,那么即便不宜将其再认定为消费者的身份,但也应认定为民法上买受人的身份。因此,其合法权益的保障尽管不能适用具有"特定身份"特征的《消费者权益保护法》,但不妨碍其选择《民法典》等民事法作为维权依据,如按照《民法典》合同编以及相关司法解释的相关规定进行救济。因此,如何为不同类型、不同诉求的自然人在购买食品、药品之后提供正确、及时、充分的救济,仍是未来一个重要课题。

食品、药品等健康产品,由于与人们的日常生活紧密相关,一般而言,需求量较大,这就导致绝大部分食品和药品都是规模化生产的。这种规模化生产在带来福音的同时,实际上也开启了更大范围的风险,因为一旦哪一个批次的食品或者药品存在缺陷,就有可能造成大规模侵权、出现大量受害人的情况。关于这一点,古今中外,皆是如此。[2]由于单一消费者的维权能力较弱,此时消费者组织就可以提起公益诉讼。这在法律上是有充分依据的。首先,我国《消费者权益保护法》第37条规定:"消费者协会履行下列公益性职责:……(七)就损害消费者合法权益的行为,支持受损害的消费者提起诉讼或者依照本法提起诉讼。"该法第47条更是明文规定:"对侵害众多消费者合法权益的行为,中国消费者协会以及在省、自治区、直辖市设立的消

---

〔1〕 刘俊海教授认为,知假买假不是刁民和讼棍,而是法治社会中睿智理性的新公民,是受害者维权的开路先锋,是侵权者的啄木鸟,是失信者的克星,是违法者的天敌,是执法机关的得力助手,法院要满腔热血地予以鼓励和支持。刘春田教授认为,个人和政府部门都是打假的正规军,前者是用经济手段,后者是用执法手段。将个人打假视为游击队,是对民间和私人打假的一种偏见,是对群众打假地位和作用认识的不到位。参见李仁玉、陈超:"知假买假惩罚性赔偿法律适用探析——对《最高人民法院关于审理食品药品纠纷案件适用法律若干问题的规定》第三条的解读",载《法学杂志》2015年第1期。

〔2〕 刘炫麟:《大规模侵权研究》,中国政法大学出版社2018年版,第23~34页。

费者协会，可以向人民法院提起诉讼。"《最高人民法院关于审理食品药品纠纷案件适用法律若干问题的规定》第 17 条第 2 款规定，"法律规定的机关和有关组织依法提起公益诉讼的，参照适用本规定"。此处的"机关"主要是指检察机关，此处的"有关组织"，则主要是指消费者协会等。法律和司法解释支持消费者组织参与消费者的维权，在很大程度上弥补了消费者个体维权能力较弱的不足，有利于更好地维护消费者的权益。有的学者认为，有诉讼主体资格的消费者协会因群体性食品、药品安全事故提起的公益诉讼，实际上是代替消费者诉讼，其本质也是消费者维权。[1]因此，如何激励消费者协会积极参与到消费者在食品、药品领域的群体性维权，将是社会各界普遍关心的问题，其机制运行不佳的"堵点"甚至"痛点"在哪，需要先"把脉清晰"，方能开具"有效处方"，否则还是解决不了实际生活中的具体维权问题。

此外，需要注意的是，根据我国《食品安全法》第148条第2款的规定，对于"食品的标签、说明书存在不影响食品安全且不会对消费者造成误导的瑕疵"的情形，消费者不能主张 10 倍的惩罚性赔偿。食品的标签、说明书存在瑕疵，在实践中经常表现为标签文字出现不产生错误理解的错别字、繁体字和符号；标签营养成分表数值标注时修约间隔不规范；标签净含量、规格的标注方式和格式不符合标准规定；外文翻译不准确但不产生错误理解等。[2]问题在于，食品的标签、说明书瑕疵在何种情况下会影响到食品安全，在何种情况下又不会影响到食品安全，这涉及标准划定的问题。如果坚持比较严格的标准，就会从形式主义出发，只要食品的标签、说明书违反了标注的内容，

---

〔1〕 张勇健等："《关于审理食品药品纠纷案件适用法律若干问题的规定》的理解与适用"，载《人民司法》2014 年第 3 期。

〔2〕 2021 年 12 月 24 日，国家市场监督管理总局发布了《食品生产经营监督检查管理办法》，自 2022 年 3 月 15 日起施行。其第 37 条第 2 款规定，认定标签、说明书瑕疵，应当综合考虑标注内容与食品安全的关联性、当事人的主观过错、消费者对食品安全的理解和选择等因素。有下列情形之一的，可以认定为食品安全法第 125 条第 2 款规定的标签、说明书瑕疵：（1）文字、符号、数字的字号、字体、字高不规范，出现错别字、多字、漏字、繁体字，或者外文翻译不准确以及外文字号、字高大于中文的；（2）净含量、规格的标示方式和格式不规范，或者对没有特殊贮存条件要求的食品，未按照规定标注贮存条件的；（3）食品、食品添加剂以及配料使用的俗称或者简称等不规范的；（4）营养成分表、配料表顺序、数值、单位标示不规范，或者营养成分表数值修约间隔、"0"界限值、标示单位不规范的；（5）对有证据证明未实际添加的成分，标注了"未添加"，但未按照规定标示具体含量的；（6）国家市场监督管理总局认定的其他情节轻微，不影响食品安全，没有故意误导消费者的情形。此外，上海、北京、山东等地也出台了有关文件统一认定标签、说明书瑕疵。

就承认其潜在的危害性，认为会影响到食品安全。如果坚持稍微宽松一点的标准，就会在观察食品的标签、说明书在违反了标准内容之后，再判断其是否造成了一定的损害，如果只是没有造成一定的损害，则也不具有适用惩罚性赔偿的可能。另外一个难题是如何认定"误导"？应当将这种举证责任分配给消费者还是经营者？很可惜，这两个问题同样没有达成共识。关于如何判定"误导"，一个核心的依据就是它有没有使得消费者陷入错误的认识，并且基于这种错误的认识购买了食品。关于举证责任的分配，从消费者与经营者在《消费者权益保护法》中的"人设"考察，尤其是二者在信息格局上的不对称关系，完全分配给消费者承担举证责任，实际上难以达到公平公正的社会效果，但是完全配置给经营者似乎也不妥，有违"谁主张、谁举证"的一般诉讼法理念。因此，最为妥适的原则应当是第三条道路，即由消费者完成初步举证，然后将举证责任转移给经营者，由经营者就自身不存在误导消费者的情形进行举证，如果举证成功，构成有效抗辩，免除自己承担惩罚性赔偿的民事责任。如果举证不能，则构成无效抗辩，其将承担举证不能的法律后果，此时惩罚性赔偿在经营者身上就有了适用的空间。

药物临床试验：科技创新与受试者权益保护

新药的研发常常需要经历一个漫长的过程，有的长达 10 年以上，而且耗资巨大，但最终能够成功获得上市审批的，却如同"千军万马过独木桥"，少之又少。尽管新药上市难度很大，但是一旦上市成功，其所带来的商业利益亦相当可观。在给广大患者带来福音的同时，也可以使药企赚得盆满钵满。既提升了一个国家或者地区的科技实力，也在一定程度上提高了自身核心竞争力。我国是仿制药大国，据相关媒体报道，在我国5000 多家的药企中，99% 都是仿制药企业；19 万个药品批文中，95% 都是仿制药。

新药研发之所以周期长，耗资大，一个重要的原因，就是在动物实验之后，其还需进行三期的药物临床试验，即Ⅰ期临床试验、Ⅱ期临床试验和Ⅲ期临床试验。其中，Ⅰ期临床试验的主要目的是研究人体对药物的耐受程度，并通过药代动力学研究，了解药物在人体内的吸收、分布、消除的规律，为制定给药方案提供实证依据，以便进行进一步治疗试验；Ⅱ期临床试验主要目的是初步评价药物对目标适应症患者的治疗作用和安全性；Ⅲ期临床试验是Ⅱ期临床试验的"加强版"，其主要目的是进一步验证药物对目标适应症患者的治疗作用和安全性，评价利益与风险关系，最终为药物注册申请的审查提供充分的依据。此外，为了考察新药获准上市后在更广泛适用条件的有效性、安全性，尤其是获得新药更大范围、更复杂的场景下有可能出现的各种不良反应情况，其还需要开展进一步的研究，业内常称之为"Ⅳ期临床试验"。

从Ⅰ期临床试验开始，药物就将作用于人体，无论是选择健康的自然人作为受试者，还是选择罹患某种疾病的患者作为受试者，由于药物作用的风险性和药物知识的专业性，就有可能会对受试者的健康权、知情同意权等权益造成损害，这就涉及如何进行尊重、预防和救济的问题。从宏观的层面观察，它常常产生了科技创新和受试者权益保护如何协调的争论，这亦是在讨论药物临床试验之时，需要首先回答的问题。

一、科技创新与受试者权益保护的价值选择

这是一个历久弥新的话题，同时是一项"说起来容易做起来很难"的课题。理想的状态是，在药物临床试验中科技创新与受试者权益保护不发生矛盾或者冲突，即在受试者权益得到充分保护的同时，促进了科技创新，实现了经济效益和社会效益的双重提高。但是我们不得不承认，有些药物临床试验尽管有着不错的预期或前景，但是风险也很大，甚至有可能对受试者造成终生难以修复的损害，此时的评估就有可能非常纠结。如果审查过严，就难以促进社会的创新与发展，甚至会导致实践中产生这样一种错误的认识，即伦理委员会的审查对药物研发、医学研究而言是一种阻碍，这在国外也有类似的认识；如果审查过松，无疑是将受试者置于一种巨大的威胁或者危险之中。如果从整体上评估，一项以药物研发、上市为目标的科技创新活动是大于受试者损害的，就应当将受试者的权益保护置于首位，申办者、研究者和伦理委员会均应关注这一问题。然而在实践中，这种整体上评估是难以精确作出的，除一些客观证据之外，还有一部分属于主观判断的部分。现实中，由于一些药企的强力推动，使得药品监督行政部门批准了这一项目，试验机构也承接了这一项目，于是开启了一场不可预知的风险。

哲学家康德曾说，"我们不能仅仅把人作为达到目的的手段，而始终将之作为目的"。我国《民法典》将人格权独立成编，并加强了人格权的保护，从形式和内容两个维度强调人格尊严和人的价值。因此，当药物研发的获益小于受试者的损害时，其就失去了继续开展研究的必要性和正当性。2016 年《涉及人的生物医学研究伦理审查办法》第 18 条第 1 款第 2 项规定了"控制风险原则"，"首先将受试者人身安全、健康权益放在优先地位，其次才是科学和社会利益，研究风险与受益比例应当合理，力求使受试者尽可能避免伤

害"。[1] 2020 年新修订的《药物临床试验质量管理规范》将"保护受试者的权益和安全"作为重要的立法目的之一，其第 3 条明文规定，"药物临床试验应当符合《世界医学大会赫尔辛基宣言》原则及相关伦理要求，受试者的权益和安全是考虑的首要因素，优先于对科学和社会的获益。伦理审查与知情同意是保障受试者权益的重要措施"。因此，受试者权益尤其是健康权的保护是首要的价值选择。那么，如何才能做到受试者的权益保护呢？这显然需要在制度建设和规则制定上下足功夫。有两点是至关重要的：一是由拥有中立地位的伦理委员会进行审查；二是通过知情同意制度进行及时充分的告知。

二、伦理委员会的地位与组成

按照《药物临床试验质量管理规范》的规定，药物临床试验伦理委员会指由医学、药学及其他背景人员组成的委员会，其职责是通过独立审查、同意、跟踪审查试验方案及相关文件、获得和记录受试者知情同意所用的方法和材料等，确保受试者的权益、安全受到保护。

（一）伦理委员会的地位

在我国，医疗机构的伦理委员会是独立的吗？不可一概而论。首先，伦理委员会在机构的行政隶属上不是独立的，甚至不能成为医疗机构直属的二级单位，而是挂靠在医疗机构二级单位（如科研处等）之下，其绝大部分委员均为其医务人员，在人事、财务等核心问题上均不能独立。其次，伦理委员会独立履行职责，对药物临床试验项目进行独立审查，不受其他任何单位或者个人的干扰，当然实践中也会出现一些项目受到"干扰"的一面，主要表现为委员能否坚持自己的原则与立场，因为有些项目的伦理审查并非十分确定，而是具有一定的讨论空间，越是高级别的医院，其工作做得越好，确实起到了"守门员"的作用，但是对于一些低级别医院的伦理委员会，其委

---

[1] 2023 年 2 月 18 日，国家卫生健康委、教育部、科技部、国家中医药局联合印发了《涉及人的生命科学和医学研究伦理审查办法》，自发布之日起施行。其第 17 条明确规定，涉及人的生命科学和医学研究应当具有科学价值和社会价值，不得违反国家相关法律法规，遵循国际公认的伦理准则，不得损害公共利益，应当控制风险，即研究的科学和社会利益不得超越对研究参与者人身安全与健康权的考虑。研究风险受益比应当合理，使研究参与者可能受到的风险最小化。此外，《赫尔辛基宣言》在基本原则的第 1 条就明确指出，世界医学会《日内瓦宣言》将"我的患者的健康将是我的首要考虑"这些话约束医生，《国际医学伦理守则》也宣布："医生应当根据患者的最佳利益向患者提供医疗。"

员更容易受到一定的"干扰"。当然，这是一种整体上的评价，从整体到个体，还是需要具体分析，不宜一概而论。换言之，低级别医院的伦理委员会亦有工作出色的，只是比例较低而已。因此，伦理委员会既有不独立的一面，也有独立的一面，但其处于中立的地位是不容置疑的。如果其组成人员与审查项目之间存在利益冲突，那么该委员就需要按照有关规定回避，确保程序公正。

（二）伦理委员会的组成人数与专业配备

1. 伦理委员会的组成人数

按照 2016 年《涉及人的生物医学研究伦理审查办法》及 2019 年《涉及人的临床研究伦理审查委员会建设指南》等相关法律文件的规定，伦理委员会的人数不低于 7 人。2018 年，北京市卫生健康委员会发布了《北京地区医疗卫生机构涉及人的生物医学研究伦理审查工作指南》，该指南对伦理委员会的组织架构进行了更加细化的规定，即伦理委员会组成人数不得少于 11 人。这一要求与北京地区医疗机构的规模、地位是紧密相关的。如果委员人数过少，就难以应对不断增长的药物临床试验项目，导致每一位伦理委员审查工作量较大，而且专业匹配度和覆盖范围欠佳。这亦是为何国家要求最低 7 人、北京地区要求最低 11 人而通常却遴选十几位甚至二十几位委员组成伦理委员会的重要原因。当然，伦理委员会的人数也不宜过多，如果委员人数过多，组织会议的工作量就会非常大，效率也会有所降低，费用成本反倒上升。换言之，伦理委员会的人数在满足法律与政策最低要求的前提下，需要根据医院的类型、规模、优势学科、项目数量等因素综合考虑，以实现最佳的平衡配置。

2. 伦理委员会的专业配备

关于伦理委员会的专业配备，当前的法律文件无法作出统一的具体规定，因为医疗机构的类型、规模等千差万别，只能在立足实际的情况下，作出一些原则性、指导性的规定（详见表8），具体由各医疗机构决定，然后上报药品监督管理部门备案。不过，从现有的法律与政策规定考察，越来越重视法学在伦理委员会中的作用。这显然与法治国家、法治政府、法治社会一体建设紧密相关，进一步突显了法律在社会治理中的作用，更有利于保障受试者的生命健康权益。

表 8　伦理委员会专业配备的要求

法律文件名称	专业配备的要求
《涉及人的生物医学研究伦理审查办法》（2016 年）	生物医学领域、伦理学、法学、社会学等
《北京地区医疗卫生机构涉及人的生物医学研究伦理审查工作指南》（2018 年）	生物医学领域、伦理学、法学、社会学等
《涉及人的临床研究伦理审查委员会建设指南》（2019 年）	医药领域、研究方法学、伦理学、法学等
《药物临床试验质量管理规范》（2020 年）	医学、药学等
《涉及人的生命科学和医学研究伦理审查办法》（2023 年）	生命科学、医学、生命伦理学、法学等

必要的时候，伦理委员会还可以聘请独立顾问。聘请独立顾问的主要目的是利用其良好的学术背景和较为深厚的专业知识参与伦理审查会议，提高伦理审查委员会的伦理审查水平。需要说明的是，独立顾问只提供专业咨询意见，不具有伦理审查的表决权。从现有的规定以及未来的修改考察，尤其是立足于全面推进"健康中国""法治中国"建设的背景，合规性审查迈入新阶段、新时代，加速推进了法学与医药领域的对话广度和深度。

三、药物临床试验中的知情同意

（一）知情同意的形式与理由

1. 知情同意的形式

知情同意的形式有口头、书面或者其他形式。我国《民法典》第 1008 条规定，"为研制新药、医疗器械或者发展新的预防和治疗方法，需要进行临床试验的，应当依法经相关主管部门批准并经伦理委员会审查同意，向受试者或者受试者的监护人告知试验目的、用途和可能产生的风险等详细情况，并经其书面同意。进行临床试验的，不得向受试者收取试验费用"。该条所要求的"书面同意"，高于《民法典》第 1219 条规定的"明确同意"及《基本医疗卫生与健康促进法》第 32 条规定的"同意"，等于《医师法》第 26 条及《药物临床试验质量管理规范》第 11 条所规定的"书面同意"。由此可见，在药物临床试验中，需要获得受试者的书面同意。

2. 采用书面知情同意的理由

法律之所以要求采取具有较强证据功能的书面形式，一是作为判断研究者是否履行或者是否完好履行告知义务的一项证据，防止纠纷的发生。二是旨在提醒或者警示受试者，其当前所作出的决定系一个慎重、严肃而重大的决定，事关自己的生命健康。因为选择参加这场药物临床试验，就有可能将自己置于风险之中，但是如果选择不参加，也有可能会丧失一种机会，即对于非健康的受试者而言，他们在临床试验的过程中实际上会有一些受益，如病情的减轻、专家的咨询与指导等。不过，需要说明的是，当前理论界和实务界对受试者"受益"（包括直接受益和间接受益）的理解并未达成共识，研究者在书面的知情同意书中进行告知，有的时候也比较模糊。这恰恰在一定程度上证成了采用书面形式的理由，因为只有这样，才能让受试者充分考虑，然后作出符合自身最佳利益的理性决定。

（二）知情同意书的签署主体

既然在药物临床试验中要求研究者获得受试者的书面同意，那么谁是签署这份书面知情同意书才是适格主体？按照我国《民法典》第 1008 条的规定，签署知情同意书的适格主体有两类：一是受试者本人，即当受试者是完全民事行为能力人时，其能够完全理解自身的行为性质和行为内容，有权进行自主决定；二是受试者的监护人，当受试者是无民事行为能力人或者限制民事行为人时，由于其不能或者不能完全理解自身的行为性质和行为内容，因此其无法作出自主决定，法律则通过监护制度加以补足，由其监护人签署。有疑问的是，当受试者为限制民事行为能力人时，其是否需要在监护人已经签字的基础上也进行签字？对此，我国《民法典》没有作出明文规定。但是《药物临床试验质量管理规范》第 23 条对此作出了体系化和类型化的规定，即对于限制民事行为能力的受试者而言，其在监护人已经签字的基础上，也需要在知情同意书上签字，这充分体现了对限制民事行为能力人的尊重和关怀。对于无民事行为能力的受试者，则仅由其监护人签字即可。因为法律已经作了假定，无民事行为能力人对药物临床试验这一重大行为不具有理解能力，难以承认其签字的效力。

实践中，有的受试者或者监护人没有阅读能力，其可以借助《药物临床试验质量管理规范》第11条所规定的"公正见证人"制度予以补足。公正见证人与临床试验无关，而且不会受到临床试验相关人员不公正影响，由其阅读知情同意书和其他书面资料，并见证知情同意。在实践中，律师、公证人员、受试者单位的同事等均可以成为公正见证人。需要注意的是，公正见证人只是见证受试者或者受试者的监护人知情同意的过程，其不能代替受试者或者受试者的监护人作出决定，但是其在知情同意书中应当签字，并且注明日期。

四、药物临床试验中的赔偿与补偿

药物临床试验是一项具有风险性的科研创新活动，为了让受试者完全基于本人意愿决定是否参加药物临床试验，世界上的大部分国家或者地区都不提供相应的报酬，主要目的就是防止在客观上引诱受试者参加试验，甚至将受试者的人格商品化。但是在实施药物临床试验的过程中，受试者有可能会受到损害，这种损害应当由谁承担以及能否提供及时而充分的救济，这都涉及受试者核心权益的保护。此外，由于受试者尤其是健康受试者为参与临床试验而发生了误工费、交通费等损失，如果不进行适当补偿，也是不合理、不公平和不公正的。可以说，对受试者的赔偿和补偿问题，既是知情同意书中研究者必须明确告知的重要内容之一，也是受试者考量是否参与药物临床试验的重要因素之一，因而具有十分重要的地位和作用。

（一）损害赔偿

我国《药物临床试验质量管理规范》第39条规定，"申办者应当采取适当方式保证可以给予受试者和研究者补偿或者赔偿。（一）申办者应当向研究者和临床试验机构提供与临床试验相关的法律上、经济上的保险或者保证，并与临床试验的风险性质和风险程度相适应。但不包括研究者和临床试验机构自身的过失所致的损害。（二）申办者应当承担受试者与临床试验相关的损害或者死亡的诊疗费用，以及相应的补偿。申办者和研究者应当及时兑付给予受试者的补偿或者赔偿。（三）申办者提供给受试者补偿的方式方法，应当符合相关的法律法规。（四）申办者应当免费向受试者提供试验用药品，支付与临床试验相关的医学检测费用"。由于申办者向保险公司投保的大部分保险是药物临床责任保险，因此被保险人为申办者。当受试者发生与临床试验相关的损害时，申办者可以按照其与保险公司之间签订的保险合同，要求保险公司承担赔偿责任。实践中，保险公司为了减小风险，往往会设定免赔额、限额赔偿以及不予赔偿的情形（免责条款，如研究者或者试验机构存在医疗过失）。但无论是哪一种，当受试者发生了与药物临床试验相关的损害时，申办者都要承担赔偿责任，区别就在于保险赔偿是否参与其中，保险获赔能否覆盖受试者的损害。

如果受试者的损害是因为临床试验机构研究者的医疗过失引起的，那么就应当按照我国《民法典》第 1218 条的规定，由试验机构为研究者承担替代责任。如果受试者的损害与临床试验无关，即二者之间不存在因果关系，那么申办者、试验机构、研究者无需承担赔偿责任。至于此时要不要补偿，可以根据实际情况进行处理，但这是建立在没有强制赔偿责任之下如何救济的问题。实践中还有一种极端的情况是受试者的依从性极差，其没有按照事前研究者预定的试验方案进行。此时需要按照我国《民法典》第 1173 条、第 1174 条和第 1224 条的规定，对申办者、研究者进行减责或者免责，至于究竟是免责还是减责，还需要结合受试者违反依从性的行为与受试者损害之间的原因力比例进行判断。需要注意的是，受试者发生与药物临床试验相关的损害时，除了获得赔偿或补偿之外，还拥有获得及时、免费治疗的权利。在实践中，有些研究者所提供的知情同意内容并不完整，经常容易忽略受试者的这一重要权利。这也决定了研究者的告知要么存在缺项，要么就是十分模糊，患者知情同意权难以充分实现。

（二）补偿

除了上述受试者因为人身受到损害获得一定的赔偿或补偿之外，还有另一个层面的补偿，即受试者因为参加药物临床试验发生了误工、交通、营养等费用的额外支出。如果对于 I 期临床试验中的健康受试者而言，其专门为药物临床试验的顺利进行而配合，由于其本身并不需要治疗，因此其检查、采血、交通等费用，对其而言均为额外负担（支出），因此应由申办者负责补偿。实践中，为了计算和支付的方便，许多都是通过研究者所在的试验机构予以支付，但是这些费用的最终来源一般仍是申办者。对于 II 期临床试验和 III 期临床试验中的受试者，绝大部分均为罹患某种疾病的受试者，以检验和测试新药的安全性和有效性，其在多大范围内应当予以补偿？

关于上述问题，实践中是存在争议的，焦点在于是全部补偿还是部分补偿？具体而言，有的学者认为，对受试者在药物临床试验中的所有检查、访视发生的交通等费用承担补偿责任。有的学者则认为，诊疗规范以及相关标准范围内的检查、访视发生的交通等费用不在补偿之列，只有诊疗规范以及相关标准之外且专门针对药物临床试验的费用支出，才属于补偿范围。实践中，许多试验机构采取的是第二种做法。关于补偿的数额，不宜过高，因为过高补偿有引诱受试者之嫌。当然，也不宜过低，因为过低补偿不利于对受试者的权益保护，不能让受试者参与药物临床试验的"英雄壮举"既出力又出钱，难以满足公平正义的价值要求。因此，补偿的数额如果能覆盖受试者的额外支出，是一种较为理想的状态，略高或者略低一些，亦属可以接受的范围。但是不管补偿范围的大小如何存在争议，药物都是免费提供给受试者的。

现实中，一些受试者因为多种原因选择中途退出，有的是因为主观原因（如不想参加）而选择退出，有的是因为客观原因（如发生了严重的不良反应无法继续参加）而被迫退出，那么是否需要完成药物临床试验的全程才可以获得补偿？答案是否定的。对于中途退出不能完成药物临床试验全程的受试者，尽管其不能获得全部的补偿，但研究者一般需要按照其实际参加的时限、次数等进行一定比例的补偿，这也是公平公正原则的应有之义。

五、受试者隐私权和个人信息权益保护

隐私权和个人信息权益是受试者保护的两项核心内容。我国《民法典》《个人信息保护法》《医师法》《基本医疗卫生与健康促进法》《医疗机构管理条例》《护士条例》《药物临床试验质量管理规范》《涉及人的生物医学研究伦理审查办法》《涉及人的生命科学和医学研究伦理审查办法》等均对患者或者受试者的隐私和个人信息保护作出了规定。由此可见，国家非常重视受试者隐私权和个人信息权益保护工作，由于现代传播方式的便捷和拓展，这项工作面临着严峻挑战，也是伦理委员会审查的重点。在国外，美国《健康保险携带和责任法》（HIPAA）、欧盟《一般数据保护条例》（GDPR）对个人健康信息也有相关的规定，其回答了哪些信息可以公布，如何公布以及采取何种举措保护个人健康信息。

我国《药物临床试验质量管理规范》第 7 条规定，"所有临床试验的纸质或电子资料应当被妥善地记录、处理和保存，能够准确地报告、解释和确认。应当保护受试者的隐私和其相关信息的保密性"。同时根据该规范第 25 条第 5 款的规定，在临床试验的信息和受试者信息处理过程中应当注意避免信息的非法或者未授权的查阅、公开、散播、修改、损毁、丢失。临床试验数据的记录、处理和保存应当确保记录和受试者信息的保密性。但是根据监查员、稽查员、伦理委员会或者药品监督管理部门的要求，研究者和临床试验机构应当配合并提供所需的与试验有关的记录。若研究者使用受试者的相关信息进行同行交流（如大会主题发言），需要进行去识别化的处理。如果发表学术论文、出版著作等，亦需进行去识别化的处理。在涉及数据出境时，受试者的隐私和个人信息安全更是需要严格保密，防止泄露，避免被不正当的商业化利用。

技术调查官与医药知识产权：小荷才露尖尖角*

2016 年 6 月 16 日，最高人民法院公开宣判美国礼来公司（以下简称礼来公司）诉常州华生制药有限公司（以下简称华生公司）侵害发明专利权上诉一案，最终认定华生公司的制备工艺并未落入礼来公司的专利权保护范围，因此撤销了一审判决，驳回礼来公司的诉讼请求。这一终局审判，结束了两公司长达十余年的专利权争斗。

此案除具有涉外因素外，还首次在案件审判中引入技术调查官制度，引起社会各界的广泛关注和热烈评议。事实上，早在 2014 年 12 月 31 日，最高人民法院就发布了《关于知识产权法院技术调查官参与诉讼活动若干问题的暂行规定》，对技术调查官的定位、适用、职责等事项作出了原则性规定。礼来公司诉华生公司上诉一案在技术调查官的参与下顺利审结，进而赢得了绝大多数媒体的赞扬。但在笔者看来，当前的技术调查官制度还远未达到一片欢呼的时候。

通常而言，一个案件的公正审判取决于三个方面：一是案件事实清楚，二是法律适用准确，三是审判程序合法。其中，案件事实是首要解决的问题，因为对它的判断精准与否，将直接影响到案件的法律适用。随着经济的快速发展和科技的不断进步，当前的社会分工日益细密，专业化领域大量生成，尤其在医药卫生、互联网、能源、通讯等行业更是表现强劲，法官的知识背景决定了其难以对这些高精尖领域的技术事实作出准确的专业判断。因此，

在案件事实的认定环节引入技术调查官制度，与其说是一项司法改革的创新之举，倒不如说是社会高速发展过程中留给司法部门的一道"必选题"。

目前，关于技术调查官制度的规定主要集中在最高人民法院《关于知识产权法院技术调查官参与诉讼活动若干问题的暂行规定》这一司法解释之中，[1]纵观其十条内容，规定原则而粗疏，尚有诸多问题亟待进一步思考与细化。例如，随着技术调查官的广泛应用，对于高精尖类案件的事实，尤其是其中的技术事实部分，究竟是由法官作出认定，还是由技术调查官作出认定，抑或二者共同做出认定？技术调查官如何保证在一方或者双方当事人聘请专家辅助人的情况下，在法庭内外对案件事实作出更为精准、更为权威的判断与认定，其自身的技术知识如何实现及时的更新与完善，其自身基本的法律素养又如何形成？未来的法院应当如何正确处理技术调查官与专家辅助、司法鉴定、专家咨询等其他技术事实查明机制的关系，等等。这些问题倘若得不到解决，那么技术调查官制度不过是"小荷才露尖尖角"，虽值得一提，却仍任重道远。

---

〔1〕 2019 年 3 月 18 日，最高人民法院公布《关于技术调查官参与知识产权案件诉讼活动的若干规定》，明确审理技术类知识产权案件的人民法院施行技术调查官制度。该规定于 2019 年 5 月 1 日施行。

药师欺诈与无证执业的法律规制[*]

菜师是健康群体照护中必有的成员，其任务是药学服务。[1]当前，我国不合理用药问题依然比较严重，涉药安全事件屡有发生，不仅造成了药物资源的浪费，而且增加了患者的经济负担，对广大人民群众的生命健康构成了威胁。长期以来，我国缺少对药师的高层次立法，没有及时纠正社会上的不正之风。因此，通过药师立法规范药师队伍及其药学服务行为，已经成为当下的社会共识。药师主要分为两种：一种是医疗机构里的临床药师和药房里的药师，其主要接受卫生健康行政部门的监管；一种是社会上药店里的执业药师，其主要接受市场监督管理部门的监管。本文主要论述后者。在药师立法过程中，如何有效地规制药师欺诈和药师无证执业的现象，就是值得深入研究的两个重要问题。

一、药师欺诈

（一）药师欺诈的概念

民法上的欺诈，有时又称之为诈欺，是一个迄今为止在国内外尚未形成统一性认识和界定的概念。

根据《布莱克法律辞典》的解释，欺诈是指故意歪曲事实，诱使他人依赖于该事实而失去属于自己的有价财产或放弃某项法律权利。《牛津法律大辞典》对"诈欺"的界定是，在民法上，诈欺是一种虚伪陈述或图谋欺骗的行为，通常以故意作虚假陈述或者作出其本人并不相信其真实性的陈述，或者不顾其是否真实而作出的陈述等方式构成，并意图（且事实上如此）使受骗人引以为

　＊　原文曾刊载于《医药法律与伦理评论》（第二卷），本文有修改。原文详可参见刘鑫、刘俊荣主编：《医药法律与伦理评论》（第二卷），知识产权出版社 2018 年版。
　〔1〕　黄丁全：《医事法新论》，法律出版社 2013 年版，第 50 页。

据。但是，诈欺同样可以隐瞒真相或故意不作出其理应作出的陈述方式，或者通过行为构成。《国际商事合同通则》第 38 条注释将"欺诈"的概念表述为：欺诈行为是指意欲诱导对方犯错误，并因此从对方的损失中获益的行为。

在国内学术界，尤其是民法学界，学者们也试图对"欺诈"作出清晰的术语界定。例如，梁慧星教授认为，所谓欺诈是指故意欺骗他人，使其陷于错误判断，并基于此错误判断而为意思表示之行为。王利明教授认为，所谓欺诈是指故意告知对方虚假情况或者故意隐瞒真实情况，诱使对方基于错误判断作出意思表示。[1]彭万林教授则认为，欺诈是当事人一方故意捏造虚假情况或歪曲、掩盖真实情况，使表意人陷于错误认识，并因此作出不合真意的意思表示。尽管各位学者对欺诈的界定不同，但核心要义却较为一致。

1986 年《民法通则》第 58 条将一方以欺诈的手段使对方在违背真实意思的情况下所为的民事行为认定为无效。1999 年《合同法》第 54 条将一方以欺诈的手段使对方在违背真实意思的情况下所为的合同行为认定为可变更、可撤销的民事行为，可以说修正了 1986 年《民法通则》的这一规定，即由绝对无效修正为相对无效。[2]但两部法律有一点是共通的，即均未对"欺诈"作出概念上的直接界定或解释。

1988 年最高人民法院《关于贯彻执行〈中华人民共和国民法通则〉若干问题的意见（试行）》，其第 68 条对"欺诈"作出概要性描述，即"一方当事人故意告知对方虚假情况，或者故意隐瞒真实情况，诱使对方当事人作出错误意思表示的，可以认定为欺诈行为"。严格说来，这不是直接对"欺诈"所作的概念界定，而是判定是否构成欺诈的依据。

2020 年《民法典》第 148 条规定，一方以欺诈手段，使对方在违背真实意思的情况下实施的民事法律行为，受欺诈方有权请求人民法院或者仲裁机构予以撤销。第 149 条规定，第三人实施欺诈行为，使一方在违背真实意思的情况下实施的民事法律行为，对方知道或者应当知道该欺诈行为的，受欺诈方有权请求人民法院或者仲裁机构予以撤销。但是，我国《民法典》对欺诈的概念并没有进一步界定。

2021 年《最高人民法院关于适用〈中华人民共和国民法典〉总则编若干

---

〔1〕 王利明主编：《民法》，中国人民大学出版社 2020 年版，第 137 页。
〔2〕 龙卫球：《民法总论》，中国法制出版社 2002 年版，第 501 页。

问题的解释》对欺诈进行了司法认定，其第 21 条规定，故意告知虚假情况，或者负有告知义务的人故意隐瞒真实情况，致使当事人基于错误认识作出意思表示的，人民法院可以认定为民法典第 148 条、第 149 条规定的欺诈。

综上所述，笔者认为药师欺诈就是指药师故意告知对方虚假情况或者隐瞒真实情况，可能致使对方（通常是消费者）作出错误意思表示的行为。换言之，药师欺诈的成立并不要求买受人有上当受骗、造成损害的实际结果的发生，只要可能致使其产生错误的认识即可。这是因为，欺诈行为从根本上违反了法律的基本原则和公认的商业道德，即使未造成任何人的实际损害，也扰乱了正常的竞争秩序和社会经济秩序，具有一定的社会危害性。因此，对欺诈行为认定的核心要点是行为，而非结果。

（二）药师欺诈的构成要件

关于药师欺诈的构成要件，学术界和实务界大都采用四要件说，即药师具有欺诈故意、药师实施了欺诈行为、可能致使买受人作出错误意思表示、药师的欺诈行为与消费者的错误意思表示之间具有因果关系。

1. 药师欺诈的客观方面

药师欺诈的客观方面主要表现为药师实施了欺诈行为。由于社会生活纷繁复杂，药师欺诈行为的表现形式亦多种多样。概括言之，可归纳为两种形态，即药师的积极欺诈和药师的消极欺诈。所谓药师的积极欺诈，是指药师以积极的言辞提供虚假情况，可能致使买受人作出错误意思表示。例如，药店里的药师故意夸大药品的性能而实施的欺诈行为。借鉴刑法上的术语，可称之为"作为的欺诈"。[1] 所谓药师的消极欺诈，是指根据法律、交易习惯或者诚实信用原则，药师负有告知的义务，但其故意不告知或隐瞒，致使消费者误认为自己的行为是建立在真实的基础上，从而可能作出错误的意思表示。借鉴刑法上的术语，可称之为"不作为的欺诈"。例如，药店里的药师明知其出售的药品有隐蔽的瑕疵，按照法律、交易习惯或者诚实信用原则有义务告知买受人而不告诉，即构成不作为的欺诈。

2. 药师欺诈的主观方面

药师欺诈的主观方面比较严格，只能是故意，即药师明知自己的欺诈行

---

〔1〕 徐志军、张传伟："欺诈的界分"，载《政法论坛》2006 年第 4 期。

为会引起消费者上当受骗的结果，并且希望或者放任这种结果发生的主观心理态度。具体而言，在认识因素方面，药师明知自己的欺诈行为会引起买受人上当受骗的结果，在意志因素方面，药师对引起买受人上当受骗的结果抱着希望或者放任的态度。当然，社会生活是复杂多样的，尽管药师欺诈的动机千变万化，但主要目的仍是逐利。

根据认识因素和意志因素两个方面的不同情况，可以把欺诈故意分为直接故意和间接故意。所谓直接故意，是指药师明知自己的行为会引起买受人上当受骗的结果，并且希望这种结果发生的心理态度。在认识因素方面，直接故意既可以包括认识到买受人上当受骗的危害结果的必然发生，也可以包括认识到使买受人上当受骗的危害结果可能发生；在意志因素方面，直接故意对使买受人上当受骗的结果抱着希望发生的态度，"希望"是积极追求使他人上当受骗的一种心理状态，具有直接追求性的特点，这一心理状态、特点与欺诈的目的一致，药师对此有强烈的愿望。所谓间接故意，是指药师明知自己的行为会引起买受人上当受骗的结果，并且放任这种结果发生的心理态度。在认识因素方面，药师只能认识到使买受人上当受骗的可能性，而不能认识到其必然性；在意志因素方面，间接故意是放任使买受人上当受骗结果的发生，所持的是一种消极的心理态度。间接故意以追求其他某种目的的行为为前提，具有伴随性的特点。

在药师欺诈的构成要件中，无论药师主观心理状态是直接故意还是间接故意都不影响其行为的构成，但是过失行为不能构成药师的欺诈行为。

（三）药师欺诈的典型方式——虚假宣传

关于欺诈的行为模式，我国立法采取两种立法例：一是以我国 1988 年最高人民法院《关于贯彻执行〈中华人民共和国民法通则〉若干问题的意见（试行）》第 68 条为代表的抽象界定；二是以 2015 年国家工商行政管理总局《侵害消费者权益行为处罚办法》为代表的具体列举。[1]但从多年来的司法实践情况考察，虚假宣传构成欺诈的情形一直在众多消费欺诈行为类型中占

---

〔1〕 该处罚办法的实施，宣告国家工商行政管理局于 1996 年 3 月 15 日发布的《欺诈消费者行为处罚办法》（国家工商行政管理局令第 50 号）废止。

有重要比例，〔1〕药师虚假宣传已经成为药师欺诈的典型方式。

严格而言，虚假宣传并非一个严谨的法律概念，其作为一种恶性竞争行为，常常与"虚假广告""引人误解的虚假宣传"交织在一起。我国《反不正当竞争法》第8条第1款明文规定："经营者不得对其商品的性能、功能、质量、销售状况、用户评价、曾获荣誉等作虚假或者引人误解的商业宣传，欺骗、误导消费者。"事实上，虚假广告涵括于虚假宣传的概念之中。理由是，广告属于宣传的方式之一，因此虚假宣传当然包括虚假广告。另外，我国《消费者权益保护法》第45条第1款规定："消费者因经营者利用虚假广告或者其他虚假宣传方式提供商品或者服务，其合法权益受到损害的，可以向经营者要求赔偿。广告经营者、发布者发布虚假广告的，消费者可以请求行政主管部门予以惩处。广告经营者、发布者不能提供经营者的真实名称、地址和有效联系方式的，应当承担赔偿责任。"该条的文义证成了虚假广告为虚假宣传方式之一的结论。

虚假宣传与引人误解的宣传是需要严格区分，还是大致视为同义语，在我国存在一定的争议。我国台湾地区的"公平交易法"第21条第1项和第2项规定，"事业不得在商品或其广告上，或以其他使公众得知之方法，对于商品之价格、数量、品质、内容、制造方法、制造日期、有效期限、使用方法、用途、原产地、制造者、制造地、加工者、加工地等，为虚伪不实或引人错误之表示或表征。"我国台湾地区学者黄茂荣认为，广告的虚伪不实判定应"先以其广告表示之内容、从字义论与事实是否相符，然后再参酌其附随因素，寻求表意人已客观表达之真意"，而引人错误则系广告"是否具有使人陷入错误的作用"。〔2〕由此可见，我国台湾地区的理论界的一部分学者主张严格区分虚假宣传与引人误解的宣传两个概念。在我国大陆地区，无论是立法实践还是理论探讨，其对虚假宣传与引人误解的宣传两个概念的使用是较为模糊的，均强调宣传呈现的内容不实，意图导致信息接收者产生错误认识，各为不实宣传的一种。我国《产品质量法》第59条规定："在广告中对产品质量作虚假宣传，欺骗和误导消费者的，依照《中华人民共和国广告法》的规定追究法律

---

〔1〕 马一德："虚假宣传构成欺诈之认定"，载《法律科学（西北政法大学学报）》2014年第6期。

〔2〕 黄茂荣：《"公平交易法"理论与实务》，台北植根法学丛书编辑室1993年版，第422页。转引自马一德："虚假宣传构成欺诈之认定"，载《法律科学（西北政法大学学报）》2014年第6期。

责任。"笔者认为，从尊重立法传统和现有实践出发，在没有足够充分且正当理由的情况下，不宜摒弃当前的制度安排和文义解读，可将虚假宣传与引人误解的宣传大致视为同义语，否则容易引起认识上的混乱，反而得不偿失。

（四）药师欺诈的法律责任

药师虚假宣传是具有一定社会危害性的行为，不仅有违伦理要求，而且受到法律的规制。该行为的成立，会触及不同性质的法律规范，因而有可能会承担不同性质和类型的法律责任，包括民事责任、行政责任和刑事责任。

1. 民事责任

买受人向药品的经营者（如药店）购买药品，两者之间构成合同关系。由于药师是药品经营者聘用的员工，因此药师从事的职务行为，可视为药品经营者的行为。换言之，药师对买受人进行了虚假宣传，就应当视为药品的经营者对买受人实施了虚假宣传，首先应由药品的经营者承担民事责任。如果因为药师的虚假宣传给买受人造成了损害，此时将构成违约责任与侵权责任两个诉由的竞合。我国《民法典》第186条明文规定："因当事人一方的违约行为，损害对方人身权益、财产权益的，受损害方有权选择请求其承担违约责任或者侵权责任。"这一规定进一步支持了两个诉由的竞合，使买受人维权有了更为明确的依据和自由的选择。

如果买受人选择违约责任为案由提起诉讼，民事责任取决于双方当事人的具体约定，如果没有约定的，则需要适用我国《民法典》合同编的相关规定。需要注意的是，此时承担违约责任的主体不是药师，而是药品的经营者；如果买受人选择侵权责任为案由提起诉讼，则需按照《民法典》侵权责任编的相关规定进行处理。我国《民法典》第179条规定："承担民事责任的方式主要有：（一）停止侵害；（二）排除妨碍；（三）消除危险；（四）返还财产；（五）恢复原状；（六）修理、重作、更换；（七）继续履行；（八）赔偿损失；（九）支付违约金；（十）消除影响、恢复名誉；（十一）赔礼道歉。法律规定惩罚性赔偿的，依照其规定。本条规定的承担民事责任的方式，可以单独适用，也可以合并适用。"除第6项、第7项、第9项之外，基本上均是侵权责任。同时，《民法典》第1191条第1款规定："用人单位的工作人员因执行工作任务造成他人损害的，由用人单位承担侵权责任。用人单位承担侵权责任后，可以向有故意或者重大过失的工作人员追偿。"其理论依据在于，用人单位的法定代表人或工作人员在经营活动范围内的一切行为，都应当视为用人单位实施的行为，而不是个人行为，因此产生的责任也应当由作为雇主的用人单位承担，而不是由个人承担。即在行为人与所属单位或组织之间，从第三人的角度观察，实施职务行为的行为人的人格已经为单位或者组织的人格所吸收，不再是独立的主体。如果药师没有在执行职务过程中向买受人进行虚假宣传，那么此时药师的行为不再是药品经营者的行为，而属个人行为，应当由本人独立承担民事责任。

需要注意的是，由于我国《消费者权益保护法》相对于《民法典》而言属于特别法，因此在法律适用上具有优先性。2013 年新修正的《消费者权益保护法》第 55 条第 1 款规定："经营者提供商品或者服务有欺诈行为的，应当按照消费者的要求增加赔偿其受到的损失，增加赔偿的金额为消费者购买商品的价款或者接受服务的费用的三倍；增加赔偿的金额不足五百元的，为五百元。法律另有规定的，依照其规定。"与《民法典》相比，其惩罚性赔偿的规定大大提升了惩戒的威慑力。

2. 行政责任

针对药师欺诈买受人的行为，行政部门有自由裁量权，根据实际违法情节的严重程度，对药师作出具体的行政处罚决定。暂停执业或吊销执照属于一种能力罚，决定对相对人是否能够继续从事药学技术服务以及是否能获得权益保障，行政机关应当谨慎对待。我国现行法律法规对药师欺诈行为的行政处罚尚不明确，需要在未来的药师立法（如《药师法》）中予以明文规定。笔者认为，可以借鉴《医师法》的立法经验，在未来的立法确认：对于欺诈买受人的药师，可由县级以上人民政府相关主管部门给予警告或者责令暂停 6 个月以上 1 年以下执业活动；情节严重的，吊销其执业证书。此外，需要注意的是，我国《医师法》第 58 条确立了医师限期禁业和终身禁业的制度，未来的药师立法中，是否需要借鉴该条的规定，对严重违反药师执业道德、药学伦理规范且造成恶劣社会影响的药师，科以限期禁业或者终身禁业的行政处罚，将会成为一项重要的课题。笔者认为，在制度设计上，既然有准入机制，就应当有退出机制，只有建立能进能出的职业机制，才能在保持活力的同时做到规范执业，因此笔者的观点是明确的，应当在未来的《药师法》中建立药师终身禁业制度。根据"举重以明轻"的原理，药师限期禁业制度便属应有之义。

3. 刑事责任

在健康法领域，我国传统的立法技术采取了"构成犯罪的，依法追究刑事责任"的条文设计，这种立法技术的最大优势在于简洁，但它最大的劣势也在于简洁，因为涉及刑事犯罪，几乎是不能适用本法予以解决，仍需借鉴《刑法》的相关规定进行追责。但是如果在本法中规定了刑事责任，又因《刑法》条文的变动致使自身需要不断修改，就破坏了法律稳定性的价值。因此，综合评估之后，该立法技术仍是当前较好的一种选择。

在药师欺诈消费者的案件中，最为重要的罪名依然是诈骗罪。我国《刑法》第三章第一节规定了刑罚的种类。根据其规定，刑罚分为主刑和附加刑。主刑的种类包括管制、拘役、有期徒刑、无期徒刑、死刑；附加刑的种类包括罚金、剥夺政治权利和没收财产。《刑法》第266条规定："诈骗公私财物，数额较大的，处三年以下有期徒刑、拘役或者管制，并处或者单处罚金；数额巨大或者有其他严重情节的，处三年以上十年以下有期徒刑，并处罚金；数额特别巨大或者有其他特别严重情节的，处十年以上有期徒刑或者无期徒刑，并处罚金或者没收财产。本法另有规定的，依照规定。"

2011年《最高人民法院、最高人民检察院关于办理诈骗刑事案件具体应用法律若干问题的解释》明文规定，"诈骗公私财物价值三千元至一万元以上、三万元至十万元以上、五十万元以上的，应当分别认定为刑法第二百六十六条规定的'数额较大'、'数额巨大'、'数额特别巨大'"。但需要特别注意诈骗罪与民事欺诈之间的界分，如果药师在签订、履行合同过程中虽隐瞒了部分事实，但并没有非法占有被害人财物的目的，事后又返还被害人损失的，不符合诈骗罪的犯罪构成，不应以诈骗罪追究刑事责任；属于民事欺诈的，被害人可依法变更或者撤销合同，并追偿遭受的经济损失。

二、药师无证执业

（一）药师无证执业的概念

我国1999年《执业药师资格制度暂行规定》第3条第1款规定："执业药师是指经全国统一考试合格，取得《执业药师资格证书》并经注册登记，在药品生产、经营、使用单位中执业的药学技术人员。"该暂行规定第12条同时规定："取得《执业药师资格证书》者，须按规定向所在省（区、市）药品监督管理局申请注册。经注册后，方可按照注册的执业类别、执业范围从事相应的执业活动。未经注册者，不得以执业药师身份执业。"因此，药师无证执业就可以界定为未取得《执业药师资格证书》并经注册登记，在药品生产、经营、使用单位中执业的人员。

（二）药师无证执业的现实缘由

我国 1999 年《执业药师资格制度暂行规定》第 4 条规定："凡从事药品生产、经营、使用的单位均应配备相应的执业药师，并以此作为开办药品生产、经营、使用单位的必备条件之一。国家药品监督管理局负责对需由执业药师担任的岗位作出明确规定并进行检查。"我国《药品管理法》第 52 条明文规定，开办药品经营企业必须具备的条件之一就是需要具有"依法经过资格认定的药师或者其他药学技术人员"。《药品管理法》第 69 条规定："医疗机构应当配备依法经过资格认定的药师或者其他药学技术人员，负责本单位的药品管理、处方审核和调配、合理用药指导等工作。非药学技术人员不得直接从事药剂技术工作。"2002 年 8 月 4 日，国务院颁布了《药品管理法实施条例》，并自 2002 年 9 月 15 日施行，该条例经历了 2016 年、2019 年两次修订，目前正在进行第三次修订。[1]该条例第 15 条规定："国家实行处方药和非处方药分类管理制度。国家根据非处方药品的安全性，将非处方药分为甲类非处方药和乙类非处方药。经营处方药、甲类非处方药的药品零售企业，应当配备执业药师或者其他依法经资格认定的药学技术人员。经营乙类非处方药的药品零售企业，应当配备经设区的市级药品监督管理机构或者省、自治区、直辖市人民政府药品监督管理部门直接设置的县级药品监督管理机构组织考核合格的业务人员。"

上述法律法规的强制性规定，致使药品的生产、经营和使用单位不得不绞尽脑汁，各显其能，通过各种方法先是满足这一开办条件，然后再通过各

---

[1] 2022 年 5 月，国家药监局发布的《药品管理法实施条例（修订草案征求意见稿）》，向社会公开征求意见。其第 75 条规定："国家实行处方药与非处方药分类管理制度。国家根据非处方药的安全性，将非处方药分为甲类非处方药和乙类非处方药。《药品管理法》第五十二条规定的依法经过资格认定的药师指执业药师。经营处方药、甲类非处方药的药品零售企业应当配备与处方审核数量、药学服务能力相匹配的执业药师。只经营乙类非处方药的药品零售企业，可以按照规定配备其他药学技术人员。执业药师或者其他药学技术人员负责本企业的药品质量管理、处方审核和监督调配、合理用药指导和咨询服务、药品不良反应信息收集和报告等工作。"

种方式予以规避，因为当前执业药师的数量远不能满足现实需求。以零售药店为例，目前社会药品零售市场对药师的需求急剧升温。与此同时，现代社会对驻店药师则提出了全方位的要求，如指导患者用药等，涉及药品的有关内容，如药品的名称（通用名、商品名）、药品的特点、药理作用、适应症、功能主治、用法、用量、不良反应、禁忌症。对老人、儿童、孕妇、哺乳期妇女等特殊人群用药应给予特别关注，特别是对使用非处方药进行自我药疗的买受人。可以说，药房是否聘请拥有丰富药品知识的药师坐堂指导，在很大程度上已经演变为零售药店核心竞争力之一。然而，现实的情况却是，我国目前零售药店驻店药师短缺，平均 6 家药店才拥有 1 名药师，药师缺口数最起码在 10 万名以上，很难在短期内实现药店药师覆盖率的攀升。[1] 因此，现实中就衍生出药师无证执业的情况。

(三) 药师无证行医的法律责任

与药师欺诈相似，药师无证执业的法律责任包括民事责任、行政责任和刑事责任，但主要是行政责任和刑事责任。

1. 民事责任

前文已述，我国《民法典》第 1191 条第 1 款规定："用人单位的工作人员因执行工作任务造成他人损害的，由用人单位承担侵权责任。用人单位承担侵权责任后，可以向有故意或者重大过失的工作人员追偿。"由此可知，如果药师无证执业是根据用人单位的指示进行的职务行为而给买受人带来损害的，应当由用人单位（如药店）承担民事责任，因此，只有在药师没有根据用人单位的指示进行的职务行为而给消费者带来损害的，才构成个人行为，由其个人按照《民法典》的相关规定承担以损害赔偿为主的民事责任。当用人单位承担替代责任之后，其取得了向有故意或者重大过失的工作人员追偿的权利。至于具体的责任方式，还需结合《民法典》第 179 条的规定进行考量和适用。

2. 行政责任

关于药师无证执业的行政责任，现行法律法规并不明确，而是由卫生健康行政部门按照《行政处罚法》的规定综合裁量。笔者认为，药师无证执业的行政责任可以借鉴医师无证执业的相关规定，在未来的立法中予以明确。

---

[1] 田侃、喻小勇主编：《药事法概论》，浙江工商大学出版社 2015 年版，第 70~80 页。

我国《医师法》第 59 条规定:"违反本法规定,非医师行医的,由县级以上人民政府卫生健康主管部门责令停止非法执业活动,没收违法所得和药品、医疗器械,并处违法所得二倍以上十倍以下的罚款,违法所得不足一万元的,按一万元计算。"

3. 刑事责任

关于药师无证执业的刑事责任,现行法律法规并无直接规定。笔者认为,可以借鉴《刑法》中关于"非法行医"的相关规定,在未来的立法中予以明确。《刑法》第 336 条第 1 款规定:"未取得医生执业资格的人非法行医,情节严重的,处三年以下有期徒刑、拘役或者管制,并处或者单处罚金;严重损害就诊人身体健康的,处三年以上十年以下有期徒刑,并处罚金;造成就诊人死亡的,处十年以上有期徒刑,并处罚金。"

三、呼吁《药师法》尽快出台

根据世界卫生组织于 2010 年对 153 个国家的数据统计,全球药师平均为 4 名/万人,其中发达国家 10 名/万人,其中日本更是达到了 19.5 名/万人,巴西和印度约为 6 名/万人,我国仅为 3 名/万人。关于医师与药师的比例,全球平均为 1:0.29,发达国家为 1:0.32,发展中国家为 1:0.27,而我国仅为 1:0.09。这表明,我国与世界平均水平尤其与发达国家水平相比,仍然存在较大的差距。经过 10 余年的发展,我国已经取得了一定的进步。国家药监局执业药师资格认证中心发布的《2022 年 2 月全国执业药师注册情况》显示:截至 2022 年 2 月底,全国执业药师累计在有效期内注册人数为 638 705 人,环比增加 1709 人。每万人口执业药师人数为 4.5 人,已经实现了《"十三五"国家药品安全规划》要求的每万人口执业药师人数为 4 人的目标。

改革开放以来,我国的医药卫生事业取得举世瞩目的成就,健康立法随之发展兴盛起来。早在 1998 年,我国便出台了《执业医师法》,现已被《医师法》全面替代。2003 年,国务院出台了《乡村医生从业管理条例》,现已启动了修订工作。2008 年,国务院出台了《护士条例》,并于 2020 年进行了修订,但从长远的角度考虑,应当将《护士条例》上升为"护士法"。这与社会对护理、护士的"偏见"有一定关联,认为他们学历低,作用小,实际上这恰恰是最大的误解。在许多方面,护士的作用已经超越了医师,护理的作用超过了手术和其他治疗，已经成为医务人员共同体中的重要成员。[1]随着这些健康立法的陆续颁布，医师、乡村医生、护士等医护群体的执业行为得到了规范，合法权益得到了保障。相比之下，我国关于药师的立法较为滞后，在一定程度上加剧了药师执业行为的乱象，不仅没有发挥药师应有的作用，而且对患者安全构成威胁，因此我国亟须制定药师法予以规制。

2013年，《药师法》被列为国务院立法计划的研究项目之一，明确由原国家卫生计生委组织起草。2015年和2016年的"国务院立法工作计划"均将《药师法》列为第四类研究项目。2017年1月25日，国务院医改办专职副主任、国家卫生计生委体改司司长梁万年在国务院新闻办公室举行的政策吹风会上表示，我国已正式启动药师法立法工作。此后，国家卫健委曾会同国家药监局、国家中医药管理局等部门开展联合调研，并成立起草专家组，先后委托医院管理研究所和中国医院协会、清华大学法学院等专业机构开展调研起草等工作，目前已经形成三稿《药师法（草案征求意见稿）》，分别于2017年、2020年、2021年征求有关部门、全国卫生健康系统和有关学会、协会的意见与建议。2020年以来，国家卫健委多次邀请全国人大常委会法工委、司法部对立法工作进行指导，与国家药监局、国家中医药管理局等部门认真研究修改，最大程度上采纳各方的反馈意见，达成共识，形成《药师法（送审稿）》。目前，国家卫健委正在进行更深入的调研论证，进一步强化国内外药师管理政策研究，积极会同有关部门进行修改完善。[2]

我们有理由相信，《药师法》制定之后，将进一步凸显药师的价值，不断提高药学服务水平，药师欺诈、无证执业等违法乱象将会得到一定的遏制。《药师法》的制定，将使得我国健康法体系更加完整，健康法治在国家治理体系和治理能力的作用将更加重要，人民生命健康权益将更有保障！

---

〔1〕 2022年2月28日，国家统计局公布了《2021年国民经济和社会发展统计公报》。公报显示，我国注册护士已经达到502万人，占所有卫生技术人员的44.7%。《"健康中国2030"规划纲要》提到，到2030年，中国每千人口拥有注册护士数需要达到4.7人，意味着还有至少近200万名护士的缺口。而且随着人口老龄化的到来，我国对护理的需求将进一步上升，但是护士的准入以及权益保护等方面还存在较大的掣肘。《护士条例》作为行政法规，其位阶偏低，在法律责任的设置以及强制性保障方面存在自身的不足。因此，将《护士条例》上升为"护士法"具有现实的基础，也具有时代的紧迫性和必要性，也是健康法不断发展完善的必然选择。

〔2〕 详可参加国家卫健委对第十三届全国人大第五次会议第7850号建议的答复。

|第五部分|

健康保障法

医疗保险欺诈：从一则典型案例谈起

医疗保险基金是人民群众的"保命钱""救命钱"，通过欺诈骗取医疗保险基金不仅影响了医疗保险基金安全，而且扰乱了医疗保险基金管理秩序，直接损及其他参保人的健康保障。中央和地方通过立法、执法、司法等多种途径和方式全力打击医疗保险欺诈行为，[1]尽管取得了很大的成效，但是时至今日，骗保案例仍时有发生，除利益的诱惑外，亦有法律制度不健全的原因。这已经成为党和国家关心、关注并决心改变的重大问题之一，迫切需要在法律制度建设上有所作为、有所建树，使相关责任主体不敢骗、不能骗、不想骗，全面维护医疗保险基金安全，保障人民群众的生命健康权益。

一、典型案例："北京市密云区马某某骗保案"

2021年7月，北京市医疗保障局收到举报线索，密云区参保人马某某涉嫌多次使用本人和他人社保卡就医、购药并出售药品。北京市医保局立即对涉案人员进行立案调查，发现马某某从2019年4月至2020年10月期间多次使用本人、刘某、李某以及张某的社保卡在多家医院就医、购药，并将药品出售。经询问，马某某承认违法事实。经核算，查实马某某累计骗取医保基金51 624元。依据《社会保险法》的有关规定，北京市医保局对当事人马某

---

[1] 例如，2018年9月，国家医疗保障局联合国家卫健委、公安部、国家药监局下发《关于开展打击欺诈骗取医疗保障基金专项行动的通知》，要求全国各地严格开展打击欺诈骗取医疗保障基金的行为；2020年2月，《中共中央 国务院关于深化医疗保障制度改革的意见》发布，其明确指出，要健全严密有力的基金监管机制，严厉打击欺诈骗保行为。关于地方立法，上海市和深圳市即为典型。2011年1月，上海公布了《上海市基本医疗保险监督管理办法》；2013年8月，深圳市人民政府第五届第九十一次常务会议通过了《深圳市社会医疗保险办法》，其规定了社会保险（含医疗保险）欺诈的问题。

某送达《行政处罚决定书》，责令其退回骗取的医保基金，并处骗取金额双倍的行政罚款。依据《刑法》的相关规定，密云区人民法院作出判决，被告人马某某犯诈骗罪，判处有期徒刑一年。目前，损失的医保基金 51 624 元已全部追回，双倍行政罚款 103 248 元已全部收缴。[1]

二、医疗保险基金欺诈的概念界定与主要类型

（一）医疗保险欺诈的概念界定

关于医疗保险欺诈的概念，我国法律法规没有正面作出概念界定，但是2021 年 5 月 1 日实施的《医疗保障基金使用监督管理条例》第 19 条、第 20 条、第 40 条、第 41 条对医疗保险欺诈行为进行了一定的描述或列举。有的学者认为，医保欺诈是指医保参保人、定点医疗单位、医保经办人员等相关主体，通过隐瞒或伪造医疗信息、上下勾结等欺骗手段套取医保基金的行为。[2]有的学者认为，医疗保险欺诈是公民、法人或者其他组织违反医疗保险管理法规和政策，弄虚作假、隐瞒真实情况等，骗取医疗保险待遇或医疗保险基金的行为。[3]美国全国卫生保健反欺诈协会（NHCAA）的定义是："个人或组织故意的欺骗或虚假的表述以使其本人或组织获得不法利益"。[4]

笔者认为，上述三种定义虽有一定的道理，但也存在自身的不足，主要理由如下：

首先，第一种概念界定的描述不完整，因为骗保主体除点医疗机构之外，还包括定点零售药店，尽管其后面使用一个"等"字加以兜底，但对于这一重要的骗保主体，应当予以明确列举为宜。此外，在目的和结果上亦有缺失，有的案件反映出来的是骗取医疗保险待遇，有的案件反映出的则是骗取医疗保险基金，而第一种概念仅局限于骗取医疗保险基金，尽管抓住了主要表现形式，但周延性略显不足。

---

[1] "国家医疗保障局曝光台 2022 年第一期曝光典型案件（二十四例）"，载 http://www.nhsa. gov.cn/art/2022/2/27/art_74_7848.html，最后访问时间：2022 年 7 月 26 日。

[2] 何蓓蓓、黄方肇、郑先平："我国医疗保险欺诈现状、原因及对策研究"，载《上海保险》2020 年第 6 期。

[3] 阳义南、肖建华："医疗保险基金欺诈骗保及反欺诈研究"，载《北京航空航天大学学报（社会科学版）》2019 年第 2 期。

[4] 林源："国内外医疗保险欺诈研究现状分析"，载《保险研究》2010 年第 12 期。

其次，第二种概念界定虽然在一定程度上克服了第一种概念的缺陷，但是其对公民、法人或者其他组织的主体描述过于宽泛，没有对医疗保险法律关系的主体进行界定，显得过于泛化。

最后，第三种概念界定过于简洁，没有揭示出医疗保险欺诈在行为方式上存在积极行为与消极行为两个方面，"不法利益"的界定虽然张力有余，但也存在指代不明的瑕疵甚至缺陷，而且以"欺骗"界定医疗保险欺诈，容易陷入循环定义的困境。

现实中，有的是唯一主体单独实施医疗保险欺诈，有的则是多主体（团伙）共同实施医疗保险欺诈。关于这一点，上述三种定义均没有给予必要的关注。基于上述分析，笔者认为，医疗保险欺诈是指参保人、定点医药服务机构、医保经办机构等主体，单独或者共同地采取弄虚作假、隐瞒真实情况等方式，骗取医疗保险待遇或医疗保险基金的行为。当完成医疗保险欺诈的概念界定之后，其内涵和外延也渐进清晰，有利于进一步界定医疗保险欺诈的主要类型。

（二）医疗保险欺诈的主要类型

医疗保险欺诈的主要类型不是封闭的，而是开放的，主要原因在于其划分的标准并不固定，因此决定了其主要类型的差异性和变动性。

有的学者从医疗保险基金管理的内外视角进行划分，由于医疗保险经办机构及其工作人员处于医疗保险基金管理的内部，故将这些主体的骗保行为称之为内部医疗保险欺诈。对于参保人、定点医药服务机构等主体，由于其处于医疗保险基金管理的外部，故这些主体实施的骗保行为又被称为外部医疗保险欺诈。

有的学者倾向于按照医疗保险基金运行的环节进行分类，因为医疗保险基金需要经历缴费、支付、经办、管理等环节，因此与之相对应的就是缴费环节中的医疗保险欺诈（如不足额缴费等）、支付环节中的医疗保险欺诈（如冒用他人身份享受保险待遇等）、经办环节中的医疗保险欺诈、管理环节中的医疗保险欺诈。

有的学者倾向于按照主体的行为方式进行分类，医疗保险欺诈可以分为单一主体实施的医疗保险欺诈和多个主体共同实施医疗保险欺诈，在实践中经常表现为"合谋"。在单一主体实施的医疗保险欺诈中，还可以进一步划分参保人实施的医疗保险欺诈、定点医药服务机构及其工作人员实施的医疗保险欺诈、经办机构及其工作人员实施的医疗保险欺诈等。至于多主体共同实施的医疗保险欺诈，无非是上述医疗保险法律关系中各主体的排列组合。需要注意的是，医疗保险法律关系之外的人，亦可成为"共犯"的主体。

在前文所述的典型案例中，参保人马某某属于单一主体（即参保人）实施的医疗保险欺诈、外部医疗保险欺诈以及出现在支付环节的医疗保险欺诈。

三、医疗保险欺诈的法律后果

医疗保险欺诈行为侵犯了数个法益，影响了医疗保险基金安全，扰乱了医疗保险基金管理秩序，因而具有一定的社会危害性，会触犯数个不同性质的法律依据（包括合同依据）。这种约定义务或者法定义务的不履行或者不适当履行，会产生相应的不利法律后果，即需要承担不同性质的具有否定性评价的法律责任。

实践中，关于医疗保险欺诈行为的民事责任探讨较少，但是由于医疗保险经办机构与定点医药服务机构之间存在合同关系，因此其处理就涉及民事责任尤其是违约责任的承担问题，使得合同责任具有法律适用的空间。随着《医疗保障基金使用监督管理条例》的实施，我国加强了对医疗保险欺诈的行政法规制，可以对其实施责令退回、罚款等行政处罚。同时，对于较为严重的医疗保险欺诈，又会落入我国《刑法》关于诈骗罪的规制范围，即以非法占有为目的，使用欺骗方法，骗取数额较大的公私财物的行为。关于诈骗罪，我国《刑法》第266条已经作出了明确规定，"诈骗公私财物，数额较大的，处三年以下有期徒刑、拘役或者管制，并处或者单处罚金；数额巨大或者有其他严重情节的，处三年以上十年以下有期徒刑，并处罚金；数额特别巨大或者有其他特别严重情节的，处十年以上有期徒刑或者无期徒刑，并处罚金或者没收财产。本法另有规定的，依照规定"。在前述典型案例中，参保人马某某实施的医疗保险欺诈就被科以行政责任和刑事责任。

有疑问的是，根据最高人民法院和最高人民检察院联合下发的《关于办理诈骗刑事案件具体应用法律若干问题的解释》第1条规定，诈骗公私财物价值在3000元至1万元以上、3万元至10万元以上、50万元以上的，应当分别认定为《刑法》第266条规定的"数额较大""数额巨大""数额特别巨大"。各省、自治区、直辖市高级人民法院、人民检察院可以结合本地区经济社会发展状况，在前款规定的数额幅度内，共同研究确定本地区执行的具体数额标准，报最高人民法院、最高人民检察院备案。北京市高级人民法院、北京市人民检察院、北京市公安局联合下发的《关于八种侵犯财产犯罪数额认定标准的通知》第 1 条第 2 款规定，"诈骗罪，数额较大为三千元以上；数额巨大为五万元以上；数额特别巨大为二十万元以上"。典型案例中的马某某累计诈骗 51 624 元，无论是按照《关于办理诈骗刑事案件具体应用法律若干问题的解释》的规定，还是按照《关于八种侵犯财产犯罪数额认定标准的通知》的规定，均构成"数额巨大"的行为，但是从判决马某某的刑事责任来看，没有在"3 年以上 10 年以下有期徒刑"这一区间内进行量刑。由于本典型案例披露的信息有限，因此是否存在其他量刑情节就不得而知了。

四、举报人制度的应用

美国作为举报人制度的发源地，其举报人制度呈现在诸多领域，也经历了不同阶段的演进。美国立法设立举报人制度的主要目的在于让举报人以从政府对违法活动的执法行动所获罚金中分成的方式来激励举报人，即所谓的奎潭规则（Qui Tam Laws）[1]。我国在食品安全、环境保护、安全生产等领域也建立了举报人制度，但是应用于社会保险领域中的医疗保险，则主要是进入 21 世纪之事。

（一）举报人制度在我国医疗保险基金监督领域的规定

2001 年 5 月 18 日，劳动和社会保障部颁布了《社会保险基金监督举报工作管理办法》，该办法明确了举报人制度，为后续地方规范性文件的发布奠定了良好的基础。

2010 年 10 月 28 日通过、2018 年 12 月 29 日修正的《社会保险法》第 82 条第 1 款规定，"任何组织或者个人有权对违反社会保险法律、法规的行为进行举报、投诉"。

2018 年 11 月 27 日，国家医疗保障局办公室、财政部办公厅联合下发了《欺诈骗取医疗保障基金行为举报奖励暂行办法》，其第 2 条第 1 款明确规定，

---

〔1〕 王素芬："社会保险反欺诈举报人制度研究"，载《理论学刊》2019 年第 3 期。

"公民、法人或其他社会组织（以下简称举报人）对医疗保障经办机构工作人员，定点医疗机构、定点零售药店及其工作人员，以及参保人员等涉嫌欺诈骗取医疗保障基金行为进行举报，提供相关线索，经查证属实，应予奖励的，适用本办法"。

2020年12月9日，《医疗保障基金使用监督管理条例》获得通过，其第35条规定，"任何组织和个人有权对侵害医疗保障基金的违法违规行为进行举报、投诉。医疗保障行政部门应当畅通举报投诉渠道，依法及时处理有关举报投诉，并对举报人的信息保密。对查证属实的举报，按照国家有关规定给予举报人奖励。"

由此可见，我国从法律、法规、规章等各层面已经建立起医疗保险欺诈的举报人制度。同时，地方医疗保障立法中，也纷纷建立和细化了举报人制度。那么，举报人制度具有哪些优势？是否会在实践中产生一定的异化？这需要我们适时适度反思，学界对此关注不足。

（二）举报人制度的评析

当前，尽管立法上已经建立起医疗保险欺诈制度，但是受制于人员编制和财政经费的限制，医疗保障执法队伍在数量、技能等方面显得有些"捉襟见肘"，再加上医疗保险欺诈具有隐蔽性等特点，引入举报人制度可以在一定程度上弥补监管执法队伍不足的问题，以此发现更多的医疗保险欺诈案件，追回更多的医保基金，保障医疗保险秩序和医疗保险基金安全。但是举报人制度是一把双刃剑，尽管从短期内考察举报人制度会发挥较好的效果，但是究其实质，仍是治标不治本之举，反而有可能会让医疗保障行政部门放松监督执法。此外，在物质奖励的激励下，举报人有可能会变得更加积极，由此产生大量的投机心理，因举报不实带来的信任缺失或者名誉（商誉）损失显然值得警醒，尤其是举报人制度在实践中还可能产生一定的异化。这与笔者在论述食品药品知假买假者一样，举报人手握对特定主体不利之信息，会不会以此为要挟，成为双方"谈判"的资本和非法交易的筹码，实际上是不得而知的。这就会衍生出"以暴制暴"新的不公平，踏破法律的底线，难以实现举报人制度设立之初衷。因此，从根本上说，仍需要在制度建设上下足功夫，而不能全部仰赖处于外部监督的举报人进行纠正，强调风险预防理念下的多元社会治理。

　　有的学者从舞弊动因理论、道德风险理论和博弈理论分析医保基金欺诈的原因，[1]深化了对问题的认识。医疗保险欺诈不仅是中国难题，而且是世界难题，需要借助人工智能、大数据等先进技术进行智慧监管，同时需要不断完善信用体系建设，实现综合治理和数字治理。同时，医保医师制度也为医疗保险欺诈戴上了具有约束力的"紧箍咒"，可以在一定程度上净化骗保环境。

---

[1]　李金灿等："欺诈骗取医保基金风险防范的国际比较"，载《中国卫生法制》2022年第1期。

医保医师制度

——医保赛道上的安全"驾照"

当前，医保医师的称谓并未获得理论和实践上的统一认识，有的地区称之为医保定岗医师，如2011年6月3日出台的《江西省基本医疗保险定岗医师管理暂行办法》。有的地区称之为医保服务医师，如2014年6月23日出台的《六安市城镇基本医疗保险医保服务医师管理暂行办法》。此外，还有一些地区称之为医保协议医师、医保责任医师等。这种众说纷纭、莫衷一是的现状，恰恰从另一个侧面反映出我国的医保医师制度仍处于初级探索阶段，在立法上尤其是高位阶的立法上，还缺少相应的规定，或许未来"医疗保障法"的出台，能够基本解决这一问题。

事实上，上述概念的核心要义并无实质性区别，只是因为各地区关注的侧重点不同，故在称谓上呈现出一定的差异。为了理解和表述上的便捷与统一，笔者采纳医保医师的称谓。一般认为，医保医师是指医疗机构中符合国家医师执业资格要求，承诺遵守国家医疗保险法律法规，通过医保管理机构的培训和考试，与医保部门签订服务协议，能够为参保人提供医疗服务的执业医师。[1]医保医师制度的设立具有重大意义，也是传统医保管理的重大创新，为医师执业在医保赛道上设置了安全"驾照"，维护了医保秩序，保障了具有人民"救命钱"功能的医保基金的安全，并在一定程度上再造了医疗服务的流程，提升了医疗服务质量。

一、医保医师制度设立的必要性

医疗保障法律关系是指医疗保障的当事人之间，因医疗保障项目设立、

---

〔1〕 张雨晴等："论医保监管从机构延伸到医师的合理合法性"，载《中国医院》2021年第10期。

资金筹集、医疗保障待遇项目及标准、享受待遇资格、待遇给付、监督管理等所发生的权利与义务关系。医疗保障法律关系具有复杂性，其主要涉及政府、医疗保障经办机构、被保障主体之间的三角关系，还要处理好医疗保险经办机构与委托的医疗服务机构及被保险人之间的三角关系。[1]医疗保险经办机构与符合条件的纳入医保定点的医药机构主要是按照协议进行管理，医疗保障行政部门与医保定点的医药服务机构之间属于行政管理法律关系。医疗保障行政部门属于行政机关，代表国家行使医保的行政职权，管理国家医保的行政事务，医保定点服务机构属于行政相对人。医保定点的医药服务机构如果存在医保违规的行为，实际上就是违反了其与医疗保险经办机构之间的协议，针对这一违约行为，医疗保险经办机构就可以采取约谈相关责任人员、暂停或者不予拨付费用等措施，直至解除医保定点协议。医疗保障行政部门，一是对服务协议订立、履行等情况进行全周期的监督；二是对定点医保的医药服务机构之违法行为进行行政处罚，以达到惩罚违法行为人、维护医保秩序和保障参保人合法权益等目的。

在制度设计上，各主体只要各司其职，就会使得医保事业井然有序。但现实中，总有一部分医疗机构或者医务人员实施了违反医保法律法规和政策的行为。例如，有的医疗机构将非医保支付的病种和诊疗项目篡改为医保支付项目、以为患者治疗为名开具其他药品处方等。当前存在的突出困境是，作为履行辅助人的定点医药服务机构如果违反了服务协议，对于一些规模较小的医疗机构、零售药店而言，医疗保障行政部门可以实施严厉的管控措施——取消医保定点资格。但问题在于，我国的医疗资源设置和分布不均衡，因为诸多原因，大部分以"县（区）"为基本单位的区域已在事实上形成了一个或者数个具有垄断地位（至少是支配地位）的大型医疗机构。其中有的是"县乡村"（基层）三级医疗服务网的龙头，有的是处于医联体的"头部"。一定程度上说，它们就是区域医疗中心。

如果不是医疗机构作为一个法人实施的集体违规行为，而是基于个别医务人员的医保违规行为，在实施前述严控措施之时，就会出现两个方面的掣肘：一是如果暂停医保定点资格，则参保居民尤其是周边参保居民的就诊就

---

[1] 陈云良主编：《卫生法学》，高等教育出版社 2019 年版，第 313~314 页。

会受到很大程度的影响，但是如果不暂停医保定点资格，其他管控的力度通常又较为有限；二是如果因为个别医师的医保违规行为而让其他医师一同跟随"买单"，既在结果层面上不公平、不公正，又在管理层面没有实现精细化，距离国家所提出的现代化的治理体系和治理能力的要求，尚有一定的距离。[1] 因此，医疗保障行政部门以及医疗保险经办机构迫切需要进行制度上的创新，从原先的侧重机构管理，转变为"机构—医师"的双重并向下"垂直"管理，如同公司法上的"刺破公司面纱"（法人人格否认）制度，可以穿越组织，直击最终的责任人。这种现实的需求，催生了在具有医师资格的医务人员身上加持一种新的身份——医保医师，其最大的益处在于显著提升了医师的规范意识和风险意识，而不是之前的"大锅饭""有饭同吃，无饭不吃"。医保医师制度开启了违规医生"没饭或者少饭可吃"而其他守规医师"继续吃饭"不受任何影响的新格局。

事实上，早在 2014 年 8 月 18 日，人力资源和社会保障部印发了《关于进一步加强基本医疗保险医疗服务监管的意见》，其明确提出要强化医疗保险医疗服务监管，将监管对象延伸到医务人员，使得医保医师的探索有了政策上的权威依据，并开始在相关省市进行大规模的实践探索。与在该政策出台之前的一些地方所进行的先行探索相比，其在理念、原则和方法上要更为明确，更便于医保医师制度的规范化和法治化。

二、医保医师制度的核心之一是规范医师处方权的行使

我国《医师法》第 22 条第 1 款第 1 项中明确规定，医师有权"在注册的执业范围内，按照有关规范进行医学诊查、疾病调查、医学处置、出具相应的医学证明文件，选择合理的医疗、预防、保健方案"。《医师法》第 14 条规定，"医师经注册后，可以在医疗卫生机构中按照注册的执业地点、执业类

---

[1] 《国务院办公厅关于推进医疗保障基金监管制度体系改革的指导意见》《国务院办公厅关于加强医疗保障基金使用常态化监管的实施意见》提出，加强对纳入医保支付范围的医疗服务行为和医疗费用的监管，强化定点医药机构自我管理主体责任，建立健全信用管理制度，对相关责任人可按照医保协议中止医保支付资格。《医疗保障基金使用监督管理条例》《医疗机构医疗保障定点管理暂行办法》《零售药店医疗保障定点管理暂行办法》等法规章提出，将监管对象由医疗机构延伸至医务人员的监管要求，明确了中止相关责任人涉及医疗保障基金使用的医药服务、中止或终止医保结算等协议处理手段。

别、执业范围执业，从事相应的医疗卫生服务。中医、中西医结合医师可以在医疗机构中的中医科、中西医结合科或者其他临床科室按照注册的执业类别、执业范围执业。医师经相关专业培训和考核合格，可以增加执业范围。法律、行政法规对医师从事特定范围执业活动的资质条件有规定的，从其规定。经考试取得医师资格的中医医师按照国家有关规定，经培训和考核合格，在执业活动中可以采用与其专业相关的西医药技术方法。西医医师按照国家有关规定，经培训和考核合格，在执业活动中可以采用与其专业相关的中医药技术方法。"该法第 34 条规定，"执业助理医师应当在执业医师的指导下，在医疗卫生机构中按照注册的执业类别、执业范围执业。在乡、民族乡、镇和村医疗卫生机构以及艰苦边远地区县级医疗卫生机构中执业的执业助理医师，可以根据医疗卫生服务情况和本人实践经验，独立从事一般的执业活动。"上述规定赋予医师执业权，其核心内容之一是肯认医师的处方权。

2006 年 11 月 27 日，卫生部部务会议讨论通过了《处方管理办法》，自2007 年 5 月 1 日起施行。该办法第 2 条第 1 款指出，"本办法所称处方，是指由注册的执业医师和执业助理医师（以下简称医师）在诊疗活动中为患者开具的、由取得药学专业技术职务任职资格的药学专业技术人员（以下简称药师）审核、调配、核对，并作为患者用药凭证的医疗文书。处方包括医疗机构病区用药医嘱单"。由于医师的处方权既关系到医疗行为，又关系到医保行为，既然卫生健康行政部门对医师处方权进行监督，那么作为"出资人"或者"买单人"的医疗保障行政部门亦有权让医师的处方权规范行使，以减少"大处方"等现象的出现。换言之，医疗保障行政部门不是要限制医师的处方权，而是要在合理的范围内规制医师的处方权，防止医师处方权的滥用，以充分保障参保人的人身和财产权益，其中最为重要的就是参保人的健康权。2011 年 5 月 9 日，北京市医疗保险事务管理中心发布消息：北京市丰台区铁营街道赵公口社区卫生服务站将医保不予报销的"伤湿定痛贴"调换成可报销的治疗项目，属违规行为，给予黄牌警告，追回违规所得，责任医师暂停 3年医保处方权。据悉，这是该市首次对医保违规医生给予相应处罚。[1]

作为发达国家的美国、德国、法国、荷兰等也采取相应的措施对（医保）

---

〔1〕 代丽丽："违反医保规定 医师 3 年不得开医保处方"，载 https://www.bjnews.com.cn/news/2011/05/09/123050.html，最后访问时间：2022 年 4 月 11 日。

医师进行监管。美国对医保医师在医保基金支出方面的监管机制已经比较健全，分为事前、事中、事后三个阶段，所对应的体系分别为服务监督系统、欺诈稽查系统以及支付审计系统。在德国，保险医生联合会负责成立监督执行委员会，专门负责协会内医生的监督管理。一旦发现违法行为，监督执行委员会首先通过共同的方式促使其自主更正违法行为；如果沟通没有结果，委员会即正式发文责令其整改；如果医生对审查结果不服，可向法院提起诉讼，法院将会依据详细的法律条文予以判决。自治管理是德国社会医疗保险的主要特色之一，即政府职能部门只负责促进立法、政策制定、监管和调控，而保险经办机构及医生组织则通过理事会实行自治管理。这种管理模式政事分开，权责明确，各司其职，发挥各方特长，办事效率较高。法国政府为了控制诊疗费用，曾出台了一系列措施规范医生行为，核心是 1992 年出台的"临床指南"。这是对医生在诊断和治疗过程中所提供服务的项目和流程进行规范的文件。"临床指南"中，国家财政、医保基金和医生三方就控制医疗费用问题达成一致。[1] 荷兰通过其医师协会进行医师同行之间的评估，用以保障医疗市场整体的高质量。[2]

中国有自身的国情，难以直接借鉴上述发达国家的经验，但这些经验做法还是为我国医保医师制度的完善提供了一些理念和思路上的启迪，如信息化建设、诚信档案建设、多元化治理等，这对我国医保医师制度的进一步完善大有裨益。

三、医保医师的监管需要进一步细化

(一) 医保医师的资格准入

在医保医师制度的运行前期，医保医师的资格应当坚持"宽进"和"严出"的原则。所谓"宽进"，是指在一定区域内，原则上应当把医保定点医疗机构的执业医师名单全部上报医疗保险经办机构，然后由医疗保险经办机构进行审核，如果审核合格，就纳入医保医师库，在经过必要的教育培训、考试考核之后，签订医保医师服务协议，最终成为医保医师。所谓"严出"，是

---

〔1〕 吴昱杉、申曙光："国外医保医师监管镜鉴"，载《中国社会保障》2013 年第 5 期。

〔2〕 姜胜超等："基于多维尺度分析的我国医保医师监管问题研究"，载《中国医院管理》2021 年第 5 期。

指医保医师并不因为任何违约行为或者违法行为而被剥夺这一资格，只有当其违法行为足够严重，按照"行政处罚与违法行为相适应"的原则，方可取消其医保医师资格，人员名单从医保医师库中予以"剔除"。当医保医师制度发展到一定程度，医保医师的准入应当提高标准，严把入口关。当然，最为重要的还是医保行政部门等主体对医保医师的过程监管。

（二）积分制管理

做好积分制管理的前提是医保医师违规行为的类型化，这些不同类型的违规行为对应着不同的分值，出现一种违规行为，就会扣除相应的分值。当分值被扣到"0"时，该医保医师的资格将会被取消。积分制的做法与交通领域的驾照扣分制具有异曲同工之妙，而且各地已经形成了自己的独特模式。在此，笔者以北京市朝阳区为例予以说明。

《北京市朝阳区基本医疗保险定点医疗机构医保服务医师管理办法（试行）》第10条规定，对医保服务医师在协议期内实行积分制管理，一年内医保服务医师个人总分为12分。

第一，扣2分的医保违规行为主要包括：（1）同一日院内重复开药或重复检查；（2）在同一家医院提前开具某一药品超出一定天数。

第二，扣3分的医保违规行为主要包括：（1）非病情需要，单次开药超说明书用量；（2）超适应症用药；（3）出院带药超出规定量。

第三，扣4分的医保违规行为主要包括：（1）当月内出现同院提前开药次数较多的；（2）对未列入医疗保险支付范围，属个人自费的医疗费用，不履行告知义务；（3）提供过度服务；（4）治疗和收费项目及数量不一致。

第四，扣6分的医保违规行为主要包括：（1）自费药比例长期较高；（2）次均费用长期较高。

第五，扣12分的医保违规行为主要包括：（1）对丁非实名制就医的情况未予制止，或未严格执行代开药规定；（2）为参保人员提供虚假证明材料，串通他人虚开门诊、住院票据套取医保基金；（3）伪造诊疗记录；（4）将非参保人员及非医疗保险的病种、药品、材料、医疗服务项目故意列入医疗保险支付范围；（5）将不符合入院标准的患者收治入院或故意延长住院时间；（6）办理虚假住院；（7）将参保人在其他机构的治疗费用在本医疗机构结算；（8）将自己的医生工作站系统权限提供给他人使用并发生医疗保险费用；

（9）违反定点医疗机构关于医师回避管理相关制度，造成医疗保险基金损失；（10）以参保人治疗为名开具药品处方，串通参保人不取药品而兑换现金或其他物品；（11）当所属定点医疗机构医疗保险基金使用总量超考核指标时，门诊次均费用在所属定点医疗机构医保服务医师中居前列，且违规次数较多的。

《北京市朝阳区基本医疗保险定点医疗机构医保服务医师管理办法（试行）》第 11 条规定，违规扣分按协议年度累计，每年 4 月 1 日清零。若累计扣分达 8 分，需参加由朝阳区医疗保险事务管理中心组织的医疗保险政策培训；累计扣分达 12 分，给予黄牌警告一次，黄牌警告无限期累计并记入医保服务医师诚信档案。黄牌警告一次，暂停该医师在朝阳区定点医疗机构医保服务资格六个月，期间所涉及的医保费用不予支付；黄牌警告两次，暂停该医师在朝阳区定点医疗机构医保服务资格两年，期间所涉及的医保费用不予支付；黄牌警告三次，永久取消该医师在朝阳区定点医疗机构医保服务资格。由此可见，扣分管理的精细化不仅提升了公平性和可操作性，而且有效提高了医师的自律意识，珍惜医保服务医师资格的观念明显增强，诊疗行为日趋规范。[1]

四、医保医师制度的落实道阻且长

医师，被称之为医保基金使用的"第一守门人"，他们不仅肩负着救死扶伤、为患者提供优质医疗服务的职责，而且担负着合理使用医保基金的重任。[2]医保医师制度的持续高质量发展，离不开相关配套措施的支持，大致说来，主要有以下五个方面需要注意：一是加强与卫生健康行政部门、药品监管部门等相关行政主体的协同联动，做到无缝监管；二是要继续加强我国诚信机制建设，积极构建公平合理的诚信管理指标，并引进具有独立地位的第三方参与监督和评价机制；三是要继续加强信息化建设，伴随着当前互联网、大数据、人工智能、区块链等高新技术的发展，借助信息化手段对医保医师进行技术上的监管，也将成为未来一个重要的发展方向；四是进一步重视自治管理，充分发挥中国医师协会等相关行业组织的力量，做到自我管理、

---

〔1〕 楚魏、熊磊、周倩如："医保医师精细化管理探索——基于北京市朝阳区的实践"，载《中国医疗保险》2012 年第 11 期。

〔2〕 旁洁："建立医保医师库 加强医保费用管理"，载《天津社会保险》2011 年第 6 期。

自我规范、自我完善，从侧重法律法规的外部约束，转变为章程协议的自觉遵从，实现由"他律"向"自律"的转变；五是重视对医保医师的持续培训和考核，建立"能进能出"的动态调整机制，并能够及时公示或者标注，让包括参保人在内的所有社会公众能够轻松、便捷查阅，保障就诊人的选择权。

我国《医师法》第58条规定，"严重违反医师职业道德、医学伦理规范，造成恶劣社会影响的，由省级以上人民政府卫生健康主管部门吊销医师执业证书或者责令停止非法执业活动，五年直至终身禁止从事医疗卫生服务或者医学临床研究"。我国《道路交通安全法》第101条规定，"违反道路交通安全法律、法规的规定，发生重大交通事故，构成犯罪的，依法追究刑事责任，并由公安机关交通管理部门吊销机动车驾驶证。造成交通事故后逃逸的，由公安机关交通管理部门吊销机动车驾驶证，且终生不得重新取得机动车驾驶证"。无论是医师，还是驾驶员，我国在法律制度上都建立了终身禁业、终身禁驾制度，医保医师作为医保赛道上的"驾驶员"，在存在特别严重违规行为之时，亦应设置终身不得再取得医保医师资格的规定，而在这方面，我们仍在路上！

"医疗保障法"：健康法"夺冠"的重要拼图

2021年3月23日，正在福建考察调研的习近平总书记来到三明市沙县总医院实地了解医改惠民情况。他指出，"健康是幸福生活最重要的指标，健康是1，其他是后面的0，没有1，再多的0也没有意义"。新中国成立以来，我国健康事业不断发展，人均预期寿命已与一些发达国家不相上下，但发展还很不平衡。"十四五"期间要坚持人民至上、生命至上，继续深化医药卫生体制改革，增加医疗资源，优化区域城乡布局，做到大病不出省，一般病在市县解决，日常疾病在基层解决，为人民健康提供可靠保障。[1]可以说，国民对健康的重视程度超越了以往任何一个时期，国民对健康服务的需求也达到了一个较高的水平。这需要国家在健康领域出台一些法律和政策，其中一个很重要的方面就是医疗保障，这也是健康保障中的重要主体内容之一。所谓医疗保障，其是现代政府职能的重要组成部分，是通过立法途径规定国家、企业和个人之间的权利与义务关系，动员全社会的医疗卫生资源，筹集和支付医疗保障基金，并通过组织有效的卫生服务提供和医疗物资提供，包括药品、疫苗和医疗器械等必要的物资保障，最大限度地分担社会成员的疾病风险，保障人群健康的重要社会保障制度安排。[2]

一、医疗保障立法现状

关于医疗保障，国家出台了许多政策，但是就立法层面，不仅数量少，而且位阶低，主要是法规和规章。就法律层面而言，主要是2010年出台、

---

〔1〕 "习近平：健康是幸福生活最重要的指标"，载 https://baijiahao. baidu. com/s？id＝16950904
67846971475&wfr＝spider&for＝pc，最后访问时间：2022 年 4 月 5 日。
〔2〕 姚岚、熊先军主编：《医疗保障学》，人民卫生出版社 2013 年版，第 7 页。

2018 年修正的《社会保险法》和 2019 年出台的《基本医疗卫生与健康促进法》。在行政法规方面，国务院于 2020 年 12 月 9 日第 117 次常务会议通过了《医疗保障基金使用监督管理条例》，自 2021 年 5 月 1 日起施行。国家医疗保障局自 2018 年 3 月组建以来，十分重视相关立法工作，先后出台了《欺诈骗取医疗保障基金行为举报奖励暂行办法》（2018 年）、《香港澳门台湾居民在内地（大陆）参加社会保险暂行办法》（2019 年）、《基本医疗保险用药管理暂行办法》（2020 年）、《医疗保障行政处罚程序暂行规定》（2021 年）、《医疗机构医疗保障定点管理暂行办法》（2021 年）、《零售药店医疗保障定点管理暂行办法》（2021 年）、《医疗保障基金使用监督管理举报处理暂行办法》（2022 年）、《医疗保障基金飞行检查管理暂行办法》（2023 年）等。此外，国家医疗保障局还与其他部门联合制定了相关文件，例如国家医保局、最高人民检察院、公安部、财政部、国家卫生健康委于 2023 年联合制定了《2023 年医保领域打击欺诈骗保专项整治工作方案》，明确提出要"深入开展专项整治，查处一批大案要案，打击一批犯罪团伙，不断完善制度规范，健全监管机制，坚决守住医保基金安全底线，实现好、维护好、发展好最广大人民根本利益"。同时，坚持问题导向，聚焦党中央、国务院重点关注以及人民群众反映强烈的突出问题，聚焦基金监管重点难点问题，着力打击超越底线、屡禁不止的欺诈骗保行为。

与国家医保局组建之前相比，立法频率明显加快，工作推进力度加大，取得了较为显著的成效，当然也面临着一些重要的医改困难，缺乏立法的依据和支撑，这与"医疗保障法"的缺失不无关系。一方面有些成功的医保改革经验需要上升为法律，另一方面也需要借助法律的权威性和强制力推动改革，破解当前既定的不合理利益格局。2021 年 6 月 15 日，国家医保局官网发布公告，正式就《医疗保障法（征求意见稿）》向社会公开征求意见，意见反馈截止时间为 2021 年 7 月 16 日，引起社会广泛关注和参与。[1]该征求意见稿共 8 章 70 条，分别从总则、筹资和待遇、基金管理、医药服务、公共管

---

〔1〕 2021 年 7 月 8 日，中国政法大学医疗保障法律与政策研究中心在北京举行了"卫生立法最新进展"学术研讨会，邀请全国人大常委会法工委、国家卫生健康委、国家中医药管理局、中国卫生法学会、北京协和医院、北京大学医学部、北京市平谷区医保局等单位专家就《医疗保障法（征求意见稿）》的相关内容进行深入研讨，并将研讨成果提交相关部门，为立法部门提供决策参考。

理服务、监督管理、法律责任、附则进行了系统规定。[1]

二、《医疗保障法》立法必要性

中国社会保障学会会长郑功成教授曾经指出："医疗保障是最重要的社会保障制度之一，但我国现行医疗保障制度缺乏应有的法律规范，目前的主要依据只有 2010 年《中华人民共和国社会保险法》中对职工基本医疗保险的规制，无法规制超越劳动关系之外的人群的医疗保障问题，实践中日益暴露出一些问题，已经影响到医疗保障制度的健康发展。此外，医疗保障体系是一个多层次的完整体系，不仅包括社会基本医疗保险这一主体性制度安排，也涵盖了医疗救助、补充医疗保险、商业健康保险以及各类慈善公益性医疗保障项目，需要完整的法律来规制。社会保险法中有关职工基本医疗保险的规定，无法涵盖医疗保障体系。目前，居民基本医疗保险、大病医疗保险、补充医疗保险、医疗救助以及商业健康保险等均缺乏相应的法律法规。"《中国医疗保险》杂志也发文指出："近年来，我国医保法治建设取得长足进步。但是，要实现全国医疗保障事业高质量发展，必须有一部纲领性的、全面的医疗保障法律，这部被寄予厚望的法律就是《医疗保障法》。《医疗保障法》能够为实施医疗保障事业高质量发展引领方向、保驾护航。尤其在党的十九大全面开启加快国家现代化进程新征程，以及全面推进依法治国方略的大背景下，医疗保障作为中国特色民生保障制度体系的重要组成部分和社会保障制度体系的主干项目，势必要尽快进入法治化轨道。"[2] 郑功成教授的论述和《中国医疗保险》的发文直击我国当前医疗保障的痛点，并指明了未来的发展方向。

笔者认为，首先，制定《医疗保障法》是落实我国《宪法》第 45 条第 1 款的规定，即"中华人民共和国公民在年老、疾病或者丧失劳动能力的情况下，有从国家和社会获得物质帮助的权利。国家发展为公民享受这些权利所

---

〔1〕 在面向全社会征求意见之后，对《医疗保障法（征求意见稿）》进行了修改。修改后《医疗保障法（草案）》共 10 章 75 条，分别从总则、基本医疗保险（含生育保险）、补充医疗保险、城乡医疗救助、其他医疗保障、医疗保障基金、医疗保障服务、监督管理、法律责任、附则进行规定，无论从章节结构，还是具体的条文内容，均发生了较大的变化。

〔2〕 "历史性突破！中国首部《医疗保障法》征求意见稿公布"，载 https://baijiahao.baidu.com/s？id=1702686697061730498&wfr=spider&for=pc，最后访问时间：2022 年 4 月 5 日。

需要的社会保险、社会救济和医疗卫生事业"。其次，制定《医疗保障法》是细化我国《基本医疗卫生与健康促进法》第 82 条至第 85 条规定的需要。最后，制定《医疗保障法》是巩固医保改革成果和保障公民健康权的需要，是习近平法治思想中"以人民为中心"的具体表现。因此，立法的必要性是显而易见的，尤其是在当前全面推进"健康中国""法治中国"建设的重要时期，使得《医疗保障法》增加了时代的紧迫性。因为在医疗保障立法领域，还缺少一部具有统帅地位的基础性立法。

三、《医疗保障法（征求意见稿）》的"得"与"失"

《医疗保障法（征求意见稿）》在整体上是值得肯定的，但限于理论供给不足以及对地方经验、实践的整理不够，当前的内容还不完善，可谓"有得有失"，对于"得"应当继续保持，对于"失"则需在未来的立法中进行修改与完善。

（一）《医疗保障法（征求意见稿）》的"得"

《医疗保障法（征求意见稿）》有不少亮点，在此不作完全列举，择其要点予以举例说明。

1. 建构了多层次的医疗保障制度体系

《医疗保障法（征求意见稿）》第 2 条规定，"国家建立以基本医疗保险为主体，医疗救助为托底，补充医疗保险、商业健康保险、慈善医疗救助等相互衔接、共同发展的医疗保障制度体系"。由此可见，《医疗保障法（征求意见稿）》试图建构三个层次的医疗保障制度：一是以基本医疗保险为主体的基础层，二是以医疗救助为主的托底层，三是以补充医疗保险、商业健康保险、慈善医疗救助等为主的补充层。从体系上讲，三个层次的描述是比较清晰的。同时，也开启了在一部法律之中对基本医疗保险、医疗救助、补充医疗保险、商业健康保险、慈善医疗救助等进行综合规定的立法模式，才能进一步协调和推动医保、医疗、医药之间的关系。

2. 强化了医疗机构定点管理

《医疗保障法（征求意见稿）》第 17 条规定，"基本医疗保险参保人员在定点医药机构发生的符合基本医疗保险支付范围的费用，由基本医疗保险基金按照规定予以支付"。2015 年 10 月 11 日，《国务院关于第一批取消 62 项中央指定地方实施行政审批事项的决定》提出：取消基本医疗保险定点零售药店资格审查、取消基本医疗保险定点医疗机构资格审查，改为"协议"管理。2021 年出台的《医疗机构医疗保障定点管理暂行办法》和《零售药店医疗保障定点管理暂行办法》明确规定，符合条件的医疗机构和零售药店可以通过申请签订医保协议纳入医保定点管理，并明确了协议签订的基本条件和流程。《医疗保障法（征求意见稿）》的这一规定，就是进一步落实《国务院关于第一批取消 62 项中央指定地方实施行政审批事项的决定》的精神和强化医疗机构定点管理的明证。

3. 设立全国医疗保障风险调剂金

《医疗保障法（征求意见稿）》第 28 条规定，"国家建立全国医疗保障风险管控机制，设立全国医疗保障风险调剂金，由中央财政预算拨款以及国务院批准的其他方式筹集的资金构成，用于医疗保障支出的补充和调剂"。设立全国医疗保障风险调剂金可以更好地保障制度公平和二次分配，并可以在罕见病等领域进行更深层次的探索。郑功成教授在接受媒体采访时曾表示，全国医疗保障风险调剂金旨在应对重大公共卫生事件和确保全国医疗保险制度的公平性，是必要的。就筹资渠道，他建议，其基金来源由各统筹区域按当年筹集的基本医疗保险基金 1%缴纳金和中央财政补贴组成，用于重大公共卫生事件医疗保险待遇支付和平衡区域之间的基金收支，其使用办法可以由国务院另行规定。[1]

4. 加强了对骗保行为的法律规制

《医疗保障法（征求意见稿）》第 60 条规定，"医疗保障经办机构工作人员骗取医疗保障基金支出的，由医疗保障行政部门责令退回，处骗取金额 2 倍以上 5 倍以下的罚款，对直接负责的主管人员和其他直接责任人员依法给予处分"。第 63 条规定，"定点医药机构及其工作人员骗取医疗保障基金支出的，由医疗保障行政部门责令退回，处骗取金额 2 倍以上 5 倍以下的罚款；责令定点医药机构暂停相关责任部门 6 个月以上 1 年以下涉及医疗保障基金使用的医药服务，直至由医疗保障经办机构解除服务协议；有执业资格的，由有关主管部门依法吊销执业资格"。第 65 条规定，"个人实施将本人的医疗

---

〔1〕 "医疗保障法征求意见结束 整合式立法难度高 仍有完善空间"，载 https://baijiahao. baidu. c-om/s？id=1707308566722472616&wfr=spider&for=pc，最后访问时间：2022 年 6 月 30 日。

保障凭证交由他人冒名使用、重复享受医保待遇等行为的，由医疗保障行政部门责令改正；造成医疗保障基金损失的，责令退回；属于参保人员的，暂停其医疗费用联网结算 3 个月至 12 个月。个人骗取医疗保障基金支出的，除依照前款规定处理外，还应当由医疗保障行政部门处骗取金额 2 倍以上 5 倍以下的罚款"。

医保基金是人们的治病钱、救命钱，是公民健康权实现的重要保障。骗保行为不仅侵害了医保基金的安全性和稳定性，而且侵害了广大参保人的正当权益和正常的医疗保险管理秩序。《医疗保障法（征求意见稿）》对医疗保障经办机构工作人员骗保、定点医药机构及其工作人员骗保、个人骗保分别进行规定，应当说坚持了领域法一以贯之的"以问题为中心"的思路，有效回应了社会关切，通过其与民法、行政法和刑法的衔接，形成立体式的骗保规制体系。

（二）《医疗保障法（征求意见稿）》的"失"

1. 立法技术上的处理不够协调

由于《医疗保障法》是一部整合式立法，是医疗保障领域一部基础性、综合性立法，那么其在立法内容上就不可能也没有必要如行政法规、部门规章那么细致。换言之，《医疗保障法》应当保持一定的抽象性和概括性，但是当前主要存在三个突出的问题：

一是由于学术界理论研究的供给不足，使得医疗保障立法难以抽象出具体的"公因式"，这就决定了其无法建构一个体系逻辑较为合理的法律草案，更多的是基于医疗保障行政部门自身的职责进行建构，"拼接""散装"的痕迹较为明显，难以达到科学化、体系化和逻辑化的要求。

二是尽管《医疗保障法》的立法要保持一定的粗疏性，但是在一些较为成熟的领域，还是应当作出一些具体的规定，为执法部门提供指导与参考。否则，在下位法没有细化的情况下，执法部门常常会有一定的困惑，行政相对人的权利义务也将因为各地执法部门的理解不一致而受到影响，这与法治国家的要求不相匹配。而从《医疗保障法》的条文内容来看，这方面的处理不佳，没有实现抽象和具体在一部法律中的应有平衡。

三是《医疗保障法》需要注意与《社会保险法》《基本医疗卫生与健康促进法》以及未来有可能制定的《社会救助法》的衔接，需要有一个"方位"的概念和指导思想，需要照顾到以自身为中心的"上下左右"，唯此方能理顺各法律之间的逻辑关系和功能定位，协同规定具有中国特色的社会主义医疗保障制度。

2. 立法目的表述缺陷

对于一部法律而言，首要解决的就是立法目的问题。因为，它一方面是该法条文的最终"聚焦"，另一方面又指导着其之后的所有条文，防止偏离了这条主线。立法目的有的时候只有一个，有的时候却存在多个。在立法目的只有一个的情况下，其不存在先后逻辑关系，也不需要区分彼此之间的重要性。但当立法目的存在数个的情况下，各目的之间的逻辑关系以及重要程度就成为一个必须处理的问题，简言之就是目的顺位的排列问题。若是处理不当，它将在很大的程度上影响到立法质量。

我国《医疗保障法（征求意见稿）》第 1 条规定，"为规范医疗保障关系，健全高质量多层次医疗保障体系，维护公民医疗保障合法权益，推动医疗保障事业健康发展，根据宪法，制定本法"。由此可见，本部"医疗保障法"拟实现的立法目的主要包括四个：一是规范医疗保障关系；二是健全高质量多层次医疗保障体系；三是维护公民医疗保障合法权益；四是推动医疗保障事业健康发展。这样的立法目的表述，无论是从逻辑关系还是重要程度而言，均存在一定的不足。对于医疗保障法而言，其最重要的目的就是维护公民医疗保障合法权益，尤其是保障公民的健康权。至于其他三个目的，无论是规范医疗保障关系，还是健全高质量多层次医疗保障体系，抑或推动医疗保障事业健康发展，均与第一个首要目的密切相关，并受之所彰显的"以人民为中心"的理念所统辖。而且，从逻辑顺序的角度而言，将"维护公民医疗保障合法权益"这一立法目的前置，四个立法目的所关照的领域依次变大，层次更为明晰。

3. 医疗救助的规定过于粗疏，定位存在偏移

医疗救助（medical financial assistance）是指政府通过提供财务、政策和技术上的支持，对贫困人群或妇女、儿童、老年人、残疾人等脆弱人群中因病而无经济能力进行治疗的人群，或者因支付数额庞大的医疗费用而陷入困境的人群，实施专项帮助和经济支持，使他们获得必要的卫生服务，以维持其基本生存能力，改善目标人群健康状况的一种医疗保障制度。医疗救助制

度特点在于它是以政府主导，社会力量广泛参与，为贫困群体中因疾病致使生活陷入困境的人群提供救助，旨在帮助恢复健康，缓解疾病对家庭生计造成的负担，体现了对公民健康权的保护。[1]

我国《医疗保障法（征求意见稿）》第19条规定，"县级以上人民政府应当健全医疗救助制度，为符合医疗救助条件的困难人员实施资助参保和直接医疗费用救助。医疗救助对象、救助方式和救助费用范围，按照国家有关规定执行。医疗救助基金通过财政补助、彩票公益金、社会捐赠等多渠道筹集。县级以上人民政府根据经济社会发展水平和医疗救助基金筹集情况，科学合理确定医疗救助标准"。有的学者认为，本条款涉及医疗救助在医疗保障法中的定位以及同社会救助立法的衔接问题。医疗救助是针对困难人群的，对其参保及其难以负担的医疗费用提供补助，承担医疗保障的托底功能。它既是我国基本医疗保障制度的重要组成部分，也是我国社会救助制度的一项重要专项救助。医疗救助是法定的基本医疗保障制度，而非补充医疗保障制度，因此，其在《医疗保障法》中的定位应是法定的、托底的、刚性的制度。2014年出台的《社会救助暂行办法》第27条明确规定，"国家建立健全医疗救助制度，保障医疗救助对象获得基本医疗卫生服务"。医疗救助属于政府责任，其资金应该由政府安排且纳入财政预算，而不是财政补助。医疗救助的标准应该由政府按照经济社会发展水平和医疗救助资金情况确定。[2]当前，《医疗保障法（征求意见稿）》对医疗救助的规定与基本医疗保险相比过于粗疏，不具有可操作性。

除上述三个方面之外，《医疗保障法（征求意见稿）》还存在一些其他方面的不足，如"补充医疗保险"的内涵不明、医疗保障法律关系的各主体之间的责权利不清、对个人账户存废等社会热点问题没有充分回应、应将长期护理保险作为独立运行险种进行单独立法等。行政部门主导立法有它的优势，如熟悉业务等，但也存在一定的劣势，即容易陷入部门化的思维之中，而且在看待问题的全面性上存在一定局限。

当前，作为健康法重要组成部分的医疗保障法是一个较为薄弱的地带，

---

[1] 姚岚、熊先军主编：《医疗保障学》，人民卫生出版社2013年版，第294页。

[2] 杨思斌："关于进一步完善《医疗保障法（征求意见稿）》的思考和建议"，载《中国医疗保险》2021年第9期。

属于学术研究的"低洼"区域，希望未来能有更多的科研机构和人员研究这一领域，为《医疗保障法》的高质量出台提供智慧。可以预见，随着《医疗保障法》的出台，健康法的体系将更加完善。根据"木桶理论"，健康法要想在领域法中夺冠，一个很重要的衡量指标就是《医疗保障法》的立法质量。毫不夸张地说，《医疗保障法》就是健康法夺冠途中最重要的一张拼图！

翘足企首：从"医疗保障"向"健康保障"跨越

꧁꧂

2021年是"十四五规划"的开局之年，回顾"十三五规划"时期，我国医疗保障已经取得了不小的成就，在以人民为中心的指导思想下，我国的医疗保障改革不断深入，医疗保障范围不断拓展，医疗保障的水平不断提高，医疗保障监管不断完善。但是自我国全面推进"健康中国"建设以来，尤其是我国于2019年出台《基本医疗卫生与健康促进法》以来，"大健康"的理念基本确立，原本的医疗保障制度难以完全契合健康保障体系。因此，从医疗保障转向健康保障是未来的大势所趋。

一、医疗保障与健康保障的关系

医疗保障与健康保障既存在密切联系，又存在明显区别。简单言之，医疗保障是健康保障的种概念，从属于健康保障，是健康保障中最具民生的组成部分，具有十分重要的基础地位。医疗保障与健康保障的区别重点体现在：一是目标不同，医疗保障在于保障居民医疗服务的可及，健康保障着眼于居民个体的健康；二是关注点不同，医疗保障从医疗费用切入，关注治疗过程与费用，落脚于服务的内容与形式。健康保障更关注服务质量，落脚于疾病控制与健康改善；三是保障的内容不同，健康保障的内容包括疾病预防、健康教育、健康促进、健康维持等，甚至延伸到精神健康与社会功能健康等内容，医疗服务只是健康服务比较突出的内容之一；四是补偿机制不同，医疗保障可以基于确定的医疗服务进行预付或后付补偿，而健康保障全程参与疾病的预防、治疗与康复，其补偿的方式可能因保障的内容不同有差异。[1]换

---

〔1〕 张研、张亮："健康中国背景下医疗保障制度向健康保障制度转型探索"，载《中国卫生政策研究》2018年第1期。

言之，医疗保障重在保障疾病，而健康保障重在保障健康，由此相对应的就是前者关注疾病诊治和药品费用的控制，而后者关注疾病预防、康复、护理、健康教育、环境改善等有益于健康的因素，最终实现健康的共同追求。

二、老龄化社会的到来呼吁健康保障

在国际上，一般认为，如果一个国家或地区 65 岁以上的人口在总人口中占 7%—14%，可以称之为"老龄化中社会"；如果一个国家或者地区 65 岁以上的人口在 14%—20%，可以称之为"老龄化社会"；如果一个国家或地区的 65 岁以上的人口数量的占比超过 20%，那么该国家或地区就进入了超老龄化社会。根据 2021 年的最新人口普查数据，我国的 65 岁以上的老年人的占比已超过了 14%，达到 14.2%，说明我国已经进入了老龄化社会。[1]老龄化社会的到来，不仅带来医疗需求的上升，还提出了超出医疗需求之外的健康需求，如一部分老人因为无子女或者虽有子女但无暇照料，如果其生活不能自理，那么就会产生日常照顾或者护理的健康需求，后来针对其开发出"长期护理保险"，其所支付的就是老年人的日常照顾费用（有的可以涵盖与基本生活密切相关的医疗护理等费用），而非疾病治疗的费用。

三、疾病谱的变化要求健康保障

新中国成立初期，我国以治理传染病为主，传染病也是造成人的死亡或者残疾的重要因素。但是随着科学技术的进步，许多传染病得到了控制。自1978 年改革开放之后，我国经济发展取得了举世瞩目的成就，在物质资料不断丰富和人们的生活水平不断提高的同时，也带来了人们生活方式的变化，高血压、糖尿病、肿瘤等慢性病发展迅速，已经成为当前致死、致残的重要因素。这些慢性病的发生具有诸多原因，其中一个很重要的原因就是人们的行为因素。例如，有的抽烟喝酒，有的暴饮暴食，有的缺乏运动，有的长期

---

〔1〕《2021 年度国家老龄事业发展公报》，载 https://www.gov.cn/fuwu/2022–10/26/content_5721786.htm，最后访问时间：2023 年 7 月 9 日。2022 年 8 月 30 日，受国务院委托，国家卫生健康委员会主任马晓伟在第十三届全国人民代表大会常务委员会第三十六次会议上作了国务院关于加强和推进老龄工作进展情况的报告。报告指出，从城乡来看，第七次全国人口普查数据显示，在城镇，65 岁及以上的有 1 亿，占城镇地区总人口比重为 11.11%。在农村，65 岁及以上老年人 0.9 亿，占农村地区总人口比重为 17.72%，高于城镇约 6.61 个百分点。由此可见，农村地区老龄化程度比城镇地区更高。

熬夜导致睡眠不足。这些不良的行为方式，都会直接或间接导致或者加剧慢性病发生。更为重要的是，当前的慢性病不仅在老年人群体中多发，而且呈现出年轻化的趋势。如果侧重强调医疗保障，则主要是治疗疾病，只有侧重强调健康保障，才能在"得病"之前进行有效预防。尽管老年人罹患慢性疾病之后再强调预防的意义并不显著，但对于青少年而言，倡导一种正确健康的生活方式或行为模式完全有可能预防某种慢性病的发生。正是在这个意义上，有的学者认为，提倡健康保障的概念，并不是提倡医疗高消费，也不意味着增加更多的投入，而是更加有效地提高健康水平，更加科学合理地进行医疗消费。[1]

四、国外有关健康保障的立法

关于健康保障方面的立法，最有必要的就是考察我国周边国家的立法状况，相邻或者相近的区域，以及相关文化背景、时代发展挑战，具有较其他国家更高的借鉴性。在此，仅简单介绍以下韩国、泰国、日本三个国家在健康保障方面的立法状况。

（一）韩国

韩国在健康保障立法方面进行了诸多努力，制定了《国民健康促进法》《国民健康保险法》《健康检查框架法》《老年人定期疗养保险法》等法律。根据最新修订的《国民健康保险法》持 D、E、F、G、H 类签证且在韩连续居留超过 6 个月的外国人，必须加入国民健康保险。在加入国民健康保险之后，在韩外国人可在就诊、住院、重症监护、体检等方面享受韩国国民待遇。2007 年通过的《老年人定期疗养保险法》[2]正是韩国为了应对该国日趋严重的老龄化，将老年人定期疗养保险与年金保险、工伤保险、雇佣保险、国民健康保险并列。

---

〔1〕 王虎峰：《解读中国医改》，中国劳动社会保障出版社 2008 年版，第 59~62 页。
〔2〕 韩国政府起初立法过程中使用的法案名称是"老年人照料保障法"，但是遭到了医疗部门和市民团体的广泛反对。因为刚开始的草案如名称所示，对老年人的服务更多侧重于生活照料，没能更好地反映医疗服务的重要性，而且也不能与健康保险制度上的疗养有机地联系起来。参见洪润美："老年人长期疗养保险制度的引进与政策课题"，庆北大学 2007 年硕士学位论文。转引自林宗浩："韩国老年人长期疗养保险立法的经验与启示"，载《法学论坛》2013 年第 3 期。

（二）泰国

泰国于 2002 年通过了《全民健康保障法》，在该法出台之前，根据有关学者的研究，约有 29% 的人口没有任何形式的医疗保障。这些人口主要从属于"非正式经济"，即既非政府雇员又没有为一定规模的私营企业所雇佣的农民、小型经营者及其家庭成员，其经济社会地位一般较低。为了改变 1/3 人口缺乏医疗保障的局面，2001 年泰国大选中泰爱泰党将全民医保作为主要的竞选诉求和承诺，并提出了"30 泰铢治疗所有疾病"（30 Baht treat all disease）的感性竞选口号，从而广受选民特别是农村地区选民的欢迎。2002 年 11 月，《全民健康保障法》获得泰国议会参众两院通过，以降低国家和家庭的健康支出，为民众提供可及的与平等品质的健康服务。[1]1999 年出台的《权力下放的确定计划和程序法》、2003 年制定的《老年人法案》与《全民健康保障法》一起，共同对老年人的护理行为进行保障。

（三）日本

日本先后制定了《健康保险法》（1922 年）、《国民健康保险法》（1958 年）、《介护保险施行法》（1997 年）、《高龄者医疗确保法》（1982 年）等。[2]日本《健康保险法》以保护劳动者为目的开启了日本健康保险制度。目前的日本健康保险制度，不仅保障患有伤病的人，而且注重建立人们维持健康状态的激励机制。经过多年发展，日本健康保险制度可分为职域保险和地域保险两大类。前者是以职业为基础，按照职业种类或单位性质组成的医疗保险，后者则是以地域为基础的医疗保险。[3]

无论是韩国、泰国还是日本，自 20 世纪 90 年代开始，都已经清晰地认识到其本国越来越严重的老龄化。进入 21 世纪之后，由于物质生活水平的不断提高与医疗科技的进步，人均寿命不断提高。根据世界卫生组织发布的《2020 年全球各国人均预期寿命》，日本高达 83.7 岁，位居世界第 1 位；韩国高达 82.3 岁，位居世界第 11 位；泰国高达 74.9 岁，位列世界第 71 位。[4]

---

[1] 满洪杰："泰国《全民健康保障法》及其对我国医疗保障立法的启示"，载《法学论坛》2016 年第 4 期。

[2] 杨杰、刘兰秋、李晶华主编：《部分国家卫生基本法研究》，法律出版社 2017 年版，第 43 页。

[3] 宋健敏："日本健康保险的供与需"，载《中国医院院长》2014 年第 12 期。

[4] 中国预期人均寿命高达 77.3 岁，位列世界第 43 位，虽然低于日本和韩国，但高于泰国。

与之并行的另外一个挑战则是出生率的下降。以泰国为例，2021 年泰国出生人数为 54.4 万人，为 60 年以来最低，且低于当年死亡人数 56.3 万人。泰国正在通过各种方式鼓励本国民众生育，以遏制出生率的下降。由于国民健康素养的提升和健康意识的提高，对健康服务的需求不断拓展。这几项因素的综合影响，导致老年人的长期护理以及立法问题尤其重要。我国与韩国、日本、泰国在老龄化、低生育率等方面面临着相似的问题，其经验具有重要的启示。

五、我国长期护理保险制度的政策与立法

前文已述，我国已进入老龄化社会。根据国家卫生健康委公布的数据，截至 2022 年底，全国 60 岁及以上老年人达到 2.8 亿，占总人口的 19.8%，失能人员长期护理保障不足成为亟待解决的社会性问题。随着人口老龄化、高龄化加剧，[1]建立长期护理保险制度成为越来越迫切的社会需求。[2]因此，有必要通过政策与立法予以支持。

（一）长期护理保险制度的政策

2016 年 6 月 27 日，人力资源和社会保障部办公厅印发的《人力资源社会保障部办公厅关于开展长期护理保险制度试点的指导意见》明确指出，"探索建立长期护理保险制度，是应对人口老龄化、促进社会经济发展的战略举措，是实现共享发展改革成果的重大民生工程，是健全社会保障体系的重要制度安排。建立长期护理保险，有利于保障失能人员基本生活权益，提升他们体面和有尊严的生活质量，弘扬中国传统文化美德；有利于增进人民福祉，促进社会公平正义，维护社会稳定；有利于促进养老服务产业发展和拓展护理从业人员就业渠道"。2020 年 9 月 10 日，经国务院同意，国家医疗保障局会同财政部印发的《关于扩大长期护理保险制度试点的指导意见》指出，力争在"十四五"期间，基本形成适应中国经济发展水平和老龄化发展趋势的长

---

〔1〕 长期照护（护理）保险法律制度是福利国家进入老龄化社会后，为应对这一普遍性社会风险而逐步建立和发展起来的。不得不指出的是，长期照护（护理）保险法律制度是与老龄化密切相关的，而老龄化则是工业化推动城镇化进程、社会结构变迁和人口结构变化并伴随着出生率和死亡率双重下降的一种重要产物。郑尚元主编：《社会保障法》，高等教育出版社 2019 年版，第 261 页。

〔2〕 "《关于扩大长期护理保险制度试点的指导意见》政策解读"，载 http://www.nhsa.gov.cn/art/2020/9/16/art_ 105_ 6569. html，最后访问时间：2022 年 7 月 24 日。

期护理保险制度政策框架，推动建立健全满足群众多元需求的多层次长期护理保障制度。2021 年 8 月 3 日，国家医保局办公室、民政部办公厅《关于印发〈长期护理失能等级评估标准（试行）〉的通知》中明确指出，各试点地区要从促进标准统一性、待遇均衡性、制度公平性方面充分认识统一规范长期护理失能等级评估工作的重要性，加强对《长期护理失能等级评估标准（试行）》的实施应用。

（二）长期护理保险制度的立法

我国属于社会保险体制，与日本等发达国家相比，我国关于长期护理保险制度的立法相对滞后。我国于 2010 年出台的《社会保险法》没有将长期护理保险纳入其中，一是当时的长期护理保险实践并不充分，还处于探索阶段；二是关于长期护理保险的法律属性，学术界还存在很大的争议。有的学者认为，长期护理保险属于一种独立保险，并主张构建新型社会保险，将生育保险纳入医疗保险范畴，将长期护理保险纳入社会保险新险种补其空缺。[1]有的学者则认为，长期护理保险不应属于独立险种，因其资金来源于医保基金，故应属医疗保险子类型。[2]当然，也有一部分学者认为，长期护理保险即应包括社会保险，又应包括商业保险。[3]

2021 年 6 月 15 日发布的《医疗保障法（征求意见稿）》规定了长期护理保险，其第 23 条规定，"国家建立和发展长期护理保险，解决失能人员的基本护理保障需求。长期护理保险覆盖全民，缴费合理分担，保障均衡适度，筹资和待遇水平动态调整。制定完善与长期护理保险制度运行相适应的失能评估和需求认定等标准、基本保障项目范围以及管理办法等。健全符合长期护理保险特点的经办服务体系。支持社会力量参与制度体系建设，鼓励建立多元综合保障格局"。尽管长期护理保险制度的重要性毋庸置疑，但是其是否应当规定在医疗保障之中存在争议，究其实质，还是前述法律属性认定的差异所致，反映在立法中就会呈现出两种路径：一是将长期护理保险作为一种

---

[1] 郑尚元："长期照护保险立法探析"，载《法学评论》2018 年第 1 期。
[2] 韩丽、胡玲："长期护理保险待遇给付的现实困境及优化路径研究"，载《卫生经济研究》2020 年第 7 期。
[3] 参见孙敬华："中国长期护理保险制度的福利要素评析及优化策略"，载《北京社会科学》2019 年第 10 期。

与医疗保险相并列的独立险种，在《社会保险法》中予以规定，亦即选择修改《社会保险法》；二是将长期护理保险作为医疗保险的一种类型，在未来的《医疗保障法》中作出规定。笔者倾向于第一种意见，主要理由有三：一是由前文所述的医疗保障与健康保障的区别可知，长期护理保险主要解决的不是医疗保障的问题，而是健康保障的问题。二是政策上的支持，我国《关于扩大长期护理保险制度试点的指导意见》明确规定，长期护理保险基金管理要参照现行社会保险基金有关制度执行，基金单独建账、单独核算。三是现实运行的支持，尤其是地方的立法与实践。截至 2022 年 3 月底，长期护理保险制度试点覆盖 49 个城市、1.45 亿人，累计有 172 万人享受待遇。实践中，试点城市结合自身实际，初步探索建立了单位、个人、基本医保基金、财政、福彩公益金等多渠道筹资机制，形成了较为稳定的资金来源。筹资标准根据各地经济发展水平、护理需求、护理服务成本以及保障范围和水平等不同，按照以收定支、收支平衡、略有结余的原则确定，并明确了各方筹资责任分担。[1]

从医疗保障转向健康保障，不仅是保障范围的拓展，更是保障理念的跃升，既是大势所趋，又机遇与挑战并存，让我们翘足企首，早日实现这一历史性重大转向！

---

〔1〕 国家医疗保障局："国家医疗保障局对十三届全国人大五次会议第 7778 号建议的答复"（医保函〔2022〕61 号），载 http://www.nhsa.gov.cn/art/2022/7/20/art_110_8612.html，最后访问时间：2022 年 7 月 24 日。

后记：向阳而生　逐光而行

我时常在想，自己写下这一后记是否有些多余？曾经，写了删，删了写，写了又删，删了又写，从未如此纠结。后来，还是决定写下些许文字，权当本书的生成说明。

本书是自己近十年尤其是近五年在健康法领域中的一些探索和思考，尽管有些文章已在一部分期刊报纸上发表，但由于理论研究进展和法律法规更新均十分迅速，本次对其进行逐一修订与完善。由于一些文章原本属于报纸题材，不仅篇幅有限，而且强调科普，所以呈现在读者面前的一些文章，思考是零星的，是碎片化的，既不系统，亦难言创见，充其量只是提出了可供继续讨论与思考的话题，缺乏必要的分析和论证，好在这样的文章数量不多。我也曾打算不将其收录其中，但又感觉"弃之可惜"，尤其是考虑到对于初入健康法研习的学者以及本科生、研究生而言，可能会有一定的帮助，因此最终作了保留。当然，也有一些文章是面向立法而撰，由于新法已经出台，且有些立法争议已经较好地解决，故没有收录在本书之中。

人的一生肩负着不同的使命，会做很多事，或惊天动地，或悄无声息，但无外乎做了自己能做的事、想做的事和该做的事。当然，做事也分为三个层次：一是做完，二是做好，三是做到极致。毫无疑问，我只能做到第一层次，勉强能把事情做完，一为学术素养不足所致，二为时间进度所不允，因此总感觉有所缺憾。本书的创作既有数次兴起之时，亦有数次否定之际，这也是一直以来甚是纠结之缘由。整体来看，尽管两年有余的写作过程战战兢兢，亦较为踏实认真，但字里行间却无法掩饰学术肤浅之惶恐，最终只能用"完成胜于完美"来激励和说服自己。

从事健康法研究十余年，一直没有满意的代表作。在一个如此变动不居而又强调科研快速产出的时代，自己常感力不从心。尽管也曾心存执念加以改变，无奈最终还是被"懒""散"占据上风。庆幸的是，自己一直践行"健康法的精神"，坚持每周运动，强身健体算是另一种收获，全面践行了"公民是自身健康的第一责任人"的理念，一定程度上"弥补"或暂时"忘却"了学术不足的缺憾。体育与法律一样，不仅是一门技术，更是一门艺术，没有体育爱好的强大支撑，我很难想象自己能够一直坚持。假如生活中缺少了体育，至少对我而言，会失去很多色彩。

感谢中国政法大学"健康法治创新团队"项目（21CXTD01）的资助，感谢姚辉教授、付翠英教授、许身健教授、韩文生教授、王晨光教授、申卫星教授、解志勇教授、龙卫球教授、王青斌教授、刘鑫教授、赵红梅教授以及诸位领导同事、亲朋好友的支持和鼓励，感谢中国政法大学出版社牛洁颖主任的催促，以及辛勤高效的编校工作者，没有他们的付出，这本书有可能会一拖再拖，难以面世。感谢我的家人，他们对我付出很多，尤其是我的女儿，我无论欢乐舒畅，抑或忧虑悲伤，她的活泼开朗，都给了我一种向阳而生、逐光而行的力量。

由于时间仓促，学识浅薄，书中错讹，在所难免，祈请广大读者批评指正，以便不断修正和完善。

最后，我想说的是，生活除了选择，还有热爱！

刘炫麟

于蓟门桥

2023 年 11 月 6 日

411